PAUL GUTH

Moi, Joséphine, impératrice

ALBIN MICHEL

© *Éditions Albin Michel*, 1979.

MOI, JOSEPHINE, IMPÉRATRICE

Né à Ossun (Hautes-Pyrénées) en 1910, Paul Guth fait ses études à Villeneuve-sur-Lot, puis à Paris. Agrégé des lettres en 1933, il commence une carrière universitaire classique qu'il interrompt après la guerre pour se consacrer à la littérature, au journalisme, à la radio. Les Mémoires d'un Naïf *paraissent en 1953 et obtiennent le Prix Courteline. Le succès du personnage incite Paul Guth à continuer sa chronique du Naïf qui compte sept volumes. En 1956,* Le Naïf locataire *reçoit le Grand Prix du roman de l'Académie française. Paul Guth a également écrit une série romanesque de quatre volumes dont* Jeanne la Mince *est l'héroïne, des livres pour enfants dont le héros est* Moustique, *une* Histoire de la littérature française *en deux volumes, une* Histoire de la douce France *en deux volumes, une grande biographie de Mazarin. En tout une quarantaine d'ouvrages. Le Prix du théâtre lui a été attribué en 1946 pour* Fugues. *En 1964, le Grand Prix littéraire de la Ville de Paris a couronné son œuvre de romancier. En 1973 le Grand Prix littéraire de Monaco, en 1978 le Grand Prix de Littérature de l'Académie française, ont honoré l'ensemble de son œuvre. (Le Naïf est entré dans les classiques de la civilisation française. (Le Naïf dans la vie par G. Delaisement, Editions Didier).*

Napoléon, le héros de la mythologie moderne qui inspira le plus d'ouvrages, a entraîné Joséphine dans son orbe. Parmi les constellations d'amour, Napoléon et Joséphine restent dans la mémoire des hommes autant qu'Antoine et Cléopâtre, Tristan et Yseult.
Génial chef de guerre et d'Etat, Napoléon fut, pour Joséphine, un amant de génie. Héros d'opéra, de drame shakespearien, qui aurait dû inspirer les plus grands musiciens ou auteurs dramatiques... Celle qui suscita cette passion de volcan était Eve en personne. « C'était une vraie femme », répétera Napoléon en extase. Une créole indolente, pour qui l'amour était aussi naturel que la faim ou la soif. Menteuse à la folie, fabulatrice, intéressée, trompeuse à perdre haleine, mobile comme l'onde, voluptueuse sirène, pleurant et riant comme une petite fille. Schéhérazade inventant des histoires pour séduire son maître. Croqueuse d'or et de diamants. Ame de courtisane, de poupée de modes, trafiquant sans pudeur avec des affairistes, indicatrice de police à la solde de Fouché, lui rapportant les faits et gestes de son impérial époux. Aventurière dont la vie, comme celle de Napoléon, est le plus fabuleux roman, prophétisé, à la Martinique dès sa jeunesse, par une devineresse caraïbe : « Tu seras plus que reine! »

Suite au verso

Elle conquit Napoléon par les sens, mais aussi par ses manières d'aristocrate. « Joséphine occupa sans faire rire un trône où la fille des Césars passa sans aucun titre de gloire », dit magnifiquement Talleyrand. Comédienne et aristocrate, miracle, aux yeux du peuple, de mansuétude et de gentillesse, médiatrice de la bonté entre Jupiter tonnant et les hommes, Joséphine joua le rôle d'impératrice sur le théâtre du monde avec un éclat digne de Napoléon empereur. Si bien que la femme vénale, passant de mains en mains, et le fabuleux cocu formèrent un couple idéal, enchaîné par les astres. Quand Napoléon liquida sa *vieille*, la chance l'abandonna.

Voilà le rêve de femme qu'a vécu Paul Guth, historien et voyant, en notre temps où la femme est aussi impératrice. Il l'a vécu avec une telle intensité de vérité et de passion, avec une si fulgurante justesse de ton que vous vous sentirez hallucinés. Vous croirez, comme lui, qu'il a trouvé dans des archives ces Mémoires écrits par la fille au sang bleu d'un siècle libertin, avec la grâce, la pureté, l'insolence étincelantes d'avant la Terreur.

DU MÊME AUTEUR

Dans Le Livre de Poche :

LE NAÏF SOUS LES DRAPEAUX.
LE MARIAGE DU NAÏF.
MÉMOIRES D'UN NAÏF.
LE NAÏF AUX 40 ENFANTS.
LE NAÏF LOCATAIRE.
LE NAÏF AMOUREUX.
SAINT NAÏF.
LES SEPT TROMPETTES.
QUARANTE CONTRE UN.
LE CHAT BEAUTÉ.
LETTRE À VOTRE FILS QUI EN A RAS LE BOL.
LETTRE OUVERTE AUX FUTURS ILLETTRÉS.

I

UNE CRÉOLE INDOLENTE

Au large de la côte nord de l'Amérique du Sud, une poussière d'îles. Parmi les Antilles, ou « Iles du Vent », la Martinique. Au sud de la baie de Fort-Royal, le village des Trois-Ilets. Tout près, au creux d'un vallon inondé de fleurs, le domaine de la Pagerie. C'est là que je suis née, le 23 juin 1763. J'ai failli naître anglaise. Les puddings avaient volé la Martinique à Louis XV au début de 1762. Ils ne l'ont rendue à la France que le 14 juin 1763, par le traité de Paris : neuf jours avant mon premier vagissement.

Mon acte de naissance me nommait « Marie-Josèphe-Rose ». On m'appelait Yéyette, diminutif paresseux. Sur mon registre, le curé capucin de la petite église au clocher de bois me déclarait « née du légitime mariage de messire Joseph Gaspard de Tascher, chevalier, seigneur de La Pagerie, lieutenant d'artillerie réformé, et de madame Marie-Rose des Vergers de Sanoix ».

La famille de ma mère, venue de la Brie, était fixée aux îles depuis 1644. Celle de mon père, les Tascher — prononcez *Taché* — débarquait du Blésois en 1726. Les Tascher étaient moins anciens que les Vergers de Sanoix. Ils bombaient le torse, pourtant, en mémoire de leur ancêtre par les femmes, Pierre de Belain, qui, à l'aube du XVIIe siècle, apporta dans son chapeau les Antilles à la France.

Moi, Joséphine, impératrice... Impératrice des menteuses ? Dans ces pages, je vais m'ébrouer dans le mensonge, premier charme des femmes. Pendant mille et une nuits, nous tenons éveillé cet éternel enfant, l'homme, notre cruel et faible tyran, comme Chéhérazade racontant des histoires à dormir debout à son époux, le sultan, pour retarder l'heure où il lui couperait le cou.

Je me suis fait mentir dès le berceau, en trafiquant plus tard mon extrait de naissance. J'avais deux sœurs, Catherine-Désirée, née le 11 décembre 1764, morte le 16 décembre 1777, et Marie-Françoise, née le 3 septembre 1766, morte le 5 novembre 1791. J'ai profité d'une erreur du capucin qui, sur le registre, s'embarbouilla dans nos prénoms. J'ai volé trois ans, en empruntant sa date de naissance à feu ma seconde sœurette. Trois ans, c'est toujours bon à prendre pour une femme, surtout quand elle a six ans de plus que son mari !

Pour le mensonge, j'étais à bonne école avec mon père. Ce lieutenant d'artillerie illusionniste se parait d'une riche plantation : 150 esclaves, 20 vaches, 46 moutons, 5 chevaux, 28 mulets ! Je me rappelle les noms de certains de ces esclaves : Théodule, Manon, Faisan, Apolline, Dorothée... Ils n'étaient pas 150. Une vingtaine au plus. Quant aux 50 000 livres de rente, changez-les plutôt en dettes ! Le peu que possédait mon père, il le jetait dans deux gouffres : le jeu, les femmes. Au lieu de cajoler les cannes à sucre de sa maigre plantation, il caressait les opulentes beautés noires ou chocolat de Fort-de-France. Au désespoir de ma mère qui comptait retenir le volage artilleur-planteur en lui donnant un fils. Mais elle ne pondait que des filles.

Mes premiers souvenirs : des parfums de fleurs et de fruits. Des bougainvillées, des jasmins. Des choses exquises, savourées dans mon hamac qui, en imitant le balancement des flots, berçait mes plaisirs. Je mangeais des *z'habitants*, écrevisses géantes, des *tourlourous*, crabes de terre tout rouges, des *coffres*, poissons si délicieux que Dieu doit les servir à ses élus. Des ananas *france*. Les gens de l'île donnent le nom de la France à tout ce qui est de premier choix.

Et, pour le « pain quotidien » de nos prières, il suffisait d'étendre le bras jusqu'à la branche la plus proche de l'arbre à pain.

Petite souveraine de cet Eden, je régnais sur ma cour : la mulâtresse Euphémie; ma *da*, ma nourrice noire, Marion, qui m'avait gorgée de son lait, et, comme pour les princesses de tragédie, ma confidente, l'esclave Brigitte.

Comme nous, les femmes, en nos fureurs, la nature, sous ces climats, peut se changer soudain en sorcière. Un jour d'été (le 13 août 1766, me dira-t-on plus tard), un chef, l'*ouboutou* Pakiri, avait allumé un feu de bois vert sur l'un des mornes (on appelle ainsi les volcans en retraite) qui dominaient la Pagerie. La fumée était montée droite. Haut dans le ciel, elle s'était cassée brusquement vers le nord. La veille, le soleil s'était couché « dans le sang ». Un cyclone allait éclater.

J'entends encore la cloche des Trois-Ilets sonner le tocsin. Des nuages de moustiques et d'oiseaux s'écroulèrent près de la maison, pour chercher refuge. L'océan se souleva comme du lait qui bout. Des éclairs *titiris* tout blancs crépitèrent dans le ciel aux nuées de plomb. Et la grande sarabande du vent, du raz de marée, du déluge commença. Toute la famille avec ses esclaves courut se réfugier dans le vieux bâtiment en pierre de la sucrerie, seul assez solide pour résister. A genoux, à la lueur des éclairs, nous récitions les litanies de la Vierge. Quand le cyclone, le *ioüallou*, finit, c'en était fini de notre maison en bois et de sa véranda. On s'installa au premier étage de la sucrerie. Et on y resta, faute d'argent pour reconstruire la maison.

Pour mes dix ans, je m'embarquai avec maman dans un gommier, une barque pointue qui traversa la baie. Au bout d'une heure, après avoir passé en revue les trois îlets (Charles, Sixtain, Tebloux) et l'îlet à Vache, on arriva à Fort-Royal. Pensionnaire pour quatre ans chez les Dames de la Providence. La petite sauvage de la Pagerie avait besoin d'être dégrossie. Selon les instructions du R.P. Charles-François de Coutances, préfet apostolique : « imprimer de bonne heure aux jeunes filles cette pudeur et cette modestie de sentiments qui font le plus bel ornement de leur sexe : cette douceur et cette bonté de caractère qui en fait l'agrément de la société ».

Douce, obligeante, serviable, je le resterai, dans la mesure où cela ne m'obligera pas à quitter mon hamac. Je n'étais pas encore très jolie. La beauté est l'œuvre de la femme qui veut plaire aux hommes. Sauf quelques exceptions, qui lassent vite, on ne naît pas belle, on le devient. Evidemment j'avais déjà ma peau de satin. De beaux yeux parlants dont je savais faire couler les regards. Poignets fins, chevilles fines. Le reste du corps boudiné. Figure large, nez en trompette. Patience ! Tout s'arrangera !

Les Dames de la Providence ne m'enseignèrent pas grand-chose. Mon esprit restera toujours en friche. Ce n'est pas lui qui me poussera. Ces pieuses personnes me donnèrent une écriture élégante, avec une façon aristocratique de barrer les *t*, et une orthographe pas plus boiteuse qu'une autre. Notre professeur, M. Francis, m'apprit à jouer de la harpe et de la guitare. Ce qui accrut la dextérité de mes mains, habiles à la tapisserie et, plus tard, à d'autres jeux, qui plurent aux hommes. Quand je serai impératrice, les antiques chanoines aux doigts gourds de la cathédrale de Mayence tenteront en vain d'ouvrir la châsse de Charlemagne, fermée depuis cinq siècles. En un tournemain j'y réussis.

J'appris aussi à chanter, moyennement, et à danser, mal, par la faute de notre lourdaud de maître.

Ce pensionnat n'était pas des plus gais. Je n'appréciais pas sa façon funèbre de marquer les fautes : un ruban noir dans les cheveux. Un blanc pour les premières.

Mes seules bouffées de joie : mes sorties chez ma grand-mère de Sanoix, ou chez le frère et la jeune sœur de mon père, Robert Tascher, lieutenant de vaisseau, et tante Rosette.

De retour à la Pagerie, je repris ma vie de paresse. Plus de Yéyette, mais Rose. Mon père me trouvait bien plus formée que mon âge. Mes premières règles à quatorze ans et demi. Papa s'empressa de l'écrire à des amis, comme une victoire. Mon corps s'épanouissait comme la fleur dont je portais le nom. Tous les jours je lui rendais un culte, par la grâce de l'eau. Le long d'un chemin bordé de cocotiers, d'arbres à pain et de gingembres, je gagnais un bassin formé par la rivière Croc-Souris. A l'abri des regards indiscrets, je me mettais toute nue. Je prenais mon bain. Et puis je me séchais au soleil, sur une dalle de pierre, en prenant des poses de nymphe.

Le soir j'avais du mal à m'endormir dans mon petit lit virginal en bois de courbaril. Tant de rêves m'agitaient! Que serait mon avenir? Un jour, pour le savoir, avec ma cousine et amie de pension, Aimée du Buc de Riverny, j'allai consulter une voyante indigène, Eliama, la fille de l'*ouboutou* Pakiri, qui, naguère, nous avait annoncé le cyclone. Quelle autre tempête, dans ma vie, prophétiserait Eliama?

Elle lut dans la main d'Aimée :

« Un jour, tu seras reine. »

Quelques années plus tard, le vaisseau sur lequel voyageait Aimée fut pris par des corsaires turcs. Vendue comme esclave en Alger, la mignonne sera offerte par le vieux dey au sultan Selim III. La « sultane française » fut la mère de Mahmoud II.

Enfin Eliama étudia longtemps ma main et déclara :

« Tu te marieras bientôt. Cette union ne sera pas heureuse. Tu deviendras veuve et alors tu seras plus que reine. »

Me baigner, me balancer dans mon hamac, me regarder dans mon miroir... les plus clairs de mes passe-temps. Les miroirs, futurs témoins de mes jeux d'amour, m'apprennent que j'ai des cheveux châtain clair, aux reflets roux, annonçant une sensualité de feu. Comment savoir la couleur de mes yeux ? Je les tiens toujours à demi clos. Langueur, attente du plaisir. Les uns les disent bleu foncé, bleu marine, bleu d'océan profond. Les peintres leur prêteront la couleur du café des îles. Un de mes deux passeports de 1795 les déclarera « orangés », ce qui est rare, l'autre « noirs », ce qui est banal. Mes interminables paupières, l'ombre de mes longs cils entretiennent leur charme.

Mes miroirs me disent, mes passeports me confirment, que je mesure cinq pieds, un mètre soixante-deux. Assez pour une femme qui sait marcher en ondulant dans un demi-sommeil d'amour.

Avec le sucre, le rhum, l'anis doux, la gelée de goyave, l'amour est la grande spécialité de l'île. Tout y fait penser, tout y prépare. Le soleil fait mûrir l'amour dans le corps des garçons et des filles, comme il fait mûrir les fruits du bananier, du cocotier, de l'arbre à pain.

Un sieur Tiercer, capitaine au régiment de la Martinique, qui deviendra un général vendéen, se permettra des insinuations. Haïssant Napoléon, il se vengera en écrivant dans ses Mémoires : « Parmi les personnes qui composaient la meilleure société martiniquaise, je fis la connaissance de Mlle Tascher de la Pagerie, la célèbre impératrice Joséphine. J'étais fort lié avec sa famille. J'ai souvent été passer quelques jours sur l'habitation de madame sa mère. Elle était jeune alors, je l'étais aussi... » Ces points de suspension, hérissés de sous-entendus, sont de la plume d'un sot. Laissons-l'y suspendu !

Au carnaval de 1779, l'escadre du comte d'Estaing relâcha pendant six semaines à Fort-de-France. Parmi la centaine d'officiers auxquels « on donna à danser », je remarquai le lieutenant Scipion du Roure. Je n'avais pas seize ans. Il en avait dix-neuf... Il ne se passa rien. J'étais fiancée. Scipion ne perdra rien pour attendre. Je le retrouverai. Alors, dans une forêt de points d'exclamation, il aura sa récompense.

J'étais fiancée. Une intrigante, née Marie-Euphémie-Désirée Tascher de la Pagerie, sœur de mon père, avait tout trafiqué. Mon grand-père l'avait insinuée dans la maison de M. de Beauharnais, lieutenant général et gouverneur des Antilles françaises. Devenue la maîtresse de ce personnage, elle le mena par le bout du nez, après qu'il l'eut mariée, pour la frime, à un riche M. Renaudin.

Cette fine mouche, douée de l'esprit de famille, se mit en tête de trouver une fiancée pour Alexandre, dix-sept ans et demi, fils de M. de Beauharnais. Sous-lieutenant, par la protection du duc de La Rochefoucauld, le colonel du régiment de Sarre-Infanterie, Alexandre s'était arrogé le titre pimpant de vicomte.

Sanglé dans un uniforme blanc, à revers et parements argent, le faux vicomte papillonnait en sa garnison de Rouen. Dame Renaudin, qui tirait les ficelles, fit écrire à mon père, le 23 octobre 1777, par le marquis de Beauharnais : « Mes enfants jouissent à présent de quarante mille livres de rente. Vous êtes le maître de me donner Mademoiselle votre fille pour partager la fortune de mon chevalier... »

On ne demandait pas mon avis. Ni celui de mon fiancé. A lui aussi l'obéissance tenait lieu d'amour : « Le respect et l'attachement qu'il a pour Mme Renaudin lui font désirer ardemment d'être uni à une de ses nièces. »

Ce désir ardent, allumé par Mme Renaudin, le poussait-il invinciblement vers moi ? Pas du tout !

« Je ne fais, je vous l'assure, continuait le père, qu'acquiescer à la demande qu'il m'en fait en vous demandant la seconde, dont l'âge est plus analogue au sien. »

Mon père comprenait d'autant mieux qu'il trouvait qu'à quinze ans j'en paraissais dix-huit.

Malheureusement, quand le marquis de Beauharnais écrivait cette lettre, ma sœur cadette, qu'il demandait pour son fils, était morte depuis sept jours. Bon commerçant, mon père offrit sa troisième fille, Marie-Françoise, dite Manette : onze ans et demi. Un citron vert, que de bons éducateurs auraient le temps de faire mûrir, en France, au soleil de la pédagogie. Pourtant si ces délais de mûrissement paraissaient trop longs, l'aînée ferait peut-être l'affaire. Me promenant au bout d'une longe, il vanta les qualités de sa pouliche : « une jolie voix, une belle peau, de beaux yeux, de beaux bras », détails que l'on souligne quand l'animal a plus de beautés que de beauté.

Mon père ajoutait que je mourais d'envie d'aller à Paris. Ne voulant pas brusquer le chaland, il concluait qu'en avril ou mai, il emmènerait peut-être ses deux filles dans la capitale, pour qu'on pût choisir. Il en profiterait pour consulter les médecins et solliciter, à la cour, « les grâces qu'il doit attendre ».

Parfaite marchande de bétail, tante Renaudin,

sans trop pleurer la petite morte, répondit à son frère : « Arrivez avec une de vos filles, avec deux; tout ce que vous ferez nous sera agréable. Il nous faut une enfant à vous. » Bossue, boiteuse, elle l'eût également accueillie.

Le candidat fiancé n'accepterait le mariage que pour s'émanciper et jouir pleinement de sa fortune, plutôt que de la mariée. Pour presser le mouvement, sans consulter son fils, le marquis de Beauharnais envoya à mon père un pouvoir pour publier les bans à la Martinique. Sur ce pouvoir, les noms et les prénoms de la future étaient en blanc !

Dame Renaudin cravache : « Venez ! Venez ! c'est votre chère sœur qui vous en conjure ! » La guerre fait rage. Les Anglais menacent les Antilles. Est-ce bien le moment de s'embarquer pour la France ? Tante Renaudin se fiche comme d'une guigne des épaulettes de mon père qui s'est fait bombarder capitaine des dragons de la milice. Un capitaine quittant son poste, à la Martinique, alors que les Anglais viennent de rafler l'île voisine, Sainte-Lucie ? Tant pis ! Plus que les canons de la perfide Albion et le déshonneur de papa, tante Renaudin craint « les menées de la parenté Beauharnais contre ses projets; d'autres partis considérables qui sont proposés à la famille; l'ardeur du jeune homme qui peut se refroidir à force d'attendre ».

En août 1779, poussé dans le bas du dos, à distance, par son indomptable sœur, mon père profite d'un convoi escorté par la frégate *La Pomone*. Avec tante Rosette, la mulâtresse Euphémie et moi, il s'embarque sur la flûte du roi, *L'Ile-de-France*. Traversée interminable : tempêtes, angoisse de voir apparaître un Anglais derrière chaque vague. J'ai le temps de rêver à mon fiancé.

Comment est-il dans son uniforme blanc à revers et parements d'argent ? Me fera-t-il rire ou pleurer ? Sera-t-il tendre, glacé, intimidant, moqueur ? Me rendra-t-il folle d'amour ?

Pendant la traversée, mon père est malade, à rendre ses entrailles et ses épaulettes. Le 12 octobre, à Brest, nous mettons enfin le pied sur le sol de France. Des rideaux de pluie enveloppent la ville. Dans le lit d'une sinistre auberge du quartier Saint-Louis, mon père se tord en d'affreuses crises de foie. Va-t-il trépasser ? Mon fiancé, prévenu, bondit dans une chaise de poste avec tante Renaudin. A Morlaix, il saute à cheval, non pour voler plus vite dans mes bras, mais, en cas de deuil, croque-mort diligent, pour « préparer Mme Renaudin quand cela arrivera ».

Le 27 octobre, arrivée d'Alexandre. Oui, il est beau. Oui, il est élégant. Oui, il a des manières. Oui, il porte à ravir l'uniforme blanc à revers argent. Mais, mais, mais...

Le lendemain de sa première rencontre avec celle qui aurait dû être la déesse de sa vie, voici ce qu'il écrivait à son père : « Depuis que je suis levé, je suis toujours à courir. La quantité de choses dont avaient besoin nos nouveaux débarqués et le peu de ressources qu'offre la triste ville que nous espérons bientôt quitter m'ont donné beaucoup de tracas. L'essentiel enfin est terminé. J'ai acheté un cabriolet bien conditionné duquel on m'a demandé quarante louis. Notre départ paraît fixé à mardi matin. Quant au temps que nous mettrons en route, nous ne pouvons pas le fixer. La seule chose que je puisse vous certifier, c'est la vive impatience que nous avons tous d'être auprès de vous. »

Et moi ?... Et moi ?... Me trouve-t-il aussi bien conditionnée que son cabriolet ?

« Mlle de la Pagerie vous paraîtra peut-être moins jolie que vous ne l'attendiez, mais je crois pouvoir vous affirmer que l'honnêteté et la douceur de son caractère surpasseront ce qu'on a pu vous en dire. »

J'envie son cabriolet !

Qui était cet Alexandre ? J'éclaire votre lanterne, comme j'aurais dû éclairer la mienne.

Alexandre de Beauharnais naquit à la Martinique le 28 mai 1760, sur la paroisse de Saint-Louis de Fort-Royal. Au baptême, il eut pour marraine, « haute et puissante dame Marie-Euphémie-Désirée Tascher de la Pagerie, épouse de M. Renaudin, écuyer, ancien major de l'île de Sainte-Lucie ».

A cinq ans, il rentra en France, où sa mère mourut. Il fut élevé par sa marraine, séparée de son époux, qui maintenant vivait maritalement avec cette pantoufle de marquis de Beauharnais dont la mollesse, en 1759, permit aux Anglais d'entrer à la Guadeloupe comme dans du beurre.

L'énergique Mme Renaudin et son déliquescent marquis confièrent Alexandre à un pion collant, ex-professeur de mathématiques, M. Patricol. Alexandre et son frère aîné, flanqués du Patricol, étudièrent d'abord au collège du Plessis, fréquenté par les enfants des familles riches « qui ne voulaient pas entendre parler des jésuites ». Ensuite, deux ans à l'université de Heidelberg, pour apprendre l'allemand, avec le sempiternel Patricol.

Voltairien, c'est-à-dire anticlérical jusqu'aux moelles, le Patricol jubile de certains progrès d'Alexandre : « Il est singulier comme il a mordu à l'hameçon de son catéchisme. Je craignais qu'un esprit comme le sien, élevé depuis longtemps à la règle et au compas... ne me fît des objections auxquelles j'eusse répondu difficilement, mais heureusement qu'il a, de lui-même, tranché le nœud de toute difficulté par la découverte de ce principe qu'il ne faut point approfondir les saints mystères que la Sainte Eglise nous ordonne de croire, qu'il faut lui faire le sacrifice de notre raison parce qu'elle ne saurait nous tromper. Principe de toute fausseté mais que je respecte et que j'aime infiniment pour le service qu'elle me rend dans cette occasion. »

Le mensonge ne sied qu'aux femmes. Il allait au boutonneux Patricol comme un jabot de dentelle à une oie.

A quatorze ans, Alexandre est « mousquetaire de complaisance ». Son frère aîné entre dans l'armée. Le duc de La Rochefoucauld engage Patricol pour patricoler les deux fils de sa sœur Rohan-Chabot. Le Patricol amène par le licol Alexandre au château de La Roche-Guyon. Chez le duc, grand seigneur généreux, mais à l'esprit fêlé par les théories de Raynal, de Jean-Jacques, de l'abbé Morellet, Alexandre, qui arrive d'une université allemande tourneboulée par les fumées suicidaires de *Werther,* contractera la maladie des chimères.

Du haut de son blason, le duc de La Rochefoucauld rêve d'égalité de tous devant la loi, d'égalité devant la couleur de la peau, d'embrassades universelles dans une démocratie séraphique. Patricol n'est pas duc et pair, mais un pion fielleux, dévorant sa nullité, dont une société injuste n'a pas su reconnaître les mérites. Il insuffle à Alexandre le virus égalitaire, revanche de sa haine. Il le contamine de l'emphase de Rousseau, qui enflera les bouchers du tranchoir Guillotin.

Alexandre chemine, englué de cuistrerie par Patricol et de tendresse sucrée par la marraine Renaudin. « Elle lui tient lieu de mère; il l'aime aussi tendrement que si elle l'était. » La futée a intérêt à le lui faire croire. La fortune de la maison n'est point celle du marquis, mais celle que les fils ont héritée de leur mère. Mme Renaudin dépend de leur bon cœur.

A quinze ans, Alexandre court déjà les jupons. Patricol applaudit à ses exploits de coq. Avec une réserve : « Ce qui m'étonne le plus et me déplaît beaucoup dans le chevalier, c'est le soin extrême qu'il prend de cacher et l'aisance avec laquelle il déguise les sentiments de son cœur. »

A seize ans et demi, le 8 décembre 1776, Alexandre devient un vrai sous-lieutenant à Sarre-Infanterie. Il s'enflamme pour Mme de Caumont qui l'appelle son « cabri » (son surnom au régiment, à cause de ses « poils fols » au menton). En garnison au Conquet, « au bout du monde », à trois lieues de Brest, endroit qu'il trouve sinistre, il s'ébat dans le lit de la ravissante Marie-Françoise-Laure, de onze ans son aînée, mariée à M. Le Vasseur de La Touche de Longpré, officier de marine, qui a le bon goût d'être en poste à Brest. Ces trois lieues de distance conjugale permettent à Alexandre de faire à son aise un enfant à Marie-Françoise.

Il n'accepte de m'épouser que pour faire plaisir à marraine.

Le 2 novembre 1779, jour de la fête des Défunts, nous nous entassons dans le cabriolet « bien conditionné ». Et fouette cocher ! De Brest à Rennes, quatre jours à claquer des dents. Alexandre a beau se serrer contre moi. La chaleur de ce jeune père aux « poils fols » qui pense à une autre ne compense pas la minceur de ma robe, faite pour le soleil tropical.

Alexandre se dégèle un peu. De Rennes il écrit à son père : « Le plaisir d'être avec Mlle de la Pagerie, avec celle à qui le nom de votre fille a paru si doux, a été la seule cause de mon silence. »

Cahin-caha nous arrivons à Paris, mi-novembre. Il pleut autant qu'à Brest. La seule différence : il y a plus de maisons et elles sont plus hautes. Les Parisiens semblent avoir le caractère aussi piquant que leur air. L'hôtel du marquis de Beauharnais est sis dans la lugubre rue Thévenot, étroite, glaciale, où le soleil ne pénètre pas. Aux deux bouts, la rue du Petit-Carreau et la rue Saint-Denis n'osent pas dépêcher jusqu'à ce boyau la moindre voiture. Alexandre me donne froid dans le dos en me révélant que nous jouxtons la cour des Miracles, repaire des voleurs et des assassins. Ma seule distraction : compter, à la fenêtre, les quatre pelés et un tondu débouchant par la sale ruelle des Deux-Portes à laquelle Alexandre se plaît à rendre son ancien nom de Gratte-Cul.

A côté de nos buissons de bougainvillées et de jasmins de la Martinique, le jardinet de l'hôtel Beauharnais, planté de cure-dents, me donne envie de pleurer.

Heureusement, dès le début, ma tante Renaudin sut me prendre par la coquetterie. Elle m'emmena dans les boutiques pour y acheter mon trousseau. Je n'avais rien à me mettre. Le seul souci de ma santé, sans compter celui de l'élégance, exigeait que je me couvrisse. Sinon, à force de claquer du bec, j'aurais vite fait une petite morte dans un cimetière parisien.

Robes, manteaux, bas, chaussures, mouchoirs, parfums, dessous vaporeux, châles, écharpes... Du bel argent du marquis plus que du sien, tante Renaudin y engouffra la somme de 20 672 livres qui me fit écarquiller de stupeur mes yeux tropicaux.

Le 10 décembre, signature du contrat, rue Thévenot. Maigre assistance, dont deux escroqueurs de titres : le frère aîné d'Alexandre qui se prétend marquis de Beauharnais et Claude, le fils du comte des Roches-Baritaud, chef d'escadre, qui se dit comte. Plus l'intendant de marine Michel Bégon, oncle d'Alexandre à la mode de Bretagne. Pour les Beauharnais, pas une femme, comme si leur race ne comptait que des porteurs de culotte.

Pour les Tascher, plus piètre cheptel : un de mes obscurs cousins au dix-neuvième degré, Louis-Samuel Tascher, prieur de Sainte-Gauburge. Ajoutons deux demoiselles Ceccouy, qui ne m'étaient parentes ni d'Adam ni d'Eve et que tante Renaudin avait dû ajouter pour peupler.

Aucun des noms fabuleux qui flambent dans les contrats des plus grisâtres bourgeois.

Et le contrat ?... Alexandre rutile de ses 40 000 livres de rente. Pactole de papier. En fait ce fleuve de cinq chiffres se réduit à un ruisselet. Il provient des successions de la grand-mère et de la mère d'Alexandre, encore indivises entre son frère et lui. Ce mot juridique, « indivis », pour moi du chinois, me fut corné assez souvent aux oreilles ! Le gros de la fortune consistait surtout en propriétés à Saint-Domingue, représentant, en 1779, plus de 800 000 livres de capital, qui, même pour moi qui ne savais pas additionner deux et deux, devaient rapporter de coquets intérêts. En France, je ne vais pas m'embourber dans les terres que possédait ou possédera Alexandre autour de la Ferté-Aurain et qui seront des biens nationaux, c'est-à-dire rien. Il a en indivision (encore !) avec son frère le château et la terre qui donnèrent leur nom au marquisat... Pour le reste, j'y perds mon latin.

Et moi, la future, qu'est-ce que j'apporte au corbillon ? Mon trousseau, payé par tante Renaudin, et des promesses en l'air : une rente de 5 000 livres que mon père promet de me verser... quand les poules auront des dents. Mme Renaudin me donne sa maison de Noisy, toute meublée, dont elle garde l'usufruit. Elle y ajoute une créance sur le marquis de Saint-Léger de 121 149 livres 6 sols 9 deniers dont elle conserve aussi l'usufruit. Si je pouvais avoir au moins, bien à moi, les 9 deniers !...

Le 13 décembre, toujours dans les grelottis-grelottats, mariage à l'église de Noisy-le-Grand. Pourquoi pas à Paris ? Parce qu'à Paris Mme Renaudin, qui habite en concubinage chez le marquis de Beauharnais, n'a pas de domicile propre, de paroisse propre, de « curé propre ». A Noisy, elle a tout cela proprement. Célébré à Noisy, mon mariage aura plus de valeur, devant la justice, sinon devant l'amour. Mme Renaudin, qui connaît son code aussi bien que les poches du marquis, a tout prévu.

Mon père, auquel le climat de la France ne convenait décidément pas, resta à frissonner sous ses couvertures rue Thévenot. Cette fois non plus il n'y eut guère de beau monde. Toujours l'éternel prieur de Sainte-Gauburge. De la cousinaille. L'inévitable Patricol, qui semblait plus que jamais avoir avalé son encrier. Et un Mouchard de Chaban, officier aux Gardes : le paraphe le mieux payé de France. Avoir figuré sur mon registre nuptial lui rapportera, sous l'Empire, une place de préfet, de conseiller d'Etat et un titre de comte.

Toujours pas de femme à l'horizon des signatures.

II

LE LOUP ET L'AGNELLE

Aimais-je Alexandre ? Oui, bien sûr, ou du moins je le croyais. Une petite pucelle, enfouie dans un vallon de la Martinique, ne voyait pas plus haut que le bout de ses cocotiers. Brusquement on la projette à Paris, capitale des grâces. Alexandre m'apparut d'abord comme un conquérant. Avec ce ton, ce mordant, cette désinvolture, pivotant sur ses talons, qui était alors le propre de la cour. Il écrivait comme Mme de Sévigné, il lançait des traits comme Voltaire, pensais-je. A côté de lui je me sentais une sauvageonne sans esprit, les bras en ailes de cane. Mon corps, mon futur empire, n'en était encore qu'aux prémices.

A La Pagerie, au fond de mon hamac et de mon petit lit de courbarin, j'avais rêvé de présentations à la cour. Déesse endiamantée, je glissais sur les parquets de Versailles, dans des éblouissements de lustres. Devant Leurs Majestés, rayonnant sur leurs trônes, mes trois révérences protocolaires arrachaient aux courtisans un ronron d'extase.

Au lieu de ces splendeurs, dans le boyau de la rue Thévenot, je m'ennuyais à hurler. De la famille Beauharnais, je ne voyais âme qui vive.

J'étais réduite à la compagnie de tante Renaudin, hantée par ses calculs, du marquis rabâcheur, de mon père égrotant, et quêtant servilement les grâces de la cour. Alexandre était ma seule planche de salut. Il me révéla l'amour, bien imparfaitement sans doute, en comparaison de mes éblouissements futurs. Mais pour une vierge partie de zéro, au-delà des mers, c'était mieux que rien. Il m'avait offert mes premiers bijoux : une montre, deux bracelets, des girandoles. Quand je ne les portais pas, je les caressais dans ma poche, même en me promenant dans Paris.

Dès le printemps 1780, Alexandre avait rejoint son régiment à Brest. A distance, je mesurais ses mensonges. Ce faux vicomte n'avait pas le droit d'être reçu à la cour. Il dansait fort bien et moi fort mal. Sa réputation de danseur le fit inviter une seule fois, sans moi, à un bal de la reine. C'est pour laver de tels affronts que les gens font des révolutions.

Dans la haute société d'alors, il était vulgaire d'aimer sa femme, épousée, le plus souvent, par convenance, pour avoir des enfants. Mon amour et ma jalousie l'agaçaient.

« Compte sur mon exactitude, m'écrivait-il, et n'empoisonne pas le plaisir à lire ce que tu me dis par des reproches que mon cœur ne méritera jamais. »

Je m'accablais de reproches. Non sur ma jalousie, justifiée, mais sur mon ignorance. Il me la jetait à la figure. Il me traitait en pédagogue qui voudrait pétrir son élève : « J'ai formé le plan de recommencer son éducation et de réparer par son zèle les quinze premières années de sa vie qui ont été négligées. »

Dans ma naïveté je lui promettais d'être obéissante. Plus je me soumettais, plus il devenait un second Patricol. « Je suis ravi du désir que tu me témoignes de t'instruire; ce goût qu'on est toujours à même de contenter, procure des jouissances toujours pures et a le précieux avantage de ne laisser aucun regret quand on l'écoute. »

Il pédagogisait : « C'est en persistant dans la résolution que tu as formée que les connaissances que tu acquerras t'élèveront au-dessus des autres et que, joignant alors la science à la modestie, elles te rendront une femme accomplie. »

Il jabotait, plastronnait : « En vérité j'admire mon amour-propre, je parle en homme sûr d'être aimé, d'être désiré. »

Quelle tentation de cocufier ce dindon !

Je trouvai un truc pour le duper. Chez les Dames de la Providence, à Fort-Royal, je copiais parfois ma dissertation sur celle d'Aimée. Ici je demandai à tante Renaudin de m'aider à faire mes lettres. « Vous, tante, qui êtes une nouvelle Sévigné ! » Ce fat d'Alexandre s'y laissa prendre. Il croyait m'inspirer un si fol amour qu'il changeait mon style : « Elle est bien tendre, bien jolie, la lettre qu'on vient de me remettre de toi et le cœur qui l'a dictée doit être bien sensible et bien digne d'être aimé. Aussi l'est-il... »

Ainsi soit-il ! A vos souhaits ! J'éternuai en riant sous cape.

Il évoquait mes « petites joues grassouillettes ». Quelle bévue ! Et toujours le cuistre aux bottes de plomb : « J'ai été enchanté des nouvelles que tu m'as données de ton intérieur et je ne désire rien tellement que la paix dans le ménage et la tranquillité domestique. Songe, ma chère amie, qu'on ne saurait trop faire pour se l'assurer, que les privations ne doivent rien coûter quand elles ont pour but de ramener et de fixer le bonheur dans le sein de la famille. C'est là qu'on peut éprouver de vraies jouissances et se soustraire aux peines de la vie. »

Ma nausée était telle qu'il dut s'en rendre compte. « Ne me trouves-tu pas aujourd'hui bien moraliste, bien ennuyeux ? »... « Tu ne me parles point de tes talents. Les cultives-tu toujours, ma chère amie ? Je voudrais *que tu m'envoyas* toujours le brouillon de tes lettres. J'y trouverais peut-être quelques fautes dans les expressions, mais mon cœur y démêlerait bien aisément les sentiments du tien. »

« *Que tu m'envoyas* » : l'éplucheur de fautes n'en lâchait-il pas une énorme ?

Mes trop jolies lettres finirent par lui mettre la puce à l'oreille. « J'avais bien reconnu le charme de votre style », écrit-il à Mme Renaudin. Il la pria de me laisser me dépatouiller : « En étant sûr qu'elle seule a tenu la plume, j'aurai plus de plaisir à entendre les choses flatteuses qu'elle me dit et je me persuaderai qu'elle les a puisées dans son cœur. »

La petite pensionnaire, surveillée au doigt et à l'œil, avec notes et bulletins trimestriels : « Quant aux tournures de phrases, que m'importe leur exactitude ? D'ailleurs, à en juger par sa dernière lettre, elle a fait des progrès considérables et n'a plus à rougir d'écrire à qui que ce soit. »

J'avais surtout fait des progrès en jalousie. Je sentais qu'Alexandre me trompait. Je le tiraillais de reproches. Son régiment quitta Brest pour Verdun. Dans l'entre-deux, Alexandre revint à Paris.

J'en eus quelque joie. Plus de lettres à écrire ! Vivent les vacances ! Et puis, tant qu'il était là, il ne pouvait pas me tromper. Enfin mon corps, même avec ce pédant, commençait à prendre goût à l'amour : quelque temps après, j'attendais un enfant.

Alexandre continua sa vie de conquérant. Tandis qu'il dansait et jouait la comédie sous les girandoles, ma seule distraction consistait à me traîner du boyau infect de la rue Thévenot à l'insipide Noisy-le-Grand, sous la houlette de la duègne Renaudin. Mes suprêmes délices : fourrager dans la garde-robe de ce paon, pour lui envoyer les justaucorps constellés, avec lesquels il ferait la roue.

Je déchirais l'air de mes plaintes « d'épouse infortunée ». Je me tordais les mains de désespoir. Je me heurtais à un rocher. Mme Renaudin finit par s'émouvoir. Lâchement, plutôt que d'intervenir elle-même, elle chargea Patricol de tancer son indigne ex-élève. Alexandre répliqua qu'il avait essayé de « commencer mon éducation », pour « réparer » les quinze premières années de ma vie où l'on m'avait laissée à l'état sauvage. Il s'était cassé les dents sur un caillou.

« Alors j'ai pris le parti de renoncer à mon plan et d'abandonner à qui voudrait l'entreprendre l'éducation de ma femme. Au lieu de rester une grande partie de mon temps à la maison, vis-à-vis d'un objet qui n'a rien à me dire, je sors beaucoup plus que je ne l'avais projeté et je reprends en partie mon ancienne vie de garçon. »

(« En partie » ? De fond en comble !)

« J'ai imaginé que si ma femme avait vraiment de l'amitié pour moi, elle ferait des efforts pour m'attirer à elle et pour acquérir les qualités que j'aime et qui sont capables de me fixer. »

Je les avais faits ces « efforts », mais quelle fille de dix-sept ans aurait résisté à sa pédagogie ?

« Au contraire, elle a refusé de se tourner du côté de l'instruction et des talents... » Ce n'était pas moi qui avais « refusé ». Présentés ainsi, « l'instruction et les talents » me donnèrent envie de vomir.

Le nauséeux Patricol prescrivit de nouvelles patricolades. Il conseilla à Mme Renaudin de « mettre sa nièce au courant de notre littérature en lui faisant lire et en lisant avec elle nos bons poètes ». Je devrais « meubler ma mémoire des morceaux les plus saillants de nos ouvrages de théâtre ».

Patricol racola mon père pour m'inculquer orthographe et géographie. A son retour à Paris, Patricol enrôlera un petit Patricolet qui empatricolera « Mme la vicomtesse dans ses études pendant tout l'hiver ».

Patricol abondait dans le sens de son ex-élève. Alexandre avait un « cœur tendre », à la mode du temps. Mais on ne peut pas faire l'amour jour et nuit. Pour retenir son mari, une femme doit « meubler » par ses mérites « les longs intervalles que laisse la jouissance de la passion ». « Meubler, meubler... », ils ne parlent que de « meubler » le temps à leur façon. Un jour mon corps le « meublera » à la sienne.

A force de supplications, j'obligeai Alexandre à me traîner chez Mme de Montesson, épouse morganatique, c'est-à-dire au rabais, du duc d'Orléans. Je rencontrai chez elle Mme de Genlis et la comtesse de Rohan-Chabot. Alexandre m'exhibait parfois chez sa jeune tante, Fanny de Beauharnais, épouse séparée de son cousin, le comte Charles. Une poétesse ridicule qui appâtait ses innombrables amants à coups d'épîtres, stances et quatrains. Plus tard elle prétendra m'avoir ouvert ses bras dès le début. En fait elle attendra que je porte un nom plus glorieux que celui de vicomtesse de Beauharnais pour exhaler des extases sur mon débarquement à Brest :

> *Quand Zéphir poussa le vaisseau*
> *Qui vous conduisit sur ces rives,*
> *Vous rappelez-vous le tableau*
> *Qu'offrirent vos grâces naïves ?*

Un joli tableau ! Une pauvre fille claquant du bec sous la pluie, flanquée d'un père qui rendait ses entrailles !

Le 3 septembre 1781, en l'hôtel de la sinistre rue Thévenot, j'accouchai d'un enfant mâle, qui reçut le prénom d'Eugène-Rose. Alexandre avait daigné rester à mon chevet. Mais deux mois de tranquillité conjugale lui suffirent. Il se remit à papillonner. Pour l'arracher à sa dissipation parisienne, Mme Renaudin ne trouva rien de mieux que de l'expédier en Italie. Dans la péninsule il passa son temps à faire l'amateur d'art. Il préférait la compagnie des statues à celle de son épouse gémissante et de son fils vagissant. Mais il ne fréquentait pas que les statues. Il hantait les fêtes de Rome.

Il rentra le plus tard possible, le 29 juillet 1782. Avec une mine superbe : les beaux-arts lui réussissaient. Pendant son vagabondage péninsulaire, nous avions déménagé. Il nous trouva installés dans un quartier neuf, en un hôtel de la rue Neuve-Saint-Charles, entre la rue de Courcelles et le faubourg Saint-Honoré, près de l'église Saint-Philippe-du-Roule, neuve aussi et point encore consacrée.

Qu'avais-je fait pendant l'absence du papillon des beaux-arts ? Pouponner, encore pouponner, toujours pouponner. Un horizon de langes, coupé par quelques goulées d'air de Noisy. A son retour, à peine Alexandre m'avait-il ensemencée une seconde fois qu'il reprit ses jambes à son cou. En profitant de mon sommeil. Le lendemain j'ouvris les yeux pour lire un poulet que cet héroïque fuyard m'avait écrit de Paris, à trois heures du matin : « Pardon d'être parti sans t'avoir dit encore une dernière fois que je suis à toi. » Il était à moi en décampant vers « la gloire ». Il trouvait chétif son grade de capitaine. Comment prendre du galon sans mourir ? Sans mourir d'ennui dans une garnison, sans mourir sous la mitraille à bord des vaisseaux du roi comme ses camarades du régiment de la Sarre ? Tâcher d'être l'aide de camp de M. de Bouillé, qui préparait une expédition à la Martinique. Il échoua, malgré la recommandation du duc de La Rochefoucauld. Il ne lui restait plus qu'à partir comme volontaire.

Alexandre redoublait d'aigreur : « Tes injustices ne m'empêchent pas de compter sur les vœux que tu formeras pour mes succès et j'y répondrai par la plus grande exactitude à te donner de mes nouvelles. »

A Brest, avant de s'embarquer, il attendait mes épîtres. « Je n'ai que tes lettres et tes chères nouvelles pour modérer mon ardeur et me dédommager d'être loin de tout ce que j'aime le plus au monde. »

Epuisée de lui avoir annoncé ma certitude d'être de nouveau enceinte, je ratai plusieurs courriers. Il se remit à fulminer : il n'avait pas de lettres, alors que ses camarades en recevaient de leurs épouses « qui pleuraient l'absence de leur mari et le leur témoignaient ».

Il aboyait de rage. Le dogue pédagogue ! « Cette négligence inconcevable me rend d'une humeur dont je ne puis me distraire. Ah ! que vos sentiments sont légers ! Votre amour n'exista jamais dans votre cœur. Je ferai mes efforts pour vous imiter. Si, comme je commence à le craindre, notre ménage tourne décidément mal, vous aurez à vous le reprocher. »

A Brest il couchait de nouveau avec Mme de la Touche. D'autant plus gaiement qu'elle avait perdu son mari. Elle devait faire voile, elle aussi, pour la Martinique, où elle recueillerait l'héritage de son père. Alexandre poussait le cynisme jusqu'à me demander de m'occuper des deux enfants de « la touche de près », comme j'appelais grossièrement sa maîtresse : Betsy et Alexandre II, fils de mon Alexandre Ier.

Alexandre resta cloîtré à Brest par les bateaux anglais qui croisaient devant la rade. Quelques lettres de moi l'apaisèrent. Il prétendit verser des larmes : « Les larmes me sont venues aux yeux en lisant ces caractères que ta main a tracés dans la douleur la plus amère et que tes larmes ont arrosés... »

Plus les Anglais le bloquaient en rade, plus il jouait au père de famille : « Ah ! mon aimable amie, pense au petit être que tu portes. Ménage-le, surtout ta santé. Caresse et soigne bien Eugène. Occupe-toi souvent de ton mari... »

Pendant qu'il s'occupe de « la touche de près », le pédagogue pointe dans ses recommandations pour Eugène : « Tu sens bien déjà qu'un des plus saints de tes devoirs est de t'occuper de son éducation. Commence déjà à te persuader qu'il est d'autres moyens de lui prouver ton amour qu'en le caressant. »

Le 18 novembre Alexandre et « la touche » s'embarquent sur la frégate *La Vénus*. Les vents la retiennent un mois dans la rade des Basques, près de l'île d'Aix. Je n'écris qu'une fois à La Rochelle. Pourquoi écrire si mes lettres arrivent après les vents ? Alexandre se remet à écumer :

« Il vous en aurait trop coûté pour me renouveler ce plaisir... Excusez ma lettre, mais j'enrage. »

Le 21 décembre *La Vénus* prend la mer. Bon voyage !

Le 21 janvier les deux amants arrivent à Fort-Royal. A peine Alexandre a-t-il posé le pied à terre qu'il apprend que l'on a signé la veille les préliminaires de la paix. La gloire lui passe sous la moustache.

Aux Trois-Ilets, il surprend mon père, rentré à la Martinique depuis quelques mois, « travaillant à faire du sucre ». Le vicomte de paille se juge déshonoré d'avoir un beau-père qui œuvre de ses dix doigts, et qui loge au premier étage d'une sucrerie. Il a la goujaterie de trouver ma petite sœur, Manette, « jolie » et « fort douce », mais « gâtée par des taches qui sont d'autant plus désagréables qu'elles annoncent un vice dans le sang ». Ce sang qui est aussi le mien et celui de ses enfants. D'ailleurs il ne s'attarde guère à contempler les « taches » de Manette. Il traverse la sucrerie en courant d'air. Indignés de sa conduite à mon égard, mon père et ma mère ne sucrent pas leurs propos. Alexandre préfère aller faire des ronds de jambe chez mon oncle, le baron de Tascher, directeur du port, qui a une situation plus huppée. Il émerveille la baronne! « Dieu veuille, écrit-elle, que mon fils puisse lui ressembler en tous points; je ne lui demande rien de plus et je serais la plus heureuse des femmes. »

Alexandre m'écœure tant que je n'ai plus la force de tracer pour lui le moindre mot. Une menteuse incapable de dissimuler! Alexandre le reconnaît : « Je me rappelle, ma chère amie, m'écrit-il le 12 avril 1783, que vous m'avez prédit que, lorsque vous me seriez infidèle, je m'en apercevrais soit par vos lettres soit par votre conduite envers moi. Ce moment est arrivé sans doute puisque, depuis trois mois que je suis ici, il est arrivé des bâtiments de tous les ports et que pas un ne m'a apporté un seul mot de vous... »

Le 10 avril j'avais mieux à faire qu'à écrire à ce paon. J'accouchais d'une fille : Hortense-Eugénie. Le père furibard ne le saura que deux mois plus tard. Le temps que mettaient les lettres pour la Martinique. Dans l'intervalle j'avais écrit à mes parents et à tante Rosette, à laquelle j'avouais que j'avais su « me corriger du sentiment si vif qu'Alexandre avait su m'inspirer ».

Je pris un malin plaisir à ne plus écrire à ce tyran. Je le bravai. Perraud, ancien valet de chambre de mon père pendant son séjour à Paris, partait pour la Martinique. Avant de quitter la capitale, il vint demander à Mlle Philippe, ma femme de chambre, si je n'avais pas de lettres à faire remettre à mon mari, à Fort-Royal. Sur mon ordre elle répondit NON, « attendu que ces dames avaient beaucoup d'engagements, de bals et de soupers ».

Le cyclone d'août 1766 ravagea notre sucrerie. Celui du 8 juillet 1783 bouleversa ma vie.

Mi-juin, à Fort-Royal, dans le salon des demoiselles Hurault, on félicite Alexandre pour la naissance de sa fille Hortense-Eugénie. C'est ainsi qu'il l'apprend. En même temps sa « touche de près » lui instille son venin. Elle compte sur ses doigts. Elle prétend qu'il manque douze jours pour compléter les neuf mois fatidiques. Hortense-Eugénie ne serait pas la fille d'Alexandre, mais de quelque consolateur. Voilà comment on me récompense d'avoir ouvert mes bras à l'amateur de statues qui rentrait d'Italie le 25 juillet 1782 !

Mme de la Touche eut recours à d'ignobles procédés de police. Elle graissa la patte à l'un des esclaves de la Pagerie, le Noir Maximin, qui inventa tout ce qu'elle voulut. Avant de quitter la Martinique j'aurais couchaillé à droite et à gauche. Avec M. de B., avec M. d'H. (M. d'Heureux). Toutes les lettres de l'alphabet !

L'immonde La Touche tenailla ensuite l'esclave Brigitte, qui me resta fidèle. Brigitte jura que je n'étais jamais sortie seule. J'étais toujours « accompagnée » de mon père, de ma mère, de mon oncle, cerbères de ma vertu.

Alexandre eut alors une ruse d'inquisiteur. Il dit à Brigitte que j'avais tout avoué. J'avais écrit souvent à M. d'Heureux. Brigitte cachait les lettres de mon amant dans sa cassette. J'avais prié Alexandre de les demander à Brigitte. Il lui donnerait dix *moedes* par lettre. Même s'il n'en restait qu'une, pour celle-là elle toucherait vingt *moedes*.

Brigitte résista à la tentation : « Je n'ai pas de lettres. Ma maîtresse n'a pas pu vous prier de me les demander, puisqu'il n'y en a jamais eu. Tuez-moi, torturez-moi ! Je ne pourrai rien vous dire d'autre.

— Pas un mot de tout ceci, conclut l'affreux bonhomme. Sinon tu es morte. »

Alexandre a beau donner quinze *moedes* à Maximin, le Noir refuse de répéter les calomnies qu'il aurait dites à Mme de la Touche. Alexandre interprète les hochements de tête entendus de tante Rosette, vieille fille au vinaigre. Il recueille les sifflements vipérins d'une Mme de Turon chez qui il loge à Fort-Royal et avec laquelle il couche. Il finit par croire qu'Eugène a pour père autant d'officiers qu'en compte le régiment de la Martinique, alors qu'il est né deux ans après mon départ de La Pagerie.

Le 8 juillet 1783, il m'écrit cette lettre de fou :

« Si je vous avais écrit dans le premier moment de ma rage, ma plume aurait brûlé le papier et vous auriez cru, en entendant toutes mes invectives, que c'était un moment d'humeur ou de jalousie que j'avais pris pour vous écrire; mais il y a trois semaines et plus que je sais, au moins en partie, ce que je veux vous apprendre. Malgré donc le désespoir de mon âme, malgré la fureur qui me suffoque, je saurai me contenir; je saurai vous dire froidement que vous êtes à mes yeux la plus vile des créatures, que mon séjour dans ces pays-ci m'a appris l'abominable conduite que vous aviez tenue, que je sais, dans les plus grands détails, votre intrigue avec M. de B..., officier du régiment de la Martinique, ensuite celle avec M. d'H..., embarqué à bord du *César,* que je n'ignore ni les moyens que vous avez pris pour vous satisfaire, ni les gens que vous avez employés pour vous en procurer la facilité; que Brigitte n'a eu sa liberté que pour l'engager au silence, que Louis, qui est mort depuis, était aussi dans les confidences; je sais enfin le contenu de vos lettres et je vous apporterai avec moi un des présents que vous avez faits. Il n'est donc plus temps de feindre et, puisque je n'ignore aucun détail, il ne vous reste plus qu'un parti à prendre, c'est celui de la bonne foi. Quant au repentir, je ne vous en demande pas, vous en êtes incapable : un être qui a pu, lors des préparatifs de son départ, recevoir son amant dans ses bras, alors qu'elle sait qu'elle est destinée à un autre, n'a point d'âme : elle est au-dessous de toutes les coquines de la terre. Ayant pu avoir la hardiesse de compter sur le sommeil de sa mère et de sa grand-mère, il n'est point étonnant que vous ayez su tromper aussi votre père à Saint-Domingue. Je leur rends justice à tous et ne vois que vous seule de coupable. Vous seule avez pu abuser une famille entière et porter l'opprobre et l'ignominie dans une famille étrangère dont vous étiez indigne. Après tant de forfaits et d'atrocités, que penser des nuages, des contestations survenues dans notre ménage ? Que penser de ce dernier enfant survenu après huit mois et quelques jours de mon retour d'Italie ? Je suis forcé de le prendre, mais j'en jure par le ciel qui m'éclaire, il est d'un autre, c'est un sang étranger qui coule dans ses veines ! Il ignorera toujours ma honte, et j'en fais encore le serment, il ne s'apercevra jamais ni dans les soins de son éducation, ni dans ceux de son établissement, qu'il doit le jour à un adultère; mais vous sentez combien je dois éviter un pareil malheur pour l'avenir. Prenez donc vos arrangements : jamais, jamais je ne me mettrai dans le cas d'être encore abusé, et, comme vous seriez femme à en imposer au public si nous habitions sous le même toit, *ayez la bonté de vous rendre au couvent,* sitôt ma lettre reçue; c'est mon dernier mot et rien dans la nature entière n'est capable de me faire revenir. J'irai vous y voir à mon arrivée à Paris, une fois seulement; je veux avoir une conversation avec vous et vous remettre quelque chose. Mais, je vous le répète, point de larmes, point de protestations. Je me suis déjà armé contre vos efforts, et mes soins seront tous employés à m'armer davantage contre de vils serments aussi faux et aussi méprisables que faux. Malgré toutes les invectives que votre fureur va répandre sur mon compte, madame, vous savez que je suis bon, sensible, et je sais que, dans l'intérieur de votre cœur, vous me rendrez justice. Vous persisterez à nier parce que, dès votre plus bas âge, vous vous êtes fait de la fausseté une habitude, mais vous n'en serez pas moins intérieurement convaincue que vous n'avez que ce que vous méritez. Regardez donc la honte dont vous et moi, ainsi que vos enfants, allons être couverts, comme un châtiment du ciel que vous avez mérité et qui me doit obtenir votre pitié et celle de toutes les âmes honnêtes.

« Adieu, madame, je vous écrirai par duplicata et l'une et l'autre seront les dernières lettres que vous recevrez de votre désespéré et infortuné mari.

« P.S. Je pars aujourd'hui pour Saint-Domingue et je compte être à Paris en septembre ou octobre, si ma santé ne succombe pas à la fatigue d'un voyage, jointe à un état si affreux. Je pense qu'après cette lettre je ne vous trouverai pas chez moi et je dois vous prévenir que vous me trouveriez un tyran si vous ne suiviez pas ponctuellement ce que je vous ai dit. »

Ce dément a l'inconscience de confier ce poulet à sa maîtresse La Touche qui rentre en France, après l'avoir liquidé, et qui vogue dans les bras du comte Dillon qu'elle épousera.

Alexandre s'alite chez sa logeuse et maîtresse de passage, Mme de Turon, non sous le coup de la douleur, mais sous celui d'une fièvre « putride ». Avant de quitter la Martinique sur la frégate *L'Atlante,* le 18 août, il eut le front d'aller saluer mon père. Le sucrier ne mâcha pas ses mots.

« Voilà le fruit que vous avez tiré de votre voyage et de la belle campagne que vous comptiez faire contre les ennemis de l'Etat ! Elle s'est bornée à faire la guerre à la réputation de votre femme et à la tranquillité de votre famille. »

Le « putride » débarque à Rochefort le 15 septembre. Il va se rafistoler à Châtellerault chez des parents de sa maîtresse La Touche. Il larmoie que des « rechutes continuelles pendant quatre mois » l'ont mis « entre la vie et la mort ». Il a appris que je restais toujours incrustée avec mes enfants chez le marquis de Beauharnais. Il s'indigne que je n'aie pas obtempéré à ses ordres. Il m'offre le choix : ou retourner m'enterrer en famille à la sucrerie, ou le couvent à Paris.

Comme j'étais à Noisy à ce moment-là, il me pria de lui envoyer dans la capitale ses chevaux et sa voiture pour le dimanche 26 octobre : « J'aurais besoin de me promener en voiture pour me distraire et suppléer à la faiblesse de mes jambes. »

Je me hâtai de rentrer à Paris pour arranger un peu les choses. Mais l'intraitable alla gîter dans une maison garnie, rue de Gramont. Puis rue des Petits-Augustins, dans le petit hôtel de La Rochefoucauld. Le marquis de Beauharnais, Mme Renaudin, une foule de personnes respectables s'époumonèrent en vain pour tenter de nous rabibocher. Alexandre ne descendit pas de ses grands chevaux. Ce conquérant des jupons voulait galoper à son gré.

Mise au pied du mur, je confiai Eugène à Euphémie et laissai Hortense en pension à Noisy. Escortée de ma duègne, Mme Renaudin, je me retirai rue de Grenelle, chez les bernardines de l'abbaye de Penthémont. Surtout n'imaginez pas les macérations d'un Carmel. L'abbaye de Penthémont était une ruche pour abeilles du monde. Epouses séparées, ou qui allaient l'être, vieilles filles de sang bleu voulant économiser sur le rôti et la chandelle, orphelines de haut parage en quête du prince charmant. Moyennant une pension de huit cents livres, plus trois cents à mille livres pour l'appartement, nous étions là comme des reines. Un immense caravansérail de jardins, de chambres, de chapelles, à chaque étage des parloirs-salons. Sauf les heures de rentrée, une liberté absolue. Pour moi la découverte grisante du monde, jusque-là à peine entr'aperçu. Par la faute d'Alexandre, qui me l'interdisait, et de Mme Renaudin, à laquelle on reprochait de vivre maritalement avec son marquis, ce qu'on trouvait du dernier bourgeois, alors qu'il eût été aristocratique d'être sa maîtresse.

Dès que dame Renaudin eut tourné les talons, je devins, à Penthémont, la petite vicomtesse de Beauharnais, mère de deux charmants enfants, agnelle victime d'un loup. C'est là que je reçus mes vraies leçons de maintien. En observant ces grandes dames, j'appris à marcher, à entrer, à sortir d'un salon, à saluer, à moduler ma voix, à dire des riens avec grâce. Pendant quinze mois, délivrée de tout amour et de toute jalousie envers un mari indigne, j'exécutai mes premiers exercices d'enchanteresse. Seize ans plus tard, quand je serai devenue la femme du Premier Consul, je me souviendrai encore de ces gammes. Pour jouer d'égale à égale avec la duchesse de Guiches, ambassadrice du comte d'Artois, je lui lancerai d'un ton qui classe : « Comment se porte Mme de Polastron ? Je l'ai vue à Penthémont. Elle avait une figure bien intéressante et une tournure bien charmante. »

Le lundi 8 décembre 1783, à onze heures du matin, au parloir n° 3, je reçus Louis Joron, conseiller du roi, commissaire au Châtelet et son secrétaire Jean d'Esdouhard. Ces messieurs venaient enregistrer ma plainte contre mon mari. En ce temps-là point de divorce. L'Eglise, qui tenait les registres de l'état civil, déclarait le mariage indissoluble. On pouvait seulement obtenir du Parlement une séparation de corps. Je ne disposais que d'une seule preuve matérielle : la lettre délirante du 8 juillet. Je l'enrobai de toutes les grâces que commençait à m'inculquer Penthémont. Je jouai du « fort joli son de voix », que le père de Jean d'Esdouhard, alerté par son fils, vint savourer quelques jours plus tard. Je pris des poses d'oiseau des îles. Je me pelotonnai dans mes malheurs. Je rappelai les infidélités du tyran. Je pleurai juste assez pour embellir mon sourire « fort intéressant, d'excellent ton, de bonnes grâces, de parfaites manières ». Le jeune secrétaire était le plus touché : « On ne peut comprendre en vérité, lorsqu'on la voit et l'entend, les mauvais procédés de son mari et ses torts à son égard. »

Le 11 décembre j'introduisis la demande en « séparation de corps et d'habitation ». En février le prévôt de Paris condamna Alexandre à payer une pension de 3 000 livres, pour frais d'entretien et de nourriture de ses enfants. Enragé par sa condamnation, le vendredi 4 février, mon époux détestable fit enlever le petit Eugène. Déchirée de douleur, je demandai justice au prévôt de Paris. Je remuai si bien ciel et terre, je mis si habilement Mme Renaudin dans mon jeu que je fis plier les genoux à ce furieux. Le 4 mars il reconnut qu'il avait eu tort « d'écrire le 8 juillet et le 20 octobre à ladite dame des lettres dont elle se plaint et qui ont été dictées par la fougue et l'emportement de la jeunesse, et qu'il regrette d'autant plus de s'y être livré qu'à son retour en France, les témoignages du public et de son père ont été tout à son avantage ».

A vingt et un ans, je recevais de mon geôlier le plus beau bijou : la liberté, assortie, pour moi et ma fille, d'une pension de 6 000 livres. Quand il aurait cinq ans, je devrais remettre Eugène à son déplorable père. Quant à moi, je pouvais habiter où je voulais, faire et dire ce que je voulais, sans un espion derrière chacun de mes mots. Libre, libre, libre !... Et je commençais à devenir jolie et à mettre en valeur mes appas. Ou mes manques, comme mes dents gâtées, à force peut-être de manger trop de sucreries. J'inventai le rire de gorge, à lèvres closes, qui rendait vulgaire le rire toutes dents de celles qu'avait épargnées la carie. En septembre 1785 je quittai les délices de Penthémont, en gardant à l'abbaye un petit pied-à-terre, pour trois cents livres de loyer. Je suivis le marquis de Beauharnais et Mme Renaudin dans leur transhumance. Alexandre avait emporté ses revenus, qui formaient l'essentiel de leur fortune. Les propriétés coloniales du marquis, gérées par son étourneau de père, ne rapportaient que des clous. Mme Renaudin, qui venait de perdre son vrai mari, était en procès avec sa créance sur le marquis de Saint-Léger, le plus clair de ses ressources. D'où la nécessité de se restreindre. Le faux ménage quitta Paris, où Alexandre avait enlevé les meubles, vendit Noisy et acheta, à Fontainebleau, rue de Montmorin, une petite maison entre cour et jardin.

Pour moi, Fontainebleau ne fut pas un désert. Le marquis et Mme Renaudin y avaient des relations, surtout bourgeoises, parmi les petits emplois agglutinés autour de toute résidence royale. Ces gens se paraient d'un bout de particule, comme M. de Cheissac, maître des eaux et forêts, et sa femme, ou M. de Cadeau d'Acy. Il y avait aussi un M. Deschamps, secrétaire du gouverneur du château, un M. Hue, greffier des deux sièges de la capitainerie, et les filles Hue. Ainsi qu'un M. Jamin, concierge de l'hôtel d'Albret : ce titre n'avait rien d'infamant. Parmi ses titres, le gouverneur du château en personne avait celui de concierge. Au-dessus de cette poussière bourgeoise planaient la vicomtesse de Béthisy et le vicomte, neveu de la supérieure de Penthémont, qui continuait à me protéger.

Je dansais, j'assistais à des comédies de salon. Je suivais les chasses à cheval. Pour avoir ce droit dans les forêts royales, on devait aligner un certain nombre de quartiers de noblesse. Malgré son titre indu de vicomte, Alexandre n'était pas « susceptible des honneurs de la cour », comme le confirma, le 15 mars 1786, le sieur Berthier, généalogiste des ordres de Sa Majesté. Il restait encrassé de bourgeoisie, empêtré de marchands et d'échevins. Ecumant de rage, il ne fut donc pas invité aux chasses. Tandis que mes parents, les Tascher, seigneurs blésois de La Pagerie, descendaient d'un Nicolas de Tascher du XIIe siècle et d'un Armand de Tascher, qui ferrailla aux croisades avec Saint Louis.

Des jaloux prétendirent que je n'avais suivi que des chasses d'essai, menées par la vénerie royale dans la forêt de Fontainebleau avant l'arrivée de Sa Majesté. « Dans ce cas-là, grinçaient-ils, point n'est besoin d'être présenté pour courir à la queue des chiens. » Mais je disposais d'introductions qu'ignoraient ces fâcheux. Chez mon beau-père, j'avais déployé mes charmes pour le marquis de Montmorin, gouverneur du château, dont la femme était « dame pour accompagner » la comtesse d'Artois. Chez les Montmorin je m'insérai dans les bonnes grâces du comte de Crenay, maréchal de camp, maître de la garde-robe du comte de Provence et dans celles du duc de Lorge, pair de France et fringant colonel. Je ne résistai point à ce pressant militaire et encore moins au frère du duc de Coigny, le chevalier, surnommé « Mimi ». Un mauvais sujet qui me faisait mourir de rire avec sa façon de dégeler les gens. En entrant dans un salon, il lançait un mot impayable, qui provoquait le hourvari. Ensuite, les bras croisés, il se murait dans le silence. En ce novembre 1787, avec Mimi, le duc de Lorge et le comte de Crenay, il faisait bon caracoler dans la forêt de Fontainebleau et s'égarer dans les fourrés. Aujourd'hui encore j'entends avec nostalgie les sonneries des cors, les abois des chiens, les piaffements des chevaux, tout ce noble tintamarre, le dernier avant la Révolution. Par économie, le roi ne venait plus guère. Je galopais, ivre de plaisir, bouillant de tout mon sang. Un jour j'ai vu un sanglier. Il m'a fait de l'œil. La pluie ne réussit pas à me gâter mon plaisir. C'était excitant d'écarter, dans sa course, ses rideaux pareils à ceux d'un lit. Je rentrai à la maison trempée comme une soupe, avec un appétit d'ogresse. Je dévorai une cuisse de poulet, en me changeant de pied en cap. Le reste du repas suivit quand je fus habillée. Mon beau-père n'avait jamais vu une jeune chasseresse si ardente, si ruisselante, capable d'avaler un poulet.

« Plaie d'argent n'est pas mortelle. » Sauf pour moi. Alexandre se faisait tirer l'oreille pour verser ma pension. Il avait fait un enfant à une jeune fille d'excellente famille. A moi, il me faisait un procès, à propos de propriétés indivises à la Martinique. Pour émouvoir mes parents et leur tirer quatre sous, j'évoquai le gazouillis de la petite Hortense : « Maman, les verrai-je ti bientôt ? »

Le baron Tascher débarque et me rend solennellement, de la part de mon père, une goutte d'eau : une lettre de change de 2 789 livres. Aux abois, je frappe à toutes les portes, même à celle du Trésor royal, qui devrait me rembourser je ne sais quoi.

En juin 1788, je décide de partir pour la Martinique avec Hortense. Des mauvaises langues, qui me voyaient toujours entre deux amants, comme les ivrognes entre deux vins, se sont demandé : « En fuit-elle un ? », « En rejoint-elle un autre ? », « Peut-être Scipion du Roure ? », « Ou bien veut-elle cacher l'approche d'un heureux événement ? »

Ils oubliaient que j'avais un cœur. Ma grand-mère était au cimetière. Mon père, ma mère, ma sœur risquaient de l'y rejoindre vite. Je voulais les revoir. Malgré les dépenses et les dangers d'une interminable traversée, avec une fillette de cinq ans, je partis dans un sillage de dettes, que je laissai à l'experte dame Renaudin le soin d'étancher : 246 livres 10 sols à deux cordonniers, 103 livres à une blanchisseuse, 1 630 livres à un sieur Tardif qui me trouvait tardive à m'acquitter. Comment ai-je pu mettre de côté les 100 louis de la pension d'Eugène à l'Institution de la jeune noblesse, rue de Berry ? Pour payer ma traversée avec Hortense et Euphémie, je dus vendre ma harpe.

Parties du Havre le 2 juillet 1788, nous n'arrivâmes que le 11 août, après avoir frisé le naufrage dans l'estuaire de la Seine. Aux Trois-Ilets, je retrouvai tristesse et pénurie. Avec ses malades ou ses gens vieillissants, la sucrerie était devenue un hôpital. Mes parents étaient accablés de dettes. A la mort de mon père, à force de se pendre aux chausses de ses créanciers, ma mère leur arracha un concordat. Elle leur promettra de répartir entre eux 30000 livres en trois ans, puis 30000 livres par an jusqu'à l'extinction des dettes.

Pour éviter de sécher sur pied entre les mornes bordant le vallon de larmes de La Pagerie, je me rendais le plus souvent à Fort-Royal. Toujours commandant du port, mon oncle recevait les officiers des navires qui accostaient en rade. Pour honorer ces fêtes dansantes, j'écrivis à tante Renaudin de m'envoyer d'urgence « un habit de bal déshabillé de linon » qui mettrait mes charmes en valeur et une douzaine d'éventails, propres aux gestes suggestifs.

Le second du brick *La Levrette* écrivit sur moi des horreurs : « Comme sa fortune était extrêmement bornée et qu'elle aimait la dépense, elle se trouvait forcée de puiser dans la bourse de ses adorateurs. » Hélas! c'était vrai. Quand Dieu donne aux femmes le don de plaire, pourquoi ne leur en donne-t-il pas les moyens? Et dans quelles bourses puiser sinon dans celles des adorateurs?

Oui, j'étais entichée de Scipion du Roure, un fringant officier qui naviguait sur le vaisseau *L'Illustre*. Il faisait relâche dans mes bras. Voilà pourquoi on me voyait plus souvent à Fort-Royal que dans mon triste vallon. Pourtant, Fort-Royal était en pleine effervescence. La prise de la Bastille avait répercuté jusque-là ses secousses. L'antique gouverneur intérimaire, M. de Vioménil, refusa d'abord en pleurant d'arborer la cocarde tricolore : « Je perdrais plutôt mille vies que de flétrir quarante-deux ans de bons services, en tolérant ce signal d'indépendance. » Plutôt que de perdre une seule vie, il finit par prôner le port de « ce gage de paix, d'union et de concorde ». Ensuite rien ne vaut un bon Te Deum pour défriper une cocarde.

J'étais retombée en tutelle, entre mes parents, à La Pagerie, entre ma tante Rose et mon oncle Tascher, à Fort-Royal. Une vie dolente, coupée par le brusque éclat des fêtes et par mes amours avec mon Scipion. Resterais-je une éternelle petite fille, loin de ce Paris dont le mirage tremblait au-delà des mers ?

Pendant ce temps la France royale des siècles, empanachée, poudrée, galante, légendaire, basculait dans les chimères en attendant son bain de sang. Mon Alexandre conjugal galopait sur la route de la fortune avec tous les médiocres qui prennent leur revanche dans les révolutions. Pourtant, malgré quelques griffures d'amour-propre, il n'avait pas tant à se plaindre de l'Ancien Régime. Bien que n'ayant fait aucun service dans Royal-Champagne, il rentra, le 1er mai 1788, major en second dans la Sarre. Un grade créé le 17 mars pour les capitaines en pied, de remplacement ou de réforme, ayant au moins cinq ans de service et une frénétique démangeaison d'avancer. Alexandre devait cette aubaine à son indéfectible protecteur, le duc de La Rochefoucauld. Grâce à lui, il pourrait finir maréchal de camp, lieutenant général. Cela ne lui suffit pas. Il ne savait pas ce qu'il voulait, mais il voulait tout ce qu'il n'avait pas. Il gardait rancune à la monarchie de ne pas lui avoir offert des faveurs auxquelles il ne pensait pas.

Dès les premiers frémissements d'orage de la Révolution, il s'élança en tête du peloton des idolâtres du changement dont le duc de La Rochefoucauld était le chef. Ce duc des brumes présidait ou souscrivait dans toutes les sociétés philanthropiques qui, sous le couvert de l'amour des hommes, sapaient le Trône et l'Autel.

J'appris avec stupeur qu'un mauvais mari et mauvais père pouvait faire un bon révolutionnaire. Coureur effréné de jupons, Alexandre se posa en victime des femmes. Drapé dans sa vertu, il s'érigea en conseiller du peuple. Naviguant sur le fleuve de salive où l'avait lancé le nauséeux Patricol, Alexandre patricola révolutionnairement après la prise de la Bastille, comme il avait patricolé royalement avant. De discours en exhortations, de proclamations en manifestes, il se fit nommer, par l'Assemblée provinciale de l'Orléanais, membre pour la noblesse de l'Assemblée de département de l'élection de Romorantin.

Après la convocation des Etats généraux, il se présenta à la noblesse du bailliage de Bois pour être l'un de ses deux députés. Ce sot avait la chance d'être poussé par un de nos plus grands génies, le chimiste et fermier général Lavoisier, qui le fit élire presque à l'unanimité. Dès son arrivée à Versailles, avec son patron, le duc de La Rochefoucauld, Alexandre se rangea dans la minorité de la noblesse, les « Quarante-sept » qui, le 25 juin 1789, s'unirent au tiers état pour vérifier en commun les pouvoirs. Dans la nuit du 4 août lorsque, dans une crise d'ébriété du renoncement, les privilégiés jetèrent leurs privilèges sur la tribune de l'Assemblée, Alexandre proposa l'égalité des peines pour toutes les classes de citoyens, l'admissibilité de tous les citoyens à tous les emplois ecclésiastiques, civils et militaires. Il récidiva le 21 août. En récompense, le 23 novembre, il fut élu secrétaire de l'Assemblée. Poussé et se poussant, noyant tout dans des océans oratoires déversés sur les papiers qu'il lisait avec emphase, ce cuistre devint président du club des Jacobins à la mort de Mirabeau, dont il mena pompeusement le deuil. Tout ce qui m'intéressait, c'était qu'il m'envoyait régulièrement ma pension. De juin 1788 à la fin de 1790, durant mon séjour à la Martinique, il versa pour moi à Mme Renaudin 15 000 livres. Qu'il ait rempli mon escarcelle m'importait plus que d'apprendre qu'il avait rempli de terre des brouettes au Champ-de-Mars pour préparer le terrain de la fête de la Fédération.

A la Martinique, tout ne se réglait point avec une cocarde. Les idées de la Révolution excitèrent les mulâtres à réclamer l'égalité avec les Blancs. Grisés, ils commirent des excès. Les troupes fermentèrent. D'autant plus que leur général s'adonnait au vin. De comités en députations, on vota, parlementa, délibéra, discutailla. Avec un retard sur la France de toute la largeur de l'océan.

En février 1790, le peuple pilla la caserne du régiment de la Martinique et en promena les canons dans les rues. Le vieil et croulant gouverneur, M. de Damas, ne put empêcher les Noirs d'occuper le fort Royal et de braquer ses canons sur la ville, tandis que les soldats mutinés s'emparaient du fort Bourbon. M. de Damas alla se terrer en clopinant au village du Gros-Morne. Mon oncle, devenu le maire de la ville, fut pris comme otage par les rebelles. Dès sa libération, je le suppliai de m'aider à partir. Le 3 septembre, j'appris que les insurgés allaient bombarder Fort-Royal le lendemain. L'amour de la sécurité, les conseils de mon oncle m'ordonnaient de fuir au plus tôt. Avec ma petite Hortense et Euphémie, nous embarquâmes, le soir même, sur la frégate *La Sensible,* la bien nommée : à son bord se trouvait Scipion.

Les insurgés commencèrent le bombardement aussitôt. Le lendemain, ils ordonnèrent aux navires de regagner le port. Pendant trois jours *La Sensible* attendit des instructions à l'entrée de la rade. Puis, suivie de *L'Illustre,* de *La Levrette* et de la corvette *L'Epervier,* elle se décida, sous les ordres de Durand d'Ubraye, à cingler vers les Bermudes et, avec l'aide de Dieu et des vents, vers la France.

Nous étions parties si vite que nous n'avions rien emporté. De vraies bohémiennes. Ma petite Hortense dansait à merveille les danses des nègres et chantait à ravir leurs chansons. Sur le pont, elle était la coqueluche des matelots, surtout d'un vieux contremaître. A force de danser, Hortense usa ses souliers jusqu'à la corde. Elle savait qu'elle n'en avait pas d'autres. Elle craignait que je ne lui défende d'aller sur le pont. Elle me cacha le délabrement de ses chaussures. Un jour, elle arriva dans ma cabine les pieds en sang. Un clou l'avait écorchée affreusement. J'éclatai en sanglots avec Hortense. Le vieux contremaître avait dans son coffre une vieille paire de souliers :

« Vous la couperez, madame, et moi je la coudrai. »

Le soir même, dans ses nouveaux vieux souliers, Hortense, aux bravos de l'équipage, rejoua son rôle de ballerine.

En traversant le détroit de Gibraltar, le pilote faillit nous échouer. On mouilla une ancre. Pas fières pour un sou, Hortense et moi nous nous attelâmes aux cordages pour aider à la manœuvre.

A l'arrivée à Toulon (29 octobre 1790), j'apprends que je suis devenue l'ex-femme et la mère des enfants d'un des nouveaux potentats de la France : Alexandre préside la Constituante.

Scipion loue pour moi un appartement. Je ne peux pas m'y éterniser. Non par délicatesse, pour ne pas vivre aux crochets de mon amant. Ce sentiment ne m'a jamais étouffée. En quittant Toulon, je taperai mon Scipion de 100 louis, et un de ses camarades, Auguste de Meyronnat Saint-Marc, de 80, sommes coquettes pour des officiers de marine. Je les rembourserai quand la prédiction de la devineresse caraïbe Eliama commencera à se réaliser. Mais je dois gagner Fontainebleau pour retrouver, avec mes enfants, un lambeau de famille : celle de mon ex-époux.

III

COMMENT UNE JOLIE FEMME
SURVIT PENDANT UNE RÉVOLUTION

A Fontainebleau, pendant l'été de 1791, si j'avais aimé Alexandre, j'aurais pu me rengorger. Président de l'Assemblée constituante, il fut projeté par les circonstances plus haut encore que son perchoir. Il présida une séance qui dura sans interruption du mardi 21 juin à huit heures et demie jusqu'au dimanche 26 à trois heures de l'après-midi. Avec une pause le jour de la Fête-Dieu, où il mena la procession constitutionnelle de Saint-Germain-l'Auxerrois. Pendant cent vingt-six heures et demie, Alexandre saliva, pérora, palabra présidentiellement. Ou même royalement, car le faux vicomte auquel la vraie généalogie interdit naguère de monter dans les carrosses du roi, devint, pendant cent vingt-six heures et demie, le successeur de Saint Louis et de Louis XVI. Le 21 juin, à huit heures et demie, il annonça à l'Assemblée que, dans la nuit, le roi et la famille royale avaient été « enlevés par les ennemis de la chose publique ». Astucieuse tournure dont il n'avait pas accouché seul, mais avec l'aide de Bailly et de La Fayette.

Mercredi 22, dix heures du soir : Alexandre

annonce que, la nuit précédente, Louis XVI a été arrêté à Varennes. Poursuivant ses perfidies, il fait voter « les mesures les plus pressantes et les plus actives pour protéger la personne du roi », ce que disent tous les geôliers pour parler pudiquement d'un prisonnier qui pèse sur leur conscience.

Samedi 25, le long de la terrasse des Feuillants, atroce défilé de la populace escortant la berline du roi captif, couverte de grappes hurlantes de patriotes.

A Fontainebleau, à grands cris, au pied de notre hôtel, la foule nous réclame. Quand je parais à une fenêtre, avec Eugène et Hortense, on applaudit : « Voilà notre dauphin et notre dauphine ! » Mais alors, moi, je suis reine !... Est-ce donc cela que m'annonçait la devineresse Eliama ? « Tu te marieras bientôt. Cette union ne sera pas heureuse... » J'avais épousé Alexandre qui ne m'avait pas rendue heureuse.

Eliama ajoutait : « Tu deviendras veuve et alors tu seras plus que reine. » Alexandre vivait toujours. Ce serait donc un autre qui... ? Et comment devenir « plus que reine » ?

Alexandre se venge de ses prétendues humiliations passées. Il proscrit le marquis de Bouillé, le dernier général de la monarchie dont, jadis, il avait léché les bottes pour tenter de lui servir d'aide de camp. Il met en accusation et fait interroger le roi et la reine avec une odieuse insolence.

Bouffi de suffisance, il écrit à son père, de l'Assemblée nationale, le lundi 27 juillet au soir : « Je me reprocherais si ma situation actuelle, que les circonstances critiques ont rendue périlleuse, pénible et honorable plus qu'aucune présidence, m'empêchait de vous offrir l'expression de mes sentiments. Je suis épuisé de fatigue, mais je trouve des forces dans mon courage et dans l'espérance que, méritant par mon zèle une partie des éloges que l'on m'a prodigués, je peux être utile à la chose publique et au maintien de la tranquillité du royaume... »

Je cache ma nausée dans l'intérêt de mes enfants. Désormais, à leur propos, Alexandre et moi nous nous parlons froidement, courtoisement, directement, et non plus seulement par le truchement des lois.

Pour être plus libre, je quitte Fontainebleau, ses ombrages, et l'hôtel entre cour et jardin de la rue de France. Je m'installe à Paris avec Hortense et Eugène, à l'hôtel des Asturies, rue d'Anjou, puis rue Neuve-des-Mathurins, enfin rue Saint-Dominique, dans un appartement propice à l'amour.

Avant que les têtes ne tombent sous la guillotine, je tourbillonne dans le monde. Je m'enivre de salons, de particules, avant qu'ils ne soient démonétisés. Je me frotte à la marquise d'Espinchal, à l'écrivassière Mme de Genlis, à Mme de Lameth, à Mme de Barruel-Beauvert, à Mathieu de Montmorency, au marquis de Caulaincourt. J'ai de l'amitié pour un Allemand, le prince de Salm qui, richissime sous l'Ancien Régime, s'enorgueillit, sous la Révolution, de son uniforme de chef de bataillon de la garde nationale. J'aime fort sa sœur, la princesse Amalia de Hohenzollern-Sigmaringen, qui le préfère à ses amis patriotes parce que je n'ai en tête qu'amour et chiffons. Je cultive la vieille marquise de Moulins pour les loges de théâtre qu'elle m'offre. La vie d'aventures dont je rêve ressemble tant au théâtre !

J'offre mon portrait en miniature à Charlotte

Robespierre. Je picore parmi les membres de l'Assemblée, qui peuvent servir un jour : Crillon, Montesquiou, d'Aiguillon, La Fayette, Menou, Hérault de Séchelles, Duveyrier qui me fait les doux yeux.

Je m'étourdis au-dessus de mes moyens. De la Martinique, où mon père est mort insolvable, je ne reçois plus un liard. J'emprunte à tire-larigot. Aux correspondants de ma mère à Dunkerque et jusqu'à la gouvernante de mes enfants, la trop bonne Mlle de Lanoy.

Fin septembre 1791, Alexandre donne le plus éclatant exemple d'ineptie. Avant la clôture de leur session, pareils au légendaire catoblépas, qui se mangeait les pieds, les membres de la Constituante qu'il préside se déclarent inéligibles à l'Assemblée suivante. De son trône présidentiel, mon catoblépas retombe dans l'administration départementale du Loir-et-Cher. Ensuite, il rentre dans l'armée et collectionne les grades : lieutenant-colonel, adjudant général, maréchal de camp. Avant de s'en aller en guerre, il fait pompeusement son testament. Il institue Patricol son exécuteur testamentaire. « A une jeune fille nommée Marie-Adélaïde de La Ferté », enfant naturelle d'une demoiselle « jeune, jolie et de très bonne famille », il lègue 600 livres de rente viagère. Il n'oublie ni Movin, son domestique (400 livres de rente viagère), ni Richard, son palefrenier (200 livres de rente viagère), ni Sauvage son second palefrenier (200 livres une fois pour toutes). Il n'oublie que sa femme et ses enfants, qui hériteront malgré cette infamie.

A son habitude, ce foudre de guerre se tient le plus loin possible du feu. Son arme est la plume d'emphase. Ce capon se fait l'historiographe de la guerre. Il pond des rapports pour le Comité militaire de la Législative. Il narre la déroute de Mons! « J'ai cru, messieurs, devoir vous communiquer mes idées sur la situation présente; mon sort comme le vôtre est, vous le savez, lié indissolublement au succès de la Révolution. Je crains que de nouveaux désastres m'empêchent de servir encore avec la responsabilité d'un chef, mais je serai toujours soldat. Je resterai dans le rang, je m'y ferai tuer et je ne survivrai pas à la perte de la liberté de mon pays. »

A la chute de la monarchie, ce pleutre, avare de son sang, réclame celui du « tyran ». La Convention paie sa férocité républicaine en le comblant d'honneurs : général (8 mars 1793), commandant de la division du Haut-Rhin (11 mai), chef de l'armée du Rhin (23 mai). Elle veut le bombarder ministre de la Guerre. Il recule même devant ce bombardement. Il inonde ses soldats, les « citoyens des départements dans l'étendue de l'armée du Rhin », l'Assemblée, d'un océan d'adresses, proclamations, exhortations, rivalisant de grotesque. Il parle notamment aux gardes nationaux, contraints de rendre leurs fusils : « des piques qui, surmontées du bonnet de la liberté, feront encore dans les mains des citoyens l'effroi des conspirateurs et l'espérance des amis de la liberté ».

Alors qu'il a 60 000 hommes sous ses ordres, il laisse assiéger Mayence. Au lieu de secourir la ville, il palabre, piétine, ruisselle d'une diarrhée de comptes rendus. Mayence capitule. Responsable de ce désastre, il a l'ignominie de prier les Jacobins de Strasbourg de demander à la Convention de « faire tomber les têtes des traîtres de Mayence et de les envoyer au roi de Prusse » !

Pour échapper aux conséquences de sa nullité, il offre sa démission à la Convention, « vu que, appartenant à la caste proscrite, il est de son devoir d'ôter à ses concitoyens tous les sujets d'inquiétude qui pourraient s'élever contre lui dans ces moments de crise ».

Il quitte son poste devant l'ennemi, forfait qui, en droite justice, mériterait la mort. Tandis que ses soldats se font tuer, il reste à Strasbourg, malade, dit-il. En fait, il s'ébat dans un lit avec la fille du commissaire des guerres Rivage, surnommé Rivage le Riche.

Les représentants du peuple près l'armée du Rhin acceptent enfin sa démission avec des attendus infamants : « ... considérant que son état de faiblesse et de langueur qui l'a éloigné de l'armée pendant trois jours de combat ne peut que jeter la méfiance et le découragement dans l'état-major de l'armée, arrêtent que sa démission est enfin acceptée et qu'il sera tenu de s'éloigner dans l'espace de six heures à vingt lieues des frontières, dans un séjour dont il nous donnera connaissance ainsi qu'à la Convention nationale ».

Le représentant Borie, approuvant la mesure prise par ses collègues Ruamps et Malhaut, ajoute qu'on aurait dû l'arrêter.

Je fais la navette entre Fontainebleau, Paris et Croissy. A Croissy j'habite la maison de campagne d'une créole de Sainte-Lucie, Mme Hosten-Lamothe, qui a une fille du même âge qu'Hortense. Cette dame très à gauche et ce village très gracieux exerceront une grande influence sur ma vie. C'est là que je fais la connaissance de Mme Campan, de M. Chanorier, des Vergennes. Une des filles de Mme de Vergennes deviendra Mme de

Rémusat dont je ferai une de mes « dames du Palais », quand j'aurai un palais.

J'aime aider, c'est là mon moindre défaut. J'use de mes amis « patriotes » pour aider mes amis qui le sont moins, tels les Vergennes. Jeu dangereux, qui risque de me compromettre. Je me fourre dans des guêpiers, en comptant sur mes armes secrètes de femme pour m'en tirer. Dans la loterie sanglante, je gagne pour Mme de Montmorin, que j'arrache à l'échafaud, je perds pour M. de Montmorin, ancien gouverneur de Fontainebleau.

A Croissy, je rencontre Réal, fils d'un garde-chasse, et Tallien, fils d'un portier. Devenu procureur au Châtelet, le premier joue un rôle capital dans la machine révolutionnaire. Substitut du procureur de la Commune du 10 août, le second a un aspect brutal, gage de virilité si engageant que je l'introduis dans ma plus chaude intimité. Quand un homme me désire, je ne sais pas refuser.

Si, en plus, ce plaisir me rapporte quelques sous, pourquoi faire la petite bouche ?

En août 1792, après l'invasion des Tuileries, quand le roi ne fut plus qu'un prisonnier obèse, je pris peur. Non pas pour moi. Je me croyais protégée par mes amis patriotes et par les titres révolutionnaires de mon ex-époux. Mais je tremblais pour mes enfants. La princesse de Hohenzollern les emmena dans une propriété du prince de Salm, à Saint-Martin-en-Artois, d'où elle tâcherait de les faire passer en Angleterre. Dès qu'Alexandre apprit ce projet, il s'y opposa et il inscrivit Eugène au Collège national, à Strasbourg.

Cahin-caha la vie de société continuait. On

danse sur les volcans, pourquoi pas sur les marches de la guillotine ? Et puis c'était ma folie de voir du monde, toute sorte de monde, du beau, du laid, du brillant, du louche. Alors que tant de têtes tombaient, la mienne me tournait, dans une pavane au bord du gouffre.

En septembre 1793, la loi des suspects me force à me fixer à Croissy pour y obtenir un certificat de civisme. Le 26 je me présente à la municipalité pour y faire ma déclaration. Eugène me rejoint. Le collège où l'avait mis son père, à Strasbourg, vient de fermer.

Alexandre et Chanorier m'ont conseillé d'élever mes enfants « à la spartiate ». Pour mériter mon certificat de civisme et pour obéir aux enseignements de Jean-Jacques. Une façon de suivre la mode, en littérature, comme je la suivais pour mes robes. Hortense est tantôt chez son grand-père à Fontainebleau, tantôt à Paris, chez sa gouvernante « la citoyenne Lanoy », prétendue couturière, qui est censée lui apprendre à tirer l'aiguille. Quant à Eugène, il rabote patriotiquement chez un menuisier, le père Cochard, agent national de la commune de Croissy. Le 12 octobre, il reçoit, digne défenseur de la patrie, un sabre et un fusil.

En janvier 1794, bardée de mon scapulaire révolutionnaire, mon certificat de civisme, je rentre à Paris, rue Saint-Dominique. On me sait si bonne que, de toutes parts, des suspects se pendent à mes basques. J'interviens, en n'écoutant que mon horreur de voir souffrir et que mon envie de rendre service, aussi spontanées que, dans un lit, mon appétit d'éprouver et de donner du plaisir.

Jamais une voix, au fond de moi, ne me chuchote : « Attention ! Casse-cou ! En révolution ne pas se faire remarquer ! Hiberner, comme la marmotte, en attendant les beaux jours ! »

Je n'ai jamais eu d'atomes crochus avec ma belle-sœur, Marie-Françoise de Beauharnais. Son mari, l'émigré, s'était fâché à mort avec le mien. Pourtant, quand on fourre Marie-Françoise, le 3 novembre 1793, à Sainte-Pélagie, on tire ma sonnette pour me supplier d'agir. Je me mets en quatre, comme s'il y allait de ma vie. Tout dépend de l'affreux Vadier, président du Comité de sûreté générale, qui a siégé à la Constituante avec Alexandre. Sûre de mes charmes, je lui demande un rendez-vous. L'affreux Vadier, « soixante ans de vertu », refuse de me recevoir. Je lui écris, dans le jargon du temps. Parmi ces tigres, flairant partout des suspects, il fallait choisir : le jargon ou la guillotine.

Paris, 18 nivôse l'an II
de la République
française et indivisible

Liberté
Egalité

Lapagerie-Beauharnais à Vadier.
représentant du peuple
Salut, estime, confiance, fraternité

« Puisqu'il n'est pas possible de te voir, j'espère que tu voudras bien lire le mémoire que je joins ici. Ton collègue m'a fait part de ta sévérité, mais, en même temps, il m'a fait part de ton patriotisme pur et vertueux et que, malgré tes doutes sur le civisme des ci-devant, tu t'intéressais toujours aux malheureuses victimes de l'erreur. »

L'affreux Vadier ne confondrait-il pas Alexandre, le patriote, et son frère, l'émigré ? Je mis donc lourdement les points sur les *i* en tâchant de les enfoncer dans sa tête de granit. Je défendais ainsi mon ex-mari, non par amour, mais pour garder un père à mes enfants.

« Je suis persuadée qu'à la lecture de ce mémoire, ton humanité et ta justice te feront prendre en considération la situation d'une femme malheureuse à tous égards, mais seulement pour avoir appartenu à un ennemi de la République, à Beauharnais l'aîné, que tu as connu et qui, dans l'Assemblée constituante, était en opposition avec Alexandre, ton collègue et mon mari. J'aurais bien du regret, Citoyen représentant, si tu confondais dans ta pensée Alexandre avec Beauharnais l'aîné. Je me mets à ta place : tu dois douter du patriotisme des ci-devant, mais il est dans l'ordre des possibilités que, parmi eux, il se trouve des ardents amis de la Liberté et de l'Egalité. Alexandre n'a jamais dévié de ces principes : il a constamment marché sur la ligne. S'il n'était pas républicain, il n'aurait pas mon estime, ni mon amitié. Je suis américaine et ne connais que lui de sa famille, et s'il m'eût été permis de te voir, tu serais revenu sur tes doutes. »

A défaut de civisme, mes yeux, mes seins, ma voix auraient peut-être ébranlé ses « soixante ans de vertu ». Où allons-nous si, dans les révolutions, le charme millénaire des femmes trouve porte de bois ?
« Mon ménage est un ménage républicain :

avant la Révolution, mes enfants n'étaient pas distingués des sans-culottes, et j'espère qu'ils seront dignes de la République.

« Je t'écris avec franchise, en sans-culotte montagnarde. Je ne me plains de ta sévérité que parce qu'elle m'a privée de te voir et d'avoir une petite conférence avec toi. Je ne demande ni faveur ni grâce, mais je réclame ta sensibilité et ton humanité en face d'une citoyenne malheureuse... »

La « sensibilité » et « l'humanité », vertus introuvables chez ce menhir.

Cuirassé de certificats des sociétés populaires, Alexandre se croyait à l'abri. De Strasbourg, il se rendit à La Ferté, puis à Blois, où il loua une petite maison. Il prétendit avoir été « fort bien reçu par les patriotes de la Société populaire » de la ville. En réalité, on l'y accueillit par des injures. Il accumula les boucliers protecteurs : maire de La Ferté, où il fonda une société populaire, président de la société des Jacobins de Chaumont, avec des matelas de nouveaux certificats. Rien n'y fit. On ne pardonnait pas à ce général de n'avoir pas fait la guerre à Mayence, et d'avoir fait l'amour à Strasbourg. Le 2 mars, l'infernal Vadier, que j'avais espéré attendrir, signa le premier un mandat d'amener contre « Beauharnais, ci-devant commandant en chef de l'armée du Rhin ». Le citoyen Sirejean, commissaire du Comité de sûreté générale, vint l'arrêter. Alexandre séjourna d'abord à la prison du Luxembourg. Le 14 mars on l'écroua aux Carmes.

Pendant une révolution, ne vous réfugiez jamais dans un charmant petit village, où tout le monde s'épie ! A La Ferté on avait dénoncé Alexandre. A Croissy un dénonciateur anonyme avertit de « se méfier de la ci-devant vicomtesse Alexandre de Beauharnais, qui a beaucoup d'intelligences dans les bureaux des ministres ». Le 20 avril, les citoyens Lacombe et Georges, membres du Comité révolutionnaire de la section de La Fontaine-Grenelle, viennent perquisitionner chez moi, 953 « rue Dominique ». Ils fourragent partout, puis rédigent le procès-verbal avec leur orthographe policière qui m'aurait fait mourir de rire si, en ce temps-là, on n'avait pas pris l'habitude de mourir autrement. Ils ont requis « *la ci-devant vicomtesse de leur représenter tout ses papiers et correspondance, a coye aiant obtempéré avons procédé à leurs eshamains et après la recherche la plus scrupuleuse nous navons rien trouvez de contraire au interet de la republique, au contraire une multitude de lettre patriotrique qui ne peuve faire que l'éloge de cette citoyenne* ».

Ils apposent les scellés sur deux secrétaires, puis « *sur deux aumoires qui sont dedans un grenier dedant lequel ils et deposé le papier correspondance du citoyen Beauharnais que sez effet* ».

Bien entendu, pendant ces opérations, j'ai déployé tous mes charmes. Mai j'ai contenu si fort ma terreur qu'en signant le procès-verbal j'écrase un énorme pâté sur l'*i* de Beauharnais. Enfin ces pourvoyeurs de geôles prennent congé, tandis que mon cœur se remet à battre.

Malheureusement, le lendemain matin, à l'aube, le citoyen Georges, accompagné cette fois du citoyen Elie Lafoste, vient m'arrêter. J'embrasse Eugène et Hortense, mes anges endormis. Je les confie à la tutélaire Mlle de Lanoy et à mon

Euphémie de toujours. Et puis, entre deux gardes, tandis que le jour se lève, je m'en vais vers mon destin, rue de Vaugirard, à l'effroyable prison des Carmes.

Dans l'ancien monastère des Carmes, le sang avait remplacé l'eau de mélisse. Aux murs, de grandes taches sombres rappelaient les massacres de septembre. Une humidité de sentine, poux, puces, cafards, fenêtres condamnées. Dans les ténèbres des couloirs, nous butions contre des cuves puantes, pleines de ce que vous savez.

Les hommes se négligeaient, jambes nues, col nu, sans cravate, comme pour se préparer à la guillotine. En chemise et pantalon, un mouchoir autour de la tête, une barbe d'un mois. Les femmes, dans de noires pensées, en petite robe ou en pierrot de couleur.

Un gardien agitait une sonnette. Nous sortions de nos cachots. Nous gagnions le réfectoire où nous mangions les restes des hommes, servis les premiers. Certains trouvaient la nourriture infecte. Moi je ne m'en plaignais pas. Je ne suis pas difficile.

Je couchais dans un dortoir de dix-huit lits. Toutes les détenues, même celles qui avaient autrefois un essaim de domestiques, faisaient leur lit. Mais nous n'étions que trois à laver la chambre : mes deux voisines, Delphine de Custine et Mrs Eliott, ex-maîtresse de Philippe-Egalité, et moi.

Aux Carmes, je crus revoir Penthémont. Avant ou pendant les révolutions, les couvents et les prisons sont les derniers salons où l'on cause. Je trouvai ou retrouvai le duc de Béthune-Charost, la duchesse d'Aiguillon, le prince de Salm-Kyrbourg, l'abbé de Boulogne, Mmes de Bragelonne, de Paris-Montbrun, de Jarnac, de Lameth, le chevalier de Champcenetz, le comte de Soyécourt, l'amiral duc de Montbazon-Rohan, le marquis de Gouy d'Arsy. Ce n'était plus le lieu de me déclarer « sans-culotte montagnarde ». Je repris le grand ton, plus naturel.

Parmi les sept cents détenus, il y avait tous les âges, jusqu'à des garçons de treize ans, et toutes les conditions. Aux princes et aux duchesses joignez des blanchisseuses, des râpeurs de tabac, des dentistes, des épiciers, des limonadiers. Autant de professions qu'on pouvait en exercer en France, jusqu'à des gendarmes, des minéralogistes, des coiffeurs.

Le soir, au réfectoire, après la dernière bouchée, dans cette sinistre prison, le siècle des lumières, qui sombrait dans le sang, continuait à faire salon. Les hommes revenaient digérer leur repas parmi nous. Ils étincelaient, paradaient. Le premier sur qui je tombai, dès mon arrivée, fut mon ex-mari. Nous nous réconciliâmes au seuil de la mort. Non pour l'amour, mais avec la devise qu'auraient adoptée un vicomte et une vicomtesse d'Ancien Régime : Liberté, Amitié, Complicité. L'amitié nous poussa à écrire ensemble à nos enfants. La liberté et la complicité nous permirent de nous conter nos amours. Alexandre brûlait pour ma voisine de lit, Delphine de Custine, une sirène féeriquement blonde, aux yeux de mer. Son mari avait péri sur l'échafaud. Elle s'endeuillait d'un noir troublant qui incendiait encore plus Alexandre. A l'ombre de l'échafaud elle trouva en Alexandre « un être selon son cœur ». Il lui écrivait des lettres de feu. Il rêvait de verser son sang pour elle, d'être à la fois son amant, son ami, son frère. Il ne m'en avait jamais tant dit.

Aux Carmes, l'amour était le seul moyen d'oublier la mort. On le faisait dans tous les coins. Les noirs couloirs retentissaient de gémissements voluptueux. Les amants enlacés ne s'arrêtaient qu'au passage des malheureux qu'on emmenait au supplice. Puis ils reprenaient leurs étreintes. En graissant la patte des geôliers, des couples se faisaient enfermer dans une cellule, enfer changé en ciel. C'est ce qui m'arriva avec le général Hoche. Cet ancien aide-palefrenier aux écuries royales, de cinq ans mon cadet, avait une grâce de prince. L'expérience qu'ils me prêtaient attirait les hommes plus jeunes. Hoche avait le visage barré d'une balafre que je caressais de ma langue. Le sauveur de Dunkerque m'inspirait plus de désir que le lâche qui avait abandonné Mayence. Je tâtais les muscles de fer de ses bras, de ses cuisses. Je n'aurais jamais cru que, trois ans plus tard, il mourrait poitrinaire.

Le matin, avec mon miroir, je lui envoyais le soleil dans son cachot. Joyeux bonjour?... Hélas! autant de coups de lumière que de têtes tombées la veille. Un mois avant, il avait épousé une jeune fille de seize ans. On l'avait arraché de ses bras au bout de huit jours. Il se consola dans les miens, pour vingt-six autres, pendant lesquels il ne songea qu'à faire l'amour comme un dieu et à manger comme un ogre. On l'expédia ensuite à la Conciergerie mais je le retrouverai plus tard. Mon consolateur de rechange fut un gros patapouf, le brasseur Santerre, rond comme un de ses tonneaux. Ce joyeux drille se vantait d'avoir coupé la parole à Louis XVI avant qu'on ne lui coupât le cou. Il prétendait avoir ordonné le roulement de tambour qui couvrit sa voix sur l'échafaud. Je partageai ce consolateur platonique avec la duchesse d'Aiguillon et Mme de Custine. J'ai sacrifié si rarement au platonisme que je tiens à le signaler.

Aux Carmes les grandes dames s'apprêtaient à monter à l'échafaud avec un stoïcisme altier. Elles traitaient le bourreau comme leur valet, la guillotine comme un ustensile qui ne méritait pas un regard.

Moi je n'avais pas cette hauteur. J'aimais trop l'amour pour ne pas craindre épouvantablement la mort. Mon corps, pétri de caresses, se hérissait à l'idée d'être coupé en deux. Je passais mon temps à me tirer les cartes en cachette. Je pleurais devant les autres, qui en rougissaient pour moi. Si je devais gravir l'échelle fatale je ruissellerais de larmes, j'enfoncerais mes ongles dans le bois des barreaux, j'ameuterais Paris. On devrait me traîner, me porter sous le couperet. Je ne ferais pas comme ces grandes dédaigneuses qui mouraient sans un frémissement et permettaient ainsi la poursuite de la Terreur. Je me débattrais, j'implorerais la pitié, je bouleverserais la foule par mes cris, je maudirais une révolution qui commettait de tels crimes. J'imiterais Jeanne Bécu qui avait ramassé un titre de comtesse dans le lit de Louis XV et qui avait supplié, avant de mourir : « Encore un instant, monsieur le bourreau ! »

Alexandre et moi nous écrivions des lettres communes à nos enfants, moi avec tendresse, lui en patricolant. Au début, Hortense et Eugène avaient le droit de venir nous voir chaque jour. Nous leur passions les mémoires, les certificats de civisme qu'Alexandre continuait à entasser pour se défendre. Ils les transmettaient à notre bon génie, mon homme d'affaires, Calmelet, qui faisait les démarches, rédigeait les pétitions. Il était assisté par un beau-frère de Mlle de Lanoy, la gouvernante de nos enfants, M. Sabatier.

Calmelet réussit à obtenir une pétition des officiers municipaux, du conseil général et des habitants de La Ferté-Aurain qui déclaraient ne pas pouvoir vivre sans leur maire, « le vrai sans-culotte et républicain Alexandre de Beauharnais », dont ils guettaient chaque jour le retour.

Pour mon compte personnel, je fis signer à mes enfants une pétition à la Convention : « D'innocents enfants réclament auprès de vous la liberté de leur tendre mère... Citoyens représentants, vous ne laisserez pas opprimer l'innocence, le patriotisme et la vertu... » la *vertu* civique, bien entendu.

Je n'avais rien compris aux révolutions. Au lieu de me faire oublier, je m'acharnais à me faire remarquer. Je fis signer par mes deux innocents une pétition au Comité de sûreté générale capable de me faire guillotiner dix fois. Comme s'il y avait encore une justice, ils réclamaient que je sois jugée : « Quand on n'a point à redouter le jugement, on brûle qu'il soit rendu. »

Heureusement qu'en France les révolutions ne changent pas tous les citoyens en tigres. Il restait encore, chez quelques-uns, l'ingéniosité de la pitié. J'ai bénéficié du secours providentiel d'un original : pour sauver des inconnus, un comédien du boulevard du Temple, devenu scribe au Comité de sûreté générale, un certain La Bussière, s'était institué mâcheur de dossiers. Il prétendait avoir mâché le mien. Sans en être sûre, j'ai préféré le croire. Le 5 avril 1803, je paierai cent pistoles la loge de théâtre de la Porte-Saint-Martin où j'assisterai, avec le Premier Consul, à une représentation extraordinaire donnée au profit de ce mâcheur.

Peu à peu l'étau se resserra. Défense à nos enfants d'entrer dans la prison. Défense de leur écrire. Pour compenser, Hortense et Eugène ajoutèrent, en queue d'une liste de linge : « Vos enfants se portent bien. » Le concierge eut la cruauté d'effacer ces mots. Mes anges trouvèrent une parade. Chacun à son tour copia cette liste. En reconnaissant leur écriture, nous savions qu'ils existaient.

Pendant quelque temps, mon petit carlin, Fortuné, grognon mais obligeant, nous transmit des missives dans son collier.

Un jour, j'envoyai une messagère à mon domicile, rue Saint-Dominique. Dans le plus grand secret, elle emmena Hortense et Eugène rue de Sèvres. Ils traversèrent un jardin, montèrent jusqu'à une lucarne, au premier étage de la maison d'un jardinier. En face, une fenêtre s'ouvrit, dans un mur sinistre : les Carmes. Alexandre et moi nous apparûmes. Hortense poussa un cri, étendit les bras. Nous lui fîmes signe de se taire. Une sentinelle l'entendit, donna l'alarme. Le jour même on mura la fenêtre. Mes enfants ne revirent plus jamais leur père.

Alexandre aurait mérité la mort pour avoir abandonné Mayence et déserté son poste devant l'ennemi. Mais il mourut victime d'un embarras de Paris. Non d'un embarras de rue : d'un embarras de prison. Les prisons regorgeaient. On chargeait la guillotine de faire de la place. Des procès individuels, avec témoins, plaidoiries, réquisitoires, auraient pris trop de temps. Vadier inventa un procédé plus expéditif : les conspirations de prison. Vous sciez un barreau d'une fenêtre de Saint-Lazare. Vous prétendez que les détenus ont voulu s'évader pour « aller assassiner les membres du comité ». Ou bien vous accusez les détenus enfermés avec des aristocrates d'avoir recherché la compagnie des ci-devant pour abattre la République. Et le tour est joué.

Le 22 juillet 1794 un huissier vint interroger quarante-neuf prisonniers des Carmes. Alexandre comprit que c'était la fin. Il m'écrivit ses adieux, en patricolant une dernière fois. Il nourrissait encore ses illusions révolutionnaires : « Toutes les apparences de l'espèce d'interrogatoire qu'on a fait subir aujourd'hui à un assez grand nombre de détenus sont que je suis victime des scélérates calomnies de plusieurs aristocrates soi-disant patriotes de cette maison... Travaille à réhabiliter ma mémoire en prouvant qu'une vie entière consacrée à servir son pays et à faire triompher la Liberté et l'Egalité doit, aux yeux du peuple, repousser d'odieux calomniateurs pris surtout dans la classe des gens suspects. Ce travail doit être ajourné, car, dans les orages révolutionnaires, un grand peuple qui combat pour pulvériser ses fers doit s'environner d'une juste défiance et plus craindre d'oublier un coupable que de frapper un innocent. »

On transféra Alexandre à la Conciergerie. Dans sa dernière lettre il m'assurait de son « attachement fraternel ». Son dernier amour fut pour sa sirène, Delphine de Custine. En passant devant elle, il lui donna un talisman arabe monté en bague, qui ne le quittait jamais, et qui n'avait pas pu lui assurer le bonheur. Le lendemain, 5 thermidor (23 juillet), il montait à l'échafaud avec une fournée de prêtres, de matelots, de bijoutiers, de brocanteurs, son ami le prince de Salm et le prince de Rohan-Montbazon, ainsi que son ancien collègue de la Constituante, le marquis de Gouy d'Arcy et le piquant journaliste et chevalier de Champcenetz, auquel la Révolution faisait payer son esprit.

Alexandre, qui n'avait pas su vivre, sut mourir. C'était le 5 thermidor. Quatre jours plus tard, il aurait été libre!

Dès la mort d'Alexandre je m'apprêtais à chaque minute à subir le même sort.

Cinq jours après : un événement extraordinaire. De la fenêtre de sa cellule, une détenue vit dans la rue une femme se livrer à une étrange mascarade. Elle agitait sa robe. Elle mit dedans une pierre. La détenue comprit : ROBE... PIERRE... ROBESPIERRE. La femme fit le geste de se couper le cou et se mit à danser et à applaudir. C'est ainsi qu'aux Carmes on apprit la mort de Robespierre et la fin de la Terreur.

Pendant les neuf jours suivants, mes amis s'activèrent. On n'avait pas prétendu pour rien que j'avais « beaucoup d'intelligences dans les bureaux des ministres ». Cela sert toujours de plaire aux hommes. Tout le monde s'y mit. Les représentants en mission à l'armée du Rhin qui

avaient dit d'Alexandre, poule mouillée au feu :
« C'est le premier général de la République. »
Hoche, qui, bientôt, prendra Eugène dans son
état-major. Réal, Barère, Tallien. Surtout Tallien.
De sa prison sa maîtresse, une splendide Espagnole, Thérésa Cabarrus, lui avait écrit cette lettre
cinglante : « L'administrateur de police sort d'ici;
il est venu m'annoncer que demain je monterai au
tribunal, c'est-à-dire à l'échafaud. Cela ressemble
bien peu au rêve que j'ai fait cette nuit. Robespierre n'existait plus et les prisons étaient ouvertes. Mais, grâce à votre insigne lâcheté, il ne se
trouvera bientôt plus personne en France capable
de réaliser mon rêve. »

Traiter un homme de lâche, c'est douter de sa
virilité. La banderille de l'Espagnole piqua le
courage de Tallien qui osa s'attaquer à
« l'Incorruptible » à la Convention et, avec d'autres, le déboulonna.

Je dois tant à Tallien que, plus tard, Eugène lui
fera une pension. Je m'occuperai de sa fille Thermidor, rebaptisée en Joséphine, après les momeries de la Révolution.

Aux Carmes, le 6 août au soir, un guichetier
cria : « La veuve Beauharnais ! » J'étais libre. Les
prisonniers applaudirent. Les hommes d'abord
qui me désiraient tous. Et les femmes, auxquelles
mes grâces éplorées offraient l'image de leur
condition.

Tous acclamaient la femme triomphant par ses
faiblesses, qui leur avait rappelé, aux frontières de
la mort, que les larmes peuvent embellir celles
pour qui la grande affaire reste l'amour.

Je m'évanouis de bonheur.

IV

JEUNE VEUVE À DANSER

Libre, je pouvais voler dans les bras de mon balafré. A sa femme-enfant, Adélaïde, restée en Lorraine, Hoche écrivait qu'il gagnerait Thionville « à pied, comme il convient à un républicain ». Il avait préféré gagner ma rue Saint-Dominique. Craignant de voir surgir son Adélaïde, il lui enjoignit de ne pas bouger. Il prétendait qu'il vivait en ermite et qu'il ne fréquentait « aucun lieu public et pas du tout les spectacles ». Le plus beau spectacle : nous deux, dans un lit. Donner du plaisir n'est pas toujours en recevoir. J'en avais tant donné ! J'ai dû attendre Lazare Hoche pour en recevoir autant. Lazare fit de moi une ressuscitée. Je songeais à le faire divorcer. Je l'aurais poussé auprès des puissants. Que n'aurais-je pas fait pour le premier homme qui me fit jouir, de tout mon être ?

Hoche refusa de m'épouser, à cause de sa « tendre estime pour sa jeune et vertueuse femme ». Cette langue de vipère de Barras répandra des bruits atroces. Lazare n'aurait aimé en moi que la virtuose des caresses. Lazare lui aurait dit : « Il faut avoir été en prison avec elle avant le 9 thermidor pour l'avoir pu connaître aussi intimement. Cela ne serait plus pardonnable une fois rendu à la liberté. » Et encore : « On peut bien se passer un moment une catin pour maîtresse, mais non la prendre pour femme légitime. »

Ses lettres n'avaient pas ce ton. Il est vrai qu'Adélaïde, grâce à sa jeunesse, m'éclipsera pendant un jour. Nommé général en chef de l'armée des côtes de Cherbourg, Hoche l'avait priée de lui amener à Paris son cheval et de lui apporter son épée et ses pistolets. Pendant vingt-quatre heures cette petite fille le rafraîchit de mon feu.

Quand il la revit, en mars 1795, Adélaïde devina que son mari en aimait une autre. Lazare se défendit avec des arguments d'enfant gâté : « ... Si tu m'aimes encore, fais en sorte de réparer tous mes torts, je suis quelquefois un peu fou. »

Loin des yeux, loin des sens. Je n'aime guère de loin. Dès que l'on part, je languis et cherche ailleurs. Je suis une femme à ne pas plus quitter que le lait qui bout. Ecrire n'est pas mon fort. Il me faut le contact de la chair, non celui du papier. A l'armée, Lazare se plaignait de la rareté de mes lettres. Mes coquetteries, mon tourbillon mondain le déchiraient. Il avait pris Eugène comme « apprenti aide de camp ». Il m'accusait d'ingratitude : « Je désespère de ne recevoir aucune réponse de la femme que j'aime, de la veuve dont je suis habitué à considérer le fils comme le mien... Il n'est plus de bonheur pour moi sur la terre. Je ne puis aller à Paris, pour voir la femme qui cause tous mes chagrins. »

Il est vrai que je n'y étais pas allée de main morte. Il m'accusait d'avoir consommé un aide de camp qui me portait une de ses lettres et un hercule alsacien, garde d'Ecurie. Comment mieux remercier le facteur ponctuel d'un message d'amour et un garçon vigoureux qui soignait consciencieusement les chevaux ?

Vive la liberté ! Mais, pour vivre en liberté, il fallait de l'argent. Equilibriste de la pénurie, je vacillais entre dettes et emprunts. Le 20 novembre 1794 je m'empressai d'écrire à ma mère, à la Martinique : « Vous savez sans doute le malheur qui m'est arrivé : je suis veuve depuis quatre mois. Il ne me reste de consolation que mes enfants et vous, ma chère maman, pour unique soutien. »

Ma chère maman fit la sourde oreille ; les dettes étaient la spécialité de la famille. Et si elle avait eu de l'argent, comment me le faire parvenir ? Les Anglais occupaient la Martinique et étaient les maîtres des mers. J'empruntais donc des deux mains. A Hoche, qui donnait en gémissant. A mes domestiques, auxquels je ne payais pas leurs gages, en raclant sur leurs économies : à l'inépuisable bonne « citoyenne Lanoy », gouvernante de mes enfants, à ma femme de chambre Agathe Riblie, au tout dévoué « citoyen Gontier ». J'empruntai à leurs parents : 1000 francs à Adélaïde, sœur de Marie de Lanoy, 15 000 à son beau-frère, Sabatier, au moment de l'émission des assignats. J'empruntai 500 francs au citoyen Desrez, avoué. J'empruntai surtout à M. Emmery, banquier à Dunkerque qui, en commerçant avec les Antilles, était en relation depuis longtemps avec les Tascher. Je craignais toujours que cette source se tarît. Le 1er janvier 1795, j'écrivis à ma mère : « Sans les soins de mon bon ami Emmery et de son associé, je ne sais ce que je serais devenue. Je connais trop votre tendresse pour avoir le plus petit doute sur l'empressement que vous mettrez à me procurer les moyens de vivre et de reconnaître en m'acquittant que je suis redevable à M. Emmery. » Ma mère devait envoyer les fonds à Hambourg ou à Londres, d'où on les transmettait à Dunkerque. Ces sommes furent si maigres qu'après une dernière sommation caressante, je tirai sur ma chère maman 1 000 livres sterling de lettres de change. Quand les astres m'auront élevée au pinacle, j'avancerai au bienfaisant banquier Emmery 200 000 francs sans intérêt.

En qualité de tutrice de mes enfants j'empruntai à Mme Renaudin 500 livres en assignats, provenant de la vente de la maison de Fontainebleau. Ce faux pactole de papier me permit de payer le prix des domaines nationaux achetés par Alexandre dans le district de Romorantin et de régler ma contribution à l'emprunt forcé de l'an IV, planche pourrie d'un régime en perdition.

Tallien me fit restituer les « linges, hardes, meubles, bijoux et effets » placés sous scellés « rue Dominique ». Le représentant Laurenceot me fit rendre l'argenterie et les livres qui se trouvaient à La Ferté. Il obtint pour moi un acompte de 10 000 livres sur le prix des meubles vendus après l'exécution d'Alexandre, de l'autorité de la Nation. Mais jusqu'au 23 mars 1796, où le séquestre sera levé sur ses biens, je ne pourrai pas toucher un liard sur ses revenus.

Je n'aimais pas marcher. Pour ma vie mondaine et mes démarches, il me fallait une voiture de louage. Le 27 juin 1795, je tirai du Comité de salut public un avantage dont je m'enorgueillis : en échange des chevaux et des équipages qu'Alexandre avait laissés à l'armée du Rhin et qu'avaient utilisés les représentants, j'obtins une voiture et deux chevaux. Rouler carrosse sans bourse délier.

Malgré la dureté des temps, moi, Rose, je ne pouvais pas me passer de fleurs. Elles me rappelaient celles de la Martinique, mon soleil. Elles me faisaient croire que j'étais adorée. Mais il fallait les payer. Et mes toilettes, dont la discrétion me navrait.

Tout était hors de prix. Une pièce de mousseline : 500 livres, un schall : 270; un grand schall : 1 200; deux paires de bas de soie gris à coins de couleur : 700; six aunes de taffetas de Florence gris : 1 320; une paire de souliers pour Hortense : 140 livres; un pain de sucre de six livres : 1 260; le papier timbré pour rédiger un billet : 70 livres; le port d'une caisse venue d'Orléans : 1 320 livres.

En pleine fureur d'assignats, le louis d'or montait parfois, en un jour, de 100 francs par heure. Il grimpa jusqu'à 4 000 francs.

Un brochet : 1 000 livres. Une paire de chaussures ou un dindon : 250. Un gigot : 1 248.

En sortant de prison je renouai avec mes anciennes relations. La disette de 1795 n'empêchait pas les incorrigibles Parisiens de recevoir à dîner. Ils auraient dîné sur un volcan. Mais les invités apportaient leur pain. Chez Mme de Moulins, moi seule en fus dispensée. A l'instar de « Notre Père qui êtes aux cieux », elle me donnait mon pain quotidien. J'allais chez les Choiseul, chez les Hosten. Mais surtout chez ma nouvelle amie : Thérésa Cabarrus, devenue Mme Tallien.

Thérésa : splendeur espagnole, magnificence

olympienne. « Plus belle que la Vénus du Capitole », disait la future duchesse d'Abrantès.

Moi trente-deux ans, Thérésa vingt-deux. J'avais l'air de la confidente de la déesse. « Vénus », « Notre-Dame de Thermidor », qu'on invoquât la mythologie païenne ou la religion chrétienne, on était obligé de la diviniser. Aussi prodigieusement bonne que belle, à Bordeaux, elle avait sauvé de la guillotine une foule d'aristocrates. Contre-feu éteignant un incendie, l'amour qu'elle alluma chez Tallien étouffa la Terreur.

Malgré nos dix ans de différence, Thérésa et moi avions bien des points communs. A travers la chienlit révolutionnaire, la fille du banquier castillan et l'aristocrate créole restaient des dames. Un ton, un style de vie, des manières. Mais des dames libres : elle avait divorcé de son premier mari, le marquis de Fontenay; je fus séparée du mien. Pour le plaisir ou l'intérêt, pour survivre sous la Terreur ou avancer dans le monde, nous avions prêté notre corps à des hommes qui ne le méritaient pas. Il était notre seul recours : capital, fonds de commerce, instrument de toutes les musiques, arme, bouclier, talisman.

Ni pudeur, ni morale, ni Dieu, ni Diable ne nous gênaient. Nous avions jeté par-dessus la guillotine tous ces empêcheurs de coucher en rond. Après avoir échappé à l'angoisse quotidienne de la mort et au déclic de la sinistre machine, nous étions folles de luxe, de tourbillon, de toilettes, de chair en délire. Pour cela il fallait de l'argent. Seuls les hommes pouvaient nous en donner. Avec ce reste de sauvagerie qui subsiste sous les manières, nous pratiquions la chasse ou la pêche aux hommes. Nous les appâtions, les attirions dans nos pièges, nos rets, nos filets. Amant, mari, entreteneur, baste ! Pourvu qu'ils paient.

Thérésa m'aimait tant que je fus la marraine de sa petite-fille qui, parmi ses prénoms, porta le mien : Thermidor-Rose-Thérésa. Elle m'introduisit dans le vivier des gros poissons aux écailles d'or : banquiers, gens d'affaires, hommes au pouvoir. Parmi eux, Ouvrard et Barras. Avec les chassés-croisés et les échanges d'une totale liberté : Barras passera Thérésa à Ouvrard, tout en conservant, à son gré, un droit d'usufruit. Thérésa ne se formalisera pas si je harponne Barras.

Thérésa m'invitait à la Chaumière que son ménage venait d'acheter, dans l'allée des Veuves. A la campagne, une maison au toit de chaume, aux balcons en bois découpé, enjuponnés de vigne vierge. Par contraste, à l'intérieur, style antique : vestibule pompéien, colonnes, lampes géantes comme sous l'empereur Auguste. Devant le lit, une Thérésa de marbre en « Diane au bain ».

Avec les maîtres de l'heure et d'abord Barras, Thérésa invitait des créatures de rêve : Aimée de Coigny, « la jeune Captive » d'André Chénier et la blanche Mme Récamier, dix-huit ans, l'ultra-vierge. Il y avait aussi l'hommasse Mme de Staël, dont les yeux tonitruants combattaient le soupçon de moustache.

Thérésa et Mme Récamier jouaient la beauté au naturel. Pour moi, elle était un rôle de composition. N'est-ce pas dans ces rôles qu'éclate le talent du comédien ? Je compensais mes manques par tous les raffinements de l'art de la femme. Ma démarche était un appel. Je glissais, j'ondulais, je me posais sur un siège comme une colombe. Mon regard, ma voix caressaient en promettant d'indicibles délices. Les femmes plus belles offraient leur éclat sans détour. Moi, je laissais pressentir d'incroyables découvertes.

Mes *r* liquides, à la créole, étaient à la mode et je portais fort bien la toilette. On se souvint longtemps de mon apparition en « belle violette ». Une robe ondée rose et blanche, avec une queue aux effilés noirs. Des manches courtes en gaze noire. De longs gants noisette jusqu'au-dessus du coude. Des souliers en maroquin jaune.

Je me risquai dans les tuniques audacieusement ouvertes sur le côté. Mais, prudemment écervelée, je m'arrêtais au bord des outrances. Pour mieux exploser dans la liberté, les femmes jetaient leur chemise aux orties. J'évitai ces excès. Fille de la Martinique, je craignais les catarrhes de Paris. Je n'imitai pas Thérésa qui, pour tout corsage, porta une rivière de diamants, ni Mme Hamelin qui gagna le pari d'aller à pied, du Luxembourg aux Champs-Elysées, les seins au soleil.

J'allais jusqu'où me permettait mon genre. Mes jolis seins préféraient le mystère. Je me gardais de les exposer tous deux en vitrine. Ma robe transparente ne laissait deviner que le droit, dont la blancheur et le bouton rose étaient rehaussés par le ruban de velours noir agrafé sur le gauche.

En prison, mes amies et moi avions la coquetterie de l'échafaud. Nous voulions être belles sous la guillotine. Le bourreau nous couperait la tête, pas les cheveux. Je me les taillai moi-même à la Titus. On me complimenta. Mais il fallait bien fêter la liberté par quelques folies. Thérésa lança le feu d'artifice des perruques : rousses, dorées, noisette, violettes, bleues, vertes. A 25 louis chacune. Adieu, Titus !

Pour les chapeaux aussi on devait rattraper la mode au galop. Chapeaux à « la liberté », à « la Minerve ». Puis, brusquement, à « la paysanne ». Je me payai une capote à « la glaneuse ». N'étais-je pas une glaneuse d'écus ?

Et la danse ! En six cent quarante bals, Paris dansait à perdre haleine. Pour oublier le bain de sang où l'on nous avait plongés, j'aurais voulu danser dans les six cent quarante. Au bal Calypso, faubourg Montmartre, au bal de l'hôtel Richelieu. Au bal des Carmes, sur l'emplacement de nos cachots.

J'étais une des Merveilleuses, volant, sans toucher terre, en robe athénienne. Je dansais avec les Incroyables. A tout bout de champ, en gommant l'*r,* à la créole, ce qui faisait mon affaire, ils répétaient : *C'est incroyable !* Ils me faisaient pouffer de rire avec leur perruque en « oreilles de chien », leur menton enfoncé dans une cravate à manger de la tarte, leur habit aux basques longues comme un jour sans pain, leurs petits souliers à bout pointu à la turque, leur gourdin noueux, qu'ils semblaient avoir coupé dans un taillis. Plus que les Incroyables, on aurait dû les appeler les Ridicules. Mais la pire folie, après une révolution, ne serait-elle pas de résister à la folie ?

Danser était la suprême politique. Pour un bal nous préparions nos armes, avec la fièvre du chevalier avant l'adoubement. La veille d'un bal à Thélusson, j'envoyai à Thérésa une lettre froufroutante. Je la priais de mettre le même dessous fleur-de-pêcher que moi. Pour que nos deux parures soient exactement identiques, comme celles de deux sœurs, je la prévenais que j'aurais « sur les cheveux un mouchoir rouge, noué à la créole, avec trois crochets sur les tempes ». Il s'agissait de désespérer « Les Trois Bichons » et « Les Bretelles anglaises », un quatuor époustouflant d'Incroyables. A Thélusson, au Bal des Victimes, ils saluaient leur cavalière en imitant le glissement d'une tête dans la lunette de la guillotine !

L'hiver qui suivit la chute de Robespierre connut une effroyable disette. Ni viande, ni bois, ni chandelle. On s'arrachait un ciment noir de fèves, de châtaignes et de son appelé pain. La Seine gelait. Beaucoup de Parisiens mouraient de froid ou de faim, ou des deux. Les autres dansaient pour se réchauffer.

Une cartomancienne, Mlle Lenormand, 5, rue de Tournon, me donna la clef du salut : me faire entretenir. Je ne l'avais pas attendue.

Un de mes entreteneurs fut un délicieux quinquagénaire, le marquis de Caulaincourt. Les vingt-deux années qu'il avait de plus que moi ne me gênaient pas chez un payeur. Elles m'auraient gênée chez un amant : quand le cœur me fait oublier l'intérêt, je préfère les hommes plus jeunes que moi.

Ancien lieutenant général de Louis XVI, et mari d'une « dame à accompagner » la comtesse d'Artois, le marquis avait tout de même réussi à sauver sa tête. Je l'avais connu autrefois, à Fontainebleau, chez le marquis de Montmorin. Pendant la Révolution, je réussis à faire d'un de ses fils, naguère lieutenant, un maréchal des logis. Pour un autre fils, Auguste, je n'obtins rien. Le marquis me sut gré de tout. Je croquai un gros morceau des trois annuités de sa retraite de général que d'autres réussirent à lui faire verser. Mon marquis du démon de midi songeait à divorcer pour m'épouser. Je balançai entre lui et Hoche. Lequel se débarrasserait le plus tôt de sa femme ?

Mais je m'intéressais à un plus gros gibier. A la fin de septembre 1794, j'avais loué à Mme de Krény un appartement au 371 de la rue de l'Université. Je rêvais d'y attirer un des plus puissants potentats de France : Barras. Membre de la Commission des Cinq, membre du Comité de sûreté générale, général en chef de l'armée de l'Intérieur, président de la Convention, le vicomte provençal Paul de Barras maniait toutes les ficelles. Il les rassemblera encore mieux dans sa main quand il sera, sous son panache, un des cinq Directeurs.

Pour arriver à mes fins, je ne craignais pas de relancer les hommes. Les lionnes grattent la crinière des lions. Premier billet caressant de Barras en janvier 1795 : « Il y a bien longtemps que je n'ai pas eu le plaisir de vous voir. C'est bien mal à vous d'abandonner ainsi une ancienne connaissance... » Second billet en février, en essayant de l'attendrir par une légère indisposition : « Dites à Barras que je suis depuis trois jours dans mon lit malade d'un rhume, que c'est bien mal à vous de n'être pas venu me voir et qu'il faut être bien son amie pour le lui pardonner. »

Le brillant vicomte avait de l'esprit, de l'élégance, du courage. Mais il était ce que les esprits chagrins appellent une « ordure ». Cela ne me gênait pas de coucher sur un fumier. « L'argent n'a pas d'odeur », a dit l'empereur Vespasien. La première passion de Barras était l'argent. Non l'argent pour lui-même, à la façon d'Harpagon, mais pour les jouissances qu'il procure : luxe, femmes, garçons.

La politique n'était que l'instrument de sa jouissance. L'homme au pouvoir appartenait au plus offrant. Tout politicien qui ne se vendait pas était un sot.

« Sortez, monsieur, ou vous sortirez par la fenêtre ! » répondit Robert Lindet, futur ministre des Finances du Directoire, au banquier Ouvrard qui lui proposait 100 000 francs en échange d'un marché de fournitures militaires.

« Je ne puis vous offrir davantage, soupira le banquier. C'est ce que je donne à Barras et à Mme de Beauharnais. »

J'appartenais au sérail de Barras, avec toutes les femmes qu'il avait eues, qu'il avait, qu'il aurait. Ce sérail ne sombrait jamais dans la grossièreté. Barras ne la tolérait que chez les hommes qui l'achetaient. Chez les femmes, il exigeait la distinction. Il les choisissait parmi celles d'Ancien Régime que la Révolution avait obligées à se compromettre avec des jacobins. Maintenant elles étaient aux abois, ivres de luxe. Il les payait moins de son bel argent, dont il avait besoin, que de celui des gens d'affaires qu'il leur présentait. Il nous laissait leurs dépouilles à la curée, comme on laisse aux chiens celles du cerf.

Le 30 thermidor (17 août 1795), je n'avais en principe pour tout potage, que les 50 000 livres-assignats empruntées à tante Renaudin : en vraie monnaie, à peine 2 500 livres. Au même moment, pourtant, je signai un bail de trois, six, ou neuf années, à la citoyenne Julie Carreau, épouse séparée de Talma, présentement maîtresse du vicomte de Ségur. Pour 10 000 francs par an en assignats, ou 4 000 en numéraire, je lui louai un bijou de petit hôtel, ancien rendez-vous galant, dans un quartier de filles entretenues, au numéro 6 de la rue Chantereine, où chantaient jadis non des reines mais des rainettes. Il y avait du Barras là-dessous.

Entre les hôtels d'Argenson et de Saint-Chamans, vous poussiez une porte grillée. Une longue allée bordée de tilleuls vous menait à une petite cour-jardin. A l'entrée, deux pavillons de poupée : l'écurie où piaffaient les deux chevaux hongres noirs donnés par l'Etat, grâce à Barras, et la remise de la voiture, offerte par le même truchement. Au milieu d'arbres magnifiques, l'hôtel de mon cœur : quatre fenêtres, d'élégantes portes-fenêtres, un attique, une rotonde. Au sous-sol, caves et cuisines. Cinq pièces à l'étage : antichambre, chambre à coucher, petit salon servant de salle à manger, un petit salon en demi-rotonde, un petit boudoir, une garde-robe. A l'attique logeaient mes gens : mon cocher, le citoyen Gontier, homme à tout faire, le citoyen Gallyot, cuisinier, la femme de chambre Louise Compoint, qui succéda à Agathe Riblie.

Dans l'antichambre, très simplement, un bas de buffet en chêne, une armoire à vaisselle en sapin, une fontaine murale. Dans le petit salon-salle à manger, seulement quatre chaises d'acajou couvertes de crin noir, autour d'une table ronde à pans rabattus, quelques servantes à rafraîchissoirs et deux élégantes tables à dessus de marbre. Aux murs, des armoires vitrées pour l'argenterie et huit estampes dont une sanguine : *L'Innocence dans les bras de la Justice.*

Dans le boudoir, un piano-forte de Bernard, propice aux poses inspirées. Mais surtout mon arsenal de glaces pour scruter chaque pore de mon visage et dresser mes plans de bataille contre le temps. Une glace de 12 pouces de haut sur 36 de large, un miroir sur pied, posé sur la commode, une glace en deux morceaux au trumeau de la cheminée, une glace à la toilette.

Je meublai de neuf la chambre à coucher. Douze pièces de nankin bleu, ornées d'une crête rouge et jaune (2 280 livres) recouvrirent six chaises de bois à dossier renversé, bronzé, assorties à la couchette à deux dossiers de bois bronzé (près de 50 000 livres-assignats). J'adorais mon secrétaire à glaces et colonnes de bois jaune de la Guadeloupe, ma harpe de Renaud, plus belle que celle de mon enfance. Un buste de Socrate en marbre blanc se demandait ce qu'il faisait là.

Et Hortense ? Et Eugène ?... Je les aimais tendrement mais, après tant d'épreuves, je sentais un immense besoin de liberté. S'ils avaient habité sous mon toit, ils m'auraient jugée. Après mon séjour aux Carmes, je n'avais pas besoin de juges. Je mis Hortense en pension à l'Institution nationale de Saint-Germain, fondée par Mme Campan. J'arrachai un rabais à la dame : 600 livres au lieu de 1 200. Je gaspillais pour moi, mais j'étais capable de marchander comme une harengère pour l'éducation de ma fille.

En revanche, Hoche aurait retenu volontiers Eugène à l'armée. Mais je ne voulais plus rien lui devoir. Peut-être lui gardais-je rancune de n'avoir pas divorcé. Je plaçai Eugène dans une pension hors de prix, le Collège irlandais, que venait d'ouvrir, à Saint-Germain également, le citoyen Patrice Mac-Dermott, ancien précepteur du jeune Henri Campan.

Evidemment, l'hôtel de la rue Chantereine n'était pas le château de Versailles. Il y avait en lui du cahin-caha. Un peu de luxe par-ci, un peu de pénurie par-là, comme chez toutes les femmes dont la subsistance dépend de ce qu'il y a de plus fragile : le désir des hommes.

Il en était de même pour ma maison de campagne de Croissy. Je fis avaler tous les frais à Barras en quatre bouchées. D'abord, je lui avouai que je ne pouvais pas payer le reliquat du bail. Une fois installée, je lui confessai que j'étais incapable de m'acquitter du loyer. Ensuite, l'arriéré. Enfin les dégradations. Il venait me voir en partie fine une fois par semaine. Dès le matin, les villageois ébahis voyaient défiler des courriers porteurs de paniers de provisions. Puis des pelotons de gendarmes assuraient le service d'ordre. Enfin le voluptueux Directeur arrivait à cheval avec sa suite.

Alors que tant de gens mouraient de faim, ma cuisine regorgeait de gibier, de volaille, de fruits rares, mais, en même temps, je manquais de casseroles, d'assiettes, de verres que j'empruntais à mes modestes voisins, les Pasquier.

Je voyais aussi Barras au palais du Luxembourg. Dévasté, il avait servi de prison pendant la Révolution. On dut le remeubler : lors de leur première séance, les Directeurs délibérèrent autour d'une table bancale empruntée au portier.

Je faisais les honneurs de la petite maison de Barras, 8, rue Basse-Pierre, à Chaillot. Je lançais les invitations en mon nom : « La citoyenne Beauharnais prie le citoyen un tel de lui faire le plaisir de venir tel jour dîner chez elle : le citoyen Barras doit aussi s'y trouver. Il compte sur son amitié pour lui faire ce plaisir... »

V

UN PETIT GÉNÉRAL
SANS CULOTTE

BARRAS ou Thérésa m'avait-il ou elle présenté, à la Chaumière, un petit général corse ? Je voyais tant d'hommes ! Pour que j'en remarque un, il fallait qu'il fût bien puissant, ou bien beau.

La Convention allait se dissoudre pour céder la place au Directoire. Moins niais que les Constituants de 1791, les députés s'étaient réservé les deux tiers des sièges dans la future assemblée. Les sections de droite estimèrent que l'on avait violé la souveraineté du peuple. Elles poussèrent Paris à se soulever.

N'entendant goutte à ses amis de droite qui employaient des arguments de gauche, le bonasse général Menou, chargé du maintien de l'ordre, capitula. Affolée, la Convention s'accrocha aux basques de Barras, qui, le 9 thermidor, avait osé marcher contre Robespierre, à l'hôtel de ville. Mais Barras avait beau aimer se faire appeler « général », il n'était qu'un général de paille. Aussi chercha-t-il, comme bras droit, un vrai général et artilleur.

« Buonaparte ! » s'écria l'ancien commissaire

Turreau, dans la nuit du 12 au 13 vendémiaire.

La fortune de Buonaparte sortit de ce cri. L'amour ajouta son grain de sel. Amoureux de Paulette Bonaparte, qu'on appellera plus tard Pauline, Fréron opina du bonnet. Barras, qui avait apprécié l'efficacité de Buonaparte au siège de Toulon, acquiesça.

« Va le chercher ! » ordonna-t-il à Fréron.

A ce moment-là, Bonaparte traînait ses bottes dans l'inaction. Son amour-propre corse avait ressenti comme une gifle qu'on le mutât, lui, l'artilleur, l'arme savante, à la tête d'une brigade d'infanterie, à l'armée de l'Ouest, sous les ordres de Hoche. Prétextant une maladie, il avait refusé. Pour insubordination, le Comité de salut public l'avait cassé. Général sans soldats, Bonaparte songeait à aller se mettre au service du Grand Turc. Avec sa demi-solde il ne pouvait se payer qu'un repas par jour. A midi, il trompait sa faim avec une tasse de café au Café Cuisinier.

Ce famélique était connu de Thérésa, qui connaissait tout le monde. Il avait eu l'impudence de lui faire la cour. Il lui avait présenté une requête exorbitante : toucher une culotte d'uniforme, lui qui était en disponibilité, alors qu'on réservait tout le drap aux officiers en activité ! Quelques jours plus tard, avec sa rudesse castillane, l'éblouissante Thérésa lança, à travers le salon, au gringalet qui aurait voulu rentrer sous terre :

« Eh bien, mon ami, vous les avez vos culottes ! »

En ce temps-là, il était vêtu comme un épouvantail. Une vieille redingote élimée. Pas de gants, « dépense inutile ». Des bottes ignorant le cirage. Un panache déplumé, planté de guingois dans un chapeau où l'on semblait avoir mis des œufs à couver. Une figure de cire jaune, si maigre qu'on aurait pu lire le journal à travers. Des cheveux pendillant en oreilles de chien. Un grand sabre battant ses mollets en manches à balai.

« Voulez-vous servir avec moi ? Vous avez trois minutes pour vous décider, lui lança Barras, affectant la brusquerie militaire.

— Oui », répondit le gueux.

Le gueux lança le jeune officier de cavalerie Murat, avec deux cents chevaux, pour ramener quarante canons de la plaine des Sablons. Spécialiste de la balistique, Buonaparte savait pointer mieux que personne. Il mitrailla les émeutiers royalistes sur les marches de l'église Saint-Roch. Et tout fut dit.

Surnommé « le général Vendémiaire », le maigrichon de vingt-six ans avança à pas de géant, avec ses bottes enfin cirées. Le 16 octobre 1795, général de division, le 26, général en chef de l'armée de l'Intérieur en remplacement de Barras, nommé Directeur et paradant comme un dindon sous son chapeau à plumes, son habit Henri IV, sa ceinture à frange d'or, ses bas de soie dont il avait toujours gardé la nostalgie.

Le gouvernement avait ordonné le désarmement des sections Lepeletier et du Théâtre-Français. Le 17 octobre, tous les habitants devaient déposer leurs armes sous trois heures au chef-lieu de leur section.

J'étais à Fontainebleau, tourneboulée par mes histoires de déménagement. J'avais déjà décroché du mur le sabre de feu Beauharnais, dont je me souciais comme d'une guigne. Heureuse de me débarrasser de la lardoire, je la tendais au commissaire chargé de la récupération. Eugène bondit avec la fougue de ses quatorze ans! « Donner le sabre que mon père a porté, qu'il a illustré par d'éclatants services, jamais! Vous ne me l'arracherez qu'avec la vie! »

Le commissaire sourit : « Je veux bien vous le laisser, à condition que vous ayez l'autorisation du général en chef. »

Je conseillai à Eugène de demander audience à Bonaparte. Le Corse déjeunait chez Barras avec la Montansier, une vieille peau, directrice de théâtre. Junot, l'aide de camp du général, l'avertit de la présence d'Eugène. Mon fils éclata en sanglots. Bonaparte fut d'autant plus ému qu'il voyait le fils d'une amie de Thérésa et de Barras, dont il avait besoin. Il rendit l'épée au garçon, en le félicitant pour sa piété filiale, sentiment particulièrement cher aux Corses.

Le lendemain, j'allai le remercier. Rien de plus froid qu'une lettre. Rien de plus chaud que la présence réelle. A tout moment, je vérifiais l'effet de mon pouvoir sur les hommes. Surtout quand l'âge vient et que d'autres sont plus belles, pour plaire il faut faire un délicieux effort. Plaire n'est pas un don définitif du ciel, mais une tapisserie inlassablement reprise. Il ne suffit pas de plaire à un tel, à tel moment. Il faut plaire à tous, toujours.

Malgré son avancement, je n'avais pas grand-chose à tirer de ce *Buona-parté*. Mais, dans les temps troublés, une femme doit connaître les nouvelles têtes, qui défilent si vite, comme les chapeaux. On ne sait jamais, elles peuvent monter plus haut. D'ailleurs, même à son niveau, le *Buona-parté* pouvait me servir pour des permis, des laissez-passer...

Vu de près, il me parut moins ridicule. Regardez toujours la bouche d'un homme! Elle exprime mieux sa nature que ses yeux. C'est elle peut-être qui, un jour, vous embrassera. Les yeux peuvent mentir et ils n'embrassent pas. La bouche de *Buona-parté* n'était pas si laide. A bien regarder, elle ne manquait même pas de grâce.

Il parlait avec feu, avec son drôle d'accent. Il était drôle, *drolle*, comme je disais, à la créole. C'était mon mot. Je trouvais tout *drolle*. Par insouciance, peut-être aussi par courage. Comme Figaro, « je me pressais de rire de tout, de peur d'être obligée d'en pleurer ».

Le surlendemain, Bonaparte vint me remercier de mes remerciements. Je l'invitai à revenir le soir, « quand il n'aurait rien de mieux à faire ». Il était frappé par l'importance des femmes à Paris. Aux spectacles, aux promenades, aux bibliothèques, partout des femmes!

« Même dans le cabinet du savant, vous voyez de jolies personnes. »

Je ris. Je trouvais cela *drolle.* Encouragé à briller, il termina son couplet prestissimo : « Ici seulement, de tous les lieux de la terre, elles méritent de tenir le gouvernail : aussi les hommes en sont-ils fous. »

Je crus qu'il allait se jeter à mes pieds. Evidemment, il était déjà pris. Si pris que cela? Un peu plus, un peu moins? Nous verrons.

Je l'intimidais, je l'éblouissais. Une vicomtesse d'Ancien Régime, de ce monde auquel il avait tant rêvé! La conversation, les manières, l'élégance. Tout ce que l'Europe nous enviait. Une vicomtesse qui lui préparait et lui servait de ses mains, en décuplant son arôme, cet incomparable café de la

Martinique que sa mère lui envoyait de leurs soi-disant immenses plantations, de leur empire de Charles Quint, sur lequel il aurait pu dire, en un compliment galant, que jamais ne se couchait le soleil.

Pendant quelques jours, il ne revint pas. Avait-il appris que j'étais la maîtresse de Barras ? Peut-être simplement un général en chef était-il absorbé par son métier ? Les femmes croient trop que les hommes n'ont rien de mieux à faire que de se traîner à leurs pieds. Selon mon habitude de relancer, j'écrivis le 28 octobre au petit général :

« Vous ne venez plus voir une amie qui vous aime; vous l'avez tout à fait délaissée, vous avez bien tort, car elle vous est tendrement *attaché*. (Simple expression mondaine. Une faute d'orthographe trahit mon petit mensonge. Je me mis au masculin : *attaché*.)

« Venez demain septidi déjeuner avec moi. J'ai besoin de vous voir et de causer avec vous sur vos intérêts. » (Il ne viendrait pas que pour mes beaux yeux.)

« Bonsoir, mon ami, je vous embrasse. (Pure formule d'amitié.)

« Veuve Beauharnais »

Le général revint ce soir-là, puis d'autres. Pressant, impétueux, impérieux. Avant de m'arracher mes vêtements, il m'arracha mon prénom de Rose, dont avaient usé trop de lèvres d'hommes. Dans mon état civil, Marie-Rose-Josèphe, il choisit Josèphe, adoucie en Joséphine, prénom peut-être moins flatteur que je ne le crus. Quand Bonaparte traînait la misère, il hantait les prostituées. Dans un opuscule, *Tarif des filles du Palais-Royal*, il y avait plusieurs Joséphine.

Comment résister à un torrent ? Mon carlin Fortuné essaya. Ivre de rage, mon ancien petit facteur des Carmes éclatait en aboiements enragés dès qu'il entendait tinter dans l'antichambre le sabre du général. Il se jetait sur lui pour le dévorer. Le futur conquérant avait plus de mal à repousser ce petit bout de chien que toutes les coalitions de l'Europe.

Un soir, Bonaparte insista si volcaniquement que, par politesse, je dus m'exécuter. Pourquoi lui refuser ce que j'avais accordé à tant d'autres, et qui me coûtait si peu ? Des femmes prétendent ne se donner qu'au grand amour. On peut aussi se prêter et il existe une gamme infinie de nuances entre le prêt et le don.

Ce soir-là, je me prêtai à Bonaparte. Ma connaissance des hommes me laissait prévoir ce qu'ils pourraient me donner au lit. Je les déshabillais des yeux en supputant leurs moyens. La réalité démentait rarement mes prévisions. Celui-là, je l'avais classé : agité, expéditif, médiocre.

Certaines femmes font des manières. Oui... non... peut-être... Moi, je suis toujours prête. Si l'on veut, je veux. Avec plus ou moins de plaisir, bien entendu. Et d'envie de recommencer avec le même, ou de continuer avec d'autres.

Pour celui-là, je n'éprouvais guère d'entrain. J'écrivais à une amie : « L'aimez-vous ? allez-vous me demander. — Mais... non. — Vous avez donc pour lui de l'éloignement ? — Non, mais je me trouve dans un état de tiédeur qui me déplaît et que les dévots trouvent plus fâcheux que tout, en fait de religion. »

Je lui trouvais pourtant quelque chose. Il n'était pas le premier venu. Mais ce quelque chose m'agaçait. Il annonçait sa domination. Etre dominée par un furieux, au nom de sa fureur, alors qu'il vous laissait tiède !...

Tout se passa comme prévu. Il dira un jour à Gourgaud : « Devant une jolie femme, ma queue se lève et son affaire est bientôt faite. » Tout habillé devant moi il était dans cet état. Froissant, tordant, déchirant, il m'arracha mes vêtements. Je craignais qu'il ne me blessât avec son sabre. J'avais envie de lui dire : « Le sabre !... Le sabre ! » Il le jeta derrière un fauteuil, dans un bruit de ferraille. Il lança son uniforme à la volée. Je saluai au passage la culotte procurée par Thérésa.

Dès qu'il fut nu, la déception attendue commença. Tout le monde le reconnaît : ce que j'ai de mieux, c'est ma peau. Une soie ! Je suis faite pour être nue. Lui était jaunâtre et boutonneux. Une râpe !

Le petit général me parut de dimensions raisonnables. Mais les dimensions ne font pas tout. N'oublions pas le je-ne-sais-quoi ! Le petit général n'avait que du je-ne-sais-que-trop-quoi. Malgré mes bonnes dispositions habituelles, je n'étais pas dans cet état de moiteur tropicale qui facilite les liaisons. Dédaignant toute préparation, ses mains m'agrippaient comme des crocs. Le peu que j'en vis me les montra pas trop laides. Mais il m'avait avoué qu'il était maladroit. Dans son enfance, lui qui tirerait si bien le canon ne savait pas lancer un caillou. A l'Ecole militaire, il dut charger un coiffeur de tresser ses cheveux. Il ne savait rien faire de ses dix doigts, surtout pas caresser une femme. Il m'administra quelques pinçons qui me laissèrent des bleus, et des tapes sur les fesses, du style charretier.

Puis il pointa droit au but avec une violence dont le ridicule atténua le désagrément. Je commençais à me demander ce que je faisais là quand je me dis : « Attention ! N'oublions pas notre petite comédie ! » Tandis qu'il m'infligeait trois ou quatre coups de boutoir qui rappelaient la précipitation des lapins, je modulai ces roucoulements de colombe dont j'avais le secret. Plus quelques soubresauts lascifs et des « zigzags » que Bonaparte se rappellera toute sa vie.

Je ne tenais pas à gratifier Eugène et Hortense d'un petit frère ou d'une petite sœur. D'un coup de reins adroit, je fis sortir de mon intimité le général en chef de l'armée de l'Intérieur. Selon la maxime que je rappellerai à Fox, mon griffon favori, qui s'oubliait partout : « Monsieur, baisez mais ne mouillez pas ! »

Au dénouement, le petit général poussa un ululement corse que je traduisis en extase française. Il ne m'avait pas laissé le temps de lui révéler mes spécialités : les caresses de mes mains de harpiste et la succion de ma bouche savante.

Le lendemain, mes yeux s'usèrent à déchiffrer ce poulet :

7 heures du matin
« Je me réveille plein de toi. Ton portrait et le souvenir de l'enivrante soirée d'hier n'ont point laissé de repos à mes sens. Douce et incomparable Joséphine, quel effet bizarre faites-vous sur mon cœur ! Vous fâchez-vous ? Vous vois-je triste ? Etes-vous inquiète ? Mon âme est brisée de douleur, et il n'est point de repos pour votre ami...

Mais en est-il donc davantage pour moi, lorsque, me livrant au sentiment profond qui me maîtrise, je puise sur vos lèvres, sur votre cœur, une flamme qui me brûle. Ah! c'est cette nuit que je me suis bien aperçu que votre portrait n'est pas vous! Tu pars à midi, je te verrai dans trois heures. En attendant, *mio dolce amor,* reçois un millier de baisers; mais ne m'en donne pas, car ils brûlent mon sang. »

Déranger les grands mots pour une coucherie!... Ce petit Corse était du dernier commun.

En janvier 1796, Barras donna un grand dîner pour l'anniversaire de l'exécution du roi. Si l'époque n'avait pas été si folle, et moi si légère, j'aurais eu honte de tremper mes lèvres dans un verre, où, au lieu de vin, j'aurais cru boire le sang d'un martyr. C'était une des premières sorties dans le monde de ma petite Hortense de treize ans. Elle ne connaissait que les Tallien. A table, elle était placée entre un général dont elle ignorait le nom et moi. Ce militaire inconnu s'exprimait avec une fougue dévastatrice. Pour me parler pardessus Hortense, il essayait de la contourner, de la surplomber. Au risque de renverser le couvert de ma fille ou de plonger ses manches dans son assiette, il s'avançait à mi-corps avec tant de feu qu'il la forçait sans cesse à se reculer. A la fin de ces épuisantes manœuvres, elle apprit qu'il s'appelait Bonaparte.

Avec la liaison commencèrent les affres de la jalousie. Il me bombardait de questions sur Barras. Un soir, il me fit une scène horrible. Il chargea un de ses aides de camp de me reconduire. A ma porte, je trouvai Bonaparte, hors de lui d'amour, de remords, de fureur. En larmes (je pleurais à volonté, les larmes étaient mon meilleur fard), je lui jetai à la figure n'importe quoi. Oui, Barras m'avait fait la cour. Il la faisait à toutes les femmes. Il était beau, riche, puissant. Elles lui tombaient toutes dans les bras. Oui, je lui avais résisté. Par dépit, il avait couché avec Thérésa. Il m'avait proposé de la lâcher. J'avais résisté de plus belle. Il s'était jeté sur moi. Il avait essayé de me violer. Avait-il réussi ?... Oui... non... Je ne savais plus. Je m'étais évanouie...

« Je vais lui demander raison !... hurla Bonaparte, dégainant.

— Non, mon ami, suppliai-je. Ecoutez-moi ! Comprenez-moi ! Soyez raisonnable ! Barras a des manières un peu brusques, mais il est très bon, très serviable. C'est un ami, rien que cela. Il m'a aidée. Comprenez ma situation. Une veuve, avec deux enfants... »

Les jours suivants, les questions reprirent, suivies d'armistices sur l'oreiller. Une fois, il m'arracha cet aveu, que je lui jetai pour l'éprouver :

« Oui, j'ai été la maîtresse de Barras. Je suis grosse de lui. Que faire ?... Mon Dieu, que faire ?... »

Je me tordais les bras. J'éclatai en merveilleux sanglots. A ma grande surprise, il répondit :

« Eh bien, marions-nous ! Je ne vois pas de grande difficulté à cela. »

Comment cette idée lui était-elle venue ? Barras lui avait reproché les cadeaux qu'il me faisait. « Il paraît que tu as pris la Beauharnais pour un de tes soldats du 13 vendémiaire, que tu devais comprendre dans la distribution. Tu aurais mieux fait d'envoyer cet argent à ta famille, qui en a besoin, et à laquelle je viens encore de faire passer des secours.

— Si ces présents que vous me reprochez... c'étaient des présents de noce, citoyen directeur, qu'auriez-vous à redire ? »

Après réflexion, Barras lança un « pourquoi pas ? ». Bonaparte était suspendu en l'air. Un homme marié offrait « plus de surface et de résistance à ses ennemis ». Son frère aîné, Joseph, lui avait montré la route du pignon sur rue. Il venait d'épouser une des filles d'un négociant marseillais enrichi, Julie Clary, laide et vertueuse. J'avais moins de vertu, mais plus de charme.

Bien que dévoré d'amour, le méridional Bonaparte n'avait pas perdu le nord. Il mena sur ma fortune une enquête policière. Par le truchement d'un de ses professeurs de l'Ecole militaire, il sonda mon banquier et protecteur Emmery. Celui-ci vanta le prestige des Tascher à la Martinique. Il lui fit miroiter que le domaine de la Pagerie pourrait rapporter un jour 50 000 livres par an. Loin d'être aveuglé par ces miroitements, Bonaparte mit le doigt sur la carte de mon Eldorado : depuis 1794, il était aux mains des Anglais qui empêcheraient tout envoi de fonds tant qu'on ne les aurait pas délogés. En France, je ne possédais pas un clou. Je n'étais même pas propriétaire du nid d'amour de la rue Chantereine. En revanche, si Bonaparte m'épousait, il hériterait de mes deux enfants, placés dans de coûteuses pensions. Charge qui s'ajouterait à celle de trois de ses frères et de ses trois sœurs. Or Bonaparte n'avait pour fortune que son sabre. Mais il pourrait en faire un levier. Il rêvait de combattre au nord de l'Italie les ennemis de la République : l'Autriche et le Piémont. Il demanda à Barras le commandement de l'armée d'Italie. « Non! » répondit d'abord Barras. A l'Intérieur, Bonaparte était son bras droit. Coupe-t-on son bras droit ? Et puis, d'autres généraux plus anciens grogneraient d'être devancés par un gamin.

Si Bonaparte songeait à m'épouser, tout changerait. Barras venait de coiffer le chapeau à plumes des Directeurs. Il ne le sentait pas bien ferme sur sa tête. Des cinq Directeurs, il était le seul noble. Il avait besoin d'être soutenu par d'autres aristocrates. Bonaparte et moi avions du sang bleu. Mais on se méfiait encore de ce Corse au nom rocailleux, au prénom de baragouin, qui, dans son île, s'était frotté au traître Paoli. S'il m'épousait, je le naturaliserais doublement français. Barras aurait en nous deux alliés. Il poussa d'autant plus Bonaparte à convoler que lui-même voulait se débarrasser de moi. Il invoqua la stratégie parisienne, essentielle en cette période où la France pansait les blessures de la Révolution. Il fit de moi une charnière entre deux mondes :

« Elle appartient à l'Ancien Régime et au nouveau. Elle te donnera de la consistance, sa maison est la meilleure de Paris. »

En cadeau de rupture à son ancienne maîtresse, Barras mettrait dans la corbeille de noces le commandement de l'armée d'Italie. Si Bonaparte y brillait, toute la gloire en reviendrait à celui qui l'avait choisi. Barras me fera croire que c'était lui. En réalité, l'initiative viendra de Carnot. Barras l'appuiera seulement au Conseil quand il en verra les profits.

L'idée que je pourrais bien être l'enjeu de ce troc me hérissa. Moi, faible femme, qui n'étais que tiède en l'occurrence, j'avais le droit d'être intéressée. Pas ce petit général qui écumait d'amour à mes pieds. A bas ces singeries ! Je le lui criai en une de ces scènes où j'excellais. Toute femme est comédienne. Elle doit savoir faire des scènes.

Le lendemain, il m'écrivit.

9 heures du matin

« Je vous ai quittée emportant avec moi un sentiment pénible. Je me suis couché bien fâché. Il me semblait que l'estime qui est due à mon caractère devait éloigner de votre pensée la dernière qui vous agitait hier au soir. Si elle prédominait dans votre esprit, vous seriez bien injuste, madame, et moi bien malheureux !

« Vous avez donc pensé que je ne vous aimais pas pour vous !!! Pour qui donc ? Ah ! Madame, j'aurais donc bien changé ! Un sentiment si bas a-t-il pu être conçu dans une âme si pure ? J'en suis encore étonné, moins encore que du sentiment qui, à mon réveil, m'a ramené sans rancune et sans volonté à vos pieds. Certes, il est impossible d'être plus faible et plus dégradé. *Quel est donc ton étrange pouvoir, incomparable Joséphine ?* Une de tes pensées empoisonne ma vie, déchire mon cœur par les volontés les plus opposées, mais un sentiment plus fort, une humeur moins sombre me rattache, me ramène et me conduit encore coupable. Je le sens bien, si nous avons des disputes ensemble, tu devrais récuser mon cœur, ma conscience : tu les as séduits, ils sont encore pour toi.

« Toi, cependant, *mio dolce amor,* tu as bien

reposé ? As-tu seulement pensé deux fois à moi ? Je te donne trois baisers : un sur ton cœur, un sur ta bouche, un sur tes yeux. »

Et moi, que pensais-je de ce mariage ? Non, je ne l'aimais pas. Confessant ma tiédeur à une de mes amies, j'ajoutais : « J'admire le courage du général, l'étendue de ses connaissances, la vivacité de son esprit, *mais je suis effrayée, je l'avoue, de l'empire qu'il semble vouloir exercer sur tout ce qui l'entoure...* Si, lorsque nous serons unis, il cessait de m'aimer, ne me reprocherait-il pas ce qu'il aura fait pour moi ? Que ferais-je alors ? Je pleurerais ?... »

Il était méthodique, rigoureux, jaloux. Je n'étais que frivolité, prodigalité, désordre. Et ces six affreuses années de plus que lui !... Quand je lui en parlais, il entonnait, d'une voix de fausset, sans me rassurer :

Crois-moi, quand on sait toujours plaire,
On n'a jamais plus de vingt ans !

Ce projet désespérait mes enfants.

« Elle ne nous aimera plus autant », dit Hortense à Eugène.

Un jour, elle se jeta en pleurant dans mes bras en me suppliant de ne pas me marier.

Quand Bonaparte venait me voir, Hortense et Eugène lui battaient froid. Pour rompre la glace, il taquinait Hortense. Maladroitement. Il disait pis que pendre des femmes. Plus Hortense les défendait, plus il les fustigeait.

Et la famille Bonaparte ! Toute cette tribu méditerranéenne qu'il traînait à ses chausses !... A peine désembourbé de la misère, il avait envoyé à ces mendiants 60 000 francs en argent et assignats. Il avait quémandé des places pour ses frères : Joseph, consul, Lucien, commissaire des guerres, Louis, lieutenant d'artillerie, puis son aide de camp. A la fin de l'année, il paiera le collège du petit Jérôme. En revanche, le général commandant l'armée des Alpes n'avait jamais osé souffler mot de ses projets matrimoniaux à son frère aîné Joseph, ni à l'omnipotente mama Laetitia. Ces insulaires devaient me prendre pour la grande prostituée de Babylone.

Je n'étais qu'une des houris du sultan Barras. Mais il connaissait tous les raffinements de l'amour, même avec les garçons. Les plaisirs du corps me montaient à la tête, sans obscurcir mes calculs. Ayant Barras dans la peau, je croyais l'avoir dans le cœur. Qu'il m'épouse m'avait toujours paru fabuleux. Mais impossible n'est pas français, encore moins féminin.

J'étais sensible au cynisme élégant du vicomte, à ses caprices d'homme de plaisir. Ma liaison avec Bonaparte ne m'empêchait pas d'aider le fastueux Directeur à prendre son bain au palais du Luxembourg. Il s'amusait de voir les invités baiser ensuite ma main encore humide de nos ébats.

Je lui jurais que je l'aimerais toujours. Sur un signe de lui, quand il voudrait, je serais toujours sa Rose.

Un jour, Bonaparte m'attendait dans l'antichambre du Luxembourg, tandis que j'étais dans le cabinet du Directeur. Je pleurais à chaudes larmes à l'idée de le quitter bientôt. Je lui reprochais de ne plus m'aimer, de m'abandonner à un autre. Tandis que je le serrais convulsivement dans mes bras, les souvenirs de nos étreintes me mirent dans un état d'excitation incroyable. Je déboutonnai sa belle culotte directoriale et me livrai sur ce potentat de la République à un assaut qu'il compara à celui de Mme Putiphar. Je rejoignis ensuite Bonaparte qui me trouva bizarre.

Ni Hoche ni Caulaincourt n'avaient voulu m'épouser. J'avais dû partager Barras avec Mme Mailly de Châteaurenault, puis avec Thérésa. Aucun espoir de ce côté. Pourquoi ne pas devenir « la citoyenne Bonaparte » ? Ce « général de rue », qui avait mitraillé des royalistes sur les marches d'une église, montrerait peut-être en Italie ce qu'il savait faire. Tandis que moi, à trente-deux ans, à force de montrer, d'amant en amant, mon paysage intime, où aboutirais-je ? Deux enfants à charge. Sans ressources. Quel enfer que de dépendre du désir des hommes ! Les miroirs de mon boudoir étaient des juges plus terribles que ceux de la Terreur. En comptant mes rides, comme les invalides comptent leurs blessures, je connaîtrais le déclin des vieilles courtisanes.

Depuis que la Révolution avait institué le divorce, on divorçait à qui mieux mieux. Pour Bonaparte, seul comptait le mariage religieux. Il l'imposera à ses sœurs.

Parmi tous ces mâles papillonneurs qui convolaient en pensant déjà divorce, pourquoi ne pas sauter sur un mariage civil avec cet oiseau rare qui voulait épouser à tout prix ?

Pour signer le contrat, j'emmenai Bonaparte chez mon notaire, rue Saint-Honoré. Le quasinain Raguideau était un étourdi. Croyant se barricader avec moi, il oublia de bien fermer la porte. Depuis les canonnades de Toulon, Bonaparte était un peu dur d'oreille. Pourtant, par l'entrebâillement de l'huis notarial (aurait-il écouté aux portes?) il entendit mon pygmée fulminer : « Vous avez le plus grand tort, vous vous en repentirez ! Vous faites une folie, vous allez épouser un homme qui n'a que la cape et l'épée. »

Raguideau accabla Bonaparte d'un contrat léonin. Pas de communauté de biens. Versement d'une rente annuelle de 1 500 livres, pendant toute ma vie.

Le mirifique commandement de l'armée d'Italie n'était encore qu'un mirage. Avec sa faconde provençale, Barras avait plastronné. Il devait d'abord obtenir l'approbation de son collègue, Lazare Carnot, responsable de nos armées, qui les avait menées au succès en 1794. Aussi froid que Barras était chaud, l'Organisateur de la victoire examina d'un œil mathématique les plans que Bonaparte avait rédigés pour Pontécoulant : écraser l'Italie du Nord, signer la paix à Vienne.

« Impossible ! s'écria le général Berthier. Il faudrait 50 000 hommes de plus !

— Un plan fou, exécutable seulement par un fou ! » grogna le général Schérer, ancien commandant de l'armée des Alpes.

Carnot dit oui. La nomination de Bonaparte fut signée le 2 mars 1796, notre mariage fixé au 9. Je n'avais pas eu la force de l'annoncer à Hortense. J'avais chargé Mme Campan de cette cruelle mission.

Bonaparte et moi : deux îliens sans papiers. Nos îles respectives étaient occupées par les Anglais. Avec l'aide de Calmelet, mon avocat, nous infligeâmes une entorse aux lois, à mon profit. Comme son frère Lucien l'avait fait deux ans auparavant.

Bonaparte emprunta le certificat de baptême de Joseph, de passage à Paris, qui lui donnait vingt-sept ans au lieu de vingt-six. Quant à moi, celui de feu ma sœur Catherine m'attribua vingt-huit au lieu de trente-deux.

Le soir du 9 mars, nous étions cinq dans le magnifique salon doré du premier étage d'un hôtel, au numéro 3 de la rue d'Antin, qui servait maintenant de salle de mariage de la mairie du deuxième arrondissement. Le premier témoin : Barras, beau comme un coq sous son chapeau de velours à trois plumes. Le second témoin : Tallien. Le troisième : l'avocat Jérôme Calmelet fervent défenseur de mon mariage. Le commissaire du Directoire Collin-Lacombe, un invalide à la jambe de bois, remplaçait l'officier public Leclercq qui était allé se coucher. Je portais une robe de mousseline à taille haute, ornée de fleurs rouges, blanches et bleues, dont je n'étais pas mécontente.

Un quart d'heure d'attente... Point de Bonaparte. Une demi-heure, une heure... Toujours pas de Bonaparte. Au coin du feu, Collin-Lacombe s'était endormi. Nos conversations languissaient. La mèche d'une chandelle, fichée dans un flambeau d'étain, faisait long nez. Personne ne pensait à la moucher. Barras commençait à s'énerver. Après avoir tant fait pour se débarrasser de moi, allait-il m'avoir encore sur le dos ? Moi aussi je m'inquiétais. Avant de faire le saut, Bonaparte avait-il reculé devant mon âge, mes enfants, ma situation besogneuse, mes rides prochaines ? Avait-il été glacé par les réflexions oiseuses du notaire ?

Deux heures de retard !... Pour un Vésuve d'amour !... Comment tourneraient les plans de

Bonaparte en Italie ? Mystère ! Mais n'assiste-rait-on pas, à Paris, à l'écroulement des miens ?

Soudain, un ferraillement de sabre dans l'escalier. La porte s'ouvre en trombe. Un ouragan bleu, brodé d'or, Bonaparte, suivi de son aide de camp, Lemarois, quatrième témoin, se rue sur le commissaire ronfleur, le secoue : « Allons, dépêche-toi de nous marier ! »

L'ensommeillé s'extrait de son siège en s'arc-boutant sur son pilon. Nous l'entourons. Enfin, dans ses bafouillis et postillons s'accomplit le mariage de nos calculs et de nos mensonges : deux certificats d'état civil truqués, un témoin, Lemarois, que l'on prétend frauduleusement majeur, un fonctionnaire qui n'a pas le droit de nous unir et qui fera signer le papier le lendemain par Leclercq.

« Citoyen général Buonaparte, consentez-vous à prendre pour votre légitime épouse madame Beauharnais, ici présente, à lui tenir parole et à observer la fidélité conjugale ?

« Citoyen, j'y consens.

— Citoyenne madame Beauharnais, consentez-vous à prendre pour légitime époux le général Buonaparte ici présent, à lui tenir parole et à observer la fidélité conjugale ?

— Citoyen, j'y consens.

— Citoyen Buonaparte et madame Beauharnais, la loi vous déclare unis. »

Tout le monde se quitta sur le trottoir. Barras et Tallien partirent en voiture, Calmelet et Lemarois à pied. « Napoleone Buonaparte, fils de Charles Buonaparte rentier et de Laetitia Ramolino » et « Marie-Josèphe-Rose Tascher, née à l'île Martinique, dans les Iles du Vent » regagnèrent bras dessus, bras dessous le petit hôtel de la rue Chantereine.

Bonaparte m'avait offert en cadeau un collier d'or arachnéen d'où pendait une plaque d'or et d'émail où l'on avait gravé AU DESTIN.

Au domicile, le jeune époux se heurta au premier représentant du Destin : Fortuné. Mon carlin acariâtre avait une dent contre lui. Avant notre liaison, il couchait dans mon lit. Le général me força à l'en chasser. Fortuné en conçut une jalousie féroce. Il profita de la nuit de noces pour faire un retour en force. En ouvrant la porte de la chambre, nous le découvrîmes installé au milieu du lit. La première bataille du commandant en chef de l'armée d'Italie fut contre Fortuné.

« Hors d'ici ! » cria-t-il, les yeux injectés de rage.

Sûr de son droit, Fortuné répliqua par une salve d'aboiements. Bonaparte m'avait expliqué la différence entre la stratégie et la tactique. « Souvent la tactique ruine la stratégie. La bataille d'ensemble gagnée sur la carte est perdue en détail sur les coteaux. »

Bonaparte exécuta un mouvement tournant conforme aux règles de la stratégie. Il tenta de surprendre Fortuné par-derrière. Fortuné pivota vertigineusement sur son séant et lui fit face dans une attitude menaçante. Oubliant les précautions d'une saine tactique, Bonaparte commit l'imprudence de se découvrir. Il lança un coup de pied à Fortuné. Prompt comme l'éclair, Fortuné bondit, lui mordit le mollet. La première bataille de la campagne d'Italie était perdue.

La première partie de la nuit de noces se passa à soigner le vaincu. Dans la seconde, pour le consoler, je tirai tous mes feux d'artifice d'amour.

De profil, de face, de dos, du bas du dos que goûtait particulièrement Bonaparte : « Quel beau c...! On dirait les Trois-Ilets de la Martinique! » Je savais déjà par cœur ses éloges. Il me félicita de m'abstenir de parfum. Il était prodigieusement sensible aux odeurs. Celle de tante Renaudin lui donnait des nausées. Celle de Mme de Staël lui soulevait le cœur.

Il me loua d'enfourcher aussi souvent mon bidet que lui son cheval. Ma netteté l'encourageait à porter ses baisers sur ce qu'il appelait géographiquement « la Forêt-Noire » plutôt que sur ma bouche dont je le détournais à cause de mes vilaines dents et de mon haleine peu sûre.

Modulée à lèvres closes, ma voix enchantait ses oreilles d'artilleur demi-sourd. Les voix aiguës lui vrillaient les tympans. Il trouvait la mienne « argentée », au point de me faire parler exprès pour l'ouïr.

Le lendemain, 10 mars, on alla voir Hortense à son pensionnat de Saint-Germain. Elle m'accusait de m'encanailler : tomber d'un général en chef, président de la Constituante, à un généraillon qui ne devait son commandement qu'à une mitraillade de rue!

Pour dissiper la bouderie d'Hortense, Bonaparte lui pinça l'oreille, ce qui la rembrunit. Il crut se racheter en disant à la directrice, Mme Campan :

« Il faudra que je vous confie ma petite sœur Caroline. Je vous préviens seulement qu'elle ne sait absolument rien; tâchez de me la rendre aussi savante que la chère Hortense. »

A quinze ans, Caroline ignorait le b-a, ba.

Une seconde nuit d'amour, avec les mêmes

ébats, et ma comédie de soupirs et de « zigzags ».

Le vendredi 11, il passa la journée au petit salon, à étudier la carte des Alpes déployée sur la table ronde. Comment porter aux Italiens des coups plus sûrs que ceux qu'il avait décochés à Fortuné? De temps en temps je venais le déranger. C'était la moindre des choses pour une lune de miel de trente-six heures. Sa bouche m'embrassait mais son esprit était dans les monts des Alpes et non dans celui de Vénus. Il me renvoyait, déçue dans mon amour-propre.

« Patiente, ma bonne amie : nous aurons le temps de faire l'amour après la victoire! »

Comme si je n'étais bonne qu'à faire l'amour avec lui! En me contentant, chaque nuit, d'un acte conjugal en courant d'air!

Le soir même, tintements de grelots, piaffements. Au bout de l'allée se rangea une chaise de poste rapide qui emmenait aussi Junot, son aide de camp, et Chauvet, ordonnateur de l'armée d'Italie, avec 8 000 livres en louis d'or et 100 000 en billets de change. Plus une promesse de renforts extorquée aux Directeurs.

Bonaparte s'arracha à mon étreinte. Il me supplia d'aller vite le rejoindre. D'une voix mourante, je promis tout. Un dernier baiser, un dernier serment. Il disparut en serrant mon portrait sur son cœur.

VI

LES AMOURS
DU « CHAT BOTTÉ »

J'AI parlé franchement des hommes que j'ai connus avant Bonaparte. Et lui, combien de femmes ?... Comptons !

1. *L'épistolier frustré*
A seize ans, le sous-lieutenant d'artillerie Napoleone di Buonaparte tombe amoureux d'une Emma croisée dans un salon. Par lettres il essaie en vain d'obtenir un rendez-vous. Emma résiste, hésite, se tait, s'irrite. Elle ne goûte guère ce maigrichon, étranglé par le pansement d'une cravate, à l'uniforme torchonné par les contractions tétaniques des épaules. Elle le prie de ne plus l'inonder de ses billets. L'épistolier frustré pense au suicide.

2. *Fructueuses cerises*
Toujours à Valence, à la belle saison, Bonaparte mange des cerises avec une Caroline, fille d'un riche Grégoire, qui, élevant sans doute des pigeons, ajouta à son nom « du Colombier ». Ces innocentes cerises feront Caroline baronne de

l'Empire, dame pour accompagner Madame Mère, et vaudront à son mari une prébende à l'Administration générale des forêts.

3. *La femme de lettres garde-malade*

En proie à la gloriole littéraire, Bonaparte rêve de devenir un artilleur-écrivain. Il commande à un libraire de Genève les *Mémoires* de Madame de Warens. Il veut imiter Rousseau appelant sa maîtresse « maman ». A Lyon, pris d'une fiévrotte, il se fait dorloter amoureusement par une romancière, Marie Agier, qui pourrait être sa mère. Des « bonne maman » par-ci, des « ma grande sœur » par-là se convertiront en une grasse pension sur la cassette de Sa Majesté Impériale.

4. *La petite prostituée nantaise du Palais-Royal*

Bonaparte m'a montré le cahier où il notait ses lectures, obsessions, états d'âme. A dix-huit ans, il était hanté par l'amour. Précisions sur les vices et les vicieux, sur les prostituées, sur « l'eau de pucelles », sur « les pastilles à la Richelieu » et d'autres aphrodisiaques, sur les lesbiennes.

Il était toujours fourré au Palais-Royal, vivier des filles de joie.

Le jeudi 22 novembre 1787, il note ses aventures de la veille :

« Je me promenais à grands pas dans les allées du Palais-Royal. J'étais sur le seuil des galeries, quand mes regards errèrent sur une personne du sexe. L'heure, sa taille, sa grande jeunesse ne me firent pas douter qu'elle ne fût une fille. Je la regardai. Elle s'arrêta. Je lui parlai :

« — Vous avez bien froid, lui dis-je. Comment

« pouvez-vous vous résoudre à passer dans les
« allées ?...
« — Ah ! monsieur, l'espoir m'anime.
« — Vous semblez d'une constitution bien fai-
« ble. Je suis étonné que vous ne soyez pas fati-
« guée de ce métier.
« — Ah ! dame, monsieur, il faut vivre.
« — Racontez-moi l'histoire de votre vertu. »
(Ce vicieux se régalait à poser cette question aux prostituées. Elle n'était pas toujours « couronnée de succès ». Cette fois elle le fut.)
« — C'est un officier qui me l'a prise, à Nantes,
« mon pays natal. Puis, il m'abandonna. Il fallut
« fuir l'indignation de ma mère. Le second galant
« se présenta, me conduisit à Paris, m'y aban-
« donna à son tour ; d'autres vinrent... Voilà...
« Allons chez vous...
« — Qu'y ferons-nous ?
« — Nous nous chaufferons et vous assouvirez votre plaisir. »

Il avait écrit d'abord : « Vous exercerez... » Déjà homme de lettre jusqu'au bout de la plume, il craignit que cet *exercerez* ne fît trop puceau. Il le barra et le remplaça par *assouvirez*, qui lui prêtait une vorace expérience. Qu'il déploya avec sa transie dans sa crasseuse chambre n° 9 de l'hôtel de Cherbourg, rue du Faubourg-Saint-Honoré.

5. *La Marie au foulard*

Nommé lieutenant, il tâte, dans la banlieue d'Auxonne, de la simple Marie Marceret, de six mois son aînée, qui gardera toute sa vie ses deux cadeaux : une bague en argent et un foulard.

6. *La châtelaine maternelle*
A Auxonne encore, il se frotte à une autre « maman », la gracieuse et bienveillante Mme de Berbis.

7. *La belle-fille du marchand de bois*
Comme à Valence avec la cueilleuse de cerises, à Auxonne Bonaparte vise une belle « affaire » : la plus riche et la plus jolie héritière de la ville, Manesca Pillet, belle-fille d'un somptueux marchand de bois, le sieur Chabert. Refus de Manesca et de Chabert. Piètre gendre « n'ayant que la cape et l'épée » !

8. *La femme d'un haut fonctionnaire de Seurre*
En avril 1789, le régiment de Bonaparte va rétablir l'ordre à Seurre. Il quitte ses canons pour les bras de Mme Prieur, femme d'un haut fonctionnaire. En 1805, en route pour Milan où il se couronnera roi d'Italie, il la recevra à Chalon, en dotant son fils d'une bourse, son frère d'une charge.

9. *L'empoisonneuse corse*
En 1792, Bonaparte, nommé capitaine, retourne en Corse. Pour une maîtresse de feu, il loue un appartement à l'entrée d'Ajaccio. La tigresse l'aperçoit en conversation avec une mignonne. Un soir, à dîner, elle lui sert du poison. Atroces souffrances. Mme Laetitia recueille l'empoisonné. Un médecin le sauve. Note de Bonaparte dans son journal : « L'amour de la femme, je le crois nuisible à la société comme au bonheur individuel des hommes. Ce serait un bienfait de la part d'une

divinité protectrice que de nous en défaire et d'en délivrer le monde. »

10. *Des canons au lit*
A Toulon, le capitaine Bonaparte va-t-il des canons au lit ou du lit aux canons ? Il demande à combattre les contre-révolutionnaires qui ont livré la ville aux Anglais. Le commandant de la place, le général Carteaux, a mal disposé ses canons. Sa femme, Catherine, une Parisienne de trente-deux ans, est bien disposée pour ce capitaine.

« Laisse donc faire ce jeune homme, dit-elle à son époux doré sur tranche. Il en sait plus que toi. Il ne te demande rien. Et la gloire te reste. »

Bonaparte plaça ses canons à son gré. On le promut commandant.

« Ne t'y trompe pas, dit Catherine à sa baderne, Bonaparte à trop d'esprit pour rester longtemps un sans-culotte.

— C'est donc que nous sommes des bêtes, nous ?...

— Non, mais Bonaparte n'est pas de ton espèce... »

Dès le Consulat, les sinécures pleuvront sur Carteaux, plus une pension double de celle des généraux. Sa femme recevra des gratifications confortables et, devenue veuve, une pension double de celle des veuves de généraux.

11. *Le chevalier servant de Marguerite*
Après la reprise de Toulon, Barras bombarde Bonaparte général de brigade et commandant d'artillerie de l'armée d'Italie. Bonaparte brûle de sauter par-dessus la tête du commandant en chef

de cette armée, le goutteux Dumerbion. Les deux représentants du peuple dont dépend l'armée d'Italie sont Robespierre le jeune et Ricord.

Un effet de billard; un double « contre » sur la citoyenne Ricord, Marguerite, trente et un ans : la boule ricoche sur son mari, puis sur Robespierre le jeune, son amant.

Mille petits soins de Bonaparte pour Marguerite : ramasser l'éventail, les gants, tenir la bride du cheval, présenter l'étrier. En promenade, l'accompagner, le chapeau à la main.

Le 9 thermidor écrase toutes ces prévenances. Le chevalier servant échappe de peu à la guillotine. Mais combien d'éventails offriront à Marguerite les bienfaits de l'Empereur?

12. *Emilie sous les orangers*

Inspecteur des côtes, Bonaparte loue un appartement à Nice, 1, rue de Villefranche, chez un riche négociant, Joseph Laurenti. Une dot!... une dot!... Il se promène dans les allées d'orangers du jardin avec Emilie, quinze ans. Il la demande en mariage. Refus courtoisement nuancé des parents : elle est trop jeune. « Et dans quel état reviendrez-vous de cette campagne d'Italie? Si vous persistez, reparlons-en au retour! »

Reconnaissant pour celles qui lui ouvrent les bras, Bonaparte voue une rancune inexpiable à celles qui les lui ferment. Pendant deux jours, silence de mort avec les Laurenti. Après le 9 thermidor, on veut arrêter Bonaparte, « favori de Robespierre ». On l'accuse d'être allé à Gênes pour livrer ses plans de campagne aux Italiens. On veut le transférer à Paris où son compte serait bon. Le charmant Laurenti lui sauve la vie. Il offre « sa caution », obtient pour son locataire la punition la plus douce : « garder les arrêts de rigueur dans la maison de ses hôtes ». Une sentinelle interdit la porte du « Chat botté », qui arpente sa chambre en remâchant sa bile. Par précaution, ces parents modèles expédient leur tendron aux champs.

Pour ces sages, point de faveurs impériales !

13. *Bonheur et Félicité*

En septembre 1794, le représentant Tureau se fait envoyer en mission en Italie pour offrir à sa jeune femme, aux frais de la République, un voyage de noces au soleil. Au premier regard, Félicité, Parisienne piaffante, s'enflamme pour ce général de son âge (lui vingt-cinq ans, elle vingt-quatre). Trois jours après, ils sont amants. Elle ne le quitte pas d'une semelle, jusqu'aux avant-postes. Enfant gâtée, elle se plaint qu'il ne s'y passe rien. Bonaparte lance ses hommes sur un petit poste autrichien. Quelques-uns restent sur le carreau. Il se le reprochera toujours.

Félicité pousse Bonaparte dans les faveurs de l'état-major. Elle décroche pour son frère Louis un brevet de lieutenant d'artillerie. Mais elle voltige d'officier en officier, d'un rang inférieur mais plus beaux et plus athlétiques que le petit Corse. Bonaparte se console avec les vendeuses d'un magasin de Nice, friandes d'officiers.

Le cocu de Félicité se suicidera. L'empereur n'oubliera pas la volage : pension, magot.

14. *La fiancée trompée*

A Marseille, son frère aîné, Joseph, a montré à Bonaparte le chemin de la belle « affaire ». Se prétendant « ci-devant comte de Bonaparte », persécuté par la Révolution, il s'est insinué chez les Clary, négociants enrichis, aussi férus de blason que Monsieur Jourdain.

Les Clary ont deux filles à marier : Julie, vingt-trois ans, laide et vertueuse, Eugénie-Désirée, dix-sept ans, piquante brunette aux yeux noirs. Bonaparte a toujours son air d'épouvantail à moineaux. Uniforme flottant, cheveux d'épagneul encadrant un faciès jaunâtre. Bottes ridées comme un crocodile en deuil. Dès qu'il sourit, on oublie tout. Les jeunes filles lui trouvent une gaieté « bon enfant » et, sous sa redingote râpée, pas du tout l'air d'un général.

Joseph a décidé d'épouser Eugénie-Désirée, la plus appétissante des deux. Dès son arrivée, Bonaparte bouleverse ses plans :

« Dans un bon ménage, il faut que l'un des époux cède à l'autre. Or, toi, tu es faible, tandis que Julie et moi savons ce que nous voulons. Tu feras donc mieux d'épouser Julie. Quant à Eugénie, elle sera ma femme », dit-il en la prenant sur ses genoux.

On l'appelait « Désirée ». Il préférait dire « Eugénie ». Une femme devait être toute neuve pour lui, prénom compris.

Joseph céda à l'ultimatum de son cadet. Epouser immédiatement son laideron arrangeait ses finances. Il aurait dû marquer le pas pour la trop jeune Désirée.

Avec la bénédiction de la famille Clary, voilà Bonaparte fiancé à Désirée. Chaque jour, promenade langoureuse. Bonaparte lit à l'ingénue des poèmes d'Ossian. Il rêve d'acheter une petite terre, de couler avec elle des jours virgiliens entre moutons et abeilles. Il chauffe si fort la petite qu'un nuit elle se glisse dans son lit. Elle espère s'attacher ainsi à jamais celui qu'elle considère déjà comme son mari.

Bonaparte doit rejoindre son poste à l'armée d'Italie. Désirée en larmes lui donne un médaillon de ses cheveux : « Tiens-moi bien le serment que tu m'as fait... » A distance, la « bonne affaire » paraît à Bonaparte de moins en moins bonne. Il envoie son portrait pour la forme. Ses lettres s'espacent, s'attiédissent. La brûlante fillette s'aigrit. Elle a appris qu'il se promenait au bois de Boulogne avec la reine de Paris, Mme Tallien.

« J'espère que tes promenades au bois de Boulogne avec Mme Tallien n'effaceront pas de ta mémoire celles des bords de la rivière avec ta bonne petite Eugénie. »

Tout se dissout dans l'oubli. L'empereur essaiera d'effacer la trahison du général. Mais il aura beau la faire maréchale, princesse, la petite promeneuse des bords de la rivière, même devenue reine de Suède, ne lui pardonnera jamais. Pour se venger, celle qui aurait dû être l'impératrice Eugénie épousera son plus âpre rival, le général Bernadotte. En mémoire d'Eugénie, l'Empereur pardonnera toutes les trahisons de Bernadotte. Eugénie traînera sur le trône une vie de mélancolie.

15. *La veuve quinquagénaire*

La rage d'épouser un magot rend Bonaparte insensible au ridicule. Une amie de sa mère, une Corse d'origine grecque, Mme Permon, née Stéphanopoli-Comnène, devient veuve. On la surnomme « la Panoréa », la toute belle. Elle pourrait être sa mère, sa grand-mère. Mais elle est riche. Il ne quitte pas son salon. Il hante sa loge, au théâtre Feydeau. Il dresse un plan en trois points : marier sa sœur Pauline au fils Permon, garder la fille Permon, Laure, pour son frère Louis ou pour Jérôme. Pour lui le morceau de roi : Mme Permon. Elle est à peine rentrée de l'enterrement de son mari qu'il lui demande sa main. La belle veuve tombe des nues, puis éclate d'un rire inextinguible. Quand elle reprend son souffle, elle dit :

« Mon cher Napoléon, parlons sérieusement. Vous croyez connaître mon âge ? Eh bien, vous ne le connaissez pas. Je ne vous le dirai pas parce que c'est ma petite faiblesse. Laissons cette plaisanterie : elle m'afflige, venant de vous. »

Il gardera à la toute belle une rancune de chiendent.

16. *La radieuse Anglaise*

Bonaparte continue à offrir à la ronde sa personne dont personne ne veut. Il s'attaque à une radieuse Anglaise, Grace Dalrimple, la future Mrs. Elliott, ancienne maîtresse du prince de Galles, puis du duc d'Orléans, Philippe-Egalité. Sous la Terreur, aux Carmes, elle était ma voisine de lit.

Si Grace avait dit « oui », les Français, en guerre avec « la perfide Albion », auraient eu une impératrice anglaise !

17. *La galante douairière*

De quinquagénaire en sexagénaire le général attaquait sans trêve.

Un jour, à son habitude, il pleurait misère sur

l'épaule de Barras. Au lieu de compatir, comme d'ordinaire, celui que des méchants appelaient « le roi des pourris » et moi « le roi de cœur », lui donna un conseil qui coïncidait avec ses vues :

« Eh bien, veux-tu marcher plus vite encore ? Je vais te donner un moyen : un mariage. Dans l'Ancien Régime, tous nos nobles ruinés ou sans fortune guettaient les filles de négociants, de banquiers, de financiers. Ils n'en manquaient pas une. Pour peu que j'aie le temps de regarder et de réfléchir, je pourrai te trouver cela. »

A peine Barras avait-il achevé qu'on lui annonça Mlle Montansier, propriétaire d'une partie du Palais-Royal. Le 9 thermidor avait sauvé la belle de l'échafaud. Pour remercier Barras de l'avoir délivrée, elle lui avait offert un appartement. Elle venait faire la causette en déshabillé de voisine.

Un clin d'œil de Barras à Bonaparte : « Voici ton affaire. » Sous l'Ancien Régime, la Montansier, de son vrai nom Brunet, avait roulé sa bosse galante de comtes en marquis. A la Martinique, elle suivit un intendant, le quitta, devint marchande de modes à Saint-Domingue, regagna la France.

Elle se lança dans le théâtre : directrice des troupes de Rouen, du Havre, de Versailles, de tous les théâtres de la cour. Elle avait l'oreille de la reine Marie-Antoinette et amassa une fortune énorme.

Elle venait se plaindre de la dureté des temps et du malheur des pauvres femmes sans appui.

« Nous sommes des vaincues, en tout état de cause. Nous appartenons au vainqueur, quel qu'il soit.

« Ah ! continua-t-elle en riant, si le Bon Dieu

m'avait bien voulu faire homme, si j'avais le droit de porter des culottes, jarnicoton, je ne vous laisserais pas aller seuls au feu, citoyens!...

— Madame n'a donc point de mari ? » demanda courtoisement Bonaparte.

Barras lui expliqua qui était « Madame ».

« C'est à Barras que je dois la vie, roucoula la vieille. Aussi me trouvé-je doublement heureuse de ce qu'il a bien voulu accepter un logement chez moi : il me semble qu'il me protège toujours comme un paratonnerre.

— Madame, dit Bonaparte, qui ne serait flatté et honoré d'être votre défenseur ? Le citoyen Barras ne manque pas d'amis qui seraient charmés de faire comme lui. »

La Montansier couva son Corse des yeux, lui sourit.

« Ce n'est pas de refus. Je suis bien aise que les amis de Barras soient les miens, et j'y compte. »

Elle tapota tendrement la joue du stratège, invita ces messieurs à dîner. A peine l'amoureuse avait-elle tourné les talons que Bonaparte harcelait Barras.

« Veux-tu épouser Mlle Montansier ? lui demanda le directeur, le lendemain.

— La personne de Mademoiselle n'a rien qui me contrarie. La disproportion d'âge est comme tant de choses auxquelles on n'a pas le temps de faire attention dans les révolutions. Mais, ce que vous m'avez dit de la fortune est-il aussi réel depuis ses malheurs qu'auparavant ? »

Barras alla sonder la désuète. Il lui restait plus de 1 200 000 francs.

« C'est un militaire qu'il vous faut, s'écria-t-il. Tenez, celui que vous avez aperçu chez moi. Il

vous a trouvée charmante et il est prêt à vous le prouver.
— Mais il n'a pas trente ans ! Je serais sa mère !
— C'est un brave officier qui se distinguera, j'en réponds. Je suis sûr que la femme qu'il épousera sera heureuse et honorée. »

Le marieur invita à dîner les tourtereaux. Il s'assit auprès de la Montansier, Bonaparte en face. Par-dessus leurs assiettes, les deux « fiancés » se lorgnaient dans le blanc des yeux. Au sortir de table, ils s'isolèrent. Barras les entendait roucouler : « Nous ferons ceci... nous ferons cela... » Bonaparte parla de sa mère, de ses frères, de ses sœurs, qui adoreront « une femme aussi distinguée ». Il l'emmènera en Corse : « Excellent climat, pays de longévité » (une aubaine pour une femme de soixante-cinq ans !), « pays neuf où, avec quelques capitaux, on peut faire une fortune rapide, la doubler en très peu d'années... »

« Je vous charge de garder la maison », lança Barras aux deux « promis ».

Il les laissa dans leurs rêves d'épithalame, que noiera la fumée des canons de vendémiaire.

VII

CAMPAGNE D'ITALIE, CAMPAGNE D'AMOUR

« Un plan fou, exécutable seulement par un fou ! » (général Schérer).

Ce chat botté aux poils en bataille allait combattre l'empire d'Autriche et le royaume de Piémont avec 37 000 haillonneux non payés, le ventre creux, aux espadrilles de paille. Les naïfs s'imaginaient que la République le chargeait de porter outremonts « le flambeau de la liberté » ou d'aller « faire trembler sur leur trône les despotes couronnés ». En réalité les Directeurs lançaient au pillage un loqueteux en chef et 37 000 voleurs. Le 19 janvier, Carnot avait écrit au commandant d'alors de l'armée d'Italie, Schérer, celui qui criait « au fou ! » : « Il n'y a pas d'argent... Trouvez le moyen de vous en passer, ou d'en prendre là où il y en a... L'abondance est derrière une porte qu'il s'agit d'enfoncer... » Mon coureur de dot s'arrachait de mes bras pour l'enfoncer. Qu'avait-il à perdre ? Et peut-être nous débarrasserons-nous de lui, méditaient les Directeurs sous leurs panaches.

Ce fou ne pensait qu'à moi qui ne pensais pas à lui. Il vivait au galop. Les autres au pas, moi, au lit. Il avait des poumons de forge, moi d'oiseau. Il pouvait passer des nuits en selle en grappillant, çà et là, une demi-heure de sommeil. Le commun des mortels doit dormir au moins huit heures. Lui pouvait s'offrir des journées de travail ou de combat de dix-huit à vingt-quatre. Dans cette campagne d'Italie où il aurait dû avoir autre chose en tête, il m'écrivait jusqu'à quatre lettres par jour. Il ne m'en expédiait qu'une.

Dès Châtillon-sur-Seine, le 13 mars, il me cria son amour et, mieux encore, m'envoya une procuration pour toucher « différentes sommes qui me revenaient » : 70 louis et 15 000 livres en assignats. Le lendemain soir, 14, de Chanceaux, nouvelle épître « à la citoyenne Beauharnais ». Craignait-il que les postes ignorassent notre mariage ?

« Chaque instant m'éloigne de toi, adorable amie, et à chaque instant je trouve moins de force pour supporter d'être éloigné de toi. Tu es l'objet perpétuel de ma pensée. Mon imagination s'épuise à chercher ce que tu fais. Si je te vois triste, mon cœur se déchire et ma douleur s'accroît; si tu es gaie, folâtre avec tes amis, je te reproche d'avoir bientôt oublié la douloureuse séparation de trois jours : tu es alors légère et, dès lors, tu n'es affectée par aucun sentiment profond.

« Comme tu vois, je ne suis pas facile à me contenter. Mais, bonne amie, c'est bien autre chose si je crains que ta santé soit altérée ou que tu aies des raisons d'être chagrine que je ne puis deviner. Alors je regrette la vitesse avec laquelle on m'a éloigné de mon cœur. Je sens vraiment que ta bonté naturelle n'existe plus pour moi, et que ce n'est que tout assuré qu'il ne t'arrive rien de fâcheux que je puis être content.

« Si l'on me fait la question si j'ai bien dormi, je sens qu'avant de répondre j'aurais besoin de recevoir un courrier qui m'assurât que tu as bien reposé. Les maladies, la fureur des hommes ne m'affectent que par l'idée qu'elles peuvent te frapper, ma bonne amie.

« Que mon génie, qui m'a toujours garanti au milieu des plus grands dangers, t'environne, te couvre, et je me livre découvert.

« Ah! ne sois pas gaie, mais un peu mélancolique. Et surtout que ton âme soit exempte de chagrin, comme ton beau corps de maladie. Tu sais ce que dit là-dessus notre bon Ossian.

« Ecris-moi, ma tendre amie, et bien longuement. Et reçois les mille et un baisers de l'amour le plus tendre et le plus vrai. »

Dès son arrivée à Marseille, le 20 mars, il courut chez Mme Laetitia, lui annonça son mariage, lui remit ma lettre. La mamma mit neuf jours à faire pondre par autrui sa froide réponse : elle jargonnait le français.

A Nice, le 27 mars, dans la maison du citoyen Sauvaigo, 4, rue François-de-Paule, siège de la préfecture des Alpes-Maritimes, Bonaparte reçut ses généraux de division, Masséna, Sérurier, Laharpe, Augereau. Sa petite taille, sa figure chétive, l'histoire de sa nomination, tout excitait la hargne de ces hommes plus grands, plus forts, plus âgés que lui, pourvus de plus beaux états de service et dont certains, comme Masséna, auraient voulu, à juste titre, occuper sa place. Bonaparte se rendit ridicule en élevant mon portrait comme un ostensoir et en le faisant adorer à la ronde. Puis il se ressaisit et joua une plaisante comédie. Ses subordonnés avaient gardé insolemment sur la tête leur chapeau à plumes tricolores. Il se découvrit. Les autres durent l'imiter. Il se recoiffa majestueusement, parut « grandir de deux pieds » et foudroya ces gaillards d'un tel regard qu'ils n'osèrent pas se remplumer.

Il questionna ses généraux « sur la position de leur division, leur matériel, l'esprit et l'effectif de chaque corps ». Je n'étais ni une division ni son matériel. Il leur annonça : « Demain je passerai l'inspection de tous les corps et après-demain je marcherai sur l'ennemi. » Je n'étais pas l'ennemi sur lequel il marcherait, mais une femme qui avait envie qu'on se couchât sur elle, d'une façon qui lui plairait.

Il écrivit au Directoire : « Je maintiendrai l'ordre où je cesserai de commander à ces brigands. » J'étais rebelle à tout ordre.

Avant son arrivée, ses soldats n'avaient rien à se mettre sous la dent. Un jour, pour nourrir les trois officiers et le sergent-major de sa compagnie, l'adjudant Dupin toucha trente-neuf haricots. En deux jours, Bonaparte fit tomber du ciel « pour six jours de pain, de viande et d'eau-de-vie, ainsi que douze mille paires de souliers ». Moi aussi j'attendais de lui ma subsistance.

Sur la place de la République, à Nice, du haut de son cheval, il galvanisa ses troupes : « Soldats, vous êtes mal nourris; le gouvernement vous doit beaucoup, il ne peut rien vous donner... Votre patience à supporter toutes les privations, votre bravoure à affronter tous les dangers excite l'admiration de la France; elle a les yeux tournés sur vos misères. Vous n'avez ni souliers, ni habits, ni chemises, presque pas de pain, et nos magasins sont vides : ceux de l'ennemi regorgent de tout : c'est à vous de les conquérir. Vous le voulez, vous le pouvez, partons ! »

Lui, foudre et tonnerre, me laissait tiède.

Je n'avais pas envie de lui écrire. Pourtant, il le fallait. Je m'attelai à la tâche deux jours après son départ. Ma plume crachait, griffait. Je m'interrompais. Le lendemain, à mon réveil, je me disais : « Il le faut... Il le faut... » Je m'y remettais en gémissant. Je traînai ce pensum pendant quatre jours. Sans me rendre compte qu'instinctivement je le vouvoyais. Sous les plus furieux assauts d'un homme que nous n'aimons pas, nous restons des vierges vouvoyeuses.

Le 30 mars, réponse pantelante, qui eût bouleversé toute autre. Cette fois, il rappelait son autorité de mari, en invoquant, en cas d'étourderie de la poste, ma double appartenance : « A la citoyenne Bonaparte, chez la citoyenne Beauharnais ».

« Je n'ai pas cessé un jour de t'aimer. Je n'ai pas passé une nuit sans te serrer dans mes bras. Je n'ai pas pris une tasse de thé sans maudire la gloire et l'ambition qui me tiennent éloigné de l'âme de ma vie.

« Au milieu des affaires, à la tête des troupes, en parcourant les camps, mon adorable Joséphine est seule dans mon cœur, occupe mon esprit, absorbe ma pensée.

« Si je m'éloigne de toi avec la vitesse du torrent du Rhône, c'est pour te revoir plus vite. Si, au milieu de la nuit, je me lève pour travailler, c'est que cela peut avancer de quelques jours l'arrivée de ma douce amie.

« Et cependant dans ta lettre du 23 au 26 ventôse, tu me traites de vous. Vous toi-même !

« Ah ! mauvaise, comment as-tu pu écrire cette lettre ! Qu'elle est froide ! Et puis, du 23 au 26, restent quatre jours. Qu'as-tu fait puisque tu n'as pas écrit à ton mari ?

« Ah ! mon amie, ce vous et ces quatre jours me font regretter mon antique indifférence. Malheur à qui en serait la cause ! Puisse-t-il pour peine et pour supplice, éprouver ce que la conviction et l'évidence (qui servit ton ami) me feraient éprouver ! L'enfer n'a pas de supplices ! Ni les Furies, de serpents ! Vous ! Vous ! Ah ! que sera-ce dans quinze jours ?...

« Mon âme est triste, mon cœur est esclave et mon imagination m'effraie... Tu m'aimes moins. Tu seras consolée. Un jour tu ne m'aimeras plus. Dis-le-moi. Je saurais au moins mériter le malheur...

« Adieu, femme, tourment, bonheur, espérance et âme de ma vie, que j'aime, que je crains, qui m'inspire des sentiments tendres qui m'appellent à la nature, et des mouvements impétueux aussi volcaniques que le tonnerre.

« Je ne te demande ni amour éternel, ni fidélité, mais seulement... vérité, franchise sans bornes. Le jour où tu diras " je t'aime moins " sera le dernier de mon amour ou le dernier de ma vie.

« Si mon cœur était assez vil pour aimer sans retour, je le hacherais avec les dents.

« Joséphine, Joséphine ! Souviens-toi de ce que je t'ai dit quelquefois : la Nature m'a fait l'âme forte et décidée. Elle t'a bâtie de dentelle et de gaze. As-tu cessé de m'aimer ?

« Pardon, âme de ma vie, mon âme est tendue sur de vastes combinaisons. Mon cœur, entièrement occupé de toi, a des craintes qui me rendent malheureux...

« Adieu ! Ah ! si tu m'aimes moins, tu n'auras jamais aimé. Je serais alors bien à plaindre.

« P.S. La guerre, cette année, n'est plus reconnaissable. J'ai fait donner de la viande, du pain, des fourrages. Ma cavalerie armée marchera bientôt. Mes soldats me marquent une confiance qui ne s'exprime pas. Toi seule me chagrines. Toi seule, le plaisir et le tourment de ma vie. Un baiser à tes enfants dont tu ne parles pas ! Pardi ! cela allongerait ta lettre de moitié. Les visiteurs, à dix heures du matin, n'auraient pas le plaisir de te voir. *Femme !!!* »

Ces trois points d'exclamation me piquèrent. *Femme !!!* En trempant ma plume dans mon sang de femme, je lui écrivis une lettre aphrodisiaque. Sa réponse crachait le feu.

« J'ai reçu toutes tes lettres mais aucune n'a fait sur moi l'impression de la dernière. Y penses-tu, mon adorable amie, de m'écrire en ces termes ? Crois-tu donc que ma position n'est pas déjà assez cruelle, sans encore accroître mes regrets et bouleverser mon âme ?

Quel style ! Quels sentiments que ceux que tu peins ! Ils sont de feu, ils brûlent mon pauvre cœur !

« Tu es l'unique pensée de ma vie. Si je suis ennuyé du tracas des affaires, si j'en crains l'issue, si les hommes me dégoûtent, si je suis prêt à maudire la vie, je mets la main sur mon cœur. Ton portrait y bat. Je le regarde et l'amour est pour moi le bonheur absolu à tout instant, hormis le temps que je me vois éloigné de mon amante. »

Il estropie effroyablement l'orthographe. En ce temps-là, elle n'était pas fixée. Tout le monde faisait des fautes. Mais les siennes étaient aussi rocailleuses que son accent.

« *Pars quelle ars as-tu su captiver toutes mes facultés concentrer en toi mon existence morale?*

« *C'est une morte ma douce amie, qui ne survi quand toi. Vivre par Joséphine, voilà l'histoire de ma vie.*

« *J'agis pour arriver près de toi. Je me meur pour taprocher Insense! Je ne maperçois pas que je m'en éloigne...*

« *Que de pays, que de contrées nous séparent! Que de tans avant que tu lise ces caractaires : faibles expression d'une ame ou tu regne!...*

« *Il fut un tems ou je m'enorgheilisoit de mon courage, et quelquefois, en jettant les yeux sur le mal que pouvait me faire les hommes, sur le sort que pouvait me reserver le destin, je fixais les malhers les plus inouïe sans froncer le sourcil, sans me sentir étonné.*

« *Mais, aujourd'hui, lidées que ma Joséphine pourai être mal, lidées qu'elle pourai etre malade, et surtout la cruelle la funeste pensées, qu'elle pourrait m'aimer moins, flêtrit mon ame, arrette mon sang, me rend triste, abattu, ne me laisse pas même le courage de la fureur et du désespoir...*

« Je suis à Port-Maurice, près Oneille. Demain, je suis à Albenga.

« Les deux armées se remue. Nous cherchons à nous tromper. Au plus habile, la victoire.

« Je suis assé content de Beaulieu s'il manoeuvre bien, il est plus fort que le prédécesseur. Je le batterai, j'espère de la belle manière. Sois sans inquiétude.

« Aime-moi comme tes yeux, ton esprit, ta vie, ton tout...

« Douce amie, pardonne-moi, je délire. La Nature, est faible pour qui sent vivement! pour celui que tu anime.

B.P.

« P.S. Barras, Tallien, Mme Tallien, amitiés sincères. A Mad. Châteaurenaud civilité dusage. A Eugènes à Hortense, amour vrai.

« Adieu, Adieu, adieu. Je me couche sans toi. Je dormirai sans toi. Je t'en prie, laissemoi dormir. Voilà plusieurs jours ou je te serre dans mes bras. Songe heureux! mais, mais ce n'est pas toi... »

Je déchiffrais péniblement ses gribouillis. Souvent je n'avais pas la force d'aller jusqu'au bout. Je butais sur des hiéroglyphes. Découragée, je laissais traîner ses grimoires, ou je les prêtais à des amies, pour voir si elles seraient plus perspicaces, et pour les faire verdir de jalousie par la passion que j'inspirais.

Bonaparte criblait le papier de taches d'encre pareilles à de la liqueur séminale. Ce n'en était sûrement pas. Il haïssait le soulagement manuel. A dix-huit ans, il avait écrit au docteur Tissot, de Lausanne, pour le consulter à propos d'un vieux parent malade. Il l'assurait de « la parfaite estime que lui avait inspirée la lecture de ses ouvrages ». Depuis dix ans, ce médecin était célèbre par sa *Dissertation sur les maladies par la masturbation* : consomption, impuissance, perversions... Affolés, de jeunes onanistes s'étaient suicidés. Lieutenant à Valence, Bonaparte avait reproché à son frère Louis d'avoir fait un jour la grasse matinée, pente fatale vers Onan.

Des fâcheux m'accusent d'avoir témoigné tant de froideur à un génie dans une campagne sublime. Voici ma conclusion, dictée par mon expérience des hommes : ne pouvant pas satisfaire sur moi sa rage d'amour, Bonaparte s'est vengé sur l'ennemi. Il a jeté dans les combats sa violence de mâle. Son appétit de moi, sa jalousie, il les a traduits dans ses manœuvres. Ne pouvant me prendre à bras-le-corps, il a empoigné ses soldats. Ses proclamations avaient le feu de ses lettres.

En amour, le bénéficiaire est l'actif. Celui qui aime transfigure le monde. Le perdant est le passif : celui qui se laisse aimer. Son stérile plaisir de vanité ne dissipe pas son ennui. C'est donc moi, Joséphine, qui, en inspirant Bonaparte, ai gagné la campagne d'Italie. Moi, alliée au printemps de la péninsule et au souffle de liberté exaltant nos drapeaux.

C'est moi qui, en Bonaparte, hanté par les monts et les vallées de mon corps, réveillai le sens corse de la topographie. C'est moi qui lui insufflai la frénésie avec laquelle il fit éclater les lois du ballet de la guerre : les deux armées marchant l'une vers l'autre, en lignes tracées au cordeau. Il concentrait la sienne de plusieurs côtés à la fois contre un seul point, puis la jetait, comme l'éclair, sur un autre. Les vibrations parcourent ainsi mon corps amoureux.

Depuis trois ans, nos généraux avaient tenté en vain de pénétrer en Piémont par les passages étroits et bien défendus des Alpes-Maritimes. C'est moi qui décidai Bonaparte à se couler le long de la côte en feignant de violer la neutralité de Gênes, comme s'il me prenait endormie. C'est moi qui persuadai les Autrichiens de quitter leur base montagnarde d'Alessandria. C'est moi qui soufflai à Bonaparte l'idée d'effectuer une conversion, loin de la mer, par la trouée de Cadibona-Carcare, entre les Alpes et les Apennins, et de foudroyer les ennemis, imprudemment allongés. C'est moi qui lui permis de déboucher au soleil du Piémont, après avoir tourné les Alpes, au lieu de les traverser, comme s'il me donnait, par-dessus mon épaule, un insidieux baiser.

C'est moi qui lui offris, en quinze jours, comme une salve de jouissances, les victoires de Montenotte, Millesimo, Dego, Mondovi.

Et il osait me reprocher ma froideur!... C'était elle qui l'éperonnait de victoire en victoire, qui le jetait, écumant, dans des forêts de lauriers. Il avait trouvé trop brûlante ma lettre aphrodisiaque. Il faut savoir ce qu'on veut.

« Je reçois une lettre que tu interromps pour aller, dis-tu, à la campagne. Et après cela, tu te donnes le ton d'être jalouse de moi qui suis ici accablé d'affaires et de fatigue. Ah! ma bonne amie!...

« Il est vrai que j'ai eu tort. Dans le printemps, la campagne est belle. Et puis l'amant de dix-neuf ans s'y trouvait sans doute.

« Le moyen de perdre un instant de plus à écrire à celui qui, éloigné de trois cents lieues de toi, ne vit, ne jouit, n'existe que pour ton souvenir, qui lit tes lettres comme on dévore, après six heures de chasse, les mets que l'on aime.

« Je ne suis pas content. Ta dernière lettre est froide comme l'amitié. Je n'y ai pas trouvé ce feu qui allume tes regards, et que j'ai cru y voir parfois.

« Mais quelle est ma bizarrerie! J'ai trouvé que tes lettres précédentes prenaient trop mon âme. La révolution qu'elles produisaient attaquait mon repos et asservissait mes sens. Je désirais des lettres plus froides, mais elles me donnent le glacé de la mort.

« La crainte de ne pas être aimé de Joséphine, l'idée de la voir inconstante, de la... Mais je me forge des peines. Il en est tant de réelles! Faut-il encore s'en fabriquer !!!

« Tu ne peux m'avoir inspiré un amour sans bornes sans le partager. Et avec ton âme, ta pensée et ta raison, l'on ne peut pas, en retour de l'abandon et du dévouement, donner en échange le coup de la mort...

« Tu ne me parles pas de ton vilain estomac. Je le déteste. Adieu, jusqu'à demain, *mio dolce amor*. Un souvenir de mon unique femme, et une victoire du Destin : voilà mes souhaits. Un souvenir unique, entier, digne de celui qui pense à toi et à tous les instants...

« *Un baiser plus bas, plus bas que ton sein.* »

Les trois derniers mots soulignés trois fois. Deux mois de séparation : pour moi, rien, pour lui, l'éternité.

« J'ai reçu ta lettre du 16 et du 21. Tu as été bien des jours sans m'écrire. Que fais-tu donc?

Oui, ma bonne, bonne amie, je suis non pas jaloux, mais quelquefois inquiet. Viens vite. Je te préviens, si tu tardes, tu me trouves malade. Les fatigues et ton absence, c'est trop à la fois.

« Tes lettres font le plaisir de mes journées et mes journées heureuses ne sont pas fréquentes. Junot porte à Paris vingt-deux drapeaux. Tu dois revenir avec lui. Entends-tu ? Si jamais cela n'était pas ! [...], qu'il ne vienne pas, malheur sans remède, douleur sans consolation, peines continues, si j'avais le malheur de le voir revenir seul. Mon adorable amie, il te verra, il respirera dans ton temple. Peut-être même lui accorderas-tu la faveur unique et inappréciable de baiser ta joue. Et moi je serai seul ici, bien, bien loin : mais tu vas revenir, n'est-ce pas ? Tu vas être ici à côté de moi, sur mon cœur, dans mes bras, sur ma bouche. Prends des ailes, viens, viens ! Mais viens doucement. La route est longue, mauvaise, fatigante. Si tu allais verser ou prendre mal, si la fatigue... viens doucement, mon adorable amie, mais sois souvent en (rapport ?) avec moi par la pensée...

« Un baiser au cœur et puis un plus bas, bien plus bas !!

B.

« Je ne sais pas si tu as besoin d'argent, car tu ne m'as jamais parlé de tes affaires. Si cela était, tu en demanderais à mon frère qui a 200 louis à moi... »

En quinze jours ce démon avait remporté six victoires, pris vingt et un drapeaux, fait quinze mille prisonniers, tué ou blessé plus de dix mille hommes, conquis la partie la plus riche du Piémont, signé l'armistice de Cherasco. En récompense, il demanda à Barras que j'aille le rejoindre. Il le demanda aussi au glacial directeur Carnot, auquel il osa confier son délire : « Je vous dois des remerciements particuliers pour les attentions que vous voulez bien avoir pour ma femme : je vous la recommande; elle est patriote sincère et je l'aime à la folie. »

Junot mettrait trop de temps à me joindre à Paris avec sa cargaison de drapeaux et d'amour. Murat arriverait plus vite en passant par Turin. Bonaparte faisait de ses victoires le tremplin de sa passion. On aurait dit qu'il n'avait signé l'armistice de Cherasco que pour son article 5, l'article de Joséphine : « Il sera accordé le passage par le chemin le plus court aux courriers extraordinaires et aides de camp que le général de l'armée française voudrait envoyer à Paris ainsi que pour le retour. » Quel courrier plus « extraordinaire » que celui de son amour ?

« Je t'écrivais par Junot de partir avec lui pour venir me joindre; je te prie aujourd'hui de partir avec Murat, de passer par Turin; tu abrégeras de quinze jours. Il sera donc possible que je te voie ici avant quinze jours. Viens; cette idée me transporte de joie; ton logement est prêt à Mondovi et à Tortone; tu pourras de Mondovi aller *(illisible)* à Nice et à Gênes et de là dans le reste de l'Italie, si cela te fait plaisir. Mon bonheur est que tu sois heureuse, ma joie que tu sois gaie, mon plaisir que tu en aies. Jamais femme ne fut aimée avec plus de dévouement, de feu et de tendresse. Jamais il n'est possible d'être plus entièrement maître d'un cœur et d'en dicter tous les goûts, les penchants, d'en former tous les désirs. S'il en est autrement de toi, je déplore mon aveuglement, je te livre aux remords de ton âme; et si je n'en meurs pas de douleur, froissé pour la vie, mon cœur ne s'ouvrirait plus au sentiment du plaisir ou de la douceur; triste, fier ou froissé, ma vie serait toute physique; car j'aurai, en perdant ton amour, ton cœur, ton adorable personne, perdu tout ce qui rend la vie aimable et chère !

« Ah ! alors, je ne regretterai plus de mourir et peut-être réussirai-je à la recevoir au champ d'honneur. Comment veux-tu, ma vie, que je ne sois pas triste. Pas de lettre de toi, je n'en reçois que tous les quatre jours, au lieu que si tu m'aimais tu m'écrirais deux fois par jour; mais il faut jaser avec les petits messieurs visiteurs dès dix heures du matin et puis écouter les sornettes et les sottises de cent freluquets jusqu'à une heure après minuit. Dans les pays où il y a des mœurs, dès dix heures du soir, tout le monde est chez soi; mais dans ces pays-là, on écrit à son mari, l'on pense à lui, l'on vit pour lui. Adieu, Joséphine, tu es pour moi un monstre que je ne puis expliquer... Je t'aime tous les jours davantage. L'absence guérit les petites passions. Il accroît les grandes. Un baiser sur ta bouche, un sur ton cœur. Il n'y a personne que moi, n'est-ce pas ? Et puis un sur ton sein. Que Murat est heureux... petite main... Ah ! si tu ne viens pas !!! »

Le malheureux rêvait que je l'avais rejoint. Il organisait notre ménage, m'en faisait miroiter les aises :

« Mène avec toi ta femme de chambre, ta cuisinière, ton cocher. J'ai ici des chevaux de carrosse à ton service, et une belle voiture. Ne porte que ce qui t'est personnellement nécessaire. J'ai ici une argenterie et une porcelaine qui te serviront. »

Il m'écrivait, m'écrivait à perdre haleine, malgré l'urgence de ses affaires :

« Adieu, le travail me commande. Je ne puis laisser la plume. Ah! ce soir, si je n'ai pas de tes lettres, je suis désespéré. Pense à moi, ou dis-moi avec dédain que tu ne m'aimes pas et alors peut-être je trouverai dans mon esprit de quoi être moins à plaindre.
« Je t'ai écrit par mon frère qu'il avait deux cents louis à moi dont tu pouvais disposer. Je t'envoie par Murat deux cents louis dont tu te serviras si tu en as besoin ou que tu emploieras à meubler l'appartement que tu me destines. Si tu pouvais y mettre partout ton portrait!... Mais non, il est si beau, celui que j'ai dans mon cœur que, quelque belle que tu sois et quelque habiles que soient les peintres, tu y perdrais. Ecris-moi, viens vite. Ce sera un jour bien heureux... que celui où tu passeras les Alpes. C'est la plus belle récompense de mes peines et des victoires que j'ai remportées. »

J'étais loin de vouloir rouler carrosse outre-monts. Je roulais dans les bras d'Hippolyte Charles. Un lieutenant de hussards, de neuf ans mon cadet. L'adjoint du général Leclerc. Un Adonis du Midi. Pas très grand. Cinq pieds deux pouces : à peu près 1,67 m. Un front de statue, des yeux de ciel, étincelant dans le hâle. Des cheveux, des sourcils d'un noir lustré, des dents comme des miroirs, des mains, des pieds à faire pâlir d'envie une femme. Le dieu de l'Amour.

Imaginez... ces yeux d'azur, un uniforme d'azur

à ceinture écarlate. Une culotte à la hongroise portant, aux coutures, échancrures et ouvertures, trois ganses d'argent. Un dolman à dix-huit rangs de tresse et cinquante boutons du même métal. Des bottes en maroquin rouge. Une ceinture de même, supportant une sabretache brodée de drap écarlate et un sabre courbe dans son fourreau en cuir et argent, avec une dragonne de soie feu et or. Là-dessus, une pelisse au collet brodé d'argent, aux parements de fourrure de gorge de renard, jetée nonchalamment sur l'épaule gauche. Les cadenettes, nattes et catogan poudrés de cette tête admirable, coiffez-les d'un mirliton noir à bande écarlate, ganse d'argent tressée en chaînette retombant sur le côté, cocarde, plumet tricolore.

« Vous en raffolerez, ai-je écrit aussitôt à Talleyrand. Mmes Récamier, Tallien, Hamelin en perdent la tête, la sienne est si belle. Il se met avec tant de goût !... Je crois qu'avant lui personne n'a su arranger sa cravate. Je vous le présenterai; vous l'entendrez, il vous donnera des idées. Il étonne Mme Despaul » (la couturière à la mode).

Hippolyte avait tout pour être la coqueluche de Paris. Personne, comme lui, ne m'a fait mourir de rire. Il connaissait tous les rébus, tous les calembours de Brunet et de Bobèche, qui faisaient fureur. « Il faisait le polichinelle en parlant. Il était ce qu'on appelle un drôle de garçon... Il était impossible de trouver un homme plus comique; il était charmant... » disait la duchesse d'Abrantès. Mille grimaces, singeries, cris d'animaux, un orchestre de changements de voix. Il disait : « Bonaparte est sur le Pô, ce qui est bien sans

Gênes. » Et des farces sans fin. Il colla à son fourreau le sabre du général Leclerc. Par je ne sais quelle magie, il fit virer du bleu au vert le manteau de son supérieur, en conversation mondaine avec moi. Un soir, il arriva déguisé en créole venant visiter une amie d'enfance.

Avec Hippolyte, rue Chantereine, je connus l'amour fou. Mourir de rire et de plaisir. Plus d'âge, plus de rides, plus de soucis. Comme dans une île enchantée, nous passions toute la journée au lit. Rien de plus sinistre que d'être obligé de descendre du ciel. J'accueillais comme des chiens dans un jeu de quilles les courriers qui m'apportaient les lettres de Bonaparte. Je tolérais ses délires, à condition qu'il ne vînt pas couper les miens. Pour me venger, je lisais les passages les plus outrés de ses épîtres à Hippolyte, qui imitait de façon désopilante le Corse écumant.

Pourquoi quitter l'éden de Paris, où je rayonnais dans les bras d'Hippolyte, en bénéficiant des acclamations réservées à la femme du général en chef de l'armée d'Italie ? Le 9 mai, je fus la reine de la fête donnée au palais du Luxembourg pour la remise au Directoire des drapeaux apportés par Junot. Le poète Arnault compara Thérésa, Juliette Récamier et moi, couronnées de fleurs, « aux trois mois de printemps réunis pour fêter la victoire ».

A la sortie, Junot offrit son bras droit à moi, son bras gauche à Thérésa, tandis que la foule m'acclamait : « Vive le général Bonaparte ! Vive la citoyenne Bonaparte ! Elle est bonne pour le pauvre monde !... » « Oui, oui, opinait une grosse poissonnière de la halle, celle-là c'est bien Notre-Dame-des-Victoires ! »

Pour moi, les victoires que l'on fêtait n'étaient

pas celles de Bonaparte dans d'obscures bourgades d'Italie, mais celles qu'Hippolyte m'avait aidée à remporter sur la terreur de vieillir, sur le cauchemar de la guillotine, jamais oublié, sur l'angoisse de la misère et du lendemain. Ma couronne de fleurs était celle du printemps de l'amour. J'ignorais alors qu'Hippolyte était un spécialiste des femmes plus âgées que lui, dont il tirait des profits : avant moi Mme Lambert, après moi l'antique Montansier. Si je l'avais su, je n'en aurais pas tenu compte, tant j'étais enivrée.

Murat débarqua à Paris. Ce cavalier ouragan venait m'enlever au nom de Bonaparte. J'adorais trop Hippolyte pour m'abandonner au centaure du causse de Gramat. Mais c'était une trombe si irrésistible que mes mains s'égarèrent malgré elles au-dessous de son ceinturon.

Après lui avoir préparé du punch martiniquais, et lui en avoir révélé la recette, je lui offris un presse-citron en vermeil. Dans un déjeuner d'officiers copieusement arrosé il eut l'indécence d'exhiber l'objet avec des allusions grivoises. Un des convives éméchés déchiffra mes initiales *J.B.* Le scandale parvint à Bonaparte. Murat se justifia en prétendant que, dans les vapeurs du vin, son camarade avait confondu *J* (oséphine) *B* (onaparte) et *J* (oachim) *M* (urat).

Bonaparte s'était jeté avec d'autant plus de fureur sur ce presse-citron que, le jour de l'arrivée de Murat, il avait cassé la glace de mon portrait miniature. Il était devenu pâle comme un mort : « Marmont, avait-il dit à son aide de camp, ma femme est malade ou infidèle. » En cas d'infidélité, « crains le poignard d'Othello! » s'écriait-il dans une de ses lettres.

Viens, viens! m'intimait-il par Murat. *Viens, viens!* suppliait-il deux jours après, par la bouche de deux nouveaux arrivants : son frère Joseph, portant la demande d'armistice des Piémontais et Junot, chargé de drapeaux.

Affolée, atterrée, me cramponnant à Paris, où était mon Hippolyte, je lançai l'objection majeure, insurmontable, la seule qui pouvait m'enraciner dans la capitale : je suis enceinte.

L'étais-je ?... Ne l'étais-je pas ?... Certains, dont des médecins, prétendront que je l'étais. Les uns parleront de fausse couche spontanée, due à mes étreintes folles avec mon Hippolyte. Les spasmes des excès vénériens peuvent causer l'avortement. D'autres évoqueront une fausse couche provoquée. Ma tiédeur envers Bonaparte ne me poussait guère à lui donner un enfant qui m'aurait alourdie, en m'empêchant de danser et de porter des robes légères. Ils citeront ma longue fièvre, suivant une infection, plus fréquente dans les fausses couches provoquées.

« Elle n'était pas enceinte », soutiendront les prétendus connaisseurs de la duplicité féminine. Ils allégueront mon invincible don de mensonge. Fabulatrice, magicienne, tisseuse de contes, Schéhérazade, Circé.

A vous de choisir! En tout cas, enceinte ou pas enceinte, un fait est patent : j'ai bien dit que je l'étais. Bonaparte bondit d'allégresse :

« Il est donc vrai que tu es enceinte. Murat me l'a écrit. Mais il me dit que cela te rend malade et qu'il ne croit pas prudent que tu entreprennes un aussi long voyage.

« Je serai donc encore privé du bonheur de te

serrer dans mes bras ! Je serai donc encore plusieurs mois loin de tout ce que j'aime !

« Serait-il possible que je n'aie pas le bonheur de te voir avec ton petit ventre ! Cela doit te rendre intéressante !

« Tu m'écris que tu as bien changé. Ta lettre est courte, triste, et d'une écriture tremblante. »

Il fait le libéral, le généreux :

« Qu'as-tu mon adorable amie ? Qu'est-ce qui peut t'inquiéter ? Ah ! ne reste pas à la campagne. Sois en ville. Cherche à t'amuser. Et crois qu'il n'y a pas de tourments plus réels pour mon âme que de penser que tu es souffrante et chagrine.

« Je croyais être jaloux, mais je te jure qu'il n'en est rien. Plutôt que de te savoir mélancolique, je crois que je te donnerais moi-même un amant.

« Sois donc gaie et charmante, et sache que mon bonheur est attaché au tien. Si Joséphine n'est pas heureuse, si elle abandonne son âme à la tristesse, au découragement, elle ne m'aime donc pas. »

Il se voit en père, dans un tableau de famille à la Greuze :

« Bientôt tu vas donner vie à un autre être qui t'aimera autant que moi... Non, ce n'est pas possible, mais autant que je t'aimerai.

« Tes enfants et moi, nous serons sans cesse autour de toi pour te convaincre de nos soins et de notre amour. Tu ne seras pas méchante, n'est-ce pas ? pas de hum !!! à moins que ce ne soit pour plaisanter. Alors il faut trois ou quatre grimaces. Rien n'est plus joli, et puis un petit baiser raccommode tout. »

Joseph Bonaparte traînait à Paris pour tenter de décrocher un poste de consul. Ma complice et femme de chambre, Louise Compoint, couchait avec Junot pour le paralyser. Pendant ce temps, Bonaparte s'obstinait à remporter des victoires, moins par faim de gloire que pour se faire aimer. Après celle de Lodi, il ne se regarda plus « comme un simple général », fût-il en chef, mais comme le chef possible de tous les généraux. Lodi lui livrait les portes de Milan. Il y entra en triomphe sur son cheval blanc *Bijou*, suivi de ses loqueteux. Les Milanais acclamèrent celui qui les délivrait de la tyrannie de l'Autriche : *Viva la Libertà !* Mais, en caracolant, il ne pensait qu'à moi.

« A Paris ils n'ont encore rien vu », dit-il à Marmont, le soir, en se couchant sans moi, à l'archevêché. « L'avenir nous réserve des succès bien supérieurs à ce que nous avons déjà fait. La fortune ne m'a pas souri aujourd'hui pour que je dédaigne ses faveurs : elle est femme, et plus elle fait pour moi, plus j'exigerai d'elle. De nos jours, personne n'a rien conçu de grand; c'est à moi d'en donner l'exemple. »

Moi, c'était à Paris, capitale de mon amour, que je savourais ma gloire. Dans les bals, les théâtres, les fêtes, où l'on acclamait la femme du vainqueur de l'Italie. Et surtout dans les bras d'Hippolyte où je cueillais les échos de mon triomphe. Mes victoires, c'étaient les nouvelles robes que j'étrennais tous les jours. Pour lui plaire et pour me plaire de lui plaire.

Le 18 mai, Bonaparte, au réveil, fut transpercé d'un éclair :

« Je ne sais pas pourquoi depuis ce matin je suis plus content. J'ai un pressentiment que tu es partie; cette idée me comble de joie. Bien entendu tu passeras par le Piémont; le chemin est beaucoup meilleur et plus court. Tu viendras à Milan où tu seras très contente, ce pays étant très beau; quant à moi, cela me rendra si heureux que j'en serai fol. Je meurs d'envie de voir comment tu portes les enfants. Cela doit te donner un air majestueux et respectable qui me paraît devoir être très plaisant. Ne va pas surtout être malade; non, ma bonne amie, tu viendras ici, tu te porteras très bien; tu feras un petit enfant joli comme sa mère qui t'aimera comme son père et quand tu seras bien vieille, que tu auras cent ans, il sera ta consolation et ton bonheur. Mais d'ici à ce temps-là, garde-toi bien de l'aimer plus que moi ! Je commence déjà à être jaloux.

« *Adio, mi dolce amor, adio,* la bien-aimée ! Viens vite entendre la bonne musique et voir la belle Italie. Il ne lui manque que ta vue. Tu l'embelliras. A mes yeux, du moins. Tu le sais, quand ma Joséphine est quelque part, je ne vois plus qu'elle. »

Le 23 mai, avant de quitter Milan pour Lodi, après de nouvelles plaintes sur la rareté de mes lettres, il essayait de piquer ma jalousie :

« L'on m'a donné ici une grande fête : cinq ou six cents jolies et élégantes figures cherchaient à me plaire, mais aucune ne te ressemblait, aucune n'avait cette physionomie douce et mélodieuse qui est si bien gravée dans mon cœur. Je ne voyais que toi, je ne pensais que toi. Cela me rendit tout insupportable; et une demi-heure après y être entré, je me suis en allé me coucher tristement en me disant : voilà ce réduit vide, la place de mon adorable petite femme... Viens-tu ? Ta grossesse, comment va-t-elle ?... Ah! ma belle amie, aie bien soin de toi, sois gaie, prends souvent du mouvement, ne t'afflige de rien, n'aie aucune inquiétude sur ton voyage; va à bien petites journées. Je me figure sans cesse te voir avec ton petit ventre; cela doit être charmant, mais ce vilain mal de cœur, est-ce que tu l'as encore ?...

« Adieu, belle amie, pense quelquefois à celui qui pense sans cesse à toi. »

Les Autrichiens revinrent. Il les repoussa, regagna Milan, en repartit, réprima des séditions. Je le hantais au milieu du fracas des armes.

Le 5 juin, par l'armistice de Brescia, Naples quittait la coalition. Bonaparte était dévoré par la fièvre de rentrer à Milan, où il était sûr que je l'attendais. Le 6 juin, quand il arriva au palais, pas de Joséphine, pas de lettres de Joséphine. Alors ce fut l'explosion :

« Joséphine, tu devais partir le 5 de Paris, tu devais partir le 11, tu n'étais pas partie le 12... Mon âme s'était ouverte à la joie, elle est remplie de douleur. Tous les courriers arrivent sans m'apporter de tes lettres... Quand tu m'écris, le peu de mots, le style n'est jamais d'un sentiment profond. Tu m'as aimé par un léger caprice : tu sens combien il serait ridicule qu'il arrête ton cœur. Il me paraît que tu as fait ton choix et que tu sais à qui t'adresser pour me remplacer. Je te souhaite bonheur, si l'inconstance peut en obtenir : je ne dis pas la perfidie... Tu ne m'as jamais aimé... J'avais pressé mes opérations; je calculais le 13 à Milan et tu es encore à Paris. Je rentre dans mon âme, j'étouffe un sentiment indigne de moi et si la gloire ne suffit pas à mon bonheur, elle fournit l'élément de la mort et de l'immortalité... Quant à toi, que mon souvenir ne te soit pas odieux. Mon malheur est de t'avoir peu connue; le tien de m'avoir jugé comme les hommes qui t'environnent. Mon cœur ne sentit jamais rien de médiocre... Il s'était défendu de l'amour. Tu lui as inspiré une passion sans bornes, une ivresse qui le dégrade. Ton caprice était pour moi une loi sacrée. Pouvoir te voir était mon souverain bonheur.

« Tu es belle, gracieuse. Ton âme douce et céleste se peint sur ta physionomie. J'adorais tout en toi.

« Plus naïve, plus jeune, je t'eusse aimée moins.

« Tout me plaisait, jusqu'au souvenir de tes erreurs et de la scène affligeante qui précéda de quinze jours notre mariage.

« La vertu était pour moi ce que tu faisais, l'honneur ce qui te plaisait; la gloire n'avait d'attrait dans mon cœur que parce qu'elle t'était agréable et flattait ton amour-propre. Ton portrait était toujours sur mon cœur; jamais une pensée sans le voir, une heure sans le retirer. Rien ne m'a échappé.

« Si je continuais, je t'aimerais seul, et de tous les rôles, c'est le seul que je ne puisse adopter.

« Joséphine, tu eusses fait le bonheur d'un homme moins bizarre. Tu as fait mon malheur, je t'en préviens. Je le sentis lorsque mon âme s'engageait, lorsque la tienne gagnait journellement un empire sans bornes et asservissait tous mes sens.

« Cruelle !!! Pourquoi m'avoir fait espérer un sentiment que tu n'éprouvais pas !!! Mais le reproche n'est pas digne de moi. Je n'ai jamais cru au bonheur.

« Tous les jours, la mort voltige autour de moi... La vie vaut-elle la peine de faire tant de bruit !!!

« Adieu, Joséphine, reste à Paris, ne m'écris plus et respecte au moins mon asile.

« Mille poignards déchirent mon cœur. Ne les enfonce pas davantage.

« Adieu, mon bonheur, ma vie, tout ce qui existait pour moi sur la terre. »

Noyée dans les voluptés d'Hippolyte, je n'avais plus la force d'allonger un doigt hors du lit pour écrire à Bonaparte. Allais-je retomber dans mon bourbier ? Les dettes, les créanciers, la chasse aux riches amants ? Je tentai de calmer mon furieux en me peignant à l'article de la mort : trois médecins à mon chevet, jour et nuit. Ce cauchemar moliéresque apaisa ce Vésuve à genoux.

« Depuis le 18, ma chère Joséphine, je t'espérais et je te croyais arrivée à Milan. A peine sorti du champ de bataille, à Borghetto, je courus pour t'y chercher. Je ne t'y trouvai pas ! Quelques jours après, un courrier m'apprit que tu n'étais pas partie et il ne m'apportait pas de lettre de toi. Mon âme fut brisée de douleur. Je me crus abandonné par tout ce qui m'intéresse sur la terre. Je ne sentis jamais faiblement. Noyé dans la douleur, je t'ai écrit peut-être trop fortement. Si mes lettres t'ont affligée me voilà inconsolable pour la vie... Le Tessin était débordé, je me suis rendu à Tortone pour t'y attendre. Chaque jour j'attendais inutilement. Enfin, il y a quatre heures, j'y étais encore. Je vois arriver la simple lettre qui m'apporte la nouvelle que tu ne viens pas.

« Un instant après, je n'essaierai pas de te peindre ma profonde inquiétude, lorsque j'apprends que tu es malade, qu'il y a trois médecins chez toi, que tu es en danger, puisque tu ne m'écris pas. Je suis, depuis ce temps-là, dans un état que rien ne peut feindre ! Il faut avoir mon cœur, t'aimer comme je t'aime !

« Ah ! je ne croyais pas qu'il fût possible d'essuyer de pareils chagrins, des tourments si affreux. Je croyais la douleur limitée et bornée, mais elle est sans bornes dans mon âme. Une fièvre brûlante circule encore dans mes veines. Mais le désespoir est dans mon cœur.

« Tu souffres, et je suis loin de toi. Hélas ! *Peut-être n'es-tu plus !* »

Hippolyte et moi éclatâmes d'un rire à faire sauter la péninsule. « *Peut-être n'es-tu plus* », me répétait Hippolyte en imitant la voix plaintive de mon époux, au moment où je défaillais d'une mort moins cruelle.

« La vie est bien méprisable, mais ma triste raison me fait craindre de ne pas te retrouver après la mort, et je ne puis m'accoutumer à l'idée de ne plus te revoir. Le jour où je saurai que Joséphine n'est plus, j'aurai cessé de vivre. Aucun devoir, aucun titre ne me liera plus à la terre. Les hommes sont si méprisables ! Toi seule effaçais à mes yeux la honte de la nature humaine.

« Toutes les passions me tourmentent, tous les pressentiments m'affligent. Rien ne m'arrache à la douloureuse solitude et aux serpents qui me déchirent l'âme.

« J'ai besoin d'abord que tu me pardonnes les lettres folles, insensées que je t'ai écrites. Si tu es bien, tu verras que l'amour ardent qui m'anime m'a peut-être égaré.

« J'ai besoin d'être convaincu que tu n'es pas en danger. Mon amie, donne tout à ta santé. Sacrifie tout à ton repos. Tu es délicate, faible, malade et la saison est chaude, le voyage long.

« Je t'en prie à genoux, n'expose pas une vie si chère. Si courte que soit la vie, trois semaines se passeront... Trois mois encore sans nous revoir !... Je ne crois pas à l'immortalité de l'âme. Si tu meurs, je mourrai aussitôt, mais de la mort du désespoir, de l'anéantissement.

« Murat veut me convaincre que ta maladie est légère. Mais tu n'écris pas. Il y a un mois que je n'ai reçu de tes lettres. »

Il délirait, il était prêt aux pires folies. Il risquait à tout moment de nous tomber sur le dos.

Si j'avais été moins frivole et moins amoureuse d'un autre, j'aurais été fière que la campagne d'Italie dépendît d'un battement de mes cils. J'avais transformé le général en chef en un conscrit qui fait le mur pour rejoindre sa belle.

« Si ta maladie continue, obtiens pour moi une permission de venir te voir une heure. Dans cinq jours, je suis à Paris, et, le douzième, je suis à mon armée. Sans toi, sans toi, je ne puis être utile ici. Aime qui veut la gloire, serve qui veut la patrie ! Mon âme est suffoquée dans cet exil. Et lorsque ma bonne amie souffre, est malade, je ne puis froidement calculer la victoire. Je ne sais quelles expressions employer, je ne sais quelle conduite tenir.

« Je veux prendre la poste et me rendre à Paris. Mais l'honneur, auquel tu es sensible, me retient malgré mon cœur. Par pitié, fais-moi écrire. Que je sache le caractère de ta maladie et ce qu'il y a à craindre.

« Notre sort est bien affreux. A peine mariés, à peine unis, et déjà séparés ! Mes pleurs inondent ton portrait. Lui seul ne me quitte pas. Mon frère ne m'écrit pas. Ah ! sans doute, il craint de m'apprendre ce qu'il sait devoir me déchirer sans retour...

« Pense à moi, écris-moi deux fois par jour. Arrache-moi promptement à la peine qui me consume. Viens, viens vite, mais aie soin de ta santé. »

D'une lettre à l'autre, sa démence montait au désespoir. Le remords de m'avoir accusée à tort le rongeait. Il ne pouvait plus vivre une minute sans avoir de mes nouvelles. Un mourant qui se crispe pour aspirer une dernière gorgée d'air.

« Ma vie est un cauchemar perpétuel, un pressentiment funeste m'empêche de respirer. Je ne vis plus. J'ai perdu plus que la vie, plus que le bonheur, plus que le repos. Je suis presque sans espoir. Je t'expédie un courrier, il ne restera que quatre heures à Paris et puis m'apportera ta réponse. Ecris-moi dix pages. Cela seul peut me consoler un peu. Tu es malade, tu m'aimes, je t'ai affligée, tu es grosse et je ne te vois pas. Cette idée me confond. J'ai tant de torts envers toi que je ne sais comment les expier. Je t'accuse de rester à Paris. Tu y étais malade. Pardonne-moi, ma bonne amie, l'amour que tu m'as inspiré m'a ôté la raison; je ne la retrouverai jamais... Mes pressentiments sont si funestes que je me bornerais à te voir, à te presser deux heures sur mon sein et mourir ensemble... »

Comment noircir dix pages ? Adossée à mes oreillers, je suppliai Hippolyte de m'aider. Pour ses conseils, je dus lui verser des arrhes en nature. En imitant ma voix créole pâmée, il me dicta des caresses encore plus brûlantes que celles que je mandai à Bonaparte, quand je lui écrivis avec mon sang. Au bas de la dixième page, je versai le solde de ma dette à Hippolyte. Puis il se cacha dans mon boudoir. Parmi mes feints gémissements de douleur je tendis mon pensum au courrier *Le Simple*. Ce nom convenait mieux à son maître.

Barras et les autres étaient sur le gril. Le quartier général de la campagne d'Italie ne résidait plus à Milan, mais dans mon lit. C'était moi qui faisais manœuvrer les troupes comme des soldats de plomb, qui nouais ou dénouais les lacets de la botte italienne. Si tel était mon bon plaisir, nos négociations avec le pape aboutiraient, nous signerions la paix avec Rome, nous refoulerions les Autrichiens. La victoire ou la défaite dépendait d'une palpitation de mon sein.

De mèche avec moi, Barras tenta d'abord de contenir les ruades de Bonaparte. Il confirma ma maladie. Soucieux de ma santé, les Directeurs s'opposaient à mon voyage. Puis volte-face. Bonaparte demandait une permission. Il menaçait de tomber sur Paris. A l'instar des Autrichiens sur les champs de bataille, je risquais d'être clouée dans mes draps par sa foudre. Toutes ses conquêtes étaient suspendues à mon souffle. Mon départ devenait une affaire d'Etat. Je devais partir, fût-ce avec mon amant, si je ne pouvais pas m'en décoller. Les Directeurs m'enfournaient en voiture. Fouaillé par Barras, le glacial Carnot se fit l'instrument des frénésies d'amour de Bonaparte.

« Le Directoire, qui s'était opposé au départ de la citoyenne Bonaparte dans la crainte que les soins que lui donnerait son mari ne le détournassent de ceux auxquels la gloire et le salut de la patrie l'appellent, était convenu qu'elle ne partirait que lorsque Milan serait pris. Vous y êtes; nous n'avons plus d'objections à faire. Nous espérons que le myrte dont elle se couronnera ne dépassera pas les lauriers dont vous a déjà couronné la victoire. »

Mensonge cousu de fil blanc : Bonaparte était à Milan depuis un mois et demi.

Partir, partir. Il fallait de l'argent pour partir. Or je courais après la queue d'un sou. Heureusement, je venais de toucher dix mille francs sur la fourniture de vingt mille couvertures pour l'armée. A quoi bon épouser un général en chef si on ne trafiquait pas ? Hamelin vint me voir. J'avais fait la connaissance de ce fils d'un premier commis aux Finances en jouant à colin-maillard. Sa femme, Fortunée, jeune créole de vingt ans, dorait ses seins au soleil des Champs-Elysées. Hamelin demanda mon appui. « Si tu as quelqu'un à placer, tu peux me l'envoyer ici, je le placerai », m'avait écrit Bonaparte.

« Je vous emmène en Italie, dis-je à Hamelin.

— Je pars avec toi », dit à Hamelin son ami Monglas.

J'empruntai sur-le-champ deux cents louis aux deux « associés ». Sur ma lancée, je priai Hamelin d'aller me chercher chez une lingère un voile d'Angleterre de trente louis. La voile où soufflerait le vent de l'expédition.

Puisqu'on m'arrachait à Paris, j'emmènerais Paris. D'abord mon Hippolyte : mon voluptueux bagage. Ensuite les deux compères, Hamelin et Monglas. J'allais même bénéficier d'un autre coup d'épaule financier. Un quinquagénaire encore vert, Robbé de Lagrange, qu'Alexandre de Beauharnais connut à Blois, avait fondé une compagnie pour financer mon voyage. Il s'était targué de nos anciennes relations auprès d'un groupe de banquiers. Comptant tirer vite les marrons du feu, il s'étonnait de ma lenteur à partir.

« Je n'ai pas les moyens ! fis-je, coquettement.

— Je vous avance cinq cents louis. »

Je ne reculais jamais quand on m'avançait.

J'empochai les louis de mon ancien soupirant, sans parler de ceux des deux « associés ». A tous ces payeurs, je donnai rendez-vous à Fontainebleau, chez dame Renaudin, devenue marquise de Beauharnais.

Parmi mes malles, Bonaparte continuait à me mitrailler de délires. Ma prétendue fièvre, c'était lui qu'elle brûlait. De loin, il me montrait ses poches pleines d'épistoles qu'il ne m'avait pas envoyées, « parce qu'elles étaient trop bêtes ». Il calculait les dates, les lieux... Partie ?... Pas partie ?... Encore à Paris ?... Déjà à Lyon ?... Toujours des plaintes sur mes lettres si rares. Tantôt écumantes, tantôt étouffées, suivant le flux ou le reflux de la tendresse ou du désir.

« Depuis un mois je n'ai reçu de ma bonne amie que deux billets de trois lignes chacun...

« Dis-moi, toi qui sais si bien faire aimer les autres sans aimer, saurais-tu comment on guérit de l'amour??? Je paierai ce remède bien cher.

« Tu devais partir le 5 prairial. Bête que j'étais, je t'attendais le 13. Comme si une jolie femme pouvait abandonner ses habitudes, ses amis, sa Mme Tallien, et un dîner chez Barras, et une représentation d'une pièce nouvelle, et Fortuné, oui, Fortuné ! Tu aimes tout plus que ton mari. Tu n'as pour lui qu'un peu d'estime, et une portion de cette bienveillance dont le cœur abonde simplement.

« Récapitulant tes torts, tes fautes, je me bats les flancs pour ne plus t'aimer. Bah ! Voilà-t-il pas que je t'aime davantage. Enfin, ma si incomparable petite mère, je vais te dire mon secret : moque-toi de moi, reste à Paris, aie des amants, que tout le monde le sache, n'écris jamais, eh bien, je t'en aimerai dix fois davantage.

« Si ce n'est pas là folie, fièvre, délire ? Et je ne guérirai pas de cela. (Oh ! si, pardieu, j'en guérirai !)... »

Enfin, le 24 juin, après un dîner lugubre offert par le Directoire, je montai en berline aussi ruisselante de larmes qu'aux Carmes quand j'attendais l'échafaud. Encore deux jours à Fontainebleau. Puis, fouette cocher !

Voici l'ordre du cortège funèbre, groupé pour profiter de mon escorte. Sur la même route, on avait assassiné le courrier de Lyon et enlevé les caisses d'assignats expédiées à Bonaparte.

En tête, le courrier Moustache, qui, aux relais, s'occupait des changements de chevaux et, aux étapes, retenait les chambres, voisines pour Hippolyte et moi, et pour Junot et ma femme de chambre, Louise Compoint, qui s'étaient acoquinés.

Première voiture : Hippolyte et moi, genoux contre genoux. Joseph Bonaparte, renfrogné, soignait un coup de pied de Vénus et pondait un roman, *Moïna*. Le colonel Junot tentait de me dérider par ses plaisanteries de corps de garde. Je me retenais, pour ne pas exciter la jalousie d'Hippolyte qui voulait garder le monopole de mon rire. Quand Junot comprit, aux étapes, il tourna ses batteries vers Louise Compoint, et fit mouche.

Mon carlin Fortuné réservait ses ronds de pattes à Hippolyte, alors que Bonaparte gardait au mollet les marques de sa hargne.

Seconde voiture : la galante Louise et deux domestiques, Antoine Labesse et Jean Laurent.

Troisième voiture : le prince Serbelloni, président du Directoire de la République cisalpine et Nicolas Clary, frère de Désirée.

Quatrième véhicule : une chaise de poste, où Hamelin et Monglas élaboraient leurs machinations financières.

Le 30 juin, en arrivant à Florence, Bonaparte se jeta sur une lettre de Joseph lui annonçant ma venue :

« Berthier, cria-t-il, ivre de joie, Berthier, elle vient, vous entendez, elle vient ! Je savais bien qu'à la fin elle se déciderait ! »

Il lança Marmont à ma rencontre. Il pria le roi de Sardaigne de me traiter en reine quand je traverserais son royaume.

On me traita ainsi pour la première fois à Lyon, le 7 et le 8 juillet : troupes présentant les armes, monceaux de fleurs, discours sans fin, cantate, représentation soporifique d'*Iphigénie en Aulide*, avec, pour toutes les spectatrices du Grand-Théâtre, des glaces offertes par Robbé de Lagrange. Ce renard avait payé ces splendeurs de la poche de sa compagnie, pour se faire bien voir de Bonaparte. Un placement à gros intérêts. Quant aux honneurs, je les goûtai fort pour cette fois : la première. Ils chassèrent ma fièvre, que j'avais au départ de Paris. Ils me laissèrent un point de côté.

Nous passâmes par Chambéry, Lanslebourg, le Mont-Cenis, Novalaise. A Turin, Marmont m'accueillit avec ses cavaliers, le roi de Sardaigne avec sa courtoisie.

Ses affaires écartelaient Bonaparte de Florence à Bologne, à Roverbella, à Vérone, avec une seule pensée, plus dévorante que sa gloire : moi, moi, moi. De Bologne, le 3 juillet, il écrivit à Barras :

« Je n'ai pas de nouvelles de ma femme. Si elle est partie le 8 comme tu me le marques, elle devrait être à Milan le 20. » Il calculait les heures, les relais, à la vitesse à laquelle il aurait volé vers moi. Je me pressais moins. Le 20 messidor (8 juillet), de Roverbella, il manda le général Despinoy, qui commandait à Milan : « Dès l'instant que ma femme sera arrivée, je vous prie de m'envoyer un courrier. »

A la fin des fins, je parvins à Milan le 22 messidor (10 juillet), après dix-huit jours de voyage. Il n'avait pas pu m'accueillir dans ses bras dès ma descente de voiture. Il était frustré de cette scène qu'il avait rêvée si fiévreusement. La guerre, ma rivale, l'appelait le 22 messidor à Porto-Legnano, le 23 à Marmirolo et à Vérone, le 24 à Vérone. Le 15 seulement (13 juillet) aux portes de Milan, au bout d'une éternité, il atteignit le comble de ses vœux : me revoir, me retrouver réellement sous le ciel d'Italie, et non plus seulement dans ses lettres et ses songes. Moi, enfin, moi, son « *incomparable Joséphine* », sa déesse, son soleil, sa vie !

Quand il me vit, il faillit s'évanouir de joie. Il pâlit, balbutia. Les premiers mots qu'il entendit de ma bouche furent fatigue et point de côté. Le premier être qu'il aperçut après moi fut Fortuné, qui se jeta sur lui pour tenter de le mordre.

Bonaparte avait fait royalement les choses. Une voiture à six chevaux nous mena dans la ville jusqu'au palais Serbelloni. Une splendeur, si j'avais aimé Bonaparte et si je n'avais pas été hantée par cette idée : « Comment voir le plus possible Hippolyte ? » Une façade aux assises de granit rose, semées de cristaux, étincelant au soleil. D'immenses salons carrés. De majestueuses colonnades. Une galerie géante. Des meubles fabuleux. Des buissons de fleurs (j'en raffolais). Un parc de rêve. Mais je ne pensais qu'à retrouver Hippolyte. Dans la *camera matrimoniale*, alléguant mon « point de côté », j'imposai un *moderato cantabile* à l'affamé convoitant un *prestissimo*.

Décidément, le pauvre homme était condamné, après de longues diètes, au régime des deux jours. Deux jours pour son mariage. Deux jours pour nos retrouvailles à Milan, pendant lesquels je trouvai le moyen de faire inviter mon Hippolyte et le trio financier Lagrange, Monglas, Hamelin. Cet Hamelin, auquel je devrai, avouons-le, des bénéfices, ne se comporta guère en galant homme. Il écrira plus tard : « Après le déjeuner, Mme Bonaparte m'emmenait souvent dans son appartement afin d'avoir avec qui bavarder tout à son aise. Le général paraissait le trouver bon et, là, je le voyais dans son intérieur le plus intime. Il aimait passionnément sa femme... Quant à elle, jamais elle n'en a été éprise pour la raison toute simple qu'elle a toujours été éprise de quelque autre. Je savais à quoi m'en tenir sur le sieur Charles et je me sentais mal à l'aise en voyant ce jeune général, déjà couvert d'une gloire qu'il réfléchissait sur sa femme, rival malheureux d'un gringalet qui n'avait pour lui que sa jolie figure et une élégance de garçon perruquier. »

Tenir toujours les hommes en haleine, surtout ceux qu'on n'aime pas. J'éperonnai Bonaparte par des scènes de jalousie, arrosées de larmes. Excellent aphrodisiaque!

Le 15 juillet, à cheval! Bonaparte au siège de Mantoue! Hippolyte aussi, hélas! dut regagner le quartier. Il aurait dû faire campagne dans mon lit.

Bonaparte ne tarda pas à me rebombarder de lettres.

« Depuis que je t'ai quittée, j'ai toujours été triste. Mon bonheur est d'être près de toi. Sans cesse je repasse dans ma mémoire tes baisers, tes larmes, ton aimable jalousie; et les charmes de l'incomparable Joséphine allument sans cesse une flamme vive et brûlante dans mon cœur et dans mes sens... Je croyais t'aimer il y a quelques jours; mais depuis que je t'ai vue, je sens que je t'aime mille fois plus encore. Depuis que je te connais, je t'adore tous les jours davantage : cela prouve combien la maxime de La Bruyère, que " l'amour vient tout d'un coup " est fausse. Tout, dans la nature, a un cours et différents degrés d'accroissement. Ah! je t'en prie, laisse-moi voir quelques-uns de tes défauts; sois moins belle, moins gracieuse, moins tendre, moins bonne surtout; surtout ne sois jamais jalouse, ne pleure jamais; tes larmes m'ôtent la raison, brûlent mon sang... Repose-toi bien. Rétablis vite ta santé. Viens me rejoindre; et, au moins, qu'avant de mourir, nous puissions dire : Nous fûmes tant de jours heureux! Millions de baisers, et même à Fortuné, en dépit de sa méchanceté. »

Le 18 juillet, il perdit sa tabatière et me pria « de lui en choisir une un peu plate, et d'y faire écrire quelque chose de joli dessus » avec mes cheveux.
Le 19, il incendia Mantoue. « Nous l'avons chauffée avec deux batteries à boulets rouges et des mortiers. Toute la nuit, cette misérable ville a brûlé. Ce spectacle était horrible et imposant. »

Cet amoureux était un Attila : « Je ne connais pas la guerre à l'eau de rose. Que les femmes, et les vieillards, et les enfants meurent, la belle affaire ! Si on a de l'humanité, toujours de l'humanité, il ne faut pas faire la guerre. »

L'incendiaire s'entortillait en rougissant dans mille excuses pour avoir ouvert deux lettres à mon adresse :

« J'ai reçu un courrier de Paris. Il y avait deux lettres pour toi. Je les ai lues. Cependant, bien que cette action me paraisse toute simple et que tu m'en aies donné la permission, l'autre jour, je crains que cela ne te fâche, et cela m'afflige bien. J'aurais voulu les recacheter. Fi ! ce serait une horreur. Si je suis coupable, je te demande grâce. Je te jure que ce n'est pas par jalousie. Non certes. J'ai de mon adorable amie une trop grande opinion pour dire cela. Je voudrais que tu me donnasses permission entière de lire tes lettres. Avec cela, il n'y aurait plus de remords ni de craintes. »

Toujours la même antienne. Pas de lettres de moi. Silence insultant.

« Je fais appeler le courrier. Il me dit qu'il est passé chez toi et que tu lui as dit que tu n'avais rien à lui ordonner. Fi ! méchante, laide, cruelle, tyranne, petit joli monstre ! Tu te ris de mes menaces, de mes sottises. Ah ! si je pouvais, tu sais bien, t'enfermer dans mon cœur ! Je t'y mettrais en prison ! »

Cahin-caha, j'essayais de me distraire. Je devais me conserver pour Hippolyte. A la milanaise, le soir, je me promenais au Corso en *bastardelle,* une voiture basse d'où l'on pouvait faire la causette avec les passants. On les assassinait d'œillades. Puis mon équipage me menait chez le glacier à la mode, la Corsia de Servi, et l'on m'apportait, dans ma voiture, un sorbet sublime.

Je me coiffais en queue de cheval : une queue postiche, pareille à la coiffure des dragons, jaillissant d'un coquin petit casque.

Le soir, au palais Serbelloni, assistée de Joseph Bonaparte, je donnais des réceptions fastueuses où les ravissantes Milanaises se pressaient à demi nues, avec le corps diplomatique, plus vêtu : ambassadeurs du roi de Sardaigne, du grand-duc de Toscane, du doge de Venise.

Milan m'offrait des fêtes qui auraient dû m'émerveiller. Sous les acacias du jardin public, marionnettes et jongleurs d'une agilité à réveiller les morts. Puis, sous les lanternes étoilant les arbres, la danse à perdre haleine. Mais, sans Hippolyte, je bâillais ma vie.

« Je m'ennuie ici à la mort, écrivis-je à Mme Tallien, au milieu des fêtes superbes que l'on me donne, je regrette sans cesse mes amis de Chaillot (les Tallien), celui du Luxembourg (Barras). Joseph me tient fidèle compagnie... Mon mari ne m'aime pas, il m'adore; je crois qu'il deviendra fou. »

Entre deux batailles, il me choisissait des tissus. De Castiglione, le 21 juillet, huit heures du matin, alors que je dormais encore :

« Je t'envoie de quoi faire une belle jupe de taffetas de Florence. Ce sera pour les dimanches et les jours où tu te feras belle. Tu vois que je suis généreux ! Cela me coûte plus de trente livres. Mais ce n'est pas tout : je veux encore t'envoyer une belle robe de crêpe. Ecris-moi une lettre où tu me spécifieras la qualité, la couleur et la quantité. Je te l'enverrai prendre à Bologne. »

Mon désir de rendre service et d'en tirer profit m'inspira une bévue. J'envoyai à Bonaparte mes deux fricoteurs, Hamelin et Monglas. Bonaparte prit la mouche : « Tes protégés sont un peu vifs. Ils sentent sans doute combien je leur suis obligé de faire en eux quelque chose qui te soit agréable. Ils se rendent à Milan. Il faut en tout un peu de patience. »

Lagrange eut la finesse de rester auprès de moi à Milan. Son astuce faillit se retourner contre lui. Je ne sais qui révéla à Bonaparte nos anciens rapports.

« Tu dois, à cette heure, bien connaître Milan. Peut-être as-tu trouvé cet amant que tu y venais chercher. Seulement, tu l'auras trouvé sans que je te l'aie offert. Cette idée ne laisse pas... Mais non, ayons meilleure idée de notre mérite.

« A propos, l'on m'assure que *tu connais depuis longtemps et beaucoup* (souligné trois fois) ce Mr que tu me recommandes pour une entreprise. Si cela pouvait être, tu serais un monstre. »

Après la jalousie, l'amour :

« Que fais-tu à cette heure ? Tu dors, n'est-ce pas ? Et je ne suis pas là pour respirer ton haleine, contempler tes grâces et t'accabler de mes caresses. Loin de toi, les nuits sont longues, fades et tristes. Près de toi, l'on regrette qu'il ne soit pas toujours nuit.

« *Adieu, belle et bonne, tout incomparable, toute divine. Mille baisers amoureux*, partout, partout. »

Le même jour, à dix heures du soir, seconde lettre. Le forcené comptait les minutes jusqu'au 7 thermidor (15 juillet). J'étais entourée d'espions. Le général Despinoy, rejoignant Bonaparte, lui assurait que j'étais parfaitement rétablie, donc capable de prendre la route. Bonaparte brandit sa fidélité conjugale, bouclier contre les maladies honteuses.

« Murat est malade. La déesse du bal, Mme Rugat, lui a proprement donné une galanterie. Je l'ai envoyé à Brescia. Il est furieux. Il veut mettre son aventure dans les gazettes.

« Je te prie de communiquer cet article à Joseph et de lui conseiller de s'en tenir à sa Julie. Il en sera plus raisonnable et plus sain.

« D'autres personnes de l'état-major se plaignent de Mme Visconti.

« Bon Dieu ! Quelles femmes ! Quelles mœurs ! »

Je dus me traîner à Brescia. Mais je n'eus pas le courage d'y aller seule. Ma pensée constante auprès de Bonaparte : mes profits. Pour faire d'une pierre deux coups j'emmenai dans cette escapade forcée mes complices d'affaires : Lagrange et Hamelin. Bien entendu, Bonaparte s'était précipité à ma rencontre. Je jetai dans ses bras mon corps en service commandé, sans l'excuse de « point de côté ». J'y jetai aussi Lagrange, que je recommandai avec toute la chaleur méritée par sa discrétion. Tout à l'allégresse de me retrouver, Bonaparte oublia ses griefs envers ce Mr (ce monsieur). Le 27 juillet, nanti d'une lettre de recommandation pour le Directoire, Lagrange regagna Paris ventre à terre. Trop tard ! On avait déjà attribué le marché de ses rêves pour l'armée d'Italie.

En compensation, Petiet, ministre de la Guerre, lui fourra dans les pattes les fourrages des Pyrénées et d'Italie. Lagrange ne le regretta pas. Ces nourritures chevalines entraînèrent d'autres marchés pour l'Italie, avec un gros fixe et trois sols d'intérêt. Je touchai sur les souliers en papier buvard et les fourrages moisis, en cachette de mon vertueux époux, fulminant contre « les vils trafiquants », sans se douter qu'il serait dans ses bras une trafiquante.

Nous passâmes ensemble trop de jours à mon gré. Ses démonstrations publiques me mettaient au supplice plus encore que ses assauts en chambre. Dans son salon, devant tout le monde, même devant les ambassadeurs, il m'embrassait sur la bouche et farfouillait dans mon corsage, détestables pillages.

Le 29 juillet, à Vérone, il se livrait à ces facéties en présence de Hamelin, tandis que nous prenions le café sur le balcon de la maison habitée naguère par le comte de Provence. Je cachais un peu ma répugnance. Je venais d'apprendre une radieuse nouvelle : le quartier général s'installait à Vérone. Bientôt je serais dans les bras d'Hippolyte.

Tout à coup, nous vîmes de longues files d'uniformes blancs dévaler de la montagne : les Allemands et les Hongrois de Wurmser revenaient pour délivrer Mantoue. Bonaparte renversa son café. Et, tandis que je le maudissais de m'avoir entraînée, par amour, dans ce traquenard, je ne pouvais pas m'empêcher d'admirer sa rapidité de décision. Il ordonna à Hamelin de prendre quelques dragons et de m'emmener, avec Louise Compoint, à la forteresse de Peschiera, à six heures de cheval de Vérone. J'y passai la nuit habillée, sans d'autres attaques que celles des puces.

Le lendemain matin, Junot et ses cavaliers m'emmenèrent à Castelnuevo. Une canonnière autrichienne, patrouillant sur le lac de Garde, tira sur notre berline. Un de nos dragons s'écroula. Junot nous fit descendre de voiture et nous cacher dans le fossé, tandis que la canonnière continuait à mitrailler la berline. Je montrai beaucoup de courage. Mes compagnons me félicitèrent quand on remonta en voiture.

« Wurmser me paiera cher les craintes qu'il vient de te causer », me dit Bonaparte quand je le retrouvai. Il fallait à tout prix m'arracher aux combats. Mais comment ? Impossible de revenir à Milan. Avec le colonel Milhaud, le courrier Moustache, quelques dragons et Hamelin, promu à des responsabilités militaires imprévues, je tâcherais de gagner Florence par le sud.

Pour rétablir la situation, Bonaparte se battit comme un lion. Avec 42 000 hommes, il en écrasa le double. Victoires de Lenato, de Castiglione. Pendant ce temps, je rencontrais à Parme le frère de Madame Laetitia, le futur cardinal Fesch, qui pillait les palais, églises et musées d'Italie pour les musées français et pour sa collection particulière. A Florence, je logeai chez l'ambassadeur de France. Le grand-duc de Toscane m'invita galamment à dîner. On croyait pourtant que les Français étaient réduits en poussière et que je transportais dans une malle le cadavre de Bonaparte pour l'enterrer dans les jardins de la légation. A Lucques, on me combla d'honneurs royaux. Les Lucquois venaient d'apprendre les foudroyantes victoires du faux défunt.

Plus on me prodiguait de fêtes, plus je m'ennuyais. Bonaparte n'avait qu'une pensée : revoir Joséphine. Je n'en avais qu'une : revoir Hippolyte. Un chassé-croisé de comédie m'ouvrit le ciel. Moustache m'apporta une lettre de Bonaparte. Incorrigible, il voulait que je revinsse à Brescia. J'y revins le 17 août, sans l'y trouver : il me fixait un nouveau rendez-vous à Crémone. Suspendu aux ordres du général dont dépendaient ses affaires, Hamelin voulait obtempérer. Même au prix d'un voyage de nuit. Je refusai. Cette nuit, au lieu de cahoter en berline, je goûtai les délices non de Capoue mais de Brescia, dans les bras d'Hippolyte. Dans le lit même de Bonaparte, ce qui ajoutait du piment. Sur la consigne de ma femme de chambre, le grenadier de garde empêcha Hamelin de prendre son chapeau et ses armes dans le salon jouxtant la chambre à coucher. On ne dérange pas ainsi les gens.

Le lendemain, Bonaparte remplaça Hippolyte. Pour le récompenser d'avoir entendu siffler des balles autrichiennes en ma compagnie, Bonaparte nomma Hamelin percepteur des contributions militaires, ce qui ne l'empêcha pas de s'occuper de ses propres affaires. Il fit si bien ses choux gras qu'il me versa bientôt douze mille francs, ma part sur une opération.

Une semaine à Brescia avec Bonaparte! Quel

ennui ! Le 25 août, ensemble, à Milan. Heureusement, il repartit le lendemain pour Vérone. Tout réussissait au triomphal cocu. Il rejetait Davidovitch vers le Tyrol, foudroyait Wurmser. J'eus la joie malicieuse de voir mon amant « Hippolyte Charles, adjoint aux adjudants généraux », cité au Directoire pour sa bravoure par mon mari.

Malgré moi, j'étais la reine d'Italie. J'écrivais à tante Renaudin : « Je n'aime pas les honneurs de ce pays-ci. » Mais je cachais de mon mieux mon ennui. L'usage du monde m'avait appris à masquer mes bâillements par des sourires. En pensant à Hippolyte, la tête ailleurs, gracieux mannequin, je saluais, je présidais des banquets, je suivais des cortèges, j'ouvrais des bals, j'assistais à la plantation d'arbres de la liberté, je mangeais du bout des dents, j'enfilais des riens. On me trouvait charmante.

Bonaparte continuait à me mitrailler de lettres de feu et de reproches. Comment lui faire comprendre que je ne pouvais pas me plier à son rythme infernal ? Comment faire entrer dans sa tête l'idée que lui écrire était pour moi un supplice ? Comme distraction, la guerre aurait dû lui suffire.

« Toi à qui la nature a donné douceur, aménité et tout ce qui plaît, comment peux-tu oublier celui qui t'aime avec tant de chaleur ? Trois jours sans lettres de toi ; je t'ai cependant écrit plusieurs fois. L'absence est horrible, les nuits sont longues, ennuyeuses et fades ; la journée est monotone. Aujourd'hui, seul avec les pensées, les travaux, les écritures, les hommes et leurs fastidieux propos, je n'ai même pas un billet de toi que je puisse presser contre mon cœur. »

Ce qui me glaçait encore plus, c'était que des cafards lui mouchardaient mes faits et gestes.

« Point de lettres de toi. Cela m'inquiète vraiment. L'on m'assure que tu te portes bien, et même que tu as été te promener au lac de Côme. J'attends tous les jours et avec impatience le courrier où tu m'apprendras de tes nouvelles... Je ne vis pas loin de toi. Le bonheur de la vie est près de ma douce Joséphine. Pense à moi ! Ecris-moi souvent, bien souvent. C'est le seul remède à l'absence. Elle est cruelle, mais sera, j'espère, momentanée. »

5 septembre : entrée dans Trente. 9 septembre : victoire de Bassano. Mon cœur pincé de jalousie : pour la première fois, la guerre l'emportait sur moi. De Montebello, le 10, à midi, il ne me parlait que de batailles :

« L'ennemi a perdu, ma chère amie, 18 000 hommes prisonniers. Le reste est tué ou blessé. Wurmser, avec une colonne de 1 500 chevaux et 5 000 hommes d'infanterie, n'a plus d'autre ressource que de se jeter dans Mantoue.

« Jamais nous n'avons eu de succès aussi constants et aussi grands. L'Italie, le Frioul, le Tyrol sont assurés à la République. Il faut que l'empereur (d'Autriche) crée une seconde armée : artillerie, équipages de pont, bagages, tout est pris. »

Qu'y avait-il pour moi là-dedans ? Simplement ceci :

« Sous peu de jours, nous nous verrons. C'est là la plus douce récompense de mes fatigues et de mes peines.

« Milles baisers bien ardents et bien amoureux. »

Le 11 septembre, à Cerea, il faillit être fait prisonnier. Le 12, encore des récits de batailles, des bruits de bottes, des galops de cavalerie. Bien que cerné, Wurmser l'occupait plus que moi.

Le 17, de Vérone, enfin, de nouveau l'amour, les reproches, et, ce que je détestais le plus, les menaces d'Othello :

« Je t'écris, ma bonne amie, bien souvent et toi peu. Tu es une méchante et une laide, bien laide autant que tu es légère. Cela est perfide, tromper un pauvre mari, un tendre amant ! Doit-il perdre ses droits parce qu'il est loin, chargé de besogne, de fatigue et de peine ? Sans sa Joséphine, sans l'assurance de son amour, que lui reste-t-il sur la terre ? Qu'y ferait-il ?

« Nous avons eu, hier, une affaire très sanglante. L'ennemi a perdu beaucoup de monde et a été complètement battu. Nous lui avons pris le faubourg de Mantoue.

« Adieu, adorable Joséphine. Une de ces nuits, les portes s'ouvriront avec fracas. Comme un jaloux. Et me voilà dans tes bras.

« Mille baisers amoureux. »

Deux jours plus tard, le 19 septembre, il était réellement dans mes bras. Hélas ! jusqu'au 12 octobre ! Tandis qu'il me labourait d'amour, il découpait avec son épée, sur la terre d'Italie, le gâteau des jeunes Républiques : République lombarde ou transpadane, capitale Milan; République cisalpine (Ferrare, Bologne, Reggio, Modène).

Il partit pour Modène. En route, fièvre, migraine. Alité, à Modène, pour ne pas me laisser sans nouvelles, il chargea Berthier, son chef d'état-major, de m'écrire les 15 et 16 octobre. Le 17, fidèle au poste, Bonaparte reprit la plume, pour déplorer l'abîme entre ce qu'il rêvait de trouver dans mes lettres, et ce qu'il y trouvait.

« J'ai été, avant-hier, toute la journée en campagne. J'ai gardé hier le lit. La fièvre et un violent mal de tête, tout cela m'a empêché d'écrire à mon adorable amie. Mais j'ai reçu ses lettres. Je les ai pressées contre mon cœur et mes lèvres, et la douleur de l'absence, cent milles d'éloignement, ont disparu. Dans ce moment, je t'ai vue près de moi, non capricieuse et fâchée, mais douce, tendre, avec cette onction de bonté qui est exclusivement le partage de ma Joséphine. C'est un rêve. Juge si cela m'a guéri de ma fièvre.

« Tes lettres sont froides comme cinquante ans. Elles ressemblent à quinze ans de mariage. On y voit l'amitié et les sentiments de cet hiver de la vie. Fi ! Joséphine !... C'est bien méchant, bien mauvais, bien traître à vous. Que vous reste-t-il pour me rendre bien à plaindre ? Ne plus m'aimer ? Eh ! c'est déjà fait. Me haïr ? Eh bien, je le souhaite. Tout avilit, hors la haine. Mais l'indifférence au pouls de marbre, à l'œil fixe, à la démarche monotone !... »

Une fois de plus, je mis en avant mon « petit

ventre ». Je craignais d'être enceinte, après ma nuit divine du 17 août avec Hippolyte. Je me fis un complice du général Berthier, chef direct d'Hippolyte. Je l'honorai de mes confidences. Je provoquai les siennes. J'encourageai ses amours avec l'éclatante Mme Visconti. Je lui écrivais des lettres à cœur ouvert. Une surtout, si affectueuse, que Berthier la lut à Bonaparte en se rengorgeant. Bonaparte la relut en s'attendrissant : « Avouez donc que j'ai une charmante femme; oui, je l'aime bien et j'avoue qu'il n'y en a pas une pareille dans le monde. Allons, Berthier, il faut donc quelque jour aller à Milan ! que j'aurai donc du plaisir à y embrasser ma petite femme. »

« Je crois que, comme vous, en disant embrasser, il pensait à plus encore », ajoutait Berthier avec un gros clin d'œil. Je lui avais fait croire que les étreintes de Bonaparte faisaient mes délices. Je jouais la torche de jalousie.

Avec un empressement de chien de garde, Berthier jappait pour me rassurer : « Je vous suis si attaché que, je vous le jure, je vous dirais si Bonaparte avait le moindre tort à votre égard. Non, il n'en a aucun; il vous aime, il vous adore; il est malheureux de ces chimères, de ces présages qui vous font croire ce qui n'existe pas... Combien de fois il m'a dit : « Avouez, mon cher Berthier, que « je suis bien malheureux ! Je suis fou de ma « femme; je ne pense qu'à elle, et jugez combien « elle est injuste à mon égard ! »

La guerre est femme volage. En novembre, le vent tourna. « Peut-être sommes-nous à la veille de perdre l'Italie ! » écrivait Bonaparte au Directoire. « Aucun des secours attendus n'est arrivé... L'armée d'Italie, réduite à une poignée de monde, est épuisée. Les héros de Lodi, de Millesimo, de Castiglione et de Bassano sont morts pour leur patrie ou sont à l'hôpital. Il ne reste plus aux corps que leur réputation ou leur orgueil. »

Entre le 14 et le 18 novembre, à Milan, plusieurs fois par nuit, des Italiens, frappant à la porte de ma magnifique chambre du palais Serbelloni, vinrent m'arracher au sommeil. Cauteleux, ils feignaient de me demander des nouvelles. Ils venaient vérifier si j'étais là. Mon absence aurait signifié notre défaite. Ces fourbes auraient déclenché l'insurrection.

Pendant quelques jours, silence! Angoisse et terreur. Où était Bonaparte? Je sus plus tard que, le soir du 15, il était entré péniblement à Ronco. Dans ce village, trois routes traversent d'affreux marais. Celle du milieu, enjambant la rivière l'Alpone, communique avec le bourg d'Arcole par le pont du même nom. Bonaparte voulait à tout prix s'emparer d'Arcole pour surprendre par-derrière les Autrichiens. Mais il fallait traverser l'enfer de ce pont que les ennemis défendaient farouchement. Plusieurs généraux tentèrent d'entraîner leurs hommes. Augereau saisit un drapeau, le porta jusqu'au bout du pont en criant : « Lâches, craignez-vous donc tant la mort! » Les « lâches » restèrent de bronze. Indigné, Bonaparte empoigna un autre drapeau et courut le planter sur le pont. Les soldats s'élancèrent jusqu'au milieu de l'ouvrage. Là, un feu de flanc les décima. Ensuite les choses ne se passèrent pas comme dans la légende. Le baron Gros, les imagiers, représentèrent Bonaparte, les cheveux au vent, le drapeau frissonnant dans sa main et entraînant les grenadiers jusqu'à l'autre rive au mépris de la mitraille.

« L'argent n'a pas d'odeur », disait Vespasien. La gloire non plus, ce jour-là. Les soldats de la tête de colonne sentirent soudain que la queue se débandait. Ils se retournèrent pour fuir, mais sans oser abandonner leur chef. Ils l'agrippèrent par les bras, les cheveux, les habits et, parmi les morts, les blessés, l'ouragan de feu, l'entraînèrent dans leur débâcle. Avec une grappe de grenadiers, Bonaparte tomba dans un marais, parmi les ennemis, et s'y enfonça jusqu'aux aisselles.

« Soldats, en avant pour sauver le général ! » hurla-t-on de partout. Marmont et Louis Bonaparte arrachèrent mon mari, noir et puant, de sa gangue de vase. Ils le juchèrent sur son cheval. Ce bloc de boue courut à l'ennemi. Mais les Français mirent deux jours à s'extirper de ces marais. Ce n'est que le 17 qu'ils remportèrent la victoire d'Arcole.

Le 19, Bonaparte rentra triomphalement à Vérone par la porte de Venise aux cris de Vive le libérateur ! « A vingt-sept ans ! Dès lors, j'ai prévu ce que je pourrais devenir ! Je voyais déjà le monde fuir sous moi, comme si j'étais emporté dans les airs... »

A vingt-sept ans, la gloire et l'amour. Non mon amour (cet homme de feu me laissait de glace), mais l'amour que je lui inspirais, qui l'inspirait. A peine décrotté, à Vérone, il pensait à mon « petit ventre » :

« Si tu cessais de m'aimer... ou si ton cœur se refroidissait... tu serais bien affreuse, bien injuste, mais je suis sûr que tu seras toujours mon amante comme je serai toujours ton tendre ami. La mort, elle seule, pourra rompre l'union que la sympathie, l'amour et le sentiment ont formée. Donne-moi des nouvelles du petit ventre. Mille et mille baisers tendres et amoureux. »

Après tant de fatigues surhumaines, deux jours de repos à Vérone. Le dimanche 21 ne fut pas, pour ce vainqueur, le jour du Seigneur, mais celui de sa Dame. Le soir, avant de gagner son rude lit de soldat, il me chanta sa sérénade :

« Je vais me coucher, ma petite Joséphine, le cœur plein de ton adorable image, et navré de rester tant de temps loin de toi. Mais j'espère que, dans quelques jours, je serai plus heureux et que je pourrai, à mon aise, te donner des preuves de l'amour ardent que tu m'as inspiré.

« Tu ne m'écris plus. Tu ne penses plus à ton bon ami, cruelle femme ! Ne sais-tu pas que, sans toi, sans ton cœur, sans ton amour, il n'est pour ton mari ni bonheur ni vie.

« Bon Dieu ! que je serais heureux si je pouvais assister à l'aimable toilette, petite épaule, un petit sein blanc, élastique, bien ferme. Par-dessus cela, une petite mine avec le mouchoir à la créole, à croquer.

« Tu sais bien que je n'oublie pas les petites visites. Tu sais bien, la petite Forêt-Noire... Je lui donne mille baisers et j'attends avec impatience le moment d'y être... tout à toi.

« La vie, le bonheur, le plaisir ne sont que ce que tu les fais.

« Vivre dans Joséphine, c'est vivre dans l'Elysée.

« Baisers sur la bouche, aux yeux, sur l'épaule, au sein, partout, partout ! »

M'écrire était sa vie. Lui écrire : mon tourment. Menacée de mort, j'aurais dit : « Frappez, mais ne me forcez pas à lui écrire! » Nouvelle explosion, de Vérone, le 23 novembre. Avec cette horreur : les menaces d'un jaloux.

« Je ne t'aime plus du tout. Au contraire, je te déteste. Tu es une vilaine, bien gauche, bien bête, bien cendrillon. Tu ne m'écris pas du tout. Tu n'aimes pas ton mari. Tu sais le plaisir que tes lettres lui font, et tu ne lui écris pas six lignes jetées au hasard!

« Que faites-vous donc toute la journée, madame? Quelle affaire si importante vous ôte le temps d'écrire à votre bien bon amant? Quelle affection étouffe et met de côté l'amour, le tendre et constant amour que vous lui avez promis? Quel peut être ce merveilleux, ce nouvel amant qui absorbe tous vos instants, tyrannise vos journées et vous empêche de vous occuper de votre mari? Joséphine, prenez-y garde. Une belle nuit, les portes seront enfoncées, et me voilà! »

Le 24 novembre, de Vérone, il m'annonça, haletant, sa venue :

« J'espère bientôt, ma douce amie, être dans tes bras. Je t'aime à la fureur. J'écris à Paris par ce courrier. Tout va bien. Wurmser a été battu hier sous Mantoue. Il ne manque à ton mari que l'amour de Joséphine pour être heureux. »

Le 25, Bonaparte toujours à Vérone, le 26, en route. Moi, envolée pour Gênes. Quelques jours à

Gênes avec Hippolyte : le paradis ! Pour m'en priver, on aurait dû m'attacher à mon lit.

Le samedi 27 novembre, un peu avant trois heures de l'après-midi, dans une gerbe d'étincelles, une voiture, lancée au galop, s'arrêta net devant le palais Serbelloni à Milan. Aussi fumant que ses chevaux, Bonaparte bondit dans l'escalier jusqu'à notre chambre du premier étage, en ferraillant sur les marches avec son sabre. Il ouvrit la porte en ouragan. Personne !... Il resta sur place, foudroyé. Refusant d'admettre l'incroyable, il fouilla tous les coins de la chambre, fourragea dans le boudoir où flottait encore mon parfum. Il écuma les salons, la galerie, les jardins. Personne ! Le désert : je n'y étais pas.

Alors il ne fut plus le futur conquérant du monde, mais un enfant écrasé de larmes. Si une femme ivre d'amour pouvait éprouver des remords, j'en aurais eu pour le coup mortel que je lui portais. Aveuglé de pleurs, il griffonna ces mots plus illisibles que d'habitude :

A Milan, le 7 frimaire an V
3 heures après-midi

« J'arrive à Milan : je me précipite dans ton appartement, j'ai tout quitté pour te voir, te presser dans mes bras... tu n'y étais pas; tu cours les villes avec des fêtes; tu t'éloignes de moi lorsque j'arrive; tu ne te soucies pas de ton cher Napoléon. Un caprice te l'a fait aimer, l'inconstance te le rend indifférent.

« Accoutumé aux dangers, je sais le remède aux ennuis et aux maux de la vie. Le malheur que j'éprouve est incalculable; j'avais le droit de n'y pas compter.

« Je serai ici jusqu'au 9 dans la journée. Ne te dérange pas; cours les plaisirs. Le bonheur est fait pour toi. Le monde entier est trop heureux s'il peut te plaire et ton mari seul est bien, bien malheureux. »

De Gênes, j'avais écrit à Berthier, mon paratonnerre. Le lendemain, dimanche, il montra ma lettre à Bonaparte. Le soir-même, à huit heures, le malheureux m'écrivait :

« Tu n'as pas eu le temps de m'écrire, je le sens facilement. Environnée de plaisirs et de jeux, tu aurais tort de me faire le moindre sacrifice.

« Berthier a voulu me montrer la lettre que tu lui as écrite. Mon intention n'est pas que tu déranges rien à tes calculs ni aux parties de plaisir qui te sont offertes; je n'en vaux pas la peine et le bonheur ou le malheur d'un homme que tu n'aimes pas n'a pas le droit de t'intéresser...

« Sois heureuse, ne te reproche rien, ne t'intéresse pas à la félicité d'un homme qui ne vit que de ta vie, ne jouit que de tes plaisirs et de ton bonheur. Quand j'exige de toi un amour pareil au mien, j'ai tort. Pourquoi vouloir que la dentelle pèse autant que l'or? Quand je te sacrifie tous mes désirs, toutes mes pensées, tous les instants de ma vie, j'obéis à l'ascendant que tes charmes, ton caractère et toute ta personne ont su prendre sur mon malheureux cœur. J'ai tort, si la nature ne m'a pas donné les attraits pour te captiver; mais ce que je mérite de la part de Joséphine, ce sont des égards, de l'estime, car je l'aime à la fureur et uniquement.

« Adieu, femme adorable, adieu ma Joséphine.

Puisse le sort concentrer dans mon cœur tous les chagrins et toutes les peines, mais qu'il donne à ma Joséphine des jours prospères et heureux. Qui le mérite plus qu'elle ! Quand il sera constaté qu'elle ne peut plus aimer, je refermerai ma douleur profonde et je me contenterai de pouvoir lui être utile et bon à quelque chose. »

Au comble de la douleur, il eut honte d'avoir terminé sa lettre sans m'embrasser :

« Je rouvre ma lettre pour te donner un baiser... Ah ! Joséphine ! Joséphine !... »

Pantelante d'amour, je ne regagnai Milan que le 1ᵉʳ décembre. Quel contraste avec mon Adonis ! Bonaparte m'apparut comme un squelette jaunâtre. Selon une lettre de Berthier qui ne me parvint pas à Gênes, il s'était évanoui en sortant du bain ; il lui était venu une fluxion à la tête ; il couvait un érysipèle. Berthier me suppliait de revenir pour le guérir. Je le repris dans mes rets. Mais le coup avait été trop rude. Je remarquai en lui un changement. Pendant les quatre jours de mon absence de Milan, il se prit à réfléchir, à me voir autrement. Je ne fus plus la déesse devant laquelle il se prosternait, mais la plus charmante des femmes. D'immortelle je rétrogradai au rang de première mortelle. D'autre part, en ouvrant le courrier de sa déesse, il avait découvert qu'elle signait des lettres de change de trois ou quatre mille écus. Il est dur d'être escroqué par Vénus.

VIII

SOUS L'EMPIRE
D'UN « POLICHINELLE »

A Gênes, Mme Faytpoul, femme du ministre de France, me présenta un grand peintre méconnu, Gros, qui avait dû abandonner les pinceaux pour le sabre. Gros me plut. Il rêvait de faire le portrait de Bonaparte. Je l'emmenai à Milan. Comme Mme de Pompadour, j'encourageai les beaux-arts. Bonaparte était impossible à peindre. Moi seule pouvais le faire tenir tranquille. Chaque jour, après le déjeuner, je le prenais sur mes genoux. C'est ainsi que Gros peignit ce portrait héroïque où Bonaparte, brandissant un drapeau, brave la mitraille au pont d'Arcole.

Pour me désennuyer, j'attirai à Milan une cour de coquines qui m'apportèrent l'air de Paris : Fortunée Hamelin, Mme Brémond, Mme Delavarne, la générale Poinsot, Mme Thierry, Mme Baraguay d'Hilliers, Mme Regnault de Saint-Jean-d'Angély, Mme Saint-Huberty.

Aucune de ces dames n'était un dragon de vertu. Leur grande affaire était l'amour et tout ce qui s'ensuit : danse, potins, coiffeurs, robes, rubans, coups d'épingles, jalousie, fous rires, larmes, baisers, perfidies.

A mes Parisiennes se joignirent des Italiennes : la sinueuse comtesse Aresa, qui osait proclamer : « Je suis amoureuse du général ! », Mme Visconti de même. Bonaparte lui répondit, soldatesquement, *non*. Il la passa au bégayant Berthier qui devint amoureux fou de cette splendeur, pareille, disait la duchesse d'Abrantès, au « camée d'Erigone ». Eperdu, le bre-bredouillant chef d'état-major fit nommer le mari de la belle ambassadeur à Paris de la jeune République cisalpine.

Dans cette constellation brillaient aussi la marquise Paola Castiglione qui parlait latin comme Virgile et grec comme Homère, sans être ennuyeuse, et sa sœur Maria, dont la forêt de cheveux noirs égara Murat dans son ombre.

Au milieu de cette petite cour enfiévrée chut un aérolithe : la jeune sœur de Bonaparte, Pauletta, francisée en Paulette, pas encore en Pauline, et qu'il appelait en jouant Paganetta, la petite païenne. Une faunesse de seize ans, toute en rires, en folies, disant tout ce qui lui passait par la tête, jouant avec les cœurs comme une fillette avec ses poupées. A quatorze ans, au printemps de 1794, au château de Sallé, à Antibes, elle avait rendu malade d'amour le lieutenant Junot, aide de camp de Bonaparte. Il la demanda en mariage. « Elle n'a rien, tu n'as rien. Total : rien. Attendons des jours meilleurs », répondit Bonaparte.

Je fis tout pour séduire Paulette. Je multipliai les grâces, je lui arrangeai un appartement délicieux. Impossible de civiliser cette diablesse. A table, elle faisait du genou à son voisin. Elle me tirait la langue dans mon dos, elle m'appelait la « vieille ». Bonaparte, la terreur universelle, fondait devant elle. J'avais raison de me méfier. Il se croyait au-dessus des lois. « Qui m'empêche de baiser ma sœur ? » disait-il, par bravade. Dans ce défi, il y avait du vrai. Ils s'embrassaient sur la bouche. « Je suis au mieux avec mon frère, il a couché deux fois avec moi », avouera cette bacchante à son ancien amant, de Sénonville, après le 18 Brumaire.

Pour achever de me la rendre odieuse, les soldats de Bonaparte chantaient, en passant sous mes fenêtres :

> *Célébrons tous le conquérant*
> *Qui vient délivrer l'Italie :*
> *Qu'il est terrible ! Qu'il est grand !*
> *Mais aussi que Paulette est jolie !*
> *Reconnaissez vos deux vainqueurs,*
> *Peuples, courbez vos fronts dociles :*
> *Paulette s'empare des cœurs,*
> *Quand Bonaparte prend les villes.*

Trente-sept jours avec Bonaparte à Milan. Du 27 novembre au 18 décembre, du 22 décembre au 7 janvier. L'éternité ! Quand il dut repartir au siège de Mantoue, je m'inquiétai. D'abord pour Hippolyte. Je craignais pour sa vie, car il était courageux. Je pensais aussi un peu à Bonaparte. Mon avenir dépendait de lui. Je commençais à le comprendre. Les honneurs, les courbettes, les fêtes dont on me comblait, c'était à lui que je les devais. Sans lui que serais-je après tout ? Une femme vieillissante, sans le sou, avec deux enfants, courant après les riches amants qui, eux, couraient après les tendrons. « Joséphine, me disais-je, en comptant mes premières rides dans mes miroirs, Joséphine, attention ! »

Bonaparte était parti avec une mine de déterré. Outre son saisissement de chagrin, il se croyait empoisonné. Le poison et le mal napolitain : deux spécialités de la « botte ».

Ce Bonaparte avait tout de même quelque chose. Incendié de fièvre, il tua trois chevaux sous lui, d'épuisement, et gagna la bataille de Rivoli :

« J'ai battu l'ennemi. Kilmaine t'enverra la copie de la relation. Je suis mort de fatigue. Je te prie de partir de suite pour te rendre à Vérone. J'ai besoin de toi, car je crois que je vais être bien malade. Je te donne mille baisers : je suis au lit. »

Même au lit, il gagna le lendemain la bataille de la Favorite (16 janvier 1797). Mort, il aurait triomphé.

Cette fois, je dus obtempérer. Accompagnée de Paulette et de Mme Visconti, pour la distraction, je le rejoignis à Bologne (1er février) pour le soigner. Il ne perdit pas pour autant une bouchée de combats. Il déclara la guerre au pape, arracha la capitulation de Wurmser, entra dans Mantoue, sauta sur Ancône. A peine me vit-il à Bologne, qu'il repartit en éclair. Je le croisai dans mon lit entre deux batailles. Il traînait tout son butin entre nos draps : 24 000 prisonniers, 60 canons, 24 drapeaux.

Mon sursaut de bon vouloir retomba vite. Je voulais bien faire quelques efforts en sa présence, mais, dès qu'il tournait le dos, ma plume, pour lui écrire, était de plomb. Je suis une femme à ne pas quitter d'un pas.

« Je suis toujours à Ancône. Je ne te fais pas venir parce que tout n'est pas encore terminé, mais, sous peu de jours, j'espère que cela sera terminé. D'ailleurs, ce pays-ci est très maussade et tout le monde a peur.

« Je pars demain pour les montagnes; tu ne m'écris point. Tu devais pourtant me donner de tes nouvelles tous les jours.

« Je te prie d'aller te promener tous les jours; cela te fera du bien.

« Je te donne un million de baisers. Je ne me suis jamais tant ennuyé qu'à cette vilaine guerre-ci.

« Adieu, ma douce amie; pense à moi. »

Je m'ennuyais à périr. Puisque je voyais si peu Hippolyte, je menaçai de rentrer à Paris. Je pleurnichais. J'invoquais ma santé. Comme on gratte un bouton, j'excitai l'inquiétude de Bonaparte. Mais, au lieu de se frapper la tête contre les murs, il se tourmentait désormais raisonnablement.

« Tu es triste, tu es malade, tu ne m'écris plus, tu veux t'en aller à Paris. N'aimerais-tu plus ton ami ? Cette idée me rend malheureux. Ma douce amie, la vie est pour moi insupportable depuis que je suis inquiet de ta tristesse. »

Il me prit au piège de mes plaintes. Il m'envoya son illustre médecin milanais qui le suivait comme son ombre.

« Je m'empresse de t'envoyer Moscati, afin qu'il puisse te soigner. Ma santé est un peu faible. Mon rhume dure toujours. Je te prie de te ménager, de m'aimer autant que je t'aime et de m'écrire tous les jours. »

Au *vibrato* d'antan succédaient les formules conjugales. Ses baisers, en nombre réduit, ne s'égaraient plus loin des régions tempérées.

« Mon inquiétude est sans égale.
« J'ai dit à Moscati de t'accompagner à Ancône si tu veux y venir. Je t'écrirai là pour te faire savoir où je vais.
« Peut-être ferai-je la paix avec le pape et serai-je bientôt auprès de toi. C'est le vœu le plus ardent de mon âme. Je te donne cent baisers. Crois que rien n'égale mon amour si ce n'est mon inquiétude. Ecris-moi tous les jours toi-même. Adieu, très chère amie. »

Il accumulait les triomphes. La paix signée à Rome. Le pape contraint de nous verser trente millions et des objets d'art. Si j'avais pu en toucher quelque chose ! Bologne, Ferrare, la Romagne cédées à la République !
Et toujours son antienne : mes lettres quotidiennes, qu'il réclamait maintenant en comptable plus qu'en amoureux.

« Pas un mot de ta main. Bon Dieu ! Qu'ai-je donc fait ? Ne penser qu'à toi, n'aimer que Joséphine, ne vivre que pour ma femme, ne jouir que du bonheur de mon amie, cela doit-il mériter de sa part un traitement si rigoureux ? Mon amie, je t'en conjure, pense souvent à moi et écris-moi tous les jours. »

Le 24 février, il me rejoignit à Bologne et me conduisit à Mantoue. Malade ou non, je finirais par le devenir tant je m'ennuyais. Le 6 mars, je confiai par lettre à Hortense mon long bâillement. En n'oubliant pas l'alibi de la maladie. Je jouai la mère éplorée qui sèche de tristesse loin de ses enfants.

« Je me porte bien, ma chère Hortense. Depuis six jours, je n'ai plus de fièvre. J'ai été un peu malade à Bologne. D'ailleurs, je m'ennuie en Italie. Malgré toutes les fêtes que l'on me donne et l'accueil flatteur que je reçois des habitants de ce beau pays, je ne puis m'accoutumer à être aussi longtemps éloignée de mes chers enfants; j'ai besoin de les serrer contre mon cœur. J'ai cependant tout lieu d'espérer que ce moment n'est pas très éloigné, et cela contribue beaucoup à me remettre de l'indisposition que j'ai eue. »

Bonaparte me quitta vite pour de plus grands desseins. Une absence de deux mois, qui ne me pesa guère. Quand on a épousé un ouragan, son éloignement vous soulage. Par Bassano, Corregliano, Saale, Palmanova, Goritz, Villach, Klagenfurt, Friesach, Gratz, Leoben, il lança son offensive sur Vienne. On me chantait partout qu'il était un surhomme, un génie, un dieu. Mais tout ce qu'il faisait me semblait naturel. « Qu'il est *drolle*, ce Bonaparte ! »

J'étais suspendue à mes rendez-vous trop rares avec Hippolyte. Eux seuls comptaient dans mes jours gris : bouquets de lumière et de fleurs.

Bonaparte l'envoya à Rome avec Marmont porter une lettre au Saint-Père. Pour marier Hippolyte plus étroitement à mes vœux, je le chargeai de m'acheter là-bas de ces futilités que ne comprenait pas Bonaparte et qui formaient la trame de ma vie. A son retour je le remerciai à ma façon. Presque aussitôt, il dut rejoindre son corps à Goritz, et s'éloigner du mien qui, comme une ombre, s'en revint à Milan jouer son rôle dérisoire de reine.

Le 18 avril, Bonaparte signait les préliminaires de Leoben avec les généraux autrichiens Merveld et Beauregard. Au Directoire qui tremblait à Paris dans ses fauteuils dorés en pensant à lui, il lança cette nasarde : « Je vous demande du repos... ayant acquis plus de gloire qu'il n'en faut pour être heureux... Ma carrière civile sera, comme ma carrière militaire, une et simple... »

Les Directeurs comprirent que cette unité et cette simplicité pousseraient Bonaparte à les remplacer.

En attendant sa carrière civile, Bonaparte se reposait avec moi au somptueux château de Mombello, ou de Montebello, près de Milan. Il nous y fit mener royale vie. Plus de familiarité avec les aides de camp et les autres officiers. Parfois, dans une tente dressée devant le château, Bonaparte dînait seul. Autour de lui, à distance respectueuse, debout, les généraux, les chefs des administrations de l'armée, les magistrats de la ville, des ministres des gouvernements d'Italie. Il n'avait pas un pouce de plus qu'au temps du « Chat botté ». Pourtant, les Berthier, Augereau, Clarke,

Kilmaine et tutti quanti attendaient craintivement qu'il leur lançât un mot.

« Cet homme-là est un homme à part, dit le poète Arnault... Il est né pour dominer comme tant d'autres sont nés pour servir. S'il n'est pas assez heureux pour être emporté par un boulet, avant quatre ans d'ici, il sera en exil ou sur un trône. »

Moi rien ne m'étonnait. Les grandes dames d'Ancien Régime m'avaient enseigné les manières. J'étais partout à ma place, fût-elle la première. Je possédais l'art de dire des riens avec grâce et d'écouter le pire sot comme s'il parlait d'or. Pour masquer mon âge, j'étais presque toujours en blanc : nuage de mousseline des Indes, d'impalpables soies. Je couronnais mes cheveux d'une guirlande de lierre. J'aimais les fleurs, qui m'adoraient. J'entortillais les plus belles à un de ces turbans de gaze que je mis à la mode. Leur fraîcheur relayait mes charmes.

Le 1er juin, grand branle-bas au château de Montebello. Débarquement de toute la tribu des Bonaparte. En tête, la mamma, Madame Laetitia. En latin : la joie. Pour moi : la crampe. Elle était belle, dit-on, avec son profil grec, quand, à dix-neuf ans, elle accoucha de celui auquel j'ai toujours refusé de donner son prénom ridicule de Napoléon, qu'elle prononçait *Napolioné*. Dont on fit en Corse *Nabulione*, ou, par taquinerie, *Rabulione* : celui qui fourre son nez partout. Puis à l'école militaire de Brienne : « la paille au nez ».

Maintenant, à quarante-sept ans, Madame Laetitia était pour moi une condamnation sans appel, avec ses yeux de juge, son nez en poignard, ses lèvres qui semblaient ne s'entrouvrir que pour articuler la sentence :

« Moi, Laetitia, épouse et mère exemplaire, ayant mis au monde, en dix-neuf ans, treize enfants, dont huit survivent, à la satisfaction générale, condamne la ci-devant vicomtesse de Beauharnais, à la réprobation à perpétuité... »

Chacun de ses regards, de ses gestes, de ses mots à double sens, de ses attaques directes exprimaient ses attendus : « Comment mon *Napolioné*, mon fils préféré, peut-il se laisser aveugler par une gourgandine, une hétaïre, une putain, qui a six ans de plus que lui, qui est plus dépensière qu'un panier percé, qui le cocufie en long et en large, qui le vole comme dans un bois, et qui n'est même pas fichue de lui donner un enfant ? »

Madame Laetitia parlait un jargon effroyable qui suscitait les fous rires de mes Parisiennes. Aussi préférait-elle se murer dans un silence farouche et dans des réprobations tacites, en remâchant sa hâte de regagner son maquis.

Avec elle avaient débarqué son fils Jérôme et deux de ses filles, Annunziata, qu'on appellera bientôt Caroline, et Marianna changée en Elisa. Suivait un grand serin de capitaine de trente-cinq ans, Félix Bacciochi, qui venait d'épouser Elisa. Bonaparte était contre. Madame Laetitia avait imposé le nigaud parce qu'il était corse. Pour amadouer mon juge femelle, je poussai Bonaparte à avaler ce médiocre hymen. En compensation, le 14 juin, on maria cette grisante démone de Pauline à l'adjudant général Leclerc, qu'attendait, croyait-on, un splendide avenir. Bonaparte lui donna une dot de quarante mille livres, ainsi qu'à Elisa, dont on célébra en même temps le mariage religieux, qu'on avait oublié.

Je pus contempler le panorama presque complet des Bonaparte, car Joseph, ambassadeur à Rome, et Lucien vinrent assister à la fête. Il ne manquait que Louis. Devant cette troupe corse je me sentais perdue. Elle me fit penser à mes propres enfants, toujours à Saint-Germain. Ils passaient les vacances d'été à Fontainebleau, chez le marquis et la marquise de Beauharnais. J'étais fière d'Eugène, qui avait remporté un prix de course à pied. Moins fière de moi, moins rapide pour écrire à ma tante. Au temps de ma gêne, j'avais si souvent pleuré misère auprès d'elle et de mon ex-beau-père. Au faîte des honneurs, je ne leur écrivais plus. Je ne faisais même pas le petit effort d'envoyer un mot au bureau de liquidation des dettes des émigrés, qui s'obstinait à ne pas régler au vieux marquis les arrérages d'une rente viagère. Le 18 juin 1800, il mourra, non de tristesse pour mon ingratitude, mais d'une indigestion de fraises. Je ne me repentirai pas moins de ma négligence. Indolente créole !

Je n'étais tout de même pas aussi égoïste que le croyait ma tante qui s'épanchait à mon propos dans le giron de Calmelet : « Je partage sa gloire de tout mon cœur. Mais, je vous l'avoue, son insouciance à notre égard me blesse d'une manière cruelle... Je viens de lui écrire tout à l'heure relativement à ce qu'elle redoit. Mais aura-t-elle le temps de me lire et y fera-t-elle attention ? »

Doit, redoit, que de fois ces mots ont tinté à mes oreilles ! Mais oui, je le savais que je *redevais* à ma tante, mais j'étais si occupée, si tourbillonnante, si futile, si légère!... Si grisée par mon amour pour Hippolyte! Si avide de m'étourdir devant l'envahissement de l'âge! Pourquoi me rappeler mon passé? Je pensais tant à ce *redoit* que, pour alléger le faix de ma tante, je fis venir Eugène à Montebello. Dès son arrivée, le 28 juin, avant même ses seize ans, mon coureur à pied fut bombardé aide de camp et sous-lieutenant. Délicieux, charmant, dansant et chantant à ravir, parfait gentilhomme, plaisant à tous et à toutes. J'étais fière de mon petit prince.

Un matin, à Montebello, mon carlin adoré, Fortuné, quitta plus tôt que d'ordinaire notre lit d'où Bonaparte, qui avait chassé les Autrichiens d'Italie, ne parvint jamais à le déloger. Fortuné fit un tour à la cuisine pour consulter le menu. Soudain, des aboiements furieux m'éveillèrent. Je courus comme une folle, en proie à de noirs pressentiments. Fortuné gisait, étranglé par le molosse du cuisinier, près d'une marmite dont il avait voulu vérifier le contenu.

Je pleurai pendant des jours sans que Bonaparte s'associât à ma peine. Hippolyte m'offrit un nouveau carlin. Le cuisinier promit à Bonaparte d'enchaîner son dogue. « N'en faites rien ! » s'écria Bonaparte. Le successeur de Fortuné en voulait autant à ses mollets que le défunt.

Le général réussit à me consoler : dans le cortège d'une trentaine de personnes qui accompagna Pauline dans son voyage de noces au lac de Côme, avec deux pelotons de dragons, figurait Hippolyte. A la villa Passabacqua, défilé des notables, feu d'artifice sur le lac. La plus éclatante fusée : ma passion.

Comme pour le récompenser de combler mes désirs, Bonaparte inscrivit Hippolyte au tableau d'avancement de l'amour. Le 24 janvier 1797, il le promut capitaine au 1er hussards. Pour la revue du 14 juillet, à Milan, le plus beau cavalier, piaffant, caracolant, c'était lui. C'était en son honneur, me semblait-il, que l'on tirait ces salves, que jouaient toutes ces musiques, que flottaient tous ces étendards.

Pourtant, peu après, il me déchira le cœur. Bonaparte m'avait traînée au sinistre bourg de Passeriano, dans le Frioul, où il négociait avec les délégués autrichiens jusqu'à trois heures du matin. Je le voyais en courant d'air, un bout de nuit. Je passais le reste du temps à pleurer. Hippolyte avait regagné Milan et j'avais appris d'atroces nouvelles. On prétendait qu'il faisait une cour forcenée à Pauline et qu'il avait été l'amant de Mme Lamberti, qui lui aurait laissé une « galanterie ». Il aurait succédé à l'empereur Joseph II et au général Despinoy.

Dès que je le voyais, tous mes griefs s'envolaient. Il souffrait si fort, me dit-il, de notre séparation, qu'il chercha en Mme Lamberti, qui avait à peu près mon âge, une autre Joséphine. Dès qu'il retrouvait la vraie, plus de Lamberti !

Pour fêter nos retrouvailles et la guérison de sa « galanterie », nous profitâmes de l'absence de Bonaparte qui roulait vers Rastadt pour signer la paix. Nous signâmes un pacte fabuleux. Nous empoignâmes aux cheveux une incroyable aubaine, manifestant, en amour, la fulgurante audace de Bonaparte en guerre. Nous dressâmes le plan d'une escapade géante qui suspendrait le temps. Non plus des rendez-vous haletants, entre deux portes, des maraudages arrachés aux obligations du monde, mais un immense cortège de jours et de nuits. Comme pour Antoine et Cléopâtre, une « vie inimitable », vouée à l'amour. *Nous rentrerions en France en passant par Venise!*

La Sérénissime nous mena d'illuminations en promenades en gondoles, de concerts en fêtes et en bals. Si j'avais été sage, en voguant sur ses canaux, j'aurais pensé à la vengeance d'Othello, « le More de Venise », dont m'avait menacée Bonaparte.

Précisément, mon Othello subodora des choses. Qui l'y aida ? Peut-être la terrible Pauline qui, malgré son étourderie, voyait clair dans ce domaine. Furieuse de l'abandon d'Hippolyte, peut-être glissa-t-elle un mot dans l'oreille de son frère, comme Iago dans celle du More. De Rastadt, en pleines négociations, Bonaparte fit envoyer cet ordre par Berthier à Milan : « Il est ordonné au citoyen Charles, aide de camp, de partir à Milan au reçu du présent pour se rendre en toute diligence à Paris, où il recevra de nouveaux ordres. Signé : Alex. Berthier. »

Enfer et désolation ! Heureusement, je croisai Berthier en route. Je lui fis adoucir le coup et lui dictai un nouvel ordre plus humain : « Alexandre Berthier, général en chef, sur la demande faite par le citoyen Hippolyte Charles, adjoint à l'état-major, de se rendre à Paris pour y terminer des affaires de famille qui y nécessitent sa présence, autorise le citoyen Hippolyte Charles à se rendre près du ministre de la Guerre à Paris, pour, avec la présente autorisation qu'il présentera au ministre, obtenir un congé de trois mois. »

Pour quelques jours, Hippolyte dut s'arracher à moi. Ensuite, à bride abattue, héros d'un roman de cape et d'épée, il courut à ma poursuite.

J'allais de triomphe en triomphe, sur une voie lactée de torches et de lampions. Le 19 décembre, Lyon, illuminé, dansa pour se réchauffer par un froid de loup. Au Grand-Théâtre, acclamations : « Vive la République ! Vive Bonaparte et son épouse ! » Chœur des Lyonnais, m'offrant une couronne de roses :

> *Si tu daignes le présenter*
> *Cet hommage aura plus de charmes.*
> *Chérissant l'amour des bienfaits*
> *Autant que l'éclat du courage,*
> *Les cœurs justes des Lyonnais*
> *A tes vertus rendent hommage.*

Sous le poids de ma gloire, ma voiture versa à Tarare, brisa un essieu à Roanne. Moulins m'attendit trois jours. Je n'y fis mon entrée que le 24 décembre aux cris de : « Vive la République ! Vive Bonaparte ! Vive sa vertueuse épouse ! » Le triomphe de l'adultère devenait l'apothéose de la vertu !...

La façade de l'hôtellerie où je couchai proclamait, en lettres de feu :

> *Compagne du héros que l'univers admire,*
> *Le cœur à ton aspect dit : « Voilà qui l'inspire ! »*

Le maire Radot me postillonna un discours : « Voir dans nos murs la vertueuse épouse du plus grand des héros est une jouissance qui se sent mieux qu'elle ne peut s'exprimer... »

Je somnolais en l'écoutant. Le mot *jouissance* me réveilla. Il me donna la force de répondre avec une grâce qui me gagnait les cœurs : « L'expression me manque pour témoigner ma reconnaissance du bon accueil que vous me faites; j'y suis extrêmement sensible. Si mon mari a eu des succès aussi brillants, c'est qu'il a eu le bonheur de commander une armée dont chaque soldat est un héros. Bonaparte aime les Républicains et il est prêt à verser pour eux jusqu'à la dernière goutte de son sang... »

Tombant de sommeil, réclamée par les citoyens délirants, je dus saluer à la fenêtre de ma chambre. De là, je découvris une scène touchante sur des transparents lumineux : Pitt forgeant ses chaînes, Bonaparte les faisant fondre au feu de son génie. Plus lumineuse que tous les transparents, j'attendais de fondre au feu d'Hippolyte.

Le lendemain, jour de Noël, les Moulinois voulaient me garder encore. « Mais elle brûle du désir de revoir son mari... Ne retardons pas la marche de l'épouse... » Ils ne retardèrent pas celle de l'amant. Je repartis, brûlante, l'oreille au guet. Peu avant Nevers, sur la route, le grondement d'un galop. Hippolyte, mon Hippolyte, sauta dans la berline avec tant de fougue que je crus qu'il allait la renverser. Noël! Noël! le plus radieux Noël de ma vie! Gloire au Ciel de l'amour et paix sur la terre aux femmes qui aiment! Un Noël que j'aurais voulu prolonger avec des roues qui tourneraient à l'envers, des chevaux endormis.

L'amour et l'argent. Mon corps vibrait, ma tête comptait. Quel miracle quand les chiffres servent le plaisir ! Avec Botot, secrétaire de Barras, à Passeriano et, à Lyon, avec les Bodin, j'avais tissé une trame. Je poussai les Bodin à créer une compagnie qui fournirait des chevaux à l'intendance. La compagnie Bodin disposerait de mon appui d'épouse de Bonaparte et d'ancienne maîtresse de Barras. Elle me témoignerait sa reconnaissance financièrement et, sur la carte du Tendre, en engageant Hippolyte. Tout le monde serait content, sauf Bonaparte s'il apprenait que je monnayais sa gloire pour placer mon amant et pour toucher ma part sur des carnes agonisantes, vendues par des filous aux armées de la République.

Pendant que je filais le parfait amour avec Hippolyte, on m'attendait à Paris depuis le 24 novembre. Bonaparte rongeait son frein depuis le 6 décembre. Le Directoire, les Tribunaux, les Conseils l'avaient élevé sur l'Olympe. Le 26 décembre, alors que je m'alanguissais dans les délices de Noël, il était élu à l'Institut. Il assistait aux séances aussi ponctuellement que je faisais l'amour. Il présentait un rapport sur la voiture à vapeur du citoyen Cugnot.

Personne ne savait où j'étais. Les profanes ne pouvaient pas deviner que je n'étais pas sur terre, astreinte aux servitudes des itinéraires. Je flottais dans la planète d'amour. Le 11 décembre Mme Campan me croyait à Paris. Le *Journal des Hommes libres* me déclarait arrivée le 24 et annonçait la grande fête que m'offrait, en l'hôtel Gallifet, M. de Talleyrand, ministre des Relations extérieures. Le 30, ce *Journal des Hommes libres*, et mal informés, rectifiait que « la citoyenne

Bonaparte était arrivée d'hier; qu'elle avait été arrêtée en route par les fêtes nombreuses dont plusieurs communes avaient embelli son passage ».

En réalité, après m'être dénouée douloureusement de l'étreinte d'Hippolyte le plus tard possible, à Essonnes, je n'arrivai à Paris que le 2 janvier (1798). Mon char de Vénus s'arrêta enfin languissamment devant notre hôtel de la rue Chantereine baptisée, la veille, rue de la Victoire.

« Rue de la Tempête » aurait mieux convenu. Toutes mes séductions de sirène ne furent pas de trop pour justifier mon retard. Fêtes sans fin que je décrivis à mon inquisiteur avec une précision suspecte. Illuminations, bals, arcs de triomphe, parades, discours auxquels je devais répondre. Je me peignis accablée d'honneurs, rassasiée de fatigue, recrue de lauriers. En proie à des foules qui ne voulaient pas me lâcher. « C'est ta faute, Bonaparte, roucoulai-je de ma voix la plus tendre, en jetant mes bras autour de son cou. Pourquoi as-tu ramassé tant de gloire ? »

Ce qui était difficile aussi à digérer, c'était le mobilier. En Italie, mes pompes royales m'avaient fait tourner la tête. « Je désire que ma maison soit meublée avec la dernière élégance », avais-je écrit à Calmelet. On me prit au mot. Les grands ébénistes Jacob firent feu des quatre fers. Leur note sauta au-delà de 300 000 livres. En débarquant parmi ces splendeurs, Bonaparte crut recevoir un boulet en pleine poitrine. « Tout est de nouveau modèle, fait exprès ! » gémit-il avec un mélange de stupeur admirative et d'épouvante, mi-enfant émerveillé devant ces chefs-d'œuvre, mi-paysan du Danube, portant une main terrifiée à sa bourse.

Au premier étage, la chambre à coucher était devenue une tente rayée, peuplée de tambours. Il hésita d'abord sur leur usage. A la guerre, il ne s'asseyait pas sur des tambours. Les deux lits « à l'antique » se rapprochaient ou s'éloignaient, grâce à un ressort, selon nos désirs. Les miens les auraient plutôt éloignés. Le rez-de-chaussée serait le musée de nos présents d'Italie. Le cabinet du général serait le musée vivant de sa gloire.

Outrée de nos orages, sevrée d'Hippolyte, je me traînai avec une humeur de louve, le lendemain 3 janvier, à dix heures et demie du soir, à la fête de M. de Talleyrand. Mes retards avaient causé un drame dans l'horticulture. Et gonflé la note de frais du ministre. Muller, jardinier-fleuriste, dut entrer, sortir, entrer, sortir quatre fois les 930 arbres, arbustes et fleurs en location ornant les jardins. Pour ces malheureux végétaux on paya quatre jours au lieu d'une nuit. On décommanda trois fois les cinq cents invités. Les historiens de l'avenir aimeront savoir que leur carton portait la mention : « Vous jugerez convenable, j'en suis sûr, de vous interdire tout habillement provenant des manufactures anglaises. »

Des applaudissements saluèrent une rencontre historique dans les salons parfumés à l'ambre. Barras en grand tralala s'avança vers Bonaparte en costume persillé de l'Institut, vers Hortense, mignonne à croquer et vers ma boudeuse personne. J'avais eu l'idée de revêtir une tunique jaune canari brodée de noir et de me coiffer d'une calotte dorée, recourbée en index. Je crus entendre des mauvais plaisants chuchoter : « C'est le bonnet du doge de Venise ! »

Deux cents dames faisaient la haie, comme à la

cour de Versailles. La plupart étaient vêtues à la grecque. Les victoires de Bonaparte avaient rapproché de Paris le pays des dieux. Toutes dévoraient le général des yeux. La célèbre écrivassière Mme de Staël s'était juré de l'ensorceler. Mais Bonaparte proclama publiquement sa passion pour moi. La plus obtuse dut remarquer « qu'il était très amoureux et excessivement jaloux ». Au mépris des convenances, il désarçonna la Staël par des propos qui, le lendemain, égayèrent Paris.

La lourde dame de plume offrit au héros une branche de laurier.

Bonaparte (rogue). — Il faut les laisser aux Muses.

Mme de Staël. — Général, quelle est la femme que vous aimez le plus ?

Bonaparte. — La mienne.

Mme de Staël. — C'est tout simple, mais quelle est celle que vous estimeriez le plus ?

Bonaparte. — Celle qui sait le mieux s'occuper de son ménage.

Mme de Staël. — Je le conçois encore. Mais enfin quelle serait pour vous la première des femmes ?

Bonaparte. — Celle qui fait le plus d'enfants, madame.

Il la planta là, plus en bois que les arbustes du jardinier Muller.

Tous les jours, je me rendais au ciel. Au numéro 100, faubourg Saint-Honoré, chez Louis Bodin, où je retrouvais Hippolyte. Ce n'est pas pour rien

qu'à ses débuts dans l'armée on l'appelait
« l'Eveillé ». Il m'éveillait à la vie.

Pour nourrir mon luxe, il me fallait de l'argent,
toujours plus d'argent que ne l'imaginait Bonaparte. Lui dont la France louait l'imagination
n'avait point celle-là. Il n'a jamais compris sur
quel pactole devait voguer une femme comme
moi. J'empruntai 400 000 francs à Botot. Je le
tenaillai pour qu'il fît attribuer à la compagnie
Bodin la fourniture de l'armée d'Italie.

Joie! Joie! Pleurs de joie! Bonaparte allait
inspecter le Nord pour étudier un plan d'invasion
de l'Angleterre. Il faisait des rêves de fou. Doutant
du succès d'une descente en Angleterre, il n'allait
dans le Nord que par diversion. Il songeait à
l'Egypte. « Tout s'use ici, je n'ai déjà plus de
gloire; cette petite Europe n'en fournit pas assez.
Il faut aller en Orient, toutes les grandes gloires
viennent de là », disait-il à Bourrienne.

Dix jours de paradis! Bonaparte sous la pluie,
arpentant les côtes, de Boulogne à Anvers. Moi,
sous le soleil de l'amour, à Paris, avec Hippolyte.
En promenade dans la capitale des voluptés, enlacés dans l'ombre complice des « petites loges »
grillées des théâtres, au lit, rue Saint-Honoré.

Sans perdre un baiser ni un soupir de jouissance, je harcelais Botot et Barras pour la compagnie Bodin. Le 15 février, à onze heures du soir, je
chantai victoire à Hippolyte : « l'affaire du citoyen
Bodin se faisait ». Barras m'attendait le lendemain matin.

Catastrophe! Bonaparte rentra dans la nuit.
Vite un signal de détresse à Botot : « Je vous prie,
mon cher Botot, de témoigner mes regrets à Barras de ne pouvoir pas aller dîner chez lui. Dites-lui

de ne pas m'oublier. Vous connaissez mieux que personne, mon cher Botot, ma position. Adieu, amitiés sincères. »

Bonaparte revint radieux des fanges du Nord. Il voyait tous les jours les Directeurs pour échafauder son mirage. Ces messieurs encourageaient sa folie pour l'éloigner de France. Tant que son sabre ferait des moulinets autour des pyramides d'Egypte, ils sauveraient leur tête.

Victoire pour Bonaparte : entraîner dans son délire, parmi les sables des déserts, 45 000 soldats de la République. Victoire pour mon délire d'amour : Louis Bodin recevait la fourniture ! 1 500 000 francs à partager avec Barras et Schirer, ministre de la Guerre ! Capitaine démissionnaire, mon Hippolyte pourrait devenir affairiste.

Amour, argent... Argent, amour... Ces deux voix alternaient dans mes lettres. Avec les délices féminines du mensonge et des secrets de polichinelle :

« Je viens d'écrire au ministre de la Guerre pour lui dire que je ne pouvais pas le voir aujourd'hui puisque je vais à la campagne, mais j'irai demain lui remettre un paquet qui m'avait été confié pour lui remettre. J'ai aussi écrit à Barras; je le prie de remettre les lettres qu'il m'a promises au porteur de mon billet; j'attends sa réponse. Je vais, mon cher Hippolyte, à la campagne. Je serai de retour à cinq heures et j'irai à cinq heures et demie ou six heures chez Bodin te chercher. »

Ne congédiez jamais un domestique qui peut vous nuire ! Ne donnez jamais à un domestique l'occasion de vous faire chanter ! Mais s'il fallait tout prévoir !...

Je n'avais jamais admis que Louise Compoint, ma femme de chambre, couchât avec Junot. Je la congédiai. Pour se venger, au retour d'Italie, elle me dénonça à Bonaparte. Le capitaine Hippolyte Charles, que mon mari appelait « une petite figure à putains », « couchait dans les mêmes auberges que moi, montait dans ma voiture ».

Bonaparte m'interrogea. Patelin, me tendant la perche. Procédé de policier pour extorquer des aveux :

« Dis la vérité, il n'y a pas grand mal à cela et puis on peut coucher dans la même auberge et faire route ensemble sans... »

Je niai tout. En pleurant. Il ne résistait pas à mes larmes.

Mariant toujours l'argent et l'amour, les bruits de baisers et de monnaie, j'écrivis à mon amant :

« Oui, mon Hippolyte, mon existence est un supplice continuel ! Toi seul peux me rendre au bonheur. Dis-moi que tu m'aimes et que tu n'aimes que moi. Je serai la plus heureuse des femmes.

« Envoie-moi 50 000 livres par Blondin... Adieu, je t'envoie mille tendres baisers. Tout à toi. »

Le 21 mars, Bonaparte enfonça à moitié la porte de mon boudoir. Son frère Joseph, ce faux jeton dont j'avais tant raison de me méfier, lui avait tout dit.

Nouvel interrogatoire, cette fois féroce :

« Connais-tu le citoyen Bodin, où loge le capitaine Charles, numéro 100, faubourg Saint-Honoré ?

— Non ! Non ! Non ! »
Torrent de larmes.

« Tu y vas pourtant tous les jours ! Tu n'as pas besoin de te servir de tous ces moyens. »

Mes larmes le bouleversaient. Je m'en fis des voiles de pluie pour me cacher, un océan pour me noyer.

« Je suis la plus infortunée des femmes et la plus malheureuse ! Je n'ai aucune connaissance de ce que tu me dis... Si tu veux divorcer, tu n'as qu'à parler ! »

Au désespoir, je me cramponnai à Hippolyte. Avec lui, je ferais front contre les Bonaparte, mon mari et Joseph, ces monstres qui m'inspiraient l'horreur.

« Oui, mon Hippolyte, *ils* ont toute ma haine ; toi seul as ma tendresse, mon amour : ils doivent savoir combien je les abhorre par l'état affreux dans lequel je suis depuis plusieurs jours ; ils voient les regrets, le désespoir que j'éprouve de la privation de te voir aussi souvent que je le désire. Hippolyte, je me donnerai la mort, oui, je veux finir (une vie) qui me sera désormais à charge si elle ne peut t'être consacrée. Hélas ! qu'ai-je donc fait à ces monstres ? Mais ils auront beau faire, je ne serai jamais la victime de leurs atrocités. »

La seule parade contre eux : nier à outrance, nier à mort. Sous la menace, sous la force, à jamais.

« Dis, je t'en prie, à Bodin qu'il dise qu'il ne me connaît pas ; que ce n'est pas par moi qu'il a eu le marché de l'armée d'Italie ; qu'il dise au portier du n° 100 que lorsqu'on demandera si Bodin y demeure, il dise qu'il ne le connaît pas; qu'il ne se serve des lettres que je lui ai données pour l'Italie que quelque temps après son arrivée dans ce pays-là et quand il aura besoin. Ah! ils ont beau me tourmenter, ils ne me détacheront jamais de mon Hippolyte; mon dernier soupir sera pour lui.

« Je ferai tout au monde pour te voir dans la journée. Si je ne le pouvais pas, je passerais ce soir chez Bodin et demain matin je t'enverrais Blondin pour t'indiquer une heure pour te trouver au jardin des Mousseau. Adieu, mon Hippolyte, mille baisers brûlants comme mon cœur, et aussi amoureux.

« Hélas! qu'ai-je donc fait à ces monstres? »

A force de larmes, de plaintes, de dénégations, je détournai provisoirement le danger. Pendant dix jours, jusqu'au 30 mars, où l'on accepta officiellement sa démission de capitaine, Hippolyte sentit le sabre de Bonaparte suspendu sur sa tête. Il s'attendait au moins à être jeté en prison. Heureusement, Bonaparte ne voulut pas se rabaisser par une médiocre vengeance. On ne toucha pas à un cheveu de mon Hippolyte, ni à un franc des bénéfices de la compagnie Bodin.

Mais, après m'être fondue en larmes et écartelée en gémissements, je réfléchis. Divorcer? J'avais lancé ce mot par défi. M'étais-je bien rendu compte de son sens? Divorcer? Tomber de Mme Bonaparte, épouse déifiée du héros de la France, en Mme Charles, épouse d'un petit capitaine devenu affairiste douteux! Un papillon dont j'étais folle, mais que Hamelin traitait de « garçon perruquier » et Bonaparte de « petite figure à putains ». Si je n'étais plus Mme Bonaparte, que serais-je? La compagnie Bodin, qui n'existait que par moi, subsisterait-elle? Que deviendrait la situation d'Hippolyte, qu'il me devait? « On ne conserve à Paris le souvenir de rien », disait Bonaparte à Bourrienne. « Si je reste plus longtemps sans rien faire, je suis perdu. Une renommée dans cette grande Babylone en remplace une autre... Le peuple se porterait avec autant d'empressement au-devant de moi, si j'allais à l'échafaud! » Pourquoi n'en serait-il pas de même pour moi, si je devenais Mme Charles? Sous la Terreur j'avais échappé à la guillotine du sang. Si je n'étais plus Mme Bonaparte, je n'échapperais pas à celle de l'oubli.

Le mot divorce n'était pas tombé dans l'oreille d'un sourd. Le 26 mars, pour 52 400 francs, Bonaparte acheta à son nom à Julie Carreau notre hôtel de la rue de la Victoire, dont j'étais amoureuse au point d'avoir contracté naguère un bail dont je n'avais pas le premier sou. Si je divorçais, je serais à la rue, avec mon joli cœur d'Hippolyte, plus jeune que moi, dont la fidélité n'était peut-être pas de bronze.

« Attention, Joséphine! » me disais-je de plus en plus en comparaissant devant mes impitoyables miroirs.

Pour enflammer de nouveau Bonaparte je jouai l'épouse pantelante, qui ne peut pas être séparée une minute de l'objet de sa passion. Je lui offris l'impossible : l'accompagner en Egypte! En espérant bien trouver au dernier moment une échappatoire.

Cette ruse de guerre réussit. Nous reprîmes l'apparence d'un ménage uni. Nous tirâmes des plans conjugaux non sur une comète mais sur l'achat d'une maison de campagne près de Paris. Bras dessus, bras dessous, on alla visiter Malmaison, délicieuse propriété de M. Lecoulteux. Au moins un ravissement partagé avec Bonaparte! Nous décidâmes pourtant de ne rien décider. L'achat de cette oasis resta suspendu à l'expédition d'Egypte. Dieu seul savait combien de temps elle durerait.

Le 4 mai, à quatre heures du matin, en berline : Bonaparte, bouillant, Bourrienne, déférent, moi dormant.

Le 6 mai, à Lyon, nous cueillons Eugène au passage, place Bellecour, à l'auberge de Provence. Le lendemain, en bateau sur le Rhône. Ensuite, épuisant voyage de nuit. Bonaparte n'eut pas la patience de rester dans cette caisse roulante qui faillit verser près d'Ollioules. Il bondit à cheval jusqu'à Toulon.

Je feignis d'être rompue. Au point de n'apercevoir que dans un brouillard ce parterre de généraux : Desaix, Kléber, Lannes, Marmont, Davout, Duroc, Murat et mon complice, le brave Berthier. Envolé mon projet d'accompagner en Orient mon époux adoré!... On ne traîne pas en Orient une femme brisée. On la laisse aller aux eaux pour se refaire. On la supplie d'y aller. Ainsi, une fois de plus, je manœuvrai mon stratège.

Mon mensonge éclata dans ma lettre à Hortense :

« Je suis à Toulon depuis cinq jours. Je n'ai point été fatiguée de la route, mais bien chagrine de t'avoir quittée si précipitamment, sans pouvoir te dire adieu, non plus qu'à ma chère Caroline. Mais, ma chère fille, j'en suis un peu consolée par l'espoir que j'ai de t'embrasser bientôt. Bonaparte ne veut pas que je m'embarque avec lui; il désire que j'aille aux eaux avant que j'entreprenne le voyage d'Egypte. Il m'enverra chercher dans deux mois. Ainsi, mon Hortense, j'aurai encore le plaisir de te presser contre mon cœur, et de t'assurer que tu es bien aimée. »

Je visitai *L'Orient* sur lequel je ne partirais pas. Le 19 mai, à six heures, Bonaparte, Eugène, Louis s'embarquèrent. De l'Intendance je vis s'éloigner l'escadre, saluée par les musiques militaires et par les salves des canons. Je pleurai en agitant mon mouchoir. Quelle femme n'aurait pleuré devant ce spectacle ? Et puis j'allais revoir Hippolyte, mais je commençais à me rendre compte de ce que je devais à Bonaparte, de ce que je serais sans lui. J'étais humiliée de vivre désormais sous la surveillance de mes deux geôliers, Lucien et Joseph. De nouveau la prison des Carmes. Quarante mille francs par an ! La somme que Bonaparte avait chargé Joseph de me verser. Confortable pour toute autre femme d'un général. Une goutte d'eau dans mon océan de dettes !

Je passai une semaine sur place. J'attendis des nouvelles apportées par l'aviso *Le Chasseur* qui rejoignit *L'Orient* au large du cap Corse et revint aussitôt à Toulon. Puis quelques jours à Hyères, chez M. Filhe. Mes affaires me tourmentaient. Vivre d'abord, ensuite philosopher, disaient les Anciens. Moi : Vivre d'abord, ensuite aimer. Mais pour aimer, il faut de l'argent. Or j'avais appris que le général Brune faisait des pieds et des mains pour couler le marché de la compagnie Bodin. De Lyon, je harcelai Barras : « Ecrivez, je vous en prie, au général Brune en leur faveur. Nous leur devons bien l'un et l'autre tout notre intérêt et j'espère, mon cher Barras, que vous vous opposerez à ce que l'on fasse une infamie à la compagnie Bodin. Vous leur rendrez service en écrivant pour eux au général Brune et, je vous en prie, ne perdez pas de temps. Vous savez que je prends à ces personnes beaucoup d'intérêt. »

Enfin Plombières, en compagnie de Mme de Krény et de la « citoyenne Cambis ». Et, secrètement, d'Hippolyte, qui me suivait depuis Lyon. Cette fois, en un tel catimini que les espions n'y avaient vu que du feu.

Je logeai à la pension Martinet. En vraie sainte nitouche, à laquelle on aurait donné le Bon Dieu sans confession. Dans une lettre à Barras j'insistai sur ma vie exemplaire :

« Je ne suis occupée ici que de ma santé. Il n'y a point de société. J'ai avec moi la citoyenne Cambis qui a bien voulu m'accompagner aux eaux. Je ne vois qu'elle et le médecin des eaux. Je suis logée dans une maison très honnête, le mari et la femme ressemblent à Philémon et Baucis. »

Je m'efforçais de secouer ma torpeur à écrire, cause de tant de drames. Je tâchais de donner de moi l'image édifiante de l'épouse suspendue aux lettres de l'époux.

« Je vous ai écrit avant-hier, mon cher Barras. Je crains que ma lettre ne vous soit point parvenue, attendu que je ne connaissais pas la formalité qui exige de les affranchir. Je vous priais, mon cher Barras, de me donner souvent de vos nouvelles et de me faire passer de celles de Bonaparte aussitôt que vous en aurez. J'ai besoin d'en avoir. Je suis si chagrine d'être séparée de lui que j'ai une tristesse que je ne puis vaincre. D'ailleurs, son frère avec lequel il a une correspondance si suivie, est tellement abominable pour moi que je suis toujours inquiète loin de Bonaparte. Je sais qu'il a dit à un de ses amis qui me l'a répété, qu'il n'aurait de tranquillité que lorsqu'il m'aurait brouillée avec mon mari; c'est un être vil, abominable que vous connaîtrez un jour. »

Je faisais la cour à Barras. Il me servait toujours dans mes affaires. Rien n'est plus chaud que l'amitié née dans les cendres de l'amour.

« Je voudrais bien, mon cher Barras, que les eaux de Plombières vous fussent ordonnées et que vous vous décidiez à venir les prendre. Vous seriez réellement bien aimable d'avoir une maladie pour me faire plaisir. Je vous suis trop attachée, je vous aime pour vous, mon cher Barras; c'est un sentiment qui vous est dû alors qu'on a le plaisir de vous connaître et personne plus que moi ne l'éprouve. »

Trop longtemps les mots « lettre à Bonaparte » avaient été pour moi un cauchemar. La pécheresse de la poste en deviendrait la sainte. Avec Barras pour facteur :

« Je vous envoie une lettre pour Bonaparte que

je vous prie de lui faire passer tout de suite. Je vous adresserai toutes mes lettres pour lui. Je vous en prie, soyez bien exact à les lui faire parvenir. Vous le connaissez et vous savez combien il m'en voudrait de ne pas recevoir de mes nouvelles. La dernière lettre qu'il m'a écrite est bien tendre et bien sensible. Il me dit de venir le rejoindre bien vite, qu'il ne peut vivre sans moi. Aussi je me dépêche de faire les remèdes qui me sont ordonnés pour aller bien vite rejoindre Bonaparte, que j'aime bien malgré ses petits défauts. »

Je suivais ma cure ponctuellement. Je me rendais tous les jours à la source des Capucins qui permet aux femmes stériles d'avoir des enfants. Je me promenais à la Feuillée, à la ferme Jacquot, au Moulin-Joli. Je recevais et je rendais des visites notamment à Reubell, un des cinq Directeurs. Pendant mes longs loisirs, dans mon salon, j'ourlais des madras qui protégeraient mes cheveux de la vapeur d'eau chaude des Capucins.

Le matin du 20 juin, je me livrais à cette édifiante occupation, en bavardant avec la citoyenne Cambis, le général Colle et le citoyen Latour. La citoyenne Cambis, qui était sur le balcon, m'appela pour me montrer un mignon petit chien qui passait dans la rue. Les chiens sont ma folie. Je me précipitai, suivie des deux hommes. Sous le poids de nous quatre, ce balcon, haut de plus de quinze pieds, s'écroula. Les deux hommes tombèrent debout, les deux femmes assises sur leur derrière. Atroces douleurs. Je criai et pleurai à fendre l'âme. La première pensée d'un peintre qui devient aveugle, du musicien qui devient sourd : « Serai-je privé de l'instrument de mon art ? » Au milieu de mes épouvantables souffrances, je fus traversée d'une idée fulgurante : « Vais-je pouvoir encore faire l'amour ? » Cette partie de ma personne plaisait aux hommes. « Quel beau cul, répétait Bonaparte en son parler soldatesque. On dirait les Trois-Islets de la Martinique ! »

Que deviendraient les « Trois-Islets » qui avaient enchanté Barras, amateur de garçons ? On prétendait même, ce qui était faux, qu'ils avaient fait les délices d'un pédéraste absolu, Cambacérès. Un méchant mot, courant Paris, me comparait à une traite : « Joséphine a été tirée par Barras, endossée par Cambacérès et acceptée par Bonaparte. »

« Le nez de Cléopâtre; s'il eût été plus court, toute la face de la terre aurait changé. » (Pascal). Et les « Trois-Islets » de Joséphine ?... Si mes « Trois-Islets », tuméfiés, prenaient une ampleur exorbitante, plairaient-ils encore à Bonaparte, qui n'aimait pas les femmes trop étoffées ? Devenus énormes, ces « Trois-Islets » ne m'encourageaient guère à marcher. Quel homme s'intéresserait à une boule de suif ?

Le citoyen Martinet, médecin aux eaux, me soigna de son mieux. Mon derrière devint pour lui un tremplin. Il en parla en long et en large dans son *Journal physico-médical des eaux de Plombières pour l'an VI de la République*. Il en fit le phénomène de son *Traité des maladies chroniques et des moyens de les guérir.*

Dans son *Journal*, il détailla avec amour son traitement : « Ce fut à prévenir les suites fâcheuses (paralysie, dépôt, commotion dans le cerveau) que je m'appliquai principalement. La saignée du bras fut donc employée d'abord et la boisson de l'infusion théiforme d'arnica. La citoyenne B... qui était la plus maltraitée et la moins forte, fut mise ensuite dans un bain un peu chaud, ce qui est un puissant résolutif. Je lui avais fait administrer un lavement avant le bain et elle l'avait bien rendu et avait uriné. Je fis ensuite appliquer aux parties qui avaient porté sur le pavé et qui étaient les plus contuses, des sangsues qui furent répétées encore aux vaisseaux hémorroïdaux qui s'étaient gonflés. Des compresses trempées dans de l'eau-de-vie camphrée furent mises sur les contusions, et, par-dessus, des topiques chauds et émollients; des pommes de terre cuites à l'eau par exemple faisaient un bon effet. On tenait le ventre libre par des lavements. »

Tout le corps médical du cru courut contempler mon derrière : le citoyen Diguerle, prédécesseur du citoyen Martinet, le citoyen David, chirurgien en chef de l'hôpital du Luxembourg, le docteur Kenens, et tous les officiers de santé de Plombières, du Val-d'Ajol et autres lieux.

Mon séant eut des conséquences. Conséquences heureuses pour Martinet, pour sa fille dont je fus la marraine, avec Barras pour compère, et qui, en 1808, à la mort de son père, recevra une pension de 1 200 francs pour la durée de son éducation. Conséquences heureuses aussi pour le fils de Martinet, bénéficiaire d'une bourse au lycée de Nancy.

Conséquences funestes pour le chef de bataillon Lahorie, ami de mon ex-mari Beauharnais. Il demanda un congé pour me soigner. En échange, je quémandai pour lui, auprès de Barras, le grade d'adjudant général. Barras ne leva pas le petit doigt. Ulcéré par cette « ingratitude », Lahorie se jeta dans l'opposition. En 1812, il participera au complot du général Malet. Il sera fusillé à Grenelle.

J'agaçai peut-être Barras par mes recommandations pour l'agent de la commune, Parisot, pour le maréchal des logis de la gendarmerie, pour le général Beurnonville, compagnon de cure, pour Rémusat, candidat à « la place de sous-chef de la première division des bureaux de la Guerre ». Mes trois péchés incurables : recommander, faire l'amour, mentir. Même sans intérêt spécial, pour le plaisir artistique, farder la vérité, comme je fardais mon visage. Douze jours après ma chute, j'écrivais à Barras pour le remercier de l'intérêt qu'il m'avait témoigné :

« J'ai bien de la peine à me remettre de ma chute, mon cher Barras, je ne puis pas encore marcher. J'éprouve aux reins et au bas-ventre des douleurs horribles. On me fait prendre tous les jours des bains. On attend que je sois un peu plus forte pour me faire prendre des douches : la seule chose, à ce que me disent les médecins, qui pourra me rétablir. En attendant je souffre cruellement. »

Or, quatre jours auparavant, le docteur Martinet avait commencé à m'administrer ces douches. Il l'annonçait à Barras :

« Citoyen Directeur, aujourd'hui bonnes nouvelles de l'intéressante et bonne malade. J'ai commencé à lui faire prendre la douche qu'elle a fort bien soutenue. Il y a encore quelques douleurs aux lombes, mais cela n'empêche pas la malade de dormir, d'avoir appétit. J'espère que demain elle sortira et se promènera... »

Malgré l'optimisme de mon Esculape, je m'obstinais à gémir. La suprême coquetterie : se faire plaindre. J'en usai envers Barras :

« J'ai reçu une lettre charmante de Bonaparte. Il me dit qu'il ne peut pas vivre sans moi et d'aller m'embarquer à Naples. Je désirerais bien que ma santé me permît de partir tout de suite, mais je ne vois pas de terme à ma guérison. Je ne puis rester debout ni assise dix minutes de suite sans éprouver des douleurs terribles aux reins et au bas-ventre. Je ne fais que pleurer, les médecins assurent que, dans un mois, je serai rétablie. Si, dans quinze jours, je ne trouve pas de soulagement, je me rendrai à Paris. Mon cher Barras, vous n'avez pas idée de ce que je souffre! »

Rentrée à Paris, je repris ma vie mondaine qui me valait tous les suffrages. Je reçus beaucoup de dames : Mme de Chauvelin, Mme de Luçay, Mme de Castellane, Mme de Vaisme, Mme Visconti, Mme de Lameth, Mme Hamelin, Mme de Krény. Je donnais aussi dans les Lettres. J'accueillis le joyeux Désaugiers, autant de tant de chansons et de comédies, Hoffmann, le plus brillant des bègues, Bernardin de Saint-Pierre, dont *Paul et Virginie* me fit verser des torrents de larmes, le frère d'André Chénier, dont les pièces, *Charles IX, Caïus Gracchus,* montaient aux nues, Desprès, un ancien ami du grand poète guillotiné, qui avait eu la piquante idée d'écrire en latin une ode sur les *Boules de neige.*

A ces beaux esprits s'ajoutaient le poète

Lebrun-Pindare, outre d'orgueil, Andrieux, Deschamps, mon futur secrétaire, auteur de l'opéra *Les Bardes,* le chevalier Auguste de Déis, auteur de chants patriotiques, le traducteur Baour-Lormian, dont le nom m'emplissait la bouche d'une purée de marrons, Legouvé, ce saule pleureur, le tragique Lemercier. Nous étions suspendus aux oracles de Volnay, dont Bonaparte avait emporté dans ses bagages le *Voyage en Egypte et en Syrie.*

Quant à Arnault et Bouilly, en extase sur tous mes faits et gestes, ils étaient les miroirs de mes charmes.

Bonaparte avait débarqué à Alexandrie. Il remporta une première victoire sur les Mamelouks, puis il se dirigea vers Le Caire. Le 19 juillet, un de mes jours les plus noirs, il se trouvait à Ouârdan. Il s'entretenait avec Julien, Berthier, Junot. Soudain, il vint vers Bourrienne et tonna : « Vous ne m'êtes point attaché. Si vous l'étiez, vous m'auriez informé de tout ce que je viens d'apprendre par Junot : voilà un véritable ami. Joséphine !... et je suis à six cents lieues... vous deviez me le dire !... Joséphine !... m'avoir ainsi trompé !... elle !... malheur à eux !... J'exterminerai cette race de freluquets et de blondins !... Quant à elle !... Le divorce !... Oui, le divorce !... Un divorce public, éclatant !... »

Bien que foudroyée de douleur, deux jours après, cette machine à victoires remporta celle des Pyramides. Le 24 juillet, il fit, au Caire, une lugubre entrée triomphale.

Le soir même, à Gizeh, Eugène m'écrivit une de ses lettres les plus tendres :

« Ma chère maman, j'ai tant de choses à te dire que je ne sais par où commencer; Bonaparte depuis cinq jours paraît bien triste et cela est venu à la suite d'un entretien qu'il a eu avec Junot et même Berthier. Il a été affecté plus que je ne croyais de cette conversation. Tous les mots que j'ai entendus (reviennent) à ce que Charles est venu dans ta voiture jusqu'à trois postes de Paris, que tu l'as vu à Paris, que tu as été aux Italiens avec lui dans les quatrièmes loges, qu'il t'a donné ton petit chien, que même il est en ce moment près de toi; voilà en mots entrecoupés tout ce que j'ai pu entendre. Tu penses bien, maman, que je ne crois pas cela, mais ce qu'il y a de sûr, c'est que le général en est très affecté. Cependant, il redouble d'amitié pour moi. Il semble, par ses actions, vouloir dire que les enfants ne sont pas garants des fautes de leur mère; mais ton fils se plaît à croire tout ce bavardage fabriqué par tes ennemis. Il ne t'en aime pas moins et ne désire pas moins de t'embrasser. J'espère que quand tu viendras, tout sera oublié. »

Le lendemain, du Caire, Bonaparte écrivit à l'affreux Joseph une lettre écrasée de chagrin :

« Je peux être en France dans deux mois, je te recommande mes intérêts. J'ai beaucoup de chagrin domestique, car le voile est entièrement déchiré. Toi seul me restes sur la terre. Ton amitié m'est bien chère. Il ne me reste plus pour devenir misanthrope qu'à la perdre et à te voir me trahir... C'est une triste position que d'avoir à la fois tous les sentiments pour une même personne dans un même cœur... Tu m'entends... Fais en sorte que j'aie une campagne à mon arrivée, soit près de Paris ou en Bourgogne. Je compte y passer l'hiver et m'y enfermer. Je suis ennuyé de la nature humaine. J'ai besoin de solitude et d'isolement. Les grandeurs m'ennuient. Le sentiment est desséché. La gloire est fade. A vingt-neuf ans, j'ai tout épuisé, il ne me reste plus qu'à devenir bien vraiment égoïste. Je compte garder ma maison. Jamais je ne la donnerai à qui que ce soit. Je n'ai plus que de quoi vivre. Adieu, mon unique ami, je n'ai jamais été injuste envers toi. Tu me dois cette justice malgré le désir de mon cœur de l'être!... Tu m'entends! Embrasse ta femme, Jérôme. »

Je ne connus que plus tard la lettre d'Eugène et celle de Bonaparte.

L'amiral anglais Nelson les avait cueillies au passage avec tout le courrier de notre armée d'Orient. Il les envoya à Londres où le *Morning Chronicle* les publia, le 24 novembre, en anglais et en français. En décembre, Paris publia les lettres du corps expéditionnaire ignominieusement révélées par Londres. Barras eut l'élégance de supprimer celle d'Eugène et celle de Bonaparte à Joseph. Il me les montra et ce coup m'assomma. Je brûlais d'écrire à Bonaparte, de me disculper encore, d'accuser la calomnie. Mais Nelson avait détruit ou capturé notre flotte à Aboukir. Plus de courrier d'Egypte! Condamnée au silence envers Bonaparte, j'étais bâillonnée par un turban égyptien.

Un soir, au Luxembourg, je me crus sauvée. Le bruit courut que Bonaparte avait été assassiné au Caire. Rien d'étonnant dans ce pays de coupeurs de têtes où lui-même, pour suivre la mode, en avait tant coupé ! Je jouai ma comédie la plus facile : m'évanouir. Une femme qui se pâme ! Soupirs, yeux clos, glissement alangui. Tout à fait l'amour.

Barras fit sortir tout le monde, sauf Dufour, son médecin. Je m'éveillai, radieuse :

« Au moins, Barras, est-il bien sûr que Bonaparte ait été assassiné ?

— Je le crois. C'est un correspondant qui n'a aucun intérêt à mentir. »

J'applaudis de joie.

« Ah ! je respire. Ah ! mon ami, si cela est certain, je ne serai plus aussi malheureuse... »

Libérée, je piétinai le mort :

« C'est un homme qui n'a jamais été attaché qu'à lui-même, à lui seul. C'est l'égoïste le plus dur, le plus féroce qui ait jamais paru sur la terre. Il n'a jamais connu que son intérêt, son ambition... »

Mais pouvais-je croire vraiment à mon bonheur ?

« Ah ! ça, est-il décidément mort ?

— Je le crois.

— Ah ! le méchant homme de moins. Vous ne pouvez vous faire une idée de ce que c'est que cet homme-là. Il ne rêve que méchanceté. Il invente des tours à jouer sans cesse aux uns et aux autres. Il faut qu'il tourmente tout le monde. »

Malheureusement le « mort » n'était que trop vivant. Et il me trompait. Pour se venger et pour combattre les Anglais, même dans un lit. Ils avaient publié sa lettre à Joseph et celle d'Eugène. Toute l'Europe le savait cocu. En criant à la cantonade, comme un matamore d'amour, pour l'Europe et pour les Anglais il jouerait le cocu cocufiant. Il choisit une ex-petite ouvrière modiste de Carcassonne, Marguerite-Pauline Bellisle. Une blonde cendrée qui pouvait se faire un manteau de ses cheveux. Yeux d'azur, sourcils d'ébène, minois chiffonné, comme ses chapeaux. Elle avait épousé le neveu de sa patronne, le sous-lieutenant de chasseurs à cheval Jean-Noël Fourès. Habillée en soldat, elle le suivit à bord de la *Lucette,* en route pour l'Egypte. Là-bas, toute l'armée, sevrée d'amour, tomba amoureuse de « Bellilote », comme on l'appelait. Jusqu'au général en chef qui, pour l'avoir, eut une ruse de collégien. A table, il renversa une carafe sur sa robe. Pour réparer les dégâts, il l'entraîna dans la chambre voisine. Ils en sortirent longtemps après, cramoisis, suffocants. Aux applaudissements de l'assistance.

L'armée surnomma Bellilote la *Clioupâtre* de Bonaparte. Pour se débarrasser du mari, Bonaparte le chargea de porter un pli urgent à Paris, au Directoire. Au courant de tout, les Anglais arrêtèrent en mer le messager malgré lui et, en riant du bon tour, le déposèrent avec mille grâces sur les côtes d'Egypte.

Fourès tempêta. Bonaparte coupa court à ces tempêtes en faisant prononcer le divorce du couple par un commissaire des guerres. Avec un faste des mille et une nuits, il traitait vraiment sa Bellilote en *Clioupâtre.* Il était prêt à l'épouser si elle lui donnait un enfant.

« La petite sotte n'en peut pas faire! gémissait-il.

— Ma foi, répondait-elle au Corse avec l'accent de Carcassonne, ce n'est pas de ma faute! »

J'eus quelque espoir quand Louis revint en France, le 11 mars 1799. Il apportait une lettre de Bonaparte pour Joseph : « Aie des égards pour ma femme; vois-la quelquefois, je prie Louis de lui donner quelques bons conseils. » Malheureusement ces paroles de paix étaient éventées. Elles dataient de plusieurs mois, d'avant le drame.

La tribu des Bonaparte me considérait comme une pestiférée. Désorientée, en froid avec Hippolyte, je ne savais à qui me raccrocher. Je tombai dans les bras provisoires de Jean-Sylvain Avy, le magnifique aide de camp de Barras. Je tentai de retomber dans ceux de Barras. A peine rentrée de Plombières, tout endolorie, je le relançai avec mon insistance caressante : « Je suis arrivée dans la nuit, mon cher Barras. Mon premier soin a été d'envoyer chez vous pour avoir de vos nouvelles... Permettez que j'aille vous voir ce soir à neuf heures... »

Comment mettre plus voluptueusement les points sur les *i* qu'en ajoutant :

« Donnez des ordres pour que personne ne puisse entrer. Adieu, votre amie. »

Plus que jamais j'avais besoin de Barras. Il organisa les rencontres pour un projet de mariage entre mon Hortense et un chef de bataillon, fils du Directeur Reubell. Le rogue Directeur trouva ce parti trop chétif.

Barras était surtout ma planche de salut pour l'éternelle compagnie Bodin, qui filait un mauvais coton. Cette chère canaille de Bodin avait réquisitionné des bœufs sans verser un sol. On l'avait arrêté. Botot, secrétaire de Barras, l'avait fait relâcher. Pour empêcher ces bœufs de me mettre sur la paille, j'implorai Barras : « Il est impossible qu'elle (la compagnie) puisse se soutenir si on ne prend pas un parti à son égard; ce n'est pas un nouveau marché qu'elle sollicite, mais la réalisation de celui qui existe... Je compte sur vos bons offices, la compagnie n'en eut jamais un si pressant besoin. »

Avec ma légèreté habituelle et mon inaptitude à voir le mal, je me jetai dans des nœuds de vipère. Une méchante femme essaya de me perdre aux yeux de Barras. Je demandai un rendez-vous au Directeur pour le lendemain, « à cinq heures et demie — six heures » : « Je ne puis exister avec l'idée que vous pouvez un instant soupçonner mon attachement pour vous, il durera autant que moi. »

Hippolyte commençait à se lasser. Il feignait d'être jaloux de Barras. Décidément, on ne peut pas coucher avec un homme sans ameuter tous les autres. Il m'écrivit pour me traîner dans la boue. J'envoyai ce bloc de fange à Mme de Krény : « Faites-moi le plaisir, ma chère petite, de prendre lecture de la lettre que je viens de recevoir à l'instant et de faire venir la personne chez vous pour savoir d'elle les motifs qui ont pu dicter une pareille lettre. Je la trouve si déplacée et si peu méritée que je ne prends pas la peine d'y répondre, et n'ayant surtout aucun reproche à me faire, je vois clairement qu'on veut en venir à une rupture. Il y a longtemps qu'on en a envie, mais on devrait employer des moyens plus honnêtes et moins hypocrites. »

J'écrivis à Hippolyte deux mots d'affaires, avec un vouvoiement de glace : « Je vous prie de m'accorder un moment d'audience pour vous parler d'un objet qui m'intéresse. Vous pouvez être assuré, après cette entrevue qui sera la dernière, de n'être plus tourmenté ni par mes lettres, ni par ma présence. L'honnête femme trompée se retire et ne dit mot. »

Le 21 avril j'achetai Malmaison : la bonne maison de mes rêves. J'aimais la simplicité de son toit d'ardoise, son air campagnard, son petit vin, acide comme la musique des fifres. Le tout, avec quatre cents arpents de terre, pour 325 000 francs. Je n'en avais pas le premier centime. L'acte de vente, pour réduire de 10 000 francs les droits de mutation, avait beau ne mentionner que 225 000 francs. Il aurait pu descendre plus bas. L'affreux Joseph ne me versait plus ma pension. Le régisseur me prêta les 15 000 francs indispensables pour mon entrée en jouissance. A condition que je le gardasse.

Après m'être drapée dans ma dignité devant Hippolyte, je me dédrapai. Malmaison devint la maison de l'amour. Hippolyte avait l'air si jeune, auprès de moi, qu'une voisine à l'affût le prit pour Eugène : « On la voit de la route et, le soir, au clair de lune, lorsque avec sa robe blanche et son voile elle s'appuie sur le bras de son fils en habit noir ou bleu, cela fait un effet presque fantastique : on dirait que ce sont deux ombres. »

Un moraliste me sermonnait. Gohier, président du Directoire, qui avait épousé sa cuisinière, m'enfermait dans un dilemme : « Vous faites scandale. Rompez avec Charles ! — Je ne peux pas. — Divorcez ! — Je ne peux pas. M. Charles et moi nous n'avons que de l'amitié. — Divorcez quand même, parce que l'amitié aussi abnégative des autres sentiments vous tiendra lieu de tout. »

Je cajolais Gohier. Dans mon incertitude, il me fallait toujours une poire pour la soif. Je l'attirais à Malmaison. J'allais chez lui au palais du Luxembourg. Je traversais une période sinistre. Je fatiguais Barras de mes sollicitations et de mes caresses usées. Je n'étais plus pour lui qu'une vieille maîtresse à jeter. Je n'avais pas d'argent. Pourtant, en œuvres d'art et en bijoux, avec les monceaux de présents d'Italie, je possédais une fortune qui aurait comblé toute autre femme : perles, diamants, camées, antiques, tableaux, statues, mosaïques. Mais ma folie de dépenses faisait de moi une Danaïde, condamnée à emplir d'or un tonneau sans fond.

Je me cramponnais à Barras au-dessus d'un gouffre : « Depuis que j'habite la campagne, je suis devenue si sauvage que le grand monde m'effraie. D'ailleurs je suis si malheureuse que je n'aime point à être un objet de pitié pour les autres. Vous, mon cher Barras, qui aimez vos amis même lorsqu'ils sont malheureux, je n'irai chez vous que pour vous et lorsque vous pourrez me voir seule. Ayez donc la bonté de me dire le jour où vous pourrez me donner à déjeuner. Je viendrai exprès de la Malmaison et je serai chez vous à neuf heures du matin. J'ai besoin de causer avec vous, vous demander vos conseils. Vous les devez à la femme de Bonaparte et à son amitié pour vous. »

Un soir, je dînais au Luxembourg, chez Gohier et sa cuisinière, en tissant toujours autour de lui ma trame ensorceleuse. On apporta une dépêche télégraphique du 9 octobre : Bonaparte avait débarqué à Fréjus.

Avec son égoïsme d'ogre, il avait planté son armée dans les sables. Apprenant que sa folie des mirages d'Orient nous faisait perdre l'Italie et précipitait l'ennemi à nos frontières, il revenait pour sauver la France, perdue par sa fureur d'imiter Alexandre. Il abandonnait sa *Clioupâtre*. Soi-disant pour ne pas l'exposer aux dangers d'une traversée sur un petit bateau. En réalité pour ne pas risquer le scandale d'être capturé par les Anglais avec sa maîtresse, arrachée à un de ses officiers.

Dès que l'on reçut la nouvelle, au dîner de Gohier, je me levai de table. A tout prix me ruer à la rencontre de Bonaparte. Pour lui faire croire à ma frénésie d'amour. Pour devancer la meute de ses frères.

Avec Hortense pour attendrir, je sautai dans une voiture qui prit la route de Bourgogne. Encore une route de ma fabuleuse vie ! Au galop des chevaux, aux cahots de la berline, je repassais dans ma tête terreurs et espoirs. Arriver la première ! Pour me disculper. Pour me laver de la calomnie. Pour rallumer le désir du maître. Pour régner de nouveau sur son cœur et son corps. La course de mon salut. Un million de dettes ! Pas un liard pour payer Malmaison ! L'hôtel de la rue de la Victoire aux mains de Bonaparte. Abandonnée aux trois quarts par Hippolyte, demain entièrement par Barras, si je n'étais plus Mme Bonaparte. Jetée à la rue. La course contre la misère et le néant. Plus vite ! Plus vite ! Arriver la première, avant ces ignobles frères !

Sens : arcs de triomphe. Joigny : arcs de triomphe. Auxerre : arcs de triomphe. Chalon : arcs de triomphe. Mâcon : arcs de triomphe. Partout des arcs de triomphe pour le sauveur, qui pouvait être mon bourreau. Pour moi des arcs de menace et de dérision.

A Lyon, chute au fond des abîmes. Bonaparte était passé la veille, le 11 octobre, mais ensuite, par Cosne, Nevers, Moulins, il avait pris la route du Bourbonnais ! J'étais perdue !

Bonaparte était arrivé à Paris, rue de la Victoire, le 16 octobre, à six heures du matin. Il s'était précipité comme un fou. Comme autrefois, à Milan. Personne ! Evidemment, j'étais partie avec Charles ! Sa colère fit trembler les murs. Le divorce ! Pas d'autre solution que le divorce. Avant de quitter l'Egypte, il avait écrit à Joseph d'engager la procédure, et lui avait envoyé sa procuration. Joseph n'avait pas reçu la lettre.

La tribu des Bonaparte poussait au divorce. Celle des Beauharnais suppliait mon mari d'attendre au moins mes explications. Mais elle était bien faible : un jeune garçon, Eugène, et un vieillard, le marquis de Beauharnais !

Le fournisseur de l'armée d'Italie, Collot, essaya de faire entendre raison au furieux. L'idole de la France allait-elle se changer en cocu de Molière ? Descendrait-elle de son piédestal pour s'agiter dans de piètres querelles de ménage ?

J'arrivai à onze heures du soir rue de la Victoire.

« Le général m'a défendu de vous ouvrir », me dit le portier.

Toutes mes affaires étaient entassées dans sa loge. Jetée à la rue : ma terreur !

Je passai quand même. Dans le vestibule, ma nouvelle femme de chambre, Agathe, m'apprit que le général s'était barricadé chez lui. Je montai, grattai à la porte. Pas de réponse.

J'éclatai en sanglots. Je le suppliai de m'entendre, de ne pas me condamner sans connaître mes explications. Je l'aimais, je l'avais toujours aimé, je n'aimais que lui. Je lui rappelai nos étreintes, notre bonheur, à Paris, dans cette chambre, en Italie...

Toujours le silence. Risquons le tout pour le tout. Avec Eugène, descendu de sa chambre, et Hortense, je remontai l'escalier. Derrière la porte de Bonaparte, obstinément close, un concert de cris et de pleurs. Un cœur de pierre n'y aurait pas résisté. Enfin, il ouvrit, en larmes. En larmes, je me jetai dans ses bras. Mes enfants disparurent.

Le lendemain matin, Lucien nous trouva au lit, radieux. Les réconciliations sur l'oreiller : la pire appréhension des méchants.

Je commençais à comprendre ce que Bonaparte avait fait de moi, ce qu'il ferait encore. A force de voir tout un peuple l'adorer, me rendais-je compte qu'il était un génie ? Pas de grand homme pour son valet de chambre. Ni pour sa femme. Jusqu'à présent, j'étais obnubilée par deux des hommes auxquels j'avais appartenu, les maîtres de la France, à leur heure : Beauharnais, président de l'Assemblée, Barras, président du Directoire. Maintenant, je sentais que Bonaparte (un troisième B !) pourrait peut-être dépasser les deux autres. Pour la première fois, je me dis que je pourrais l'aider. Mon métier était de plaire et d'aider les autres à se plaire entre eux. Bien que n'étant ni la plus belle, ni la plus intelligente, ni la plus jeune, quand je voulais, je réussissais mieux que personne. Ne le voulant qu'à demi, j'avais fait merveille, en Italie, au château de Montebello et au palais Serbelloni. Si je le voulais tout à fait, je pourrais réunir à Paris, autour de Bonaparte, cette cour sans laquelle il n'y a point de roi.

Après avoir jeté sa gourme d'Othello, Bonaparte aussi avait réfléchi. S'il divorçait, il satisfaisait sa jalousie, mais se privait de mes services. Il m'avait aimée pour combler ses sens, mais aussi pour mes façons de grande dame. Plus que jamais il pouvait tirer parti du second avantage. S'il ne m'aimait plus comme une déesse, il m'utiliserait comme un marchepied. Après les folies du cœur, les calculs de la raison. Et il sied mal à un héros de jouer les cocus.

IX

UN COMPLOT RÉUSSI

Je quittai l'ère des amours pour celle des complots.

Le Directoire sombrait dans la pourriture. Royalistes et jacobins se disputaient le cadavre de la France. Ecrasés de misère, les Français les laissaient faire. En soupirant, du fond de leur apathie, que cela ne pouvait pas durer. Un jour viendrait un sauveur.

Depuis des mois, un des Directeurs, l'abbé défroqué Sieyès, Tartuffe de pierre, cherchait un sabre. Cette arme à double tranchant sauverait la Révolution en assurant l'ordre au-dedans, et, au-dehors, défendrait nos frontières. Pour sabreur il choisit d'abord le général Moreau, vainqueur de Hohenlinden. Celui-ci lui désigna Bonaparte.

Mon mari se contenta d'abord de voir Sieyès officiellement. Il le rencontra le 18 octobre, durant sa visite au Directoire. Il était d'une humeur de dogue. Je n'étais pas encore rentrée. Il enrageait que les tambours de la Garde n'eussent pas battu aux champs pour l'accueillir et que l'on n'eût entrebâillé pour lui qu'un battant de la porte du Conseil.

Le 21, Sieyès s'était abouché avec Lucien Bonaparte qui transmit ses plans de complot à son frère. Bonaparte eut des mots illustrant sa politique de bascule : « Je servirai de bouclier aux sages de la République contre l'émeute des faubourgs, comme j'ai servi de bouclier à la Convention contre l'émeute des sections royalistes en vendémiaire. »

Le 22 octobre, dîner au Luxembourg chez Gohier. Cette grivoise bedaine s'épanouissait sous mes grâces. Sinistre baderne, qui notait sur un carnet son tableau de chasse amoureux, comme il avait noté ses têtes coupées sous la Terreur, quand il était ministre de la Justice. Il aurait pu noter la mienne.

Ce soir-là, Bonaparte rayonnait d'une nouvelle lune de miel : nous étions réconciliés depuis deux jours. Il s'amusait de voir ce tonneau me faire des ronds de jambe. Il importait de le pousser dans le complot.

Pour me plaire, Gohier avait orné sa cheminée du buste de mon mari. Celui-ci s'illumina. Il se rembrunit en apercevant Sieyès, qu'il détestait. Pendant tout le dîner, il ne lui adressa pas la parole. Sieyès disparut dès la dernière bouchée. En disant à Gohier : « Avez-vous remarqué la conduite de ce petit insolent envers le membre d'une autorité qui aurait dû le faire fusiller ? »

Dès le départ de Sieyès, Bonaparte sonda Gohier, en proposant sa propre candidature au Directoire.

« A mon arrivée à Paris, une foule de bons citoyens m'ont assuré qu'à la retraite de Reubell, on a regretté que je ne fusse pas en France. Mais si ce fut un malheur, il serait facile à réparer. »

Gohier se fit évasif. En reconnaissant les mérites de Bonaparte, qui le destinaient « à être un jour à la tête du gouvernement », il lui opposa l'âge de quarante ans, obligatoire pour entrer au Directoire.

Bonaparte sortit de ses gonds.

« Et vous tiendriez vous-même rigoureusement à cette disposition réglementaire qui pourrait priver la République d'hommes aussi capables de la gouverner que de la défendre ?

— Rien à mes yeux, général, ne pourrait excuser l'atteinte qui y serait portée.

— Président, c'est vous attacher à la lettre qui tue ! »

Devant la réticence de Gohier, Bonaparte reconnut que, pour mijoter un « consulat » il devait, malgré son dégoût, se tourner vers Sieyès. Quand le général dut comparaître devant le Directoire, l'ancien abbé, toujours pincé, conseilla, avant la séance, de plonger dans l'oubli ce vainqueur encombrant. Puis on échangea des flèches. Les Directeurs reprochèrent à Bonaparte d'avoir abandonné son armée dans les déserts d'Egypte et de s'être enrichi en Italie. Il en avait rapporté deux millions en or. Mais des pourris comme Barras étaient malvenus de parler d'enrichissement. Bonaparte lui jeta : « Au reste, s'il était vrai que j'eusse fait de si bonnes affaires en Italie, ce ne serait pas aux dépens de la République que j'aurais fait ma fortune. »

Pour nouer le complot, la difficulté était d'associer deux hommes qui se repoussaient : Bonaparte et Sieyès. Talleyrand et Roederer s'y employèrent dans des conciliabules du soir au Luxembourg, où ils se rendaient chez le défroqué en rasant les murs.

Bonaparte voulait gagner Bernadotte. Avec

Désirée et Pauline je travaillai à ce rapprochement. Dure tâche! Bernadotte se faisait de plomb. Il subodorait le prurit de coup d'Etat de Bonaparte. Au cours d'un dîner, quand je sentais que le torchon allait brûler entre les deux hommes, je détournais la conversation.

J'avais raison de me méfier de Bernadotte. Il courut avertir Barras. Pour détourner le coup, je poussai Barras à inviter Bonaparte à dîner. Au sortir de table, Barras entraîna mon mari dans une embrasure de fenêtre : « La République périt : rien ne peut plus aller; le gouvernement est sans force : il faut faire un changement, il faut nommer Hédouville président de la République. »

Bonaparte crut recevoir le lustre sur la tête. Il attendait son nom. Et Barras proposait Hédouville, l'ancien commandant en chef de l'armée de l'Ouest, pacificateur de la Vendée! Un de ces honnêtes traîneurs de sabre, comme il y en avait tant, non le sauveur de la patrie!

Bonaparte était resté, pour Barras, le petit général crotté qu'il tira de sa mansarde, en lui refilant sa collante maîtresse.

« Quant à vous, général, continua Barras dans son embrasure, notre intention est de vous rendre à l'armée; et moi, malade, dépopularisé, je ne suis bon qu'à rentrer dans la classe privée. »

Ou plutôt dans celle des sots. Je poussai Réal et Fouché à se rendre au Luxembourg pour lui mettre le nez dans sa bêtise. Le lendemain, dès huit heures du matin, nous fûmes surpris au lit par un Barras bredouillant, confus, s'excusant. Un regrettable malentendu! Si Bonaparte nourrissait un projet, il pouvait compter sur son amitié. Apaisé d'avoir fait l'amour avec moi et, cette fois, se tenant sur ses gardes, Bonaparte joua l'accablé de lauriers, qui rêvait de mener la vie d'un membre de l'Institut retournant à ses chères études.

Barras s'en fut, rassuré.

La veille, surmontant ses haut-le-cœur, Bonaparte avait proposé son alliance à Sieyès. Il eut le front de demander à cet « homme à système », la race qu'il méprisait le plus, de lui exposer le sien :

« Citoyen, nous n'avons pas de Constitution, du moins celle qu'il nous faut. C'est à votre génie qu'il appartient de nous en donner une... Le moment d'agir est venu. Toutes vos mesures sont-elles arrêtées ? »

Pour Sieyès, les « mesures », c'étaient les articles d'une Constitution mûrement méditée. Il commençait à la tirer de ses basques. Bonaparte lui coupa la parole :

« Je connais tout cela par ce que m'a dit mon frère. »

Ses « mesures » à lui, c'était l'action.

« Occupez-vous de l'établissement d'un gouvernement provisoire. J'approuve que ce gouvernement soit réduit à trois personnes : et puisqu'on le juge nécessaire, je consens à être une de ces trois personnes avec vous et votre collègue Roger Ducos. »

Stupeur du défroqué. Il croyait que Bonaparte se bornerait à être son sabre. Et il voulait être son collègue ! Mais « l'homme à système » dut s'incliner. Sans le sabre, que pèserait son « système » ?

Tous les fils du complot se nouèrent rue de la Victoire, autour de tasses de thé. Je recevais, presque tous les jours, les conjurés fermes, les conjurés flottants, les complices tacites des uns et des autres. On parlait politique, mais aussi toilettes, chevaux, bagatelles. Le thé ne suffisait pas. L'argent disait son mot. Bonaparte offrit à Moreau un damas de dix mille francs, orné de diamants. Les fournisseurs tenaient alors le haut du pavé. Ils avaient pillé les royaumes conquis, « sous prétexte de nourrir, chauffer, habiller, armer des soldats qui manquaient de tout ». Bonaparte les méprisait et se glorifiait de résister à leurs tentations. « Les fournisseurs et les faiseurs d'affaires étaient le fléau, la lèpre de la nation. » Il ne se doutait pas que je me frottais à cette lèpre. D'ailleurs lui-même en usa. Collot, fournisseur de l'armée d'Italie, lui offrit un million à distribuer à ceux que Barras, un connaisseur, appelait les « courtiers » de Bonaparte.

Peu à peu le plan sortait des tasses de thé. Un régime de transition, encore flou, aurait à sa tête Bonaparte, Sieyès, Ducos. Puisque Barras voulait rentrer « dans la classe privée », on l'y renverrait. Gohier, j'en ferais mon affaire. Ainsi disparaîtrait le Directoire.

Pour effrayer les deux Assemblées, on leur ferait croire que la foule parisienne allait les envahir. Les Anciens, de mèche avec nous, et les Cinq-Cents, présidés habilement par Lucien Bonaparte, voteraient le transfert du Corps législatif à Saint-Cloud. Ils chargeraient Bonaparte de maintenir l'ordre, c'est-à-dire d'instaurer le sien.

Tout cela n'allait pas sans craintes. Je tremblais d'autant plus pour Bonaparte que j'avais su le renflammer. Le 6 novembre (15 brumaire) il avait peur d'être empoisonné, à l'italienne, au banquet de sept cents couverts, offert à Moreau et à lui à l'église Saint-Sulpice rebaptisée « temple de la Victoire ». Eglise ou temple, on grelottait sous ses voûtes. En attente d'événements mystérieux, les convives s'épiaient. Parmi leurs chuchotis glacés, Bonaparte n'osa manger que des œufs durs. Au dernier œuf, il s'éclipsa.

Certains croyaient que tout éclaterait le 16 brumaire. Mais les Anciens voulaient encore réfléchir. Le coup fut remis au 18. Tous les jours, à quatre heures, Gohier venait me faire la cour. Mon canapé devenait le trône des grâces. De toutes mes séductions je tentais de faire glisser le galant dans le complot. Le 16 brumaire, il vint, comme d'habitude, célébrer mon culte. Il demanda des nouvelles à Fouché, ministre de la Police, qui répondit : « Toujours la conspiration ! — La conspiration !... » Je me pelotonnai avec des airs de chatte effrayée. Gohier roucoula pour me rassurer : « Faites comme le gouvernement, ne vous inquiétez pas de ces bruits-là; dormez tranquille. »

Le soir, au cours d'un dîner chez nous, Bernadotte se hérissa encore. Moreau jeta dans la balance ses amis jacobins. Bonaparte fit la moue. Les jacobins n'avaient pas la majorité. Ils avaient effrayé les Conseils en proposant de déclarer la patrie en danger.

Le 17, branle-bas de combat. Sieyès prit une de ses grotesques leçons d'équitation auxquelles il s'adonnait depuis quelque temps. Pas de coup d'Etat sans cheval ! En descendant de son destrier, il prépara les décrets. Les deux présidents rédigeraient les convocations qu'on porterait aux députés dans la nuit. Les affiches aux Parisiens furent écrites par Regnault de Saint-Jean-d'Angély, imprimées par le fils de Roederer.

Mon centaure corse n'avait pas de cheval. L'amiral Bruix lui en prêta un. Un cheval de la mer, comme ceux du char de Neptune. Quel symbole pour un insulaire! Un cheval noir, indomptable comme son cavalier.

Bonaparte voulut apparaître au Conseil des Anciens en dieu de la guerre. Pour le lendemain, 18 brumaire, à huit heures du matin, il convoqua tous les officiers disponibles de la place de Paris et les quarante adjudants de la Garde nationale. Aux Champs-Elysées il passerait en revue les trois régiments de cavalerie de la capitale. Sebastiani rangerait son infanterie sur la place de la Concorde.

Pour neutraliser Gohier, un subterfuge de rouée, soufflé par Bonaparte. Mon fils, Eugène, porta ce poulet au quinquagénaire amoureux :

« Venez, mon cher Gohier, et votre femme, déjeuner avec moi à huit heures du matin. N'y manquez pas, j'ai à causer avec vous sur des choses très intéressantes... »

Mme Gohier dilata son œil de cuisinière. Elle goûtait peu les visites quotidiennes dont m'honorait son époux. Malgré les « choses très intéressantes » promises au menu, une invitation à huit heures du matin ne lui parut point catholique. Elle vint seule. Suffoquée de se heurter, rue de la Victoire, à une foule d'officiers, dont regorgeaient aussi la petite allée et le jardin. Bonaparte tomba des nues en la voyant seule. Il la pressa d'écrire à son mari de venir. Il ferait porter la lettre. La sournoise écrivit : « Tu as bien fait de ne pas venir, mon ami, tout ce qui se passe ici m'annonce que l'invitation était un piège. Je ne tarderai pas à te rejoindre »...

Cette idiote me força à dévoiler nos batteries :
« ... Je suis désolée que Gohier ne se soit pas rendu à mon invitation, concertée avec Bonaparte, qui désire que le président du Directoire soit un des membres du gouvernement qu'il se propose d'établir. En lui envoyant ma lettre par Eugène c'était assez marquer l'importance que j'y attachais.
— Je vais rejoindre mon mari », répondit la bûche.
Prétextant qu'il n'était pas de service, Bernadotte était venu en civil. Il ergota, cria : « Je ne veux pas prendre part à une rébellion ! » Bonaparte lui demanda sa parole de ne rien faire contre lui.
« Je resterai tranquille comme citoyen, répliqua l'insolent, mais si le Directoire me donne des ordres, je marcherai contre tous les perturbateurs. »
Le décret des deux Assemblées n'arrivait pas. Que tramaient ces gâteux d'Anciens ? Enfin, voici leurs inspecteurs, en grand arroi ! Ils lurent solennellement le décret en trois articles qui transférait le Corps législatif à Saint-Cloud, chargeait de l'exécution le général Bonaparte et l'appelait « dans le sein du conseil pour y recevoir une expédition du présent décret, et prêter serment ».
Plusieurs vibrants « Suivez-moi ! » lancés aux officiers, une dernière sommation à Bernadotte, toujours cadenassé dans son refus. Une constatation : « Gohier n'est pas venu, tant pis ! » Sur son cheval d'emprunt, Bonaparte galopait vers son destin.

Je restai seule à me tourmenter avec Bernadotte et Bourrienne. Bougon, Bernadotte nous quitta. Tandis que Bonaparte rejoignait, rue du Mont-Blanc, les 1 500 cavaliers de Murat.

Pendant ce temps se jouait la farce du baigneur et des errants. Gohier et Moulin cherchaient en vain à joindre Barras. Il se prélassait dans sa baignoire. Puis, les soins de toilette. Enfin, une maladie, qu'il allégua. Il attendait une convocation de Bonaparte. Il ne reçut qu'une algarade par Botot interposé. En sortant des Tuileries, mon mari assena au secrétaire du pourri une colère de théâtre : « Qu'avez-vous fait de cette France que je vous avais laissée si brillante ? Je vous avais laissé la paix, j'ai retrouvé la guerre ! Je vous ai laissé des victoires, j'ai retrouvé des revers !... »

A midi, Talleyrand et l'amiral Bruix servirent au baigneur sa lettre de démission, cuisinée par Roederer. Des phrases pompeuses entrechoquaient le « retour du guerrier illustre à qui j'ai eu le bonheur d'ouvrir le chemin de la gloire » et la conviction que « quel que soit le poste où l'appelle désormais l'intérêt public, les périls de la liberté sont surmontés et les intérêts des armées garantis ».

En conclusion, Barras, après être sorti des eaux de sa baignoire, proclamait sa joie de rentrer au port, « heureux, après tant d'orages de remettre entiers et plus respectables que jamais les destins de la République dont j'ai partagé le dépôt ».

« Respectable », en tout cas, était la somme, puisée dans les coffres de la banque Ouvrard, que lui versèrent les deux compères. Une escorte « d'honneur » de dragons accompagna le démissionnaire jusqu'à son château de Grosbois. Et tout fut dit pour le vendu.

Je macérai toute la journée dans l'angoisse avec le brave Bourrienne. Il pleuvait à torrents. Bonaparte rentra trempé comme une soupe : mi-content, mi-incertain. Le 18 brumaire était remis au 19. Sur les hauteurs de Saint-Cloud devait souffler un air de Capitole romain. Sur le socle d'une nouvelle Constitution on scellerait un Consulat inspiré de nos versions latines. On était à peu près sûr des Anciens. Restaient deux points d'interrogation. Que feraient les Cinq-Cents ? Que feraient Gohier et Moulin, ces deux rocs mous, battus par les flots ? Les soldats de Moreau les cernaient au Luxembourg. A deux sur cinq, ces Directeurs récalcitrants ne pouvaient plus prétendre représenter le Directoire.

Pour réduire les Cinq-Cents, Sieyès, qui avait mangé du lion depuis qu'il savait monter à cheval, proposait d'arrêter les quarante plus têtus. « J'ai juré ce matin de protéger la représentation; je ne veux point ce soir violer mon serment ! » répondit Bonaparte avec ses illusions militaires.

Il avouera bientôt que Sieyès avait raison.

Le 19 au matin, de mon lit, j'entendis Bonaparte conseiller à Lannes, blessé, de rester là. Torturé par un clou, Berthier s'était cuirassé de cataplasmes. Affectueux, Bonaparte lui conseilla aussi de rester.

« Dussé-je me traîner et souffrir l'enfer, je ne vous quitte pas », répondit l'égrotant.

De toute une tendresse nouvelle, mêlée de moins d'intérêt qu'on ne le croirait, j'éprouvai le besoin de mieux encourager Bonaparte. Les jours précédents il m'avait associée à ses desseins. Sa confiance avait créé entre nous une intimité conjugale, moins brûlante mais plus solide que le désir.

« Bonaparte! Bonaparte! Monte dans ma chambre! » criai-je.

Je voulais à tout prix l'embrasser. Mes baisers lui serviraient de viatique. En partant pour cette terrible aventure, plus dangereuse que ses combats, il boirait sur mes lèvres le coup de l'étrier.

« A la bonne heure! J'y monterai, répondit-il, mais cette journée n'est pas une journée de femmes. »

Dans ma vie s'étaient succédé déjà tant de gouffres et de cimes. Mais, en ce jour, tout se jouait à quitte ou double. Le lendemain, je serais reine de France, ou la veuve d'un fusillé.

Ce 19 brumaire, jusqu'à cinq heures et demie, silence! Sur l'ordre de Bonaparte, Bourrienne m'envoya enfin un courrier pour me rassurer. Pieux mensonge! En fait tout restait en suspens. Je saurais plus tard qu'on avait frôlé le désastre. Par la faute de Bonaparte. Eblouis par son génie militaire, les conjurés avaient cru qu'il se comporterait, devant les Assemblées, comme sur un champ de bataille. Ils avaient oublié l'abîme qui sépare les soldats des civils. Les soldats donnent et reçoivent des coups. Les civils parlent. Les soldats versent loyalement leur sang et celui d'autrui. Les civils engluent leurs ennemis dans des marais de salive. « Ils le mettront hors la loi! » avait prophétisé Barras, rue de la Victoire. Il pensait à l'intraitable minorité, d'une soixantaine de membres, des Cinq-Cents. La menace de ce cri mortel : « Hors la loi! » plana sur toute la journée.

Devant ces civils entortillés dans leurs arguties et dans leurs toges rouges, républicains romains de carnaval, Bonaparte perdit pied. Il était pourtant éloquent, à sa façon, sur le front des troupes, à la bouche des canons. Devant ces bouches de parlementaires, crachant non le feu mais le fiel, il parut cassant, gauche, intempestif. Avec ses grosses bottes, il piétinait si effroyablement les usages qu'il se mettait, de lui-même, hors la loi. Hors la loi des perfidies civiles, autant que hors la loi de la République.

Il débuta par une bourde illégale en surgissant, à l'improviste, en pleine séance des Anciens. Ses propos venaient là comme des cheveux sur la soupe :

« Hier j'étais tranquille lorsque vous m'avez appelé pour me notifier le décret de translation et me charger de l'exécuter. Aussitôt j'ai rassemblé mes camarades, nous avons volé à votre secours. Eh bien, aujourd'hui, on m'abreuve déjà de calomnies. On parle de César, on parle de Cromwell, on parle de gouvernement militaire. Le gouvernement militaire, si je l'avais voulu, serais-je accouru prêter mon appui à la représentation nationale ?

— Et la Constitution ? » cria Lindet.

Cette interruption le désarçonna. Dans ses proclamations aux troupes, on n'interrompait pas le général. Il bafouilla. Il parla des échafauds et de la Terreur que voulaient ramener « les hommes de prairial ».

« Déjà on blâme le Conseil des Anciens des mesures qu'il a prises et de m'avoir investi de sa confiance. Pour moi, je n'en suis pas ébranlé. Tremblerai-je devant des factieux, moi que la coalition n'a pu détruire ? Si je suis un perfide, soyez tous des Brutus. »

De la rodomontade antique, il sauta aux menaces. Se tournant vers Bourrienne et vers Berthier sous ses cataplasmes, il lança :

« Et vous, mes camarades, vous, braves grenadiers que je vois autour de cette enceinte, que ces baïonnettes avec lesquelles nous avons triomphé ensemble se tournent aussitôt contre mon cœur. Mais aussi, si quelque orateur soldé par l'étranger ose prononcer contre votre général les mots « hors la loi », que la foudre de guerre l'écrase à l'instant ! »

Cette foudre chatouilla les pères conscrits. De leur connivence paterne s'élevèrent des protestations. Bonaparte crut les étouffer en tonnant : « Sachez que je suis le dieu de la guerre et le dieu de la fortune. » Epouvantable lapsus. Le malheureux voulait dire : « Sachez que je marche accompagné du dieu de la guerre et du dieu de la fortune. »

Il marchait plutôt accompagné du dieu des pataquès. Son lapsus mythologique suscita les grognements des Anciens. Perdu dans ses gargouillis, Bonaparte flottait, à la dérive.

« Sortez, général, vous ne savez plus ce que vous dites ! » lui chuchota Bourrienne, le bon Samaritain, en le tirant par ses basques.

Le foudre de guerre quitta la tribune, sur ce cri de mélodrame : « Qui m'aime me suive ! »

Le courrier de Bourrienne ne m'avait qu'à demi rassurée. Je sentais qu'on me cachait des choses. Pour accroître la tension, des visiteurs en quête de nouvelles piétinaient notre petit jardin. Soudain, arrivée haletante de Mme Laetitia et de Paulette ! Elles venaient du théâtre Feydeau. A neuf heures et demie, le comédien Elleviou s'était arrêté entre deux répliques de *L'Auteur et son ménage :*

« Citoyens, le général Bonaparte a manqué d'être assassiné à Saint-Cloud, par les traîtres de la patrie... »

Je commençai à recevoir des nouvelles qui me rassérénèrent. La vérité filtrait. Bonaparte était entré dans la salle des Cinq-Cents, suivi de grenadiers, baïonnette au canon. Dans le hourvari, le Conseil venait d'ordonner le renouvellement du serment à la Constitution.

Des hurlements couvrirent la voix de Bonaparte : « Quoi ! Des baïonnettes, des sabres, des hommes armés ! Hors la loi le dictateur ! A bas, à bas, vive la République ! »

Les factieux se jetèrent sur lui, le bourrèrent de coups de poing. Le colosse Destrem, dont une chiquenaude aurait assommé un bœuf, empoigna par l'épaule un Bonaparte pantelant comme une chiffe que ses soldats entraînèrent. Lucien, le président, tenta en vain d'obtenir le silence, de justifier son frère. Redoublement des clameurs et des menaces de hors la loi. Lucien déclara qu'il quittait la présidence. Il ôta sa toque et sa toge. Supplié de rester, il les remit.

Dans la cour, Bonaparte tentait d'enfourcher son cheval qui essayait de le jeter à bas. Désarçonné par les Cinq-Cents, il risquait de l'être aussi par sa monture. Au comble de la rage, il déchira avec ses ongles les boutons qui constellaient ses joues. Le visage en sang, il pourra soutenir que les traîtres avaient voulu le tuer.

Lucien ôta définitivement toque et toge présidentielles. Il bondit dans la cour. Bonaparte, qui ratait tout ce jour-là, n'avait même pas été capable d'ébranler les troupes en leur disant que les Cinq-Cents avaient tenté de l'assassiner. Quand il leur demanda : « Soldats, puis-je compter sur vous ? Je vais mettre les députés à la raison ! » ils ne bougèrent pas plus que des souches. Ses hommes à lui auraient peut-être marché, mais les grenadiers du Corps législatif étaient plus que flottants.

Lucien sauva la mise. Devant un Bonaparte ravalé au rôle de spectateur, il dirigea les opérations. Sur le champ de bataille parlementaire de Saint-Cloud, il fut le grand tacticien. D'une voix de commandement, il réclama un cheval et un roulement de tambour. Du haut de son pégase, mieux maîtrisé que celui de son frère, il lança une proclamation, en se substituant au général défaillant. Il eut des formules de feu : « Quelques représentants du peuple à stylet... ces audacieux brigands, sans doute soldés par l'Angleterre... ces misérables enfants de la terreur... les représentants du poignard... »

L'éloquence de Lucien impressionna les soldats. Le président des Cinq-Cents, « l'apparence de la légalité », choisissait leur camp. Ils s'en trouvaient ragaillardis. Ces accents enflammés ranimèrent le courage de Bonaparte et sa virilité, dont, depuis le début de la journée, il ne pouvait guère se flatter. Il reprit la parole, dont il avait fait, jusque-là, si piteux usage :

« Soldats, je vous ai menés à la victoire, puis-je compter sur vous ? »

Quelques « Vive Bonaparte ! » s'enhardissant, le

général retrouva ses cadences fiévreuses :
« Depuis assez longtemps, la patrie est tourmentée, pillée, saccagée; depuis assez longtemps ses défenseurs sont avilis, immolés ! »

De plus nourris « Vive Bonaparte ! ». Sur son dangereux destrier, le général enfla la voix : « Ces braves que j'ai habillés, payés, entretenus au prix de nos victoires, dans quel état je les retrouve !... » De plus nombreux et puissants « Vive Bonaparte ! ».

— ... Trois fois, vous le savez, j'ai sacrifié mes jours pour ma patrie; mais le fer ennemi les a respectés : je viens de franchir des mers sans craindre de les exposer une quatrième fois à de nouveaux dangers; et ces dangers je les trouve au sein d'un Sénat d'assassins ! »

Les « Vive Bonaparte ! » roulèrent en tempête.

Alors, Lucien trouva le geste décisif. En tragédien, s'inspirant des plus sublimes leçons de Rome, il tira son épée, l'appuya sur la poitrine de Bonaparte et cria :

« Je jure de percer le sein de mon propre frère si jamais il porte atteinte à la liberté des Français. »

Sous les acclamations, Bonaparte donna l'ordre de marche. Suivi de ses grenadiers, le général Leclerc entra dans l'Orangerie et invita les représentants à se retirer. Les députés n'obtempérant pas, il ordonna : « Grenadiers, en avant ! Tambours, la charge ! » Murat, plus familier ; « Foutez-moi tout ce monde-là dehors ! » Et aux députés : « Citoyens, vous êtes dissous ! »

Le colonel Dujardin et ses braves à trois poils se lancèrent au galop à travers la salle puis volteface, baïonnette en avant, sur la basse-cour des déguisés. Panique. Dans un envol de volaille apeurée, les Cinq-Cents sautèrent par les fenêtres. A la nuit tombante, ils couraient ventre à terre dans les bosquets du parc, jetant çà et là leurs toges romaines.

Pendant ce temps, les Anciens nommaient une « commission exécutive provisoire » de trois membres. Pour lui donner plus de poids légal, il fallait y ajouter le vote de quelques-uns des Cinq-Cents. Dans les bois, dans les guinguettes des alentours, des huissiers partirent à la chasse de ce gibier. Ils rameutèrent quelques traînards, les yeux bouffis de sommeil, auxquels Lucien fit voter la création provisoire d'une « commission consulaire exécutive, composée des citoyens Sieyès, Roger Ducos, ex-Directeurs, et de Bonaparte, général, qui porteront le nom de Consuls de la République ».

Rue de la Victoire, tout le monde était parti. Rompue d'émotions, je pus enfin me coucher. Vers quatre heures du matin, Bonaparte et Bourrienne étaient là. Ils me contèrent par le menu cette folle journée.

De Bernadotte point de nouvelles. Bonaparte se repentait de l'avoir cajolé. Il reprochait à son frère Joseph de ne pas l'avoir gagné. D'autant plus que la femme de Bernadotte était la belle-sœur de Joseph. « Ah ! que c'est une sotte chose que les considérations de famille ! »

« Et Gohier ? » demandai-je, curieuse de connaître le sort de mon soupirant ridicule. En riant, Bonaparte m'apprit qu'au Luxembourg, Gohier et Moulin, gardés et enfumés par Moreau, qui tirait sur sa pipe pour se désennuyer, passèrent cette journée historique à tousser. Le Directoire s'évanouit dans les nuages de l'herbe à Nicot.

X

« UNE FONCTION
QUI N'A PAS DE FÉMININ »

Le 15 novembre, je quittai en pleurant la rue de la Victoire. Adieu, ma vie de femme que certains diraient « légère ». Disons plutôt heureuse ! Adieu mon cabinet de toilette tout en glaces devant lesquelles je prenais des poses amoureuses ! Adieu ma chambre aux lits jumeaux qu'un ressort, selon mes caprices, rapprochait ou écartait !

J'étais la première dame de France. La femme sans nom. « Consulesse !... » quelle horreur ! » « Une fonction qui n'a pas de féminin », disait Bonaparte.

Au Luxembourg, nous étions comme l'oiseau sur la branche. Sur la lugubre branche d'hiver. Sieyès et Roger Ducos avaient réintégré leurs appartements. Bonaparte avait jeté son dévolu sur les pièces du rez-de-chaussée, ancien fief de Moulin. Moi, je nichais au premier étage, où s'étalait naguère l'égrillarde bedaine de Gohier. Un petit escalier dérobé permettrait à Bonaparte de me rejoindre, s'il voulait.

Par roulement, Bonaparte était consul un jour sur trois. Le 12 décembre, Sieyès, le faiseur de Constitutions, se supprima par celle de l'an VIII.

Roger Ducos le suivit. Ne laissant à Sieyès que l'honneur de le « désigner », Bonaparte choisit ensuite ses deux ombres : Cambacérès, ancien président du Comité de salut public, et Charles-François Lebrun, ex-secrétaire du chancelier Maupeou, survivant de la monarchie. Bonaparte était désormais Premier Consul. Et moi, Première Ennuyée. Plus de petites loges aux petits théâtres, où j'enlaçais Hippolyte ! Plus de bals publics !

Engoncé dans sa majesté d'Etat, Bonaparte était devenu le Consul de la pudeur. Il raya Mme Tallien de la liste de mes invités. Toujours belle, la châtelaine de Grosbois régnait sur Barras, avant de lui préférer les millions du banquier Ouvrard.

Thérésa vint pleurer dans mes bras. Je lui jurai que je l'avais défendue de toutes mes forces : « Vous êtes la seule femme dont il a effacé le nom dans la liste de mes amis intimes. »

Bonaparte lui assena son verdict :

« Je ne nie pas que vous soyez charmante, mais voyez un peu quelle est votre demande : jugez-la vous-même et prononcez. Vous avez deux ou trois maris et des enfants de tout le monde. On tiendrait à bonheur sans doute d'avoir été complice de la première faute : on se fâcherait à la seconde, on la pardonnerait peut-être, mais ensuite, et puis, et puis !... A présent, jugez : que feriez-vous à ma place ?... Et moi qui suis tenu à faire renaître un certain décorum ! » Bientôt, il prendra le ton du prophète Ezéchiel, stigmatisant la grande prostituée de Babylone : « Un misérable l'a épousée avec huit bâtards. Je la méprise elle-même plus qu'avant. Elle était une fille aimable; elle est devenue une femme d'horreur et infâme. »

Il oubliait le temps où elle se dérobait quand il essayait de l'embrasser. Au fond, ni lui ni moi n'avions la conscience tranquille. Bonaparte prétendait que moi-même j'avais banni Thérésa, pour crime de beauté. Quant à lui, il n'avait pas digéré cette exclamation lancée à travers son salon, devant tout le monde, par la splendide Notre-Dame de Thermidor, à un petit général crotté : « Eh bien, mon ami, vous les avez, vos culottes ! »

Censeur des mœurs, Bonaparte proscrivait, chez nos invitées, les étoffes transparentes. Il veillait à ce que les robes n'eussent point d'échancrures à couper le souffle. Il exila les seins, triomphateurs païens du Directoire. Il aimait donner des leçons, rudes paraboles. Tel cet avertissement, relaté par *Le Moniteur* du 4 ventôse : « Dans le mois de décembre dernier, il y eut grande assemblée au Luxembourg. Lorsque tout le monde fut rendu dans la salle de compagnie, B... commanda à ses gens de faire grand feu. Il affecta même de leur répéter cet ordre à deux ou trois reprises; sur quoi l'un d'eux se permit de lui observer qu'il était impossible de mettre plus de bois dans la cheminée. « Cela suffit, dit alors B... d'une voix un peu « plus élevée. J'ai voulu qu'on prît soin de faire « grand feu, car le froid est excessif : ces dames « d'ailleurs sont presque nues. »

Bonaparte me donnait des leçons publiques par *Le Moniteur*. Feignant de parler à la cantonade, il visait mes robes de nudité, mes transparences voluptueuses : « Les femmes reprennent les étoffes de soie; ce n'est pas parce que le froid les force à se couvrir, mais parce que la mode veut bien s'accommoder avec la décence. On assure que Bonaparte a témoigné plusieurs fois qu'il n'aimait pas les femmes nues dans un salon et l'on s'habille aujourd'hui pour plaire. »

Je vivais dans la crainte des algarades. Dans nos réceptions, tout le monde était gêné aux entournures. Au Luxembourg, palais de la contrainte, les voix sonnaient faux, les saluts trébuchaient. Réunions de mannequins.

Dix heures du matin : déjeuner. Cinq heures : dîner. Tous les jours, une vingtaine de couverts. Bonaparte aimait « retenir à déjeuner », jusqu'à huit personnes. Cuisine simple, excellente. Un seul service, un dessert. Le tout expédié en un quart d'heure. Austérité militaire. Domestiques sans galons ni livrée. Un seul maître d'hôtel. L'unique détail pittoresque : le mamelouk Roustam, en costume égyptien, planté derrière la chaise de son maître. Les invités venaient souvent en bottes. Des ministres, des grands commis, Boulay (de la Meurthe), Regnault (de Saint-Jean-d'Angély), Defermon. Et puis Berthier, Monge, Lucien, le vainqueur de Saint-Cloud, et Joseph, mon ancien geôlier.

Le soir, après le dîner : mon cercle. On entrait chez moi avec un billet d'invitation. Mes amies intimes, telles que Mme de Krény, des femmes de hauts fonctionnaires, et leurs époux, des hommes connus, M. Just de Noailles, M. de Mun, M. de Laigle. Je m'efforçais de plaire. J'y réussissais, je crois. Les hommes restaient debout comme des quilles. Bonaparte allait de l'un à l'autre. Il les terrifiait de questions, mais, quand il le voulait, les rassurait par un sourire enchanteur.

Ma mission : recevoir et charmer ceux que Bonaparte introduisait chez moi, leur annoncer de bonnes nouvelles. La fée de la bienfaisance.

Bonaparte tenait à ne point passer pour une brute militaire, ivre de carnages. Il se piquait de goûter les arts, surtout la musique. Le grand compositeur italien Piccinni, tombé dans la misère, à Paris, demanda audience au Consul. Invitation immédiate au Luxembourg. Dès qu'il l'aperçut, Bonaparte fendit la foule, vint au-devant de lui, insista pour le faire asseoir : « Un homme de votre mérite ne doit se tenir debout devant personne. » Après quelques instants de conversation : « Vous allez passer chez ma femme. J'irai vous y trouver et nous déjeunerons ensemble. » Il me l'amena, retourna à son audience, revint, s'entretint avec lui pendant près d'une heure. Il fit créer pour lui une sixième place d'inspecteur de l'enseignement au Conservatoire, lui commanda une nouvelle marche pour la Garde consulaire, l'en fit remercier par un aide de camp, porteur de vingt-cinq louis.

Pour déjouer les calomnies des pamphlétaires, Bonaparte tenait à se montrer. Il s'extrayait de ses travaux pour aller se promener, tous les jours, en calèche, sur le boulevard. En tête, son piqueur, Lavigne, à la portière, son mamelouk, Roustam. Il allait au Jardin des plantes voir Daubenton. Il faisait un tour aux prisons, demandait les motifs de chaque détention. Il se délassait le plus souvent possible à Malmaison, en revenait pour aller au théâtre, aux Français, aux Italiens. L'Opéra voulait lui offrir une fête. *L'Ami des Lois* annonça que le Premier Consul l'avait commandée et qu'elle coûterait deux cent mille francs. « Cela est faux, répliqua vertement *Le Moniteur*. Le Premier Consul Bonaparte sait que deux cent mille francs sont le prêt d'une demi-brigade pendant six mois. »

Je m'ennuyais si effroyablement que je fus réduite, pour me distraire, à me précipiter, avec Hortense et Eugène, aux bals de société, payants, où m'invitait le mari de la Guimard, Despréaux, danseur, maître de ballet, chansonnier et tenancier d'un de ces établissements de rendez-vous. J'arrivais toujours la première, comme une débutante, rose d'émoi à son premier bal, pour retrouver cette atmosphère galante dont ma tête légère ne pouvait se passer.

Bonaparte m'avait toujours fait peur. Moins, au début, quand je le trouvais ridicule : « Qu'il est *drolle*, ce Bonaparte ! » De plus en plus maintenant. J'avais peur de sa puissance, peur de ses colères, peur de perdre ma position, peur des folies dont je me sentais toujours capable, pour échapper à ma peur. Je me sermonnais. Je m'énumérais ses titres à ma reconnaissance, citations gagnées dans les batailles d'amour. Jamais cocu ne paya plus généreusement sa trompeuse. Quand j'essayais de réfléchir à tête reposée, j'en étais stupéfaite. « Si vous recevez un soufflet sur la joue droite, tendez la gauche ! » Trompé à droite, payez à droite, à gauche, payez à gauche ! Evangélique !

Après ses explosions et nos réconciliations pantelantes du retour d'Egypte, le 24 brumaire, il paya un million cent quatre-vingt-quinze mille francs de biens nationaux, dans le département de la Dyle, près de Bruxelles : dot de Marie-Adélaïde, fille naturelle d'Alexandre de Beauharnais, que je marierai au capitaine Lecomte, nommé, à cette occasion, receveur particulier à Sarlat.

Il paya le gros morceau de Malmaison : 225 000 francs.

Quant à mes dettes, contractées comme une peste, pendant sa campagne d'Egypte... j'en tremble encore. J'aurais préféré me faire couper en morceaux que lui en parler la première. Talleyrand se dévoua. Un soir, avec sa subtilité diabolique, il insinua que mes notes impayées ne faisaient peut-être pas très bon effet. Mes fanfreluches tombaient dans la politique.

« Talleyrand vient de me parler des dettes de ma femme, dit aussitôt Bonaparte à Bourrienne. Demandez-lui-en le montant exact. »

Que j'avoue tout ! Il voulait en finir une fois pour toutes. Mais Bourrienne ne devait pas payer sans lui montrer « les mémoires de tous ces coquins-là, c'est un tas de voleurs ».

« Le montant exact », ces mots me martelaient le crâne. Ce « montant » était si énorme que jamais il ne pourrait sortir de ma gorge. Il témoignait d'un tel délire que jamais le bon sens rassis ne pourrait l'admettre. Pendant que Bonaparte guerroyait autour des Pyramides d'Egypte, j'élevais jusqu'au ciel une pyramide de francs.

Je suppliai Bourrienne de comprendre. Il se lança dans de patientes explications. Si je cachais une partie de mes dettes, bientôt les bruits fâcheux se remettraient en route. Ils parviendraient aux oreilles de Bonaparte. Sa fureur serait encore plus noire. Il valait mieux recevoir toute la foudre, d'un coup, et en être débarrassée, que subir un chapelet de foudres.

De supplications en lamentations, je lui proposai un compromis. Je devais, en tout, douze cent mille francs. Je n'en avouerais que six cents : je jurerais mes grands dieux de ne plus faire de dettes. Je paierais le reste sur mes économies, moi qui n'en avais jamais fait.

Bourrienne resta ferme sur ses positions. Jamais Bonaparte ne pourrait imaginer des dettes montant jusqu'à la somme phénoménale de six cent mille francs. Sa foudre ne serait pas plus terrible pour douze cents que pour six cents. Mieux valait donc avouer douze cents et être quitte.

Non, non et non! De toutes mes griffes et mes dents, je me cramponnai à mon chiffre. Bourrienne céda. Quand il articula devant son maître ce chiffre de six cent mille francs, Bonaparte, dont je craignais tant la foudre, resta lui-même foudroyé. Puis, avec la tête, en arrachant un soupir du fond de ses bottes, il fit *oui*.

Quand Bourrienne vit les factures, il tomba des nues. Ce n'était pas étonnant que mes dettes montassent si haut. Ces bandits m'avaient tondue, écorchée, assassinée. Trente-huit chapeaux le même mois! C'était de ma faute. Mais mille huit cents francs pour un chapeau de plumes de héron, c'était de la leur! Et de la mienne. Etourderie sans bornes!

Quand Bourrienne rabattit la moitié des notes des fournisseurs, ils exultèrent. L'un d'eux, touchant trente-cinq mille francs pour quatre-vingt mille, avoua cyniquement « qu'il y gagnait encore ».

Pour obtenir l'alliance de ma belle-sœur Caroline, dite encore Maria-Annunziata, je favorisai son mariage avec Murat, qu'elle adorait. Bonaparte renâcla d'abord. Sur les sommets où l'avaient élevé « la fortune et la gloire », il ne voulait pas mêler son sang à celui du fils d'un aubergiste. J'invoquai le courage de Murat. Il en convint : « Murat était superbe à Aboukir ! » Et il trouva un argument : « On ne dira pas que je suis fier, que je cherche de grandes alliances. Si j'avais donné ma sœur à un noble, tous les jacobins auraient crié à la contre-révolution. »

Dans cette affaire, je perdis mon plus beau collier de diamants. Pour se rembourser en partie du paiement de mes dettes, Bonaparte l'offrit sans vergogne à Caroline, le 20 janvier, le jour du mariage. Comment vivre sans collier ? Comme Marie-Antoinette, j'eus donc mon Affaire du Collier. Les perles auxquelles je rêvais lui avaient appartenu. Le bijoutier Foncier en demandait deux cent cinquante mille francs. Pour avoir cette somme, j'invoquai Berthier, ministre de la Guerre. Ce brave liquida en un tournemain des créances pour les hôpitaux d'Italie. En reconnaissance, les créanciers m'offrirent les perles de la reine.

L'épouse du Premier Consul devait être comme la blanche hermine. Une hermine qui continuerait à s'endetter. Mais plus de spéculations sur les fournitures ! Le 13 décembre, j'écrivis au citoyen Lagrange :

« Je vous prie de régler les intérêts que j'ai dans la compagnie de subsistances et habillements militaires d'après les intentions du ministre de la Guerre, et de mettre dans cette affaire toute la discrétion et la délicatesse dont vous êtes capable... »

Voilà le collier payé, mais que dirait Bonaparte quand il le verrait ? Or un collier est fait pour être vu. Je mis quinze jours à me décider. Enfin, n'y tenant plus, j'eus recours à Bourrienne. Il y avait le lendemain une grande réunion. Je ne pouvais pas y paraître sans mes perles.

« Mais vous connaissez Bonaparte, il grondera s'il s'aperçoit de quelque chose ; je vous en prie, Bourrienne, ne vous éloignez pas de moi ; s'il demande d'où viennent mes perles, je lui répondrai sans hésiter que je les ai depuis longtemps. »

Le collier sauta aux yeux de Bonaparte.

« Eh bien, qu'est-ce que tu as donc là ? Il me semble que je ne les connais pas.

— Eh, mon Dieu ! dis-je avec un sourire ensorceleur, tu les as vues dix fois ; c'est le collier que m'a donné la République cisalpine, que j'ai mis dans mes cheveux.

— Il me semble pourtant..., grommela Bonaparte, avec un regard en dessous.

— Tiens, demande à Bourrienne, il te le dira.

— Eh bien, Bourrienne, que dites-vous de cela, vous rappelez-vous ?...

— Oui, général, je me rappelle très bien les avoir déjà vues », répondit avec empressement le faux témoin.

Malgré mes bonnes résolutions, je retombai dans le péché de traficotage. A cause de Rouget de Lisle, le compositeur de *La Marseillaise*. Avant mon mariage, j'avais été avec lui en coquetterie poussée. Le 27 décembre 1799, ce revenant écrivit à Bonaparte pour s'étonner de la froideur consulaire :

« S'il arrivait que la République et vous eussiez

besoin d'un brave homme de plus, comptez sur moi. Salut et respect. »

Silence consulaire. Je harcelai si fort Bonaparte qu'il commanda au musicien patriotique un *Chant de combat* qui tomba à plat à l'Opéra.

Je fus reprise par mon incurable manie de rendre service et de tripoter. Je redevins la Danaïde au tonneau sans fond. Par le truchement d'un citoyen Maunier, la maison Goisson m'offrit une somme confortable si je lui décrochais un marché. Je proposai au chantre de *La Marseillaise* de me servir d'homme de paille. Apeuré, il fit un pas en arrière, puis un en avant. J'obtins le marché. L'année suivante, Rouget de Lisle comparut en justice. Il eut le bon goût de ne pas prononcer mon nom. Mais, quand la maison Goisson eut fait faillite, Rouget eut le mauvais goût de tout révéler à Bonaparte. Nouvelle éruption du Vésuve. Si épouvantable que je décidai à jamais de résister à mes tentations.

Pourtant, il fallait vivre. Les sommes allouées officiellement me semblaient dérisoires. Pour arrondir mon pécule, je devins ce que les esprits chagrins appellent « une indicatrice de police ». Pour savoir ce qui se passait dans l'intimité de Bonaparte, le ministre Fouché me versait mille francs par jour. Il prétendit qu'ainsi il pourrait mieux assurer la sécurité du Premier Consul. Il est vrai, diront les moralistes, que j'aurais pu renseigner Fouché gracieusement. Mais, pour moi, gracieusement n'a jamais signifié gratis.

Bourrienne contribuait aussi à la sécurité du Premier Consul. Moyennant vingt-cinq mille francs par mois versés par Fouché. Entre son secrétaire et son épouse appointés, Bonaparte pouvait dormir sur ses lauriers.

Les royalistes commençaient à rentrer en France. Pour retrouver leurs biens et un emploi, à qui demander leur radiation de la liste des émigrés ? A l'ancienne vicomtesse, implorée comme leur madone. Les Rohan, les Lévis, les Gontaut-Biron, les Montmorency, toute la fleur du blason me devait sa résurrection. De Londres, l'impudent comte d'Artois crut pouvoir m'envoyer la duchesse de Guise pour négocier la restauration des lys. La madone redevint indicatrice. J'alertai Fouché qui expulsa la duchesse.

Le comte de Provence rivalisa d'inconscience avec le comte d'Artois. Il écrivit à Bonaparte lui-même. Pour le récompenser de marier « le pouvoir aux talents », il lui confiait l'honneur de l'installer sur le trône. Bonaparte répondit qu'il userait de son pouvoir et de ses talents pour s'y asseoir lui-même. Le comte de Provence, après la victoire de Marengo, revint à la charge épistolaire. Mais, dans une lettre à Cadoudal, deux jours après ses dithyrambes, il montra ce qu'en valait l'aune : il traita Bonaparte de tyran.

Au fond du cœur, je souhaitais le retour du roi. Hortense aussi. Un jour, elle aidait Bonaparte à fixer le cimeterre qu'il avait ramené d'Egypte : « L'épée de connétable vous irait mieux », dit-elle.

Quand le Premier Consul m'apparut, pour la première fois, dans son costume rouge brodé d'or, et me demanda : « Comment trouves-tu que me va cet habit ? — Moins bien que celui de connétable », dis-je.

Mes rêves monarchiques ne venaient pas d'une nostalgie de révérences, mais de mes intérêts profonds. Je ne pouvais plus avoir d'enfants. Or, si Bonaparte coiffait la couronne, il voudrait certainement en avoir pour assurer sa succession. Seule l'épée de connétable détournerait l'épée de Damoclès du divorce.

Le 19 février, notre installation aux Tuileries. D'une fenêtre du pavillon de Flore, entourée d'Hortense, de Caroline et de ma suite, j'assistai à ce spectacle grandiose. Dans les cours du Carrousel et des Tuileries, trois mille hommes et leur musique, sous le commandement de Lannes, Murat et Bessières. Voici le cortège : un peloton de cavalerie, une file de fiacres de location, véhiculant les conseillers d'Etat, une musique militaire dorée sur tranche, l'état-major à cheval, basse-cour martiale, emplumée, nouveaux fiacres, avec les ministres, les guides de Bonaparte, dolman vert, aiguillettes rouges, l'inévitable Roustam sur son cheval arabe. Escortée de trompettes trompettantes, la voiture des consuls, aux six chevaux de neige.

Devant le pavillon de l'Horloge, aux cris de « Vive Bonaparte ! », le Premier Consul descendit de voiture. Il leva la tête vers moi, qui m'inclinai et souris. Il monta à cheval. Ses deux ombres de collègues disparurent dans le palais. Le Premier Consul passa les troupes en revue, puis elles défilèrent.

Bonaparte voulut montrer que la Révolution était terminée. « Faites-moi disparaître ces saloperies-là ! » dit-il à l'architecte en désignant les bonnets rouges peints sur les murs des Tuileries. Il fit arracher les arbres de la Liberté, plantés par le Comité du salut public, qui masquaient le palais. Il fit gratter l'inscription qui souillait l'un des corps de garde de la grille du Carrousel : « Le 10 août 1792, la royauté est abolie et ne se relèvera jamais »...

Bonaparte trouvait le palais de nos rois « triste comme la grandeur ». Je ne pouvais pas détacher ma pensée de Marie-Antoinette, dont je portais les perles. C'était là qu'elle avait vécu les heures les plus affreuses de la monarchie, les émeutes, les insultes de la populace, avant de partir, le 10 août, pour son calvaire : l'Assemblée, la prison, la mort.

Je m'installai au rez-de-chaussée. « Je ne serai jamais heureuse ici », dis-je à Hortense.

A l'angle du pavillon de Flore, on entrait par un perron, ouvrant sur la cour du Carrousel. Ensuite, une enfilade de petites pièces et les salons, donnant sur les jardins. L'architecte Lecomte fut écartelé entre Bonaparte qui, comme Harpagon, lui ordonnait de « faire tout avec peu d'argent », et moi qui le harcelais par ma frénésie de mode. Comment mettre au goût du jour le vieux palais de Louis XIV ? Le pauvre Lecomte, malgré son art, le Premier Consul, malgré son pouvoir, moi, malgré mon charme, nous nous heurtions à un mur et à une foule. Le mur derrière lequel nous vivions. Assis, nous ne voyions goutte au-dehors, tant les appuis des croisées étaient hauts. Les abaisser ? Nous aurions saccagé l'architecture. On eût traité Bonaparte de vandale et moi de poupée capricieuse. Si nous entrebâillions une fenêtre ou soulevions un rideau, la foule accourait comme une volée de moineaux. Elle n'était séparée de nous que par une terrasse haute de deux marches. L'air, la lumière, le jardin : interdits à notre grandeur !

Je me vengeai en habillant les salons avec des soies de couleur qui juraient comme des diablesses avec les plafonds peints selon la pompe du Grand Siècle. Premier salon : taffetas lustré, bleu violacé, brodé de chèvrefeuille marron. Rideaux et meubles de même. Second salon : tentures de satin jaune et feuille morte, à franges rouges. Des glaces, des glaces, mon appel désespéré à la lumière. Des glaces drapées, plus élégantes qu'encadrées. Consoles de porphyre et de marbres rares, portant des vases de Sèvres ou de granit rose et de splendides candélabres. Un lustre de cristal de roche essayait de remplacer le soleil.

La chambre à coucher commune aux deux époux : meubles recouverts de soie bleu et blanc à franges d'or. Dans un enfoncement, le lit écrasant, en acajou massif, aux ornements de bronze redondants. Le 19 février au soir, Bonaparte me dit en riant : « Allons, petite créole, venez vous mettre dans le lit de vos maîtres. » Je crus toujours que l'ombre de la reine venait me demander ce que je faisais là.

La salle de bain. Le cabinet de lecture aux bibliothèques en bois de palissandre. Mon cabinet de toilette d'une extrême élégance. Plafond bas, rideaux de mousseline brodée, doublée de taffetas lustré, à franges blanc et or. Et des glaces, devant lesquelles je montais ma garde éternelle contre le temps.

« Pas encore prête ? » Bonaparte venait me chercher parfois pour aller à table.

Il bouleversait les fleurs de ma coiffure, demandait l'avis d'Hortense, dont la chambre communiquait avec mon boudoir. Le soir, par un petit escalier qui joignait mon cabinet de toilette à son cabinet de travail du premier étage, Bonaparte venait me rejoindre.

Pour un oui, pour un non, je me changeais en fontaine de larmes. Bonaparte serinait à Hortense qu'elle devait se marier. Excédée, elle préféra retourner à Saint-Germain, au pensionnat de Mme Campan. Je m'ennuyais si désespérément sans elle que je la fis revenir. Quand elle voulut repartir, je pleurai à foison : Niobé, dont on avait tué les enfants.

Bonaparte et Hortense s'efforçaient d'étancher mes larmes et de me consoler comme une petite fille.

« Tu crois donc avoir fait tes enfants pour toi ? »

Bonaparte citait les petits oiseaux : « Aussitôt qu'ils peuvent voler, ils s'éloignent et ne reviennent plus. » Hortense protestait qu'après son mariage elle ne ferait pas comme les petits oiseaux. Taquineries de Bonaparte, excitant mon regain de larmes. Il me prenait sur ses genoux, me berçait :

« La pauvre petite femme ! Elle est bien malheureuse ! Elle a un mari qui n'aime qu'elle et cela ne lui suffit pas ! C'est moi qui devrais me fâcher : tu aimes beaucoup plus tes enfants que moi. »

De protestations en taquineries et consolations, tout finissait en éclats de rire.

L'inquiétude revenait. Ce mari qui partait tout le temps reprit la route le 6 mai 1800. Il allait attaquer l'Autriche, en passant par les Alpes et l'Italie. Il emmenait Eugène, promu capitaine depuis décembre.

Comme toute la France, après les horreurs de la Révolution, Paris aspirait à revivre. Nul plus que les femmes n'exprimait cette frénésie de renouveau. Elles se pavanaient en longs fourreaux de gaze à traîne. Elles rayonnaient sous leurs chapeaux de paille en coquille, au galant retroussis. La capitale bourdonnait de danse et de musique. Au son de violons et de clarinettes, partout surgissaient des bals de guinguette : les « bastringues ». Chaque arbre des Champs-Elysées, abritant une harpe, un piano, une guitare, devenait un arbre à musique.

Les Parisiens retrouvèrent les masques et Dieu. Le 23 février, l'Opéra donna le premier bal masqué qu'il y eut depuis tant d'années. Ouverture des portes à minuit. Entrée : six francs. Les civils déposaient leur canne à la porte, les militaires, armes et éperons. Six mille danseurs : une recette de vingt-six mille francs. En mars-avril, trois autres bals masqués, coupés par un concert religieux. J'écoutai le *Stabat* de Pergolèse sous le même éclairage que le bal.

Mais, comme la musique, tout risquait de se dissoudre dans l'air. Tout dépendait du sabre de Bonaparte. Il courait délivrer Masséna, prisonnier dans Gênes. Le sort de la France était suspendu à celui de cette ville d'Italie. Royalistes, thermidoriens, brumairiens, chacun tramait son complot. Pour Bonaparte, tout se jouait à pile ou face. Rentrerait-il vainqueur ou vaincu ? Vainqueur, on lui lécherait les bottes. Vaincu, on l'enterrerait. Dans ses poches pleines de Constitutions, Sieyès avait

« un gouvernement de rechange ». Joseph, ministre de l'Intérieur, feignait d'ignorer Cambacérès et Lebrun, les deux ombres de Bonaparte. Pour mieux asseoir le prestige qu'il s'arrogeait d'héritier présomptif, il me fuyait comme une pestiférée.

Le 15 mai, Bonaparte m'écrivait de Lausanne :
... « je ne vois pas d'inconvénient, d'ici à douze jours, à ce que tu viennes à ma rencontre; mais il faudra marcher incognito, et ne pas dire où tu vas, parce que je ne veux pas que l'on sache ce que je dois faire. »

Ce n'était plus la lave bouillante de ses lettres de la première campagne d'Italie, mais un capiton conjugal. Pourtant nous continuions, lui à m'écrire tous les jours, moi rarement, lui à s'en plaindre.

Le 29 mai, d'Ivrée, il m'annonçait : « L'ennemi est fort dérouté. Il ne nous devine pas encore. J'espère dans dix jours être dans les bras de ma Joséphine qui est toujours bien bonne quand elle ne fait pas la Civetta — entendez la coquette. Mille choses tendres. J'ai reçu la lettre d'Hortense, je lui enverrai par le prochain courrier une livre de cerises très bonnes... »

Comme Annibal, Bonaparte franchit les Alpes au mont Saint-Bernard. A Paris, enthousiasme des faubourgs, abattement des factieux. Sur sa toile, David jucha Bonaparte sur un cheval cabré, qui aurait roulé dans les précipices, et non sur sa prosaïque mule.

14 juin : à Gênes, capitulation de Masséna. Redressant la crête, révolutionnaires et royalistes en firent la capitulation de Bonaparte.

20 juin : j'appris la défaite de Marengo et la mort « d'un grand chef ». Panique à Paris. Mon

désespoir. Près du petit village de Marengo, l'armée française, avec quinze canons contre cent, recula. Eugène s'illustra et fut nommé chef d'escadron.

22 juin : accablée, je m'apprêtais à me rendre à la réception du corps diplomatique. Comment affronter ces faces de carême, dont Fouché le défaitiste, et leurs condoléances ? Soudain, vers onze heures du matin, dans la cour, une rumeur : la victoire de Marengo, apportée par un courrier ! Puis un second, un troisième courrier, morts de fatigue. Avec six mille hommes de troupes fraîches, Desaix avait tout sauvé. Mais il était tombé dans l'assaut, vaincu par sa victoire. Un courrier me remit, de la part de Berthier, un rameau de laurier d'or, cueilli sur la couronne d'un des cinquante drapeaux pris aux Autrichiens. Les tartuffes de la réception se ruèrent à mes pieds. Je les aurais giflés avec mon laurier !

A Paris, enchantement général, ivresse universelle, ouvriers, artisans, bourgeois, royalistes, révolutionnaires. « Attendrissement », selon un rapport de police, émotion pour Bonaparte. Mon mari avait raison de dire au ministre de Prusse : « Il n'y a que cette nation au monde susceptible de passer de l'abattement le plus profond à l'élan le plus extraordinaire. »

Bonaparte rentra aux Tuileries le 2 juillet 1800, à deux heures du matin. Le lendemain, il fit une sortie à Fouché sur les jacobins, qui souhaitaient sa défaite !... « Me croiraient-ils un Louis XVI ? Qu'ils osent et ils verront !... »

Le 4 juillet, pendant la traditionnelle revue du

quintidi, sur son cheval blanc donné par le roi d'Espagne, au caparaçon de velours nacarat, brodé d'or, aux mors, bossettes, étriers d'or, s'avançait, en habit gris, la tête penchée, un cavalier au visage gris, qui poussait, sous les vivats, de profonds soupirs.

Pour rester dans la mémoire frivole des Français, il savait qu'il devrait amasser encore plus de gloire.

« J'ai conquis, il est vrai, en moins de deux ans, Le Caire, Paris et Milan; eh bien, mon cher, dit-il à Bourrienne, si je mourais demain, je n'aurais pas, après dix siècles, une demi-page dans une histoire générale. »

Aux Tuileries se formait une espèce de « mi-camp mi-cour », où les officiers jouaient aux chambellans.

Pour désintimider les jeunes femmes que terrorisait le Premier Consul, j'inventai les déjeuners de dames : cinq ou six, du même âge, avec lesquelles je parlais robes, chapeaux, spectacles, bals, les mille potins de Paris.

J'eus des dames pour m'accompagner, prenant leur service par roulement. Mme d'Harville, polie par éclats, comme le silex, l'affable Mme de Luçay, Mme de Lauriston, petite-nièce de Law, plus égale dans son caractère que son grand-oncle dans ses finances, Mme de Lameth, la plus généreuse des femmes à barbe, Mme de Talhouët, dont le principal mérite était que je l'avais connue à Plombières, Mme de Rémusat, aussi spirituelle par ses fossettes que par son caquet. Son sourire dodu fit d'elle ma confidente.

L'après-midi, je donnais parfois audience. Les dames assises se rangeaient en cercle, les hommes debout, derrière. Le Premier Consul et moi les passions en revue. Je tâchais d'atténuer par ma bonne grâce cette raideur militaire. Je m'habillais à l'antique, suivant la mode lancée par les artistes. Je crois que j'étais assez élégante.

Les petits dîners avaient lieu chez moi, les « grandes cohues » au premier étage, dans la galerie de Diane. Parfois, s'y entassaient quinze fois plus d'hommes que de femmes.

Pour manifester sa prééminence, Bonaparte se mit à passer le premier à table. Pour masquer l'odieux de cette coutume, je suivais, radieuse, avec l'invité d'honneur. Quand le repas durait une demi-heure, pour Bonaparte c'était l'éternité. Quand je lui reprochais sa hâte, il me répondait en riant : « Si l'on veut manger vite, il faut venir chez moi; manger bien, chez le Second Consul; manger mal, chez le troisième. »

Après avoir expédié le dîner, nous passions en revue la horde des nouveaux arrivants. Je tremblais au bombardement que Bonaparte infligeait aux femmes : « Vous avez là une robe bien sale !... Est-ce que vous ne changez jamais de robe ? Je vous ai déjà vu celle-là vingt fois »; « Ah ! mon Dieu, comme vous avez les bras rouges ! »; « Oh ! la vilaine coiffure ! Qui vous a fagoté les cheveux comme cela ? »

Pour consoler ses victimes, je feignais de prendre ces volées de mitraille pour des plaisanteries. Je redoublais de gentillesse. Elles sentaient en moi une alliée.

Les soirées ordinaires, après le dîner, on montait chez le Premier Consul. La durée de la conversation se modelait sur son humeur. Brusquement on ne le voyait plus. Il s'était replongé dans son travail. Il se couchait tôt. Je jouais un peu, jusqu'à ce que, vers dix ou onze heures, on vînt m'annoncer : « Madame, le Premier Consul est couché. » Extinction des feux.

Le soir du 24 décembre 1800, l'Opéra donnait la première représentation de *La Création du monde* de Haydn. Cette *Création* valait-elle la peine de s'arracher du coin du feu et d'aller s'enchifrener dans la nuit ? Hortense et moi, nous nous étions faites belles.

L'Opéra délasserait Bonaparte. Non, décidément, il préférait rester. « Alors je reste ! » dis-je, dans un élan insincère. Oui, non... non, oui... On décida qu'on irait tous. Au dernier moment, Bonaparte, toujours sourcilleux sur ma toilette, me signala que mon châle n'allait pas avec ma robe. Tandis qu'il partait dans sa voiture, je remontai changer de châle. Trois minutes après, je pris dans ma voiture Hortense et Caroline, enceinte jusqu'aux dents. Au moment où nous allions entrer dans la rue Saint-Nicaise, une épouvantable explosion nous arracha de nos sièges, dans un fracas de glaces brisées.

« C'est contre Bonaparte ! » criai-je en m'évanouissant.

Je revins à moi en tremblant et en criant :

« C'est contre Bonaparte ! C'est contre Bonaparte ! »

Un garde vint me rassurer. La voiture du Premier Consul atteignait presque la rue Saint-Honoré quand le baril de poudre éclata, hachant la queue de l'escorte, tuant une dizaine de personnes, en blessant vingt-huit, disloquant quarante-six maisons. Bonaparte dormait. Réveillé en sursaut, il crut qu'il se noyait dans le Tagliamento. Puis il cria : « Nous sommes minés ! »

J'ordonnai au cocher d'aller à l'Opéra par d'autres rues.

Au théâtre, une acclamation fantastique nous salua. Bonaparte restait de marbre. Moi, je tremblais comme la feuille. Les lumières, la foule, tout me faisait peur. En frissonnant, je semblais vouloir me cacher sous ce châle qui m'avait sauvée.

Aux Tuileries, je m'affalai dans un fauteuil du grand salon. Rompue comme dans le supplice de la roue. Répondant en automate aux visiteurs qui affluaient, j'essuyais sans cesse mes yeux avec mon mouchoir. Je n'aurais jamais assez de larmes contre ma peur.

Bonaparte allait et venait en criant :

« Voilà l'œuvre des jacobins : ce sont les jacobins qui ont voulu m'assassiner !... ce sont les buveurs de sang de septembre, les assassins de Versailles, les brigands du 31 mai, les conspirateurs de prairial, les auteurs de tous les crimes commis contre les gouvernements. Si on ne peut les enchaîner, il faut qu'on les écrase; il faut purger la France de cette lie dégoûtante : point de pitié pour de tels scélérats ! »

A notre stupeur, Fouché accusa les royalistes. Je pensai d'abord, avec Bonaparte, que l'ancien régicide et massacreur de Lyon voulait sauver la tête de ses vieux amis. Mais, sous le sang-froid de ce serpent, je crus distinguer une telle certitude qu'avec Réal, Regnault, Lannes, j'abondai dans son sens. Avec une patience inaltérable, sous les éclats de fureur de Bonaparte, le ministre de la Police murmurait : « C'est l'œuvre des royalistes, des chouans et je ne demande que huit jours pour en apporter la preuve. »

Il avait raison. Deux des coupables, deux chouans, Carbon et Saint-Régent, furent guillotinés, aux applaudissements de la foule. Le troisième, Limoëlan, s'enfuit en Amérique où il devint prêtre sous le nom de l'abbé de Clorivière.

Les assassins de la rue Saint-Nicaise avaient manifesté une atroce férocité. L'un d'eux donna douze sous à une fillette pour qu'elle tînt en main le cheval de la charrette qui portait le baril de poudre. Après avoir allumé la mèche, il s'enfuit. Voiture, fillette, cheval, tout sauta. Ces monstres n'en resteraient pas là. Leurs complices feraient tout pour tuer Bonaparte. Tandis que je recevais aux Tuileries, un baril de poudre n'attendait-il pas d'exploser dans les caves ? La nuit, je sursautais au moindre bruit. Un assassin n'était-il pas caché derrière les rideaux ? Quand Bonaparte passait une revue au Carrousel, j'imaginais qu'on pouvait l'abattre d'un coup de pistolet. En allant à Malmaison, dans notre voiture, le cœur battant à m'étouffer, je regardais sans cesse à droite, à gauche. Des assassins pouvaient se cacher dans les carrières qui bordaient la route et mitrailler notre berline.

Mes deux hantises : la mort, le divorce. Si Bonaparte seul était tué, je perdais ma position. De même s'il demandait le divorce. Mes deux terreurs : les femmes, les assassins.

Bonaparte et moi avions signé tacitement un pacte. Depuis qu'il connaissait mes trahisons, je n'étais plus sa déesse, mais son associée. Il lui fallait des femmes. Mais je n'admettais pas qu'il n'était pas un homme comme les autres. Je refusais son principe : « Les lois de morale ou de convenance ne peuvent être faites pour moi. » Je voulais bien profiter des avantages de son génie, qui faisait de moi la première dame de France. Je ne voulais pas en subir les inconvénients. Il aurait dû être prodigieusement différent des autres pour presque tout, et pareil aux autres au lit. Par peur de perdre ma place, je lui faisais des scènes de jalousie qui le mettaient hors de lui.

Mathématicien, comme tous les artilleurs, il me démontrait par A plus B que je ne devais pas m'inquiéter de « distractions » qui n'engageaient pas son cœur. L'amour, cette passion « qui laisse tout l'univers d'un côté pour mettre de l'autre l'objet aimé », n'était pas fait pour lui, avide de dominer l'univers. A chacune de ses passades, c'était le combat d'un mathématicien et d'une tigresse. Le mathématicien rugissait de fureur quand la tigresse se changeait en policier. Fouché femelle, je le harcelais d'inquisitions, récriminations, espionnages, qui lui donnaient l'envie de me broyer.

Aux guerres que soutint Bonaparte au-dehors, ajoutez celles du dedans, contre moi. Il inscrivait ses victoires du dehors sur l'Arc de Triomphe. J'inscrivais mes défaites du dedans sur mon Arc de Désolation.

Bonaparte adorait la musique et le chant. On pouvait toujours le prendre par l'oreille. Ce que je fis d'ailleurs : mon gazouillis créole le ravissait.

A Milan, avant la bataille de Marengo, il applaudit l'illustre *prima donna assoluta* de la Scala, Giuseppina Grassini. Dès sa dernière note, il l'emmena au lit. La chanteuse, déjà croulante, lui reprocha de ne pas l'y avoir menée quelques années plus tôt : « Alors, j'étais bien plus jolie. » Mais l'amateur de chant voulait à tout prix un rossignol, même avec double menton. Il entraîna à Paris, installa dans un hôtel particulier et paya grassement la Grassini. Pour leurs concerts, les ministres s'arrachaient la favorite.

La Grassini s'attendait à des tendresses, à des douceurs. Elle subit les brèves étreintes d'un soudard, qui lui tombait dessus à l'improviste, comme au coin d'un bois, et qui repartait, le sabre battant, en laissant le prix de la consommation sur la cheminée. Elle se consola avec le violoniste Rode, « le célèbre Rode ». « C'est un ange, ma chère ! » disait-elle à ses amies. Tout Paris le sut, sauf Bonaparte. Un jour qu'il reprochait à Fouché d'ignorer je ne sais quoi, piqué au vif, le ministre répliqua :

« Oui, il y a des choses que j'ignorais, mais que je sais maintenant. Par exemple : un homme de petite taille, couvert d'une redingote bleue, avec un chapeau à trois cornes, sort tous les deux jours du château des Tuileries, entre huit et neuf heures du soir, par la petite porte du pavillon de Marsan, au-dessus des cuisines, et, accompagné d'un seul homme, plus grand que lui, mais habillé de même manière [Duroc], monte dans un fiacre et va, en droite ligne, rue Chantereine, n° 28, chez la Grassini. Le petit homme, c'est vous, à qui la bizarre cantatrice fait des infidélités en faveur de Rode, qui demeure rue du Mont-Blanc... »

Pour punir le gros rossignol volage, Bonaparte l'enferma, sous la garde d'un aide de camp. La Grassini résista. Il lui coupa les vivres. Elle s'enfuit en Italie avec Rode. Elle reviendra à Paris, par intermittence, pour chanter. Elle reverra Bonaparte en catimini aux Tuileries, dans le petit appartement secret où il recevait les oiseaux de passage, une heure, chaque après-midi.

Mes inquiétudes reprirent avec Mlle George. Bonaparte reporta son amour du théâtre sur la tragédienne. Pour l'appâter il lui envoya trois mille francs. Silence. La gourgandine préparait sa légende d'un seul grand amour, pour le Premier Consul. Elle prétendra plus tard qu'il l'avait eue vierge. En fait, elle avait été lancée sur les planches par une célèbre lesbienne, la Raucourt. Puis elle eut comme « entretreneurs » le prince Sapiepha et Lucien Bonaparte.

Sans réponse à ses trois mille francs, Bonaparte voulut se faire rembourser en nature. Après une représentation, un valet vint quérir la belle, l'empaqueta dans une voiture, la conduisit à Saint-Cloud. L'abondance des lumières offusqua la pudeur de la « vierge ». En réalité, elle craignait que cet éclairage « effrayant » ne révélât ses imperfections. Roustam éteignit le lustre, puis la moitié des énormes candélabres. La « vierge » s'était masquée de son voile, offert par un de ses protecteurs. Bonaparte le jeta par terre. Au déshabillage, il l'assomma d'une de ses remarques d'enfant mal élevé : « Tu as gardé tes bas, tu as de vilains pieds. » Il les traita d'« abattis canailles ». Hors ces « abattis », elle était potable. Plus tard la graisse la changera en hippopotame.

Bonaparte s'accommodera de ses « abattis ». Il la déshabillait, la rhabillait, la chaussait. Ses jarretières à boucle l'agaçaient. Il lui en fit faire des fermées qu'elle enfilait par le pied. Il l'aidait à refaire le lit. A Saint-Cloud les deux amants jouaient sur un tapis, comme des collégiens. Elle le poursuivait. Dans la bibliothèque, il se réfugiait au sommet d'une échelle roulante. Elle le poussait tout le long de la pièce.

« Tu vas te faire mal. Finis, ou je me fâche... », criait-il en riant.

Il la promenait dans la campagne avec une escorte d'aides de camp. S'il la quittait pour quelque temps, il lui glissait entre les seins une liasse de billets : une fois jusqu'à quarante mille francs.

Leur liaison me jetait dans des crises féroces. J'explosai devant Mme de Rémusat. Je traitai Bonaparte de monstre qui s'abandonnerait aux passions les plus honteuses s'il ne craignait qu'elles ne lui fissent tort. N'avait-il pas couché avec ses sœurs ?

Un soir, après minuit, je sentis que la George était au lit avec Bonaparte, au premier étage. Du fond de mon ventre s'éleva la rage de les surprendre. « Ma dame pour accompagner », Mme de Rémusat, tenta de m'en empêcher. Rien n'y fit. Je la forçai à prendre un bougeoir et à m'escorter dans l'escalier dérobé. Soudain, tandis que nous montions en retenant notre souffle, un léger bruit. C'était peut-être Roustam, le mamelouk, qui gardait la porte de Bonaparte. Avec son cimeterre, il était capable de nous égorger.

Mme de Rémusat fut prise d'une telle terreur qu'elle dévala l'escalier avec sa bougie, en me laissant dans les ténèbres. Je la rejoignis au salon. Sa figure à l'envers était si drôle que j'éclatai de rire, et elle aussi.

Quand Bonaparte connut l'histoire, il prit Mme de Rémusat comme arbitre de nos querelles.

Au grand embarras de la dame, qui ne savait comment s'en dépêtrer.

Une nuit ce fut pis. Les deux amants étaient couchés. Soudain Bonaparte fut pris de convulsions. Il ruait dans les draps, écumait, les yeux révulsés. Il s'évanouit. Epouvantée, la George le crut mort. Toute nue, elle se mit à crier, s'élança hors du lit, tambourina aux murs, aux portes, tira tous les cordons de sonnette. Le mamelouk, le valet, une foule d'autres accoururent. Et moi-même. La peur rapprocha l'épouse outragée et sa rivale. Nous nous efforçâmes de ranimer le convulsionnaire. Moi avec plus de succès, car j'avais plus l'habitude de mon mari. La George dut se borner à le soutenir. Quand il revint à lui, il promena ses yeux de sa maîtresse toute nue à sa femme en déshabillé. Il retrouva la mémoire et sa fureur qui faillit « le faire retomber dans l'état d'où il venait de sortir ».

Leur liaison dura deux ans. Sans fidélité de part et d'autre. La George, *Georgina,* comme il l'appelait, coucha avec qui la payait; notamment avec Ouvrard. Elle tâta même d'un troisième Bonaparte, Jérôme. Mon mari devait être content de ses services. Il la convoquait de temps en temps, en continuant à la couvrir d'or.

Je laissai des plumes dans cette affaire. A cause de la mauvaise tragédienne aux jarretières fermées, et de mes horripilantes scènes, Bonaparte commença à faire chambre à part. Quand il daignait prendre le petit escalier, je tenais à en avertir la cour :

« Voilà pourquoi je me suis levée tard aujourd'hui », roucoulais-je dans mes langueurs.

Une anecdote courut Paris. La meilleure tragédienne de la Comédie-Française n'était pas la George, qui ne dut sa réputation, au théâtre, qu'à sa liaison avec Bonaparte. La plus remarquable était Joséphine Duchesnois. « Laide comme les sept péchés capitaux », cancanaient ses camarades. En fait, pas si affreuse de visage, belle de corps, et pourvue d'une voix à vous arracher des larmes. Sensible aux voix, Bonaparte le fut à celle-là.

Une nuit de septembre, il la convoqua aux Tuileries. On l'introduisit dans un petit cabinet, voisin de sa chambre à coucher. Absorbé par son travail, il lui fit dire d'attendre. Au bout d'une heure, Joséphine eut froid, sonna le valet. « Qu'elle se déshabille ! » ordonna Bonaparte. Nouvel appel de la Duchesnois, transie. « Qu'elle se couche ! »... Dernier appel de la tragédienne, à bout de patience. Dernière décision de Bonaparte : « Qu'elle s'en aille ! »

Trop beau pour être vrai ! Trop joliment filé pour ne pas avoir été inventé par un de ces journalistes à la langue de vipère, ami d'une rivale de la Duchesnois.

Quant à moi, je ne rompis jamais entièrement avec Hippolyte. Il enchantait mon corps, moins ingrat que mon cœur. Il me demandait mon appui pour un de ses amis. Moi si paresseuse pour prendre la plume, une heure après, j'écrivais au ministre de la Justice et à Cambacérès. Ma démarche échoua. Je m'empressai de lui dire mes regrets : « Je suis d'autant plus contrariée de n'avoir pas réussi que j'aurais été enchantée de vous prouver que mes sentiments sont toujours les mêmes, qu'aucun événement ne me fera changer, que je vous aime de l'amitié la plus tendre et la plus durable. »

Une fois, il s'était déguisé en jardinier. Il devait m'apporter des fleurs aux Tuileries. Malheureusement, Bonaparte décida, d'un coup de tête, à sept heures du soir, d'aller coucher à Malmaison. Je dus le suivre. Désolée, j'écrivis à ma confidente, Mme de Krény : « Je suis partie hier si précipitamment que je n'ai eu le temps de rien faire dire au jardinier qui m'avait promis des fleurs. Comme je veux absolument lui écrire, faites-moi dire ce qu'il faut que je lui mande. J'ignore ce dont vous êtes convenue avec lui; je désire pourtant lui témoigner mon chagrin, attendu, ma chère petite, qu'il est bien réel. »

Comme je devais goûter les bouquets de ce jardinier, pour désirer tant lui écrire, moi, à qui Bonaparte reprochait sans cesse de le laisser sans nouvelles !

XI

L'IMPÉRATRICE DES FLEURS

A Malmaison, j'étais magicienne, fée. Ma Martinique de France, mon jardin enchanté, mon paradis. Du huitième jour d'une décade jusqu'au premier de la suivante, de l'octidi au primidi, nous nous y rendions avec notre suite.

Depuis l'achat, le 21 avril 1799, j'avais arrondi l'éden. J'achetai 153 hectares de bois, le pavillon de Jonchère, le clos Toutain, le Butard. Les architectes Percier et Fontaine étoffèrent les bâtiments. De part et d'autre de la grille d'entrée, ils élevèrent deux pavillons doriques, puis deux ailes avançant sur la cour d'honneur, enfin un péristyle au plafond en forme de tente. Partout des lances ! Bonaparte trouva qu'il y en avait trop ! « Cela a l'air d'une cage pour les animaux à montrer à la foire ! »

Grands aménagements à la galerie pour les objets d'art, au grand vestibule, aux appartements privés du premier étage, aux petits appartements pour invités du second. Je fis travailler les artistes : Taunay, Girard, Moench, Girodet aux salons, Laffitte à la salle à manger.

On n'oublierait pas que j'étais la femme d'un

militaire. La tente et les lances reparurent à la salle du Conseil. Pourquoi Bonaparte se serait-il plaint de cet abus de tentes ? Lui-même, en été, en rajoutait une, en coutil, sur le petit pont, où il aimait travailler : « Lorsque je suis à l'air, je sens que mes idées prennent une direction plus haute et plus étendue. »

Les trois passions de ma vie : l'amour, la toilette, les fleurs. En souvenir de mon île natale, je fis de la Malmaison un immense bouquet. Au cœur de l'Ile-de-France, l'île des fleurs. Ces héroïnes végétales suprêmement femmes. Fragiles splendeurs. Plus que toutes les robes, elles paraient de leur grâce mes charmes mûrissants. Elles me rendaient au centuple, en complicité, ce que je leur donnais d'amour. A côté du monde de fer et de feu de la guerre où régnait Bonaparte, j'élevais cette oasis de douceur. L'Impératrice des fleurs.

Le botaniste Ventenat et Soulange-Bodin, neveu de Calmelet, me donnèrent des leçons de botanique. Je nommai Brisseau de Mirbel « directeur de mes établissements botaniques et ruraux » de la Malmaison. Je lui accordai pleins pouvoirs par une charte en plusieurs articles. Il surveillerait. Il dresserait le catalogue de toutes les plantes renfermées dans les serres ou établies en pleine terre, pépinières, etc. Il mettrait en ordre « les papiers et renseignements relatifs aux établissements botaniques », suivrait les « correspondances nécessaires ».

Il aurait la haute autorité sur les jardiniers. Nul ne pourrait entrer dans les serres sans sa permission. Le concierge de Malmaison mettrait à sa disposition un logement, et le préposé aux équipages un cabriolet avec un cheval.

Mes serres firent bénéficier Leurs Majestés les fleurs d'un climat tempéré ou chaud. Une des fiertés de ma vie, qui me vaudra peut-être, dans l'autre monde, en rachat de mes péchés, l'indulgence de saint Pierre, pareil au concierge de Malmaison : j'ai introduit en France cent quatre-vingt-quatre espèces nouvelles qui, de jardin en jardin, étendirent jusqu'à nos frontières mon Empire des fleurs.

L'encre des préliminaires de paix entre la France et l'Angleterre était à peine sèche que j'écrivis à Londres, au ministre plénipotentiaire Otto : « Ne pensez-vous pas que le roi d'Angleterre pourrait consentir à me donner quelques-unes des plantes de son beau jardin de Kew ?... »

Dès le dernier paraphe de la signature de la paix d'Amiens, en mars 1802, je reçus à Malmaison un ami de Fox, chef du parti whig, ardent partisan de l'alliance de son pays avec la France. Je lui fis visiter mes serres. Pour le séduire, je déployai tous mes charmes. Mes alliées les fleurs y ajoutèrent les leurs. Je lui citai tous ces noms, plus glorieux, à mes yeux, que ceux des génies et des rois. L'hortensia, baptisé récemment du nom de ma fille. Ces conquêtes florales « sur l'Italie et l'Egypte », qui ne firent pas couler une goutte de sang et qui dureront plus que les empires : la soldanelle des Alpes, la violette de Parme, le lis du Nil, la rose de Damiette.

Je terminai par ma conquête à moi, semée, cultivée, adorée de mes mains, en souvenir de mon enfance et des fleurs que je mettais dans mes cheveux : le jasmin de la Martinique.

Si l'on oubliait un jour tout ce que j'ai fait en ce monde, je voudrais que ma mémoire continuât à frémir, avec le vent, dans les feuilles des arbres ou les pétales des fleurs. A côté du sillon de sang et de larmes labouré par Bonaparte, je voudrais laisser dans l'air, femme-fleur, un sillage embaumé. Sujets futurs de mon empire, pensez à moi devant l'hibiscus, le cyprès de Louisiane, le vernis du Japon, le tulipier de Virginie, l'eucalyptus, le magnolia à fleurs pourpres, le phlox, le camélia, le catalpa, et les variétés nouvelles de jacinthes doubles, de rhododendrons, de mimosas, de tulipes, de dahlias, de géraniums.

Moi, le gouffre d'or, qui consacrais à mes toilettes des sommes fabuleuses, et dont l'état des bijoux et des diamants emplissait un cahier de trente pages, je n'ai jamais eu de remords d'avoir payé des fleurs aussi cher que des joyaux : quatre mille francs pour un oignon de tulipe; en un an, huit mille francs pour des tulipes de la maison Arie Cormeille de Harlem; deux mille quatre-vingt-six francs pour un pied d'amaryllis de Rosenkrantz (Harlem).

Moi qui, jadis, portais son nom, je plaçai au-dessus de toutes et couronnai, dans mon cœur, reine des fleurs : la rose. J'aurais voulu lui consacrer la France. Elle était moi, infiniment plus belle, moi sans rivales, éclipsant les Thérésa et toutes les autres femmes de la terre. Moi inspirant, sans défaillances, sans rides, un immortel amour.

A mon appel, des plants de roses accoururent de la Nouvelle-Hollande. J'aurais voulu faire de Malmaison la capitale de toutes les roses du monde : Rosemaison. J'en rassemblai autour de moi deux cent cinquante espèces. Comme on nomme un peintre du roi ou de la reine, je leur affectai leur plus fervent adorateur, qui d'ailleurs avait été le professeur de dessin de Marie-Antoinette : Redouté.

Pour mieux associer mon nom aux roses, pour mieux me faire Rose, j'inspirai la création de la rose Joséphine, azurée comme mes yeux, de la Belle sans flatterie, de l'Aimable Rouge, du Souvenir de Malmaison, venue du Benin, de la Joséphine Imperatrix.

Au Premier Jardin, plantes et bêtes prospéraient dans l'innocence des premiers matins. Mon amour de l'amour, affronté aux convenances du temps, à la morale, à la religion, me poussait à recréer cette liberté d'avant le péché. Au jardin botanique de Malmaison j'ajoutai un jardin zoologique. J'aurais voulu rassembler autant d'animaux que de fleurs. Impatiente des frontières et des carnages, je brûlais d'assurer le triomphe de la vie. Pour reconstituer le paradis, j'anticipais sur les traités. Mes traités à moi, je les signais avec les galops, les hennissements, les ébrouements d'ailes, avec toute la volupté d'exister du monde animal. Dès les premières ébauches de la paix d'Amiens, j'écrivis à Londres à notre ministre plénipotentiaire Otto, pour lui demander des chevaux de trait « gris pommelé ou bai clair, marqués d'une tache à la tête », et « deux chevaux de selle doux et propres à être montés par des femmes ».

Des petits chevaux vinrent de l'île d'Ouessant, cinq cents mérinos d'Espagne. Leur tinrent compagnie des vaches fabuleuses, natives de Suisse, auxquelles j'adjoignis, pour les distraire, des vachers bernois, en costume helvétique. Des gazelles fraternisaient avec des kangourous, des chamois avec une antilope et avec un gnou, étrange bête d'Afrique du Sud, un tiers antilope, un tiers taureau, un tiers cheval. Un phoque se prélassait dans un bassin. Sur les pièces d'eau s'ébattaient des cygnes blancs ou noirs, des canards de la Caroline ou de la Chine. Dans les volières, rivalisaient de caquetage cacatoès, oiseaux des îles, perruches, perroquets. Dans les arbres se dandinaient les pigeons des Moluques, écureuils, merles blancs. Je me faisais envoyer de Strasbourg de coûteuses cigognes, de la Guadeloupe des oiseaux précieux.

Un incident montra combien, entre Bonaparte et moi, s'opposaient deux empires : la mort, la vie. Un matin — il était déjà Napoléon Ier (je l'appellerai toujours Bonaparte) —, j'entendis des coups de feu. Je bondis, en chemise, entortillée d'un grand schall. D'une fenêtre de sa chambre, cette brute tirait sur mes cygnes.

« Bonaparte, ne tire pas après mes cygnes, je t'en prie! suppliai-je, éperdue.
— Joséphine, laisse-moi donc, cela m'amuse. »
On se battit comme des chiffonniers. Mon schall traînait par terre. Mes seins jaillissaient hors de ma chemise. A demi nue, je lui arrachai son fusil et m'enfuis. Il riait, riait !...

A Malmaison, sans gêne ni protocole, nous menions une vie délicieuse. Les appartements des invités étaient simples comme bonjour : pas de tapis, meubles sans prétention.

Déjeuner à onze heures. Sans Bonaparte, sans hommes, sauf ceux de la famille. Après le déjeuner, je lisais les journaux, je travaillais à un ouvrage. Je m'adonnais aux joies de la conversation. Ou je recevais le flot des solliciteurs. Mon vice : la recommandation. Par bonté naturelle, pour ne pas refuser, ni faire de peine. Par goût de la féerie, de l'affabulation, des histoires à dormir debout, des rêves où tout est facile. Ce que pratiquent les enfants du matin au soir, mais que les grandes personnes appellent « mentir ». « Tire la langue. Tu as menti. Elle est toute noire! »

J'avouai moi-même à Bonaparte et aux gens de ses bureaux que mes recommandations ne tiraient pas à conséquence. On me les arrachait par importunité. Je les distribuais à tort et à travers.

Un jour, je courus gaiement à travers le vestibule vers un M. de Céré, qui voulait redevenir aide de camp de Bonaparte. Je lui annonçai que j'avais lu son placet avec le Premier Consul : l'affaire était faite. Or le malheureux venait présenter ses excuses. La veille, il s'était trompé : au lieu du placet, il m'avait remis la note de son tailleur.

A Malmaison, je m'entourais d'exquises jeunes femmes : Mlle de Ghéeneuc, la future Mme Lannes, Mlle Auguié, nièce de Mme Campan, la future générale Ney; sa sœur, Mme du Broc, Mme Savary, Caroline Bonaparte. J'attirai le blason qui ne boudait plus : MM. de Montesquiou, de Mouchy, de Praslin, de Ségur, de Girardin, de Noailles. Mmes de Nicolaï, d'Aiguillon, de Vergennes, de Chauvelin.

A six heures, Bonaparte émergeait de son travail et de son audience. Il venait à table pour le dîner. Comme convives, les « dames pour accompagner », les aides de camp, leurs jeunes femmes, des amis. Le mercredi, un dîner de demi-cérémonie, autant que pouvait l'admettre l'intimité de Malmaison.

Au sortir de table, on passait au salon. Pour prendre des attitudes inspirées, je jouais de la harpe, toujours le même air, que Bonaparte finissait par savoir par cœur. En adoptant des poses de Pénélope, je me mettais à ma tapisserie. J'écoutais des messieurs de plume dans leurs exhibitions. Legouvé disait des vers. On ne pouvait plus arrêter Ducis, déclamant des scènes de son théâtre. Le mielleux Bernardin de Saint-Pierre lisait le *Dialogue de Socrate*. Le poète Arnault rapportait les potins de Paris.

On jouait aux échecs, au reversi. Ou bien, on allait applaudir une pièce au petit théâtre du château. Les plus brillants comédiens étaient Hortense et Bourrienne. Pour leur donner la réplique honorablement, il y avait le général Lallemand, Louis, Eugène, Lauriston, Savary, Didelot, Mme Murat.

Eugène était le boute-en-train. Colonel de chasseurs de la Garde à vingt et un ans, il rayonnait de charme, de gaieté, de la joie de ses nouveaux galons avec ses trente mille francs par an, qui seront multipliés par cinq à la fin de 1803. Sans oublier un magnifique hôtel, rue de Lille, offert par Bonaparte. Il tournait toutes les têtes y compris celles des jeunes filles à marier.

Aux beaux jours, Bonaparte, avide de grand air, faisait dresser la table dans le parc. A gauche de la pelouse, devant le château, en avant de l'allée droite. On mangeait aussi vite dehors que dedans.

Parfois on jouait aux « barres ». Bonaparte se dépouillait de son habit et courait comme un cabri. Il s'amusait à tricher, comme au reversi. Il nous faisait tomber, il arrivait sur nous en ouragan, sans crier barre ! Il faisait manger à la gazelle le tabac de sa tabatière. Il lui ordonnait de nous poursuivre. Elle déchirait nos robes. Il riait, riait !...

Une nuit, tout le monde dormait. Soudain, un coup de feu, parti des fossés du château. Tous debout. Les femmes en jupon, les hommes en pantalon. Bonaparte, dans le corridor, en robe de chambre, un bougeoir à la main criant : « Qu'on ne s'effraie pas ! Ce n'est rien ! »

Un guide faisait sa ronde. En traversant une pelouse, devant le château, son cheval s'était abattu sur une taupinière. Sa carabine était partie toute seule.

« Deux jours d'arrêts au guide, pour lui apprendre à passer sur mon gazon avec son cheval. Comme je présume qu'il a eu une belle peur lui-même, sa punition ne sera pas plus longue. »

Il étancha mes larmes, rassura les dames, notamment la mignonne Laure Junot, encore toute pâle. Il la quitta sur un mot charmant :

« *Felice notte, signora Loulou, dolce riposo.* »

Auquel elle répondit par un gracieux :

« *Felicissimo riposo, signor generale.* »

Et le château se rendormit.

Bonaparte n'était pas toujours le gai luron des barres. Parfois sa sauvagerie reprenait le dessus. Les fauves vous déchirent après vous avoir caressé.

Quand j'ai la migraine, je voudrais me cacher sous terre. Un jour de migraine, je comptais m'enfouir à Malmaison. Ce jour-là, précisément, Bonaparte se faisait une fête d'aller visiter le Butard, l'ancien pavillon de chasse de Louis XVI que nous venions d'acheter.

« Allons, allons ! viens avec nous, l'air te fera du bien. C'est le remède souverain pour toutes les douleurs. »

Comment refuser quand il insistait ? Je montai en voiture avec Emilie Lavalette et Laure Junot, amplement enceinte.

Joyeux, Bonaparte, à cheval, galopait devant nous avec Bourrienne. De temps en temps, il revenait prendre ma main, à la portière, puis repartait. Il avait de ces attentions d'enfant.

Soudain, nous arrivâmes devant un ruisseau aux berges abruptes. Le piqueur jugea le passage dangereux. Je fis retourner la voiture pour rentrer au château. Bonaparte surgit au galop, ivre de rage.

« Qu'est-ce que c'est que ce nouveau caprice ? Retournez d'où vous venez ! » cria-t-il au cocher en lui poussant l'épaule avec sa cravache.

La voiture retourna au ruisseau.

« Allons, dit Bonaparte au jeune postillon tremblant de peur, un bon élan, et puis tu rends la main et tu passeras ! »

Je criai, pleurai, suppliai qu'on me laissât descendre. Laure présenta la même requête, et fut exaucée parce qu'elle attendait un enfant. Pour me sauver, elle s'attardait sur le marchepied.

« Mais une secousse pourrait peut-être faire bien mal à Mme Bonaparte, général ? Car enfin, si elle était comme moi... »

A l'idée que je pourrais être enceinte, Bonaparte éclata d'un rire strident.

Il réitéra son commandement au cocher. Laure joignit ses prières à mes larmes. Elle essaya de prendre Bonaparte par la coquetterie : « Général, vous paraissez méchant, et cependant vous ne l'êtes pas. » Rien ne put arrêter sa férocité.

« Ah! çà! drôle que tu es, cria-t-il au postillon, en lui cinglant le dos de sa cravache, veux-tu bien exécuter mes ordres ? »

La voiture fila comme un trait et passa. Avec une secousse si épouvantable qu'elle fut hors d'usage.

Je pleurai jusqu'au Butard. Il m'arracha de la calèche, m'entraîna dans le bois. Là il m'inonda de reproches affreux sur cette journée dont il se faisait un paradis, que mes caprices avaient changée en enfer. Tout s'envenima. Je repris mes litanies lancinantes sur ses trahisons. Je lui lançai je ne sais quel mot atroce. Il bondit comme sous un fer rouge.

« Tu es folle, et si tu répétais un pareil mot, j'ajouterais une folle méchante, parce que tu ne penses pas ce que tu dis là. Et puis tu sais que je hais comme la mort toutes ces jalousies n'ayant pas le sens commun. Tu finiras par m'en donner l'envie. Allons, embrasse-moi et tais-toi, tu es laide quand tu pleures, je te l'ai déjà dit. »

J'aurais dû me méfier de la petite Laure, ou plutôt de l'appétit de Bonaparte. Elle était charmante. Un camarade de son mari disait qu'il était « impossible de rien imaginer de plus joli, de plus vif, de plus aimable, de plus saillant que ne l'était cette jeune dame, vêtue avec une élégance, une fraîcheur qui cadraient si parfaitement avec tout ce que la nature avait mis de coquetterie, de luxe à former. Elle... m'est restée comme la plus gracieuse des apparitions. »

L'été de 1801, j'étais allée chercher, aux eaux de

Plombières, un miracle contre ma stérilité. Un matin, à Malmaison, Laure fut tirée de son sommeil par un coup violent à sa porte. Le Premier Consul était au chevet de son lit. Cinq heures du matin à sa montre !

« Vraiment, dit-il, il n'est que cette heure-là ? Eh bien, tant mieux, nous allons causer. »

Il traîna un fauteuil au pied du lit, s'y installa, en croisant les jambes, comme pour toute sa vie. Il se mit à dépouiller un paquet de plis qu'il serrait sous le bras. De temps en temps, il jetait un mot à Laure puis reprenait sa lecture. Il était d'humeur joueuse. Un pli était adressé « au Premier Consul, pour lui seul, et en main propre ».

« Mais c'est moi ! c'est bien moi ! s'écria-t-il gaiement. Et quant à mes mains (il les tourna et retourna méticuleusement), j'espère qu'elles sont propres !... »

Il resta une heure auprès de la mignonne. Il lui pinça le pied à travers le drap. Il s'enfuit en chantonnant faux, comme d'habitude.

Le lendemain, à cinq heures, nouveau coup à la porte. Cette fois, elle était fermée à clef. Le surlendemain, il trouva Junot couché avec sa femme :

« Eh ! mon Dieu, mon général, que venez-vous faire chez nos femmes à cette heure-ci ? »

Laure ne voudra plus jamais passer une nuit à Malmaison. Un an plus tard, nous l'avions invitée à dîner. Au moment de son départ éclata un orage de fin du monde, qui déracina des arbres. Je refusai de la laisser partir. On lui préparerait sa chambre. Elle objecta qu'on l'attendait chez elle, qu'elle n'avait ni linge ni femme de chambre. Je lui proposai une de mes camisoles, un des mes bonnets de nuit, une de mes femmes. Je tâchai de l'effrayer avec les dangers des bois de Bougival. Elle me répondit qu'avec ses quatre hommes d'escorte elle ne craignait rien et que, dans ces bois, il n'y avait pas de loups.

La tête dans la cheminée, Bonaparte semblait tisonner, tout à ses braises. En fait, il écoutait en souriant. Comme j'insistais une dernière fois avec plus d'énergie, sans quitter ses pincettes, il murmura :

« Ne te tourmente pas davantage, Joséphine. Je la connais, elle ne restera pas. »

Fut-elle sa maîtresse ? Je n'ai jamais pu le savoir. En tout cas, il les combla, elle et son mari : hôtel particulier, château, traitement extraordinaire, bijoux prodigieux, dont un diadème royal.

En 1801, des têtes couronnées me donnèrent du tintouin : des descendants de Louis XVI, l'infant Louis de Parme et sa femme Marie-Louise, assis par Bonaparte sur le trône de la Toscane, changée en royaume d'Etrurie. Lui, un crétin bavant, elle un monstre de hideur, leur fils de cinq ans, un petit goujat qui montrait son derrière à tout le monde, parce qu'il avait la colique.

Je les reçus à Malmaison. Le roi tomba du haut mal en descendant de voiture. A peine revenu à lui, il articula, de ses lèvres encore blanches : ... « Ce n'est rien... mal à l'estomac... J'ai faim... je dînerais bien... J'ai faim... Je disais à Pépita... N'est-ce pas Pépita ?... »

Le 7 juillet, je quittai Malmaison pour Plombières, accompagnée de Mme Laetitia, de Rapp, de Mme de Lavalette, et de ma chère Hortense.

Un voyage pénible. Mme Laetitia, statue de la

Justice, me citait sans cesse, de ses silences accusateurs, de son regard implacable, devant un tribunal imaginaire. Elle crevait de jalousie, devant tous les honneurs qui allaient à moi, non à elle. L'aimable M. Rapp faisait arrêter la voiture à tout bout de champ, pour se soulager derrière un arbre de son excès de bile. Les deux plus jeunes voyageuses, Mme de Lavalette et Hortense, se disputaient le flacon d'eau de Cologne.

Une nourriture à vomir. Heureusement, Hortense était là pour nous divertir ! Sa malice et sa gaieté nous aidaient à digérer des asperges rouges qu'elle prétendait « fricassées au lait caillé », et « des épinards à l'huile de lampe ». J'avais vraiment une fille adorable. Peut-être pas la plus belle des belles, mais l'étais-je ? En tout cas douée d'autant de charme que moi. La fraîcheur d'une de mes roses de Malmaison, des yeux d'un suave azur, une blondeur de paradis. Ma nonchalance créole relevée du piquant français. A dix-huit ans, elle possédait tous les arts d'agrément d'une jeune fille accomplie. Elle peignait, chantait, dansait, touchait du piano, jouait la comédie à ravir.

On ne devrait pas tarder à la marier. Ma principale occupation du retour. Dans notre voyage vers Paris, Mme Laetitia ne décoléra pas de voir qu'on me traitait en reine. Chaque roulement de tambour, chaque fleur, chaque mot d'allocution en mon honneur était un crime de lèse-majesté contre elle. Le 4 août, les personnalités civiles et militaires vinrent au-devant de moi à la frontière du département de la Meurthe. Le soir, à Nancy, dîner de gala au palais du gouvernement, puis théâtre avec Madame Mère faisant sa tête de dogue. Le lendemain, visite de la ville et du jardin botanique. Mme Laetitia jalousait le sourire des fleurs.

A l'arrivée à Paris, je m'évertuai pour qu'Hortense épousât Louis. Je faisais d'une pierre deux coups : j'amadouais le clan épineux des Bonaparte, je travaillais dans mon intérêt. Malgré mes cures à Plombières, je craignais de ne plus avoir d'enfant. J'avais fait croire à Bonaparte que tout était de sa faute, qu'il ne pouvait pas procréer. J'avais fait courir le bruit que sa semence était trop claire. Devenu empereur, un jour qu'il couchait avec une dame du palais, celle-ci s'écria en éclatant de rire : « Tiens ! et l'Impératrice qui dit que c'est comme de la pisse !... »

Si jaloux de moi pendant la campagne d'Italie, maintenant Bonaparte aurait accepté que je me fisse engrosser par autrui. Nous échafaudions les combinaisons les plus folles. Je simulerais une grossesse. Au moment venu, on apporterait dans la chambre un nouveau-né, censé être le nôtre.

J'étais hantée par la terreur que Bonaparte eût un enfant d'une autre et me répudiât. Dans mon délire je clabaudais à tort et à travers. Je le croyais capable de tout. Je l'accusais de coucher avec sa sœur Pauline et, pour se débarrasser de moi, de songer à m'empoisonner.

Ce bruit vint aux oreilles de Joseph, le plus acharné de la tribu Bonaparte à pousser mon mari au divorce. D'autant mieux que nous n'étions pas mariés devant l'Eglise.

« Pour la France, pour l'Europe, pour moi qui te connais bien, tu seras son empoisonneur, dit-il à Bonaparte... Il vaut mieux prévenir ces honteux soupçons. Tu n'es pas marié. Jamais tu n'as voulu faire consacrer ton union avec cette femme. Quitte-la par des raisons politiques, et ne laisse pas croire que tu t'en sois défait par un crime. »

Pour contrebattre ces intrigues, j'essayai de jeter Hortense dans les bras de Louis. S'ils avaient un fils, Bonaparte pourrait l'adopter. Et je serais sauvée. Tant pis pour le bonheur de ma fille!

Malheureusement Bonaparte entendait marier Hortense à Duroc, son aide de camp préféré, dont elle était entichée. Un soir, excédé par mon insistance en faveur de Louis, il voulut brusquer les choses. Duroc était à l'Opéra. Bonaparte chargea Bourrienne de lui dire, dès son retour, qu'il devrait épouser Hortense dans les deux jours. Duroc recevrait cinq cent mille francs. Il serait nommé commandant de la 8e division militaire. Le lendemain des noces, le couple partirait pour Toulon. Pas de gendre chez Bonaparte. Bourrienne devrait répondre, le soir même, si Duroc était d'accord.

« Je ne le crois pas, dit Bourrienne.
— Eh bien, elle épousera Louis.
— Le voudra-t-elle?
— Il le faudra bien. »

Quand Duroc rentra de l'Opéra, Bourrienne lui communiqua l'ultimatum.

« Puisque c'est comme ça, mon cher ami, s'écria-t-il, il peut bien garder sa fille; je vais voir les putains. »

Avant son coucher, Bonaparte, informé, m'apprit sa décision de marier Hortense avec Louis. Et d'adopter leurs enfants.

Bourrienne fit la proposition à Hortense.

« ... Personne jusqu'à présent ne vous a plu, et si votre cœur s'arrêtait à un choix qui ne fût pas agréé de vos parents, consentiriez-vous à leur désobéir ? Vous aimez la France. Voudriez-vous la quitter ? Votre mère ne pourrait supporter la pensée de vous voir unie à un prince étranger qui vous séparerait d'elle pour toujours. Son malheur, vous le savez, est de ne plus espérer d'enfants. Il est en vous de le réparer et d'en prévenir peut-être un plus grand. Sachez qu'on ne cesse de forger des intrigues autour du Consul pour l'amener au divorce. Votre mariage est seul capable de resserrer les nœuds dont dépend le bonheur de votre mère. Hésiteriez-vous à le faire ? »

Nous disions à Hortense : « Si tu aimes ta mère, épouse Louis ! Si tu refuses d'épouser Louis, tu n'aimes pas ta mère. »

Hortense m'aimait, mais elle n'aimait pas Louis. Elle aurait préféré me prouver son amour en épousant un homme qu'elle aimait. Avant d'engager sa vie, elle demandait à réfléchir.

« Petite sotte, lui dis-je, est-ce que le cœur compte dans le mariage ? On ne te demande pas de l'aimer, mais de l'épouser. L'amour viendra plus tard. »

Viendrait-il avec Louis, ou avec d'autres ?

Le 4 janvier 1802, le mariage eut lieu aux Tuileries : une agnelle qu'on égorge. Le soir, elle ruisselait de larmes devant son piteux époux. Le lendemain, les conjoints vinrent dîner. Je fondis en larmes devant ce couple lamentable. Les remords me rongèrent encore plus cruellement quand j'eus des détails sur leur première nuit. Depuis une galanterie mal soignée, Louis traînait une vie d'égrotant. Elancements dans la tête, bras d'avorton, vertiges à tomber par terre, démarche de paralytique. Il égrenait la kyrielle des médecins et villes d'eaux. En public, ce Tartuffe conjugal feignait la tendresse. En tête à tête, ce vieillard précoce tatillonnait en mesquineries.

Au moment de la découverte de l'amour, ma délicieuse Hortense le vit s'adouber de la chemise d'un galeux qui avait le don, croyait-il, d'attirer au-dehors « les humeurs peccantes ».

A Malmaison, au début de leur lune de miel, Hortense crut pouvoir rire d'une plaisanterie qu'il n'avait point entendue.

« Pour qui me prenez-vous ? dit-il, blanc de rage. Croyez-vous que je veuille vous servir de jouet ? Je vous préviens que des femmes galantes peuvent seules se permettre de rire de leur mari et de le compter pour rien, et je m'éloignerai de vous plutôt que de me laisser humilier à ce point. »

Cet imbécile envoya des faire-part de mariage en mon nom et au sien, sans citer Bonaparte. Celui-ci lui fit une scène du tonnerre. En sa qualité de Premier Consul et en celle de chef de famille, qu'il s'arrogeait par-dessus la tête de Joseph, il aurait dû rédiger ces invitations en son nom.

« De quoi vous mêlez-vous ?... Ne suis-je pas votre père ? N'est-ce pas ma belle-fille que vous avez épousée ? De quel droit faites-vous écrire ma femme sans ma permission ? »

Louis avait vexé les autorités françaises et les ambassadeurs étrangers.

« Ils ne sauront à quoi attribuer le motif de cet oubli et ne supposeront pas qu'il vient de vous. Vos sottises retomberont sur moi. »

Jupiter foudroya ce néant nommé Louis :

« Vous ne sauriez être indépendant, je ne le souffrirai pas. »

Dans la nuit du 8 au 9 janvier 1802, escortée par la neige et le vent, je partis pour Lyon avec Bonaparte. Nous y arrivâmes le 11 à huit heures du soir. En ce premier voyage officiel du Premier Consul et de son épouse, je reçus des honneurs royaux. Bals, concerts. Réception de Lyonnaises m'offrant des corbeilles de fleurs. Pour plaire aux soyeux qui tissèrent sous mes yeux un écran de velours à mon chiffre, je me vêtis de soie lyonnaise. A Sainte-Marie de Bellecourt, je trônai sur une estrade, sous une banderole : « Les grâces unies à la valeur ». J'assistai à la revue des troupes rentrant d'Egypte.

La Révolution avait été faite par et pour les hommes. Elle n'avait accordé aux femmes que le droit de se faire couper le cou. Les épouses des Directeurs étaient des zéros. Le Directoire ne devint l'apothéose de la femme qu'à condition qu'elle fût galante. Elle ne régnait que couchée. Ni la nouvelle Constitution ni Bonaparte ne m'attribuèrent le moindre rôle. Officiellement, je n'existais pas. Or, ce rôle, sans avoir l'air d'y toucher, je le pris. Par mes sourires, par ma patience à écouter et à répondre, par mon art de réprimer mes bâillements, par l'illusion que je donnais d'être à tous, en préférant chacun. Je me coulai aux côtés du chef de l'Etat, inséparable de son pouvoir, comme Eve tirée d'une côte d'Adam. Le législateur n'avait pas prévu cette façon de se blottir. Au début de mars, les journaux consacrèrent ma victoire : « Les épouses des ambassadeurs, ministres et envoyés des puissances étrangères ont été présentées à Mme Bonaparte et lui ont présenté chacune plusieurs dames de leur nation qui se trouvaient à

Paris. » Comme si les ambassadeurs étaient accrédités auprès de ma personne par épouses interposées.

En février, dans une tribune de Notre-Dame, j'assistai au Te Deum célébrant la signature du Concordat. La France se réconciliait avec Dieu, ou du moins avec son Eglise. Je contemplai avec émerveillement la longue file des évêques venant prêter serment entre les mains de celui qui, naguère, avait des trous à ses bottes.

Tout resplendissait. Bonaparte en habit écarlate, brodé de palmes d'or sur toutes les coutures, culotte de soie, souliers à boucle, chapeau à la française, panache tricolore. A ses côtés, son cimeterre d'Egypte.

Et des troupes, des troupes : hussards, chasseurs, dragons, grenadiers. Et des nuées de laquais, en livrées vert et or, flambant neuves. Et une savante hiérarchie des véhicules. Voitures des conseillers d'Etat, des diplomates. Voitures à quatre chevaux des ministres. Voitures à six chevaux des deux autres consuls. Pour annoncer Bonaparte, six chevaux de main, conduits par des mamelouks. Enfin son carrosse à huit chevaux, constellé de laquais, flanqué de généraux de la Garde caracolant, et de deux piquets de cavalerie, et suivi de grenadiers à cheval et de cinquante gendarmes.

Le 28 avril, le ministre de Prusse, ébloui, écrivait à sa cour : « Tout reprend autour du Premier Consul et de son épouse les allures et l'étiquette de Versailles. Le luxe d'apparat, équipages, livrées, nombreux domestiques reparaissent de tous côtés. On met du choix dans l'admission des étrangers, et les femmes étrangères présentées au Premier Consul, au cercle de son épouse, lui sont nommées par un des préfets du palais. Il prend quelque goût à la chasse, et les forêts où chassaient jadis les rois de France et les princes de sang vont être réservées pour lui et les officiers de sa suite. »

En juin 1802, je tâtai encore des eaux prolifiques de Plombières. En route, j'étais escortée royalement de carabiniers et de gendarmes. L'escorte de la stérilité. Cette grandeur commençait à me peser. J'aimais le monde, fût-il officiel, à condition qu'il me donnât plus de plaisirs que de contraintes.

Je m'étais à peine plongée dans les eaux bienfaisantes pour les autres, impuissantes pour moi, que je recevais une lettre de Bonaparte. Il était à Malmaison avec Hortense qui attendait un enfant. « Je n'ai pas encore reçu de tes nouvelles. Je pense que tu as déjà commencé à prendre les eaux. Nous sommes ici, un peu tristes, quoique l'aimable fille fasse les honneurs de la maison à merveille... »

« Un peu tristes... » A la campagne d'Italie, il rugissait de douleur. Maintenant il mettait « tristes » au pluriel : lui et Hortense, « l'aimable fille » qui faisait « les honneurs de la maison à merveille... »... De ma Malmaison ! Elle m'éclipsait même dans mon dernier rôle : maîtresse de maison.

« Je t'aime comme le premier jour, parce que tu es bonne et aimable par-dessus tout... Mille choses aimables, et un baiser d'amour.

 « Tout à toi »

« Mille choses aimables ! » comme à la plus banale relation. « Un baiser ! » Autrefois, des millions !

« Tout à toi » : plutôt à Hortense. J'avais poussé à son mariage avec Louis parce que Bonaparte promettait d'adopter leurs enfants. Mon bouclier contre le divorce. Mais, sous mon bouclier, Bonaparte et Hortense avaient couché ensemble. Par son génie et par sa toute-puissance, Bonaparte se plaçait au-dessus des lois. Tels les pharaons, qui faisaient l'amour avec leurs filles et leurs sœurs. Une belle leçon d'Egypte !

A Paris, le bruit courait que le futur enfant d'Hortense n'était pas du piètre Louis mais de Bonaparte. Certains prétendaient qu'on aurait brusqué le mariage parce qu'elle était enceinte des œuvres de son beau-père et beau-frère. D'autres remontaient jusqu'à la puberté. Ils soutenaient que Mme Campan, directrice de l'institution d'Hortense à Saint-Germain, et moi-même étions complices. Pour favoriser le tête-à-tête, dès que Bonaparte arrivait, Mme la directrice emmenait Caroline, la meilleure amie d'Hortense et la fille d'une de mes amies. Avec son instinct de femme, la petite devina le secret.

Les vipères affirmaient que le torchon brûlait sans cesse entre Hortense et moi. Quand je parlais d'elle, je ne pouvais pas maîtriser mon émotion. Je détournais mes pensées : « Mais mon Eugène, quel bon fils ! » Je m'illuminais, mes yeux se mouillaient de larmes.

Le 23 juin, nouvelle lettre de Bonaparte, finissant par : ... « je te prie de croire que rien n'est plus vrai que les sentiments que j'ai pour ma petite Joséphine ». Le ton mondain des « veuillez croire... »

Pour me rendre intéressante, je gémis. Ma cure me fatiguait. J'étais rompue. Son despotisme viril se fortifiait à me consoler. Il alla jusqu'à m'écrire que, selon le médecin Corvisart, ma lassitude était « un bon signe » : les bains me feraient « l'effet désiré ».

Le 1ᵉʳ juillet, il eut le front de me mander qu'il s'ennuyait « d'être seul »... « Je te prie de croire que je t'aime. » Encore ses « je te prie »... exaspérants !... « et suis fort impatient de te revoir. Tout est triste ici sans toi ».

Il n'était pas seul, tout n'était pas triste et il n'était pas « fort impatient » de me revoir : il recevait à Malmaison la jolie chanteuse Louise Rolandeau. Il l'avait applaudie aux Italiens. Il m'avait fait lire dans *Les Débats* un article d'éloges : « Elle n'est pas italienne mais ce n'est pas un défaut pour le public français. Sa tournure et son jeu, bien plus que son chant, annoncent une actrice de Paris. On se plaît à l'entendre et on aime à la voir. Elle réunit la sensibilité à la coquetterie, et, dans toutes les situations, elle a ce maintien particulier, ces manières justes et cette noblesse qui semblent un attribut particulier à la nation et que les Italiens saisissent avec beaucoup plus de peine que nous en avons à imiter leur accent musical. »

Elle enthousiasma si fort Bonaparte qu'il la fit venir à Malmaison où, en ma présence, il l'applaudit à outrance dans la *Serva Padrona* de Cimarosa. Ces bravos ne tombèrent pas dans l'oreille d'une sourde. Aussi fus-je ravagée d'angoisse quand j'appris que, dix jours à peine après mon départ, il l'avait rappelée.

Ce que je craignais par-dessus tout, c'étaient les

femmes qu'il se procurait lui-même. Elles échappaient à mon contrôle. Elles pouvaient pousser la malignité jusqu'à rester fidèles à Bonaparte aussi longtemps qu'il faudrait pour lui donner un enfant. Je ne lui permettais donc que des passades. En les organisant, je pouvais les surveiller. Je m'instituai sa pourvoyeuse.

Pour désarçonner la cantatrice, je rentrai à Malmaison ventre à terre.

A mon retour, encore des scènes ! Avec Hortense, que j'accusais d'avoir laissé venir la chanteuse. Avec Bonaparte, maudissant ma « jalousie inconsidérée », qui m'avait fait interrompre ma cure et sacrifier tout espoir de progéniture. Il m'accusait presque d'infanticide.

Hortense réussit si bien à me calmer que Bonaparte, en remerciement, lui offrit un des plus beaux hôtels de Paris, tout meublé, celui qu'avait fait bâtir la danseuse Dervieux et qu'avait habité mon amie, la volage Mlle Lange. Mon mari jeta par-dessus bord sa croqueuse de notes. Rideau !... Jusqu'au prochain opéra-bouffe...

XII

MON MARI A SON NOM
SUR LES MONNAIES

Marche par marche, Bonaparte montait vers l'empyrée. Le 6 mai 1802, Chabot déclara à la tribune : « Le Sénat est invité à donner aux consuls un témoignage de la reconnaissance nationale. »

Prolonger son pouvoir de dix ans ! Mon mari trouva ce témoignage piteux. Il remercia la députation du Tribunat en deux mots. Il lança au Conseil : ... « Croyez-vous que la République soit définitivement acquise ? Vous vous tromperiez fort. Nous sommes maîtres de la faire, mais nous ne l'avons pas, et nous ne l'aurons pas, si nous ne jetons pas sur le sol de France quelques masses de granit. »

Ces dix ans étaient des « masses » d'ouate. Le 8 mai, quand le Sénat se borna à ratifier le vote du Tribunat, Bonaparte fit une longue figure. Pour lui, « le granit » c'était le Consulat à vie. Puisque les têtes de pioches des Assemblées feignaient de ne pas le comprendre, on demanderait son opinion au peuple, qui avait l'esprit plus ouvert.

Le 10 mai, le Conseil d'Etat soumit à Bonaparte le texte d'un plébiscite : 1°) Napoléon Bonaparte sera-t-il Consul à vie ? ; 2°) Aura-t-il la faculté de désigner son successeur ?

La tribu des Bonaparte bouillonnait. La première question ne lui suffisait pas. Elle regardait avidement vers le passé et vers l'avenir. Par une audacieuse fiction, elle imaginait que les parents de Bonaparte, Charles et Laetitia, s'étaient déjà assis sur le trône. Puisque le Consul à vie n'avait pas d'enfant, son successeur ne pouvait être qu'un de ses frères, et, plus exactement, d'après la hiérarchie familiale, inexorable en Corse, l'aîné, Joseph.

Une autre solution : Bonaparte divorcerait d'avec sa gourgandine stérile et se remarierait. Les Bonaparte préféraient évidemment la première solution. Contre leurs assauts, ma parade, inspirée par Fouché : « Les généraux crient déjà qu'ils ne se sont pas battus contre les Bourbons pour leur substituer la famille Bonaparte ! »

Cet argument l'influença. Ainsi que la médiocrité de son aîné. Avoir pour successeur un Joseph, quelle gifle dans son tombeau ! « Quand on est mort, dit-il, on est mort; on a cassé le testament de Louis XIV lui-même. »

Il biffa donc rageusement la seconde question : « Napoléon Bonaparte aura-t-il la faculté de désigner son successeur ? » Puis il réfléchit et effaça sa rature. Peut-être parce que Hortense attendait un enfant, qu'il adopterait. Il étouffait ainsi les bruits de divorce. A Paris on murmurait qu'il allait épouser une infante d'Espagne ou une princesse d'Allemagne. D'ailleurs, pour maintenir les choses en suspens, il laissa aux Français, par le Code civil, la liberté de divorcer.

Le 28 juillet 1802, résultats du plébiscite : « Le

peuple français nomme et le Sénat proclame Napoléon Bonaparte Premier Consul à vie. » Sur 3 577 259 votants, 8 374 NON. A Paris, 60 935 OUI, 60 NON. En Vendée, le donjon royaliste, 17 079 OUI, 6 NON.

A la façon de nos rois, Bonaparte se considérait comme l'oint du Seigneur. Il dit au Sénat, venu lui apporter les résultats : « Content alors d'avoir été appelé par l'ordre de Celui de qui tout émane, à ramener sur la terre la justice, l'ordre et l'égalité, j'entendrai sonner la dernière heure sans regret et sans inquiétude sur l'opinion des générations futures. »

Comme elles avaient porté celui des rois, bientôt les pièces de monnaie portèrent son prénom, que je n'ai jamais admis, qu'avant lui les Français ignoraient : francisé en Napoléon, ce *Napoleone* grotesque, comme il signait, que la madre prononçait *Napollioné*, dont ses petits camarades de Brienne tirèrent le surnom de « la paille au nez ». Le 15 août, date de sa naissance, devint fête nationale.

« Voici le second pas fait vers la royauté, s'écria sous son turban la grosse Mme de Staël. Je crains que cet homme ne soit comme les dieux d'Homère, qu'au troisième acte il n'atteigne l'Olympe. »

Pendant quelques jours, je craignis que Bonaparte ne voulût s'installer à Versailles. Royaliste dans l'âme, je lui répétais : « Bonaparte, ne te fais point roi ! » Heureusement l'immense château lui semblait « un monstre affreux ». Il préféra Saint-Cloud, plein de souvenirs du frère de Louis XIV, du Régent, des Orléans, de Marie-Antoinette. En septembre 1802, je quittai tristement Malmaison, mon paradis des fleurs, pour cette nouvelle résidence. Dans l'aile gauche j'occupai les anciens appartements de la reine, gênée de succéder à son malheur.

Voici comment se passait une réception à Saint-Cloud. En début d'après-midi, vous traversiez la cour d'honneur, qui surplombait la Seine : Paris à vos pieds. Vous vous frayiez un chemin à travers la foule de soldats de la Garde et de domestiques en livrée. Au premier étage, dans le salon d'attente, vous vous heurtiez à quatre dames d'honneur en mousseline de l'Inde blanche, avec un cachemire blanc en torsade dans les cheveux. Un préfet du palais vous présentait à la dame de service, qui s'inclinait, souriait. Suivant mon exemple, on souriait beaucoup, pour compenser la rudesse de mon époux.

Parfois, vous étiez reçu par le gouverneur du palais en personne, Duroc, qui avait tout rond dans sa figure. On ne savait jamais s'il regardait avec son menton, son nez, ses joues, ses yeux.

A quatre heures, on vous introduisait dans le salon d'audience. Les dames debout, les hommes derrière. Bonaparte surgissait, avec deux préfets, qu'on avait choisis minuscules. Il entamait son tour de salle. Un des préfets demandait à la dame qu'il allait aborder son nom, son pays. Le Premier Consul saluait d'une inclinaison de tête, lui tournait quelques compliments, puis lui posait ces questions officielles d'une banalité insondable : « Quel climat avez-vous dans votre pays ? Avez-vous fait bon voyage ? Combien de temps restez-vous à Paris ? »

Quand il arrivait à sa troisième dame, j'entrais avec deux autres préfets lilliputiens. J'avais la langue moins bien pendue que lui. Je le rattrapais vite. Nous naviguions de conserve, moi redoublant de suavité, pour amortir ses ruades. Certains trouvaient que j'en mettais trop. J'estimais qu'on n'en donnait jamais assez.

Si vous étiez venu le même jour que le compositeur allemand républicain Reichardt, vous auriez remarqué, comme lui, ma « toilette du matin en satin blanc, garnie de larges dentelles », et, dans mes cheveux châtain foncé, un diadème « à trois rangs de pierreries, au milieu desquelles ressortaient trois superbes camées antiques ».

Après la revue, le défilé. Je m'asseyais au coin de la cheminée. Les diplomates me présentaient les étrangers nouveaux venus. J'inclinais la tête avec tout un jeu de sourires, me levais à moitié et modulais de ma voix de tourterelle une de mes trois formules : « Je suis bien aise... Je suis charmée... Je suis enchantée de vous voir ! »

Bonaparte déjeunait seul. Il aimait tant le grand air que, par beau temps, il se faisait servir sur la terrasse, à deux pas de son cabinet. Le soir, à dix heures, nous faisions une promenade en calèche dans le parc. Nous dînions plus tard qu'aux Tuileries.

Le dimanche, grand-messe en musique, célébrée par l'évêque de Versailles. Nous occupions les places du roi et de la reine. Devant Dieu, plus encore que devant les hommes, les deux autres Consuls étaient réduits à des ombres. Ravalé au rang de chambellan, Cambacérès me tendait la main pour traverser la galerie et me menait respectueusement à mon prie-Dieu. En voyant les membres de notre cour multiplier les agenouillements, les yeux au ciel, les signes de croix, je pensais à une réflexion de Bourrienne. Au Te Deum de Notre-Dame, le jour du Concordat, tous ces hommes semblaient tomber des nues de se trouver là. « Ils avaient le plus contribué à la destruction du culte en France. Ayant passé leur vie dans les camps, ils étaient plus souvent entrés dans les églises d'Italie pour y prendre des tableaux que pour y entendre la messe. »

Le 10 octobre 1802, à dix heures du soir, à Malmaison, Hortense accoucha d'un splendide garçon : Napoléon-Charles. En fin d'après-midi, on était venu me chercher à Saint-Cloud.

« Voilà notre dauphin ! » s'exclamèrent les dames d'honneur d'Hortense.

Ce n'était que trop vrai. Il était le portrait de Bonaparte.

Hortense avait tremblé jusqu'au dernier moment. L'affreux Louis comptait les jours sur ses doigts. Si l'enfant était né avant neuf mois, le père serait le Premier Consul. Dans ce cas, Louis se séparerait de sa femme ou se jetterait dans la Seine. Pourquoi pas les deux ? Un jour qu'il divaguait ainsi, il fut ceinturé par Bonaparte et jeté hors de son appartement. Heureusement, le gros Napoléon-Charles eut le bon goût de venir au monde neuf mois après la première nuit où Louis, l'initiateur d'amour, vêtit sa chemise de galeux.

A la fin d'octobre, un nouveau voyage officiel confirma ma prééminence de reine. Sur la façade de la préfecture d'Evreux, mes initiales et celles de Bonaparte s'enlaçaient mieux que nous, maintenant, au lit. Entourées de cette inscription trop flatteuse : « Fidèle à l'hymen comme à la victoire. » Dans son discours, le maire s'écria : « J'ai cinq-z-enfants. » Je crus entendre : seize. En voilà un qui n'avait pas besoin de Plombières ! J'applaudis.

Le 31 octobre, messe dite dans la chapelle de la préfecture par l'archevêque Cambacérès, frère du Second Consul fantôme. Il n'osa pas nous tendre la patène. De cette histoire de patène, Bonaparte fit tout un plat. Depuis le Concordat, il était très ferré sur la liturgie. Après la messe, il explosa :

« Cet homme ne m'a pas fait les honneurs qu'on rend aux souverains, il ne m'a pas offert la patène à baiser : ce n'est pas que je ne me moque de sa patène, mais je veux qu'on rende à César ce qui est à César. »

César écrivit au Consul une lettre à cheval : le lendemain, à l'office de la Toussaint, il prendrait sa revanche de patène.

Ce jour-là, il reçut les corps constitués debout, pendant six heures. Et moi aussi. Les jambes m'entraient dans le corps. Dans les parades, les grenadiers aussi restaient debout des heures. Mais sans sourire.

Au Havre, le curé loua mes « vertus », ce qui me faisait toujours plaisir.

A Dieppe, une petite fille me donna une leçon de féminité. La mignonne m'offrit un bouquet. Pour la remercier, je détachai un de mes bracelets et le fixai à son bras. Elle tendit l'autre, où en éclatant de rire, je glissai un second bracelet.

Partout on me comblait de provisions de bouche, dignes de Gargantua. A Rouen, quarante pots de confitures sèches et, pour les faire passer, quarante bouteilles de vin. A Gournay-en-Bray, cinquante livres de beurre, des fromages, un panier de vin de Bourgogne. A Beauvais, un mouton de 90 kilos, cinquante bouteilles de bourgogne et de champagne, et des pièces d'étoffes aux noms chatoyants : espagnolette, reverbes, sommière, vestipoline.

Des jeunes filles me tendirent le drapeau que Jeanne Hachette prit aux Bourguignons en 1472. Je demandai qu'il fût « déposé dans ma chambre » pendant mon séjour à Beauvais.

Le soir, au bal de la préfecture, on admira ma robe de gaze et mon turban rayés blanc et or. A minuit, les hommes soupèrent debout. Bonaparte ne les épargnait guère. Les dames et moi, nous eûmes le droit de nous asseoir. Nous fîmes honneur plus commodément au somptueux menu : « Potage au riz, poulardes au riz, pâtés, daubes, saumon, aspic mayonnaise, gâteau de lièvre, turbot en gelée au vin de Champagne, blanc-manger, gâteau à l'anglaise, desserts. »

Le dimanche 13 mars 1803, Bonaparte jouait dans mon salon avec le petit Napoléon-Charles. Devant lui son visage s'illuminait. Soudain, on vint lui annoncer que le corps diplomatique et les personnes à recevoir étaient au complet. Il bondit. J'avais peine à le suivre. Il se jeta sur l'ambassadeur d'Angleterre, lord Withworth. Pendant près de deux heures, tandis que les assistants restaient cloués de terreur, il déchaîna sur lui une de ces colères qui me glaçaient :

« Vous voulez la guerre. Nous nous sommes battus pendant quinze ans. C'est déjà trop. Mais vous voulez faire la guerre quinze années encore et vous m'y forcez ! »

Il se tourna vers les ambassadeurs de Russie et d'Espagne :

« Les Anglais veulent la guerre ; mais s'ils sont les premiers à tirer l'épée, je serai le dernier à la remettre. Ils ne respectent pas les traités. Il faut dorénavant couvrir les traités de crêpe noir. »

Lord Withworth laissait s'écouler le torrent. Bonaparte hurla :

« Pourquoi ces armements ? Contre qui ces mesures de précaution ? Je n'ai pas un vaisseau de ligne armé dans les ports de France. Mais si vous armez, j'armerai aussi. Vous pouvez peut-être tuer la France, mais l'intimider, jamais ! »

Le lord tenta de glisser les mots « une explication amicale... »

« Il n'y a pas à en donner sur des stipulations aussi positives que celles du traité d'Amiens », coupa Bonaparte.

Je continuai à parler aux dames d'une voix gracieuse. Dans mon enfance, on me disait : « Si un chien furieux aboie à tes trousses, continue ton chemin, comme si de rien n'était. »

Bonaparte aboyait de plus en plus fort. A se rompre les cordes vocales, à faire éclater ses veines. Comme si sa rage ne devait jamais finir.

Avant de quitter la salle, dernier aboi :

« Nous nous battrons dans quinze jours... Malte ou la guerre ! »

De retour dans son cabinet, Hortense et moi étions pâles comme deux mortes. Il promena ses yeux de l'une à l'autre avec un rire enchanteur :

« Eh bien ! Qu'avez-vous, qu'est-ce qu'il y a ? »

Rompue par cette frénésie, je haletai :

« Tu as fait trembler tout le monde, on te croira méchant : les dames qui ne te connaissent pas, qui se faisaient un si grand bonheur de te voir, que veux-tu qu'elles pensent ? Au lieu d'être aimable et bon pour elles, tu vas parler politique. Ce n'était pas le moment. »

Il s'excusa avec un embarras d'enfant :

« Elles m'ont donc entendu ? C'est vrai, j'ai eu tort. Je ne voulais pas descendre aujourd'hui. Talleyrand m'a dit des choses qui m'ont donné de l'humeur et ce grand flandrin d'ambassadeur est venu se mettre devant mon nez... »

Le 8 mai 1803, pour la promenade dans le parc de Saint-Cloud, Bonaparte voulut conduire la calèche à six chevaux. Il la mena moins bien que le char de l'Etat. Elle accrocha une borne et versa dans l'herbe Hortense, Caroline, Cambacérès et moi. « Il faut rendre à César ce qui est à César », dit Bonaparte en restituant son fouet au cocher César.

Hortense fut celle que le choc jeta le plus loin. Pour la remettre de ses émotions, je la priai de coucher à Saint-Cloud. Devant la violence de son refus, j'éclatai en sanglots : « Ma fille ne m'aime plus ! »

« Hortense s'amuse à Paris. Nous sommes vieux et l'on s'ennuie avec nous », ajouta Bonaparte.

En larmes, Hortense finit par dire la vérité. Louis souffrait comme un damné de voir Bonaparte rayonner de tendresse devant le petit Napoléon-Charles. Il s'efforçait de séparer l'enfant du Premier Consul. Il avait interdit à Hortense de passer la nuit, où que ce fût, près du chef de l'Etat.

En juin-juillet, quarante-huit jours de triomphe. Dans les anciennes « provinces Belgique », devenues les départements du nord de la France.

Bonaparte était las parfois des honneurs. Moi je résistais à tout, avec un inébranlable sourire. Aux salves des canons qui cassaient les tympans, aux banquets qui poignardaient l'estomac, aux discours gluants de métaphores, aux vierges en blanc, brandissant compliments et bouquets, aux cloches et patènes, aux bals insipides qui blessaient les pieds, aux présentations d'épouses plantureuses qui offusquaient la vue, aux spectacles sans fin où je repoussais à deux mains la pieuvre du sommeil.

A Gand, harangue galante du préfet : « ... On sait ici, madame, quel empire vous exercez sur les cœurs par la bienveillance. Quand elle est accompagnée du charme irrésistible des grâces, de l'esprit et des talents, cette vertu est toute-puissante : aussi, madame, daignez croire qu'ici tout est soumis à vos lois. »

Pourtant la population restait plus curieuse que chaude. Le lendemain, pour gagner ces dévots, nous nous plongeâmes dans la piété et caressâmes les prêtres.

Le 18 juillet, arrivée solennelle à Anvers, sur un canot à six rameurs traversant l'Escaut. Canons tonnant, cloches sonnant, fanfares. Soleil d'apothéose. Sur le quai, Bonaparte bondit sur son cheval arabe. Devant la porte de Bierhoofd, il reçut les clefs de la ville et les rendit au maire. Tout à coup, il s'aperçut qu'on m'avait oubliée sur le quai. Galamment, il demanda deux fois au préfet de me faire monter dans une voiture. Cette attention, très remarquée, figura dans la *Relation* manuscrite de la cérémonie, conservée aux Archives.

« Honneur et gloire au Titus français », proclamait un transparent sur la façade de l'hôtel de ville.

Anvers précéda Paris de maintes façons. Après avoir bu avec nous un vin du Rhin fort intéressant, le président du conseil général traita Bonaparte de Napoléon le Grand. Mgr de Roquelaure, archevêque de Malines, ancien évêque de Senlis sous Louis XVI, m'inscrivit parmi les « chefs-d'œuvre du Créateur ». Une telle merveille ne pouvait pas s'être contentée d'un mariage civil. Elle ne pouvait que s'être unie à Bonaparte « par les nœuds sacrés d'une alliance sainte ». Nous voilà donc mariés religieusement par l'illusion ou par la diplomatie d'un prélat subtil.

Je me promenai sur le fleuve « à bord d'un navire venu de Chine et stationné au Canal-aux-Grains ». Quatre « sauvages de l'île Owyhée, si fameuse par la fin du capitaine Cook », chantèrent « en langue de leur pays » et exécutèrent « leurs danses ordinaires ».

Le soir, après le dîner à la Bourse d'Anvers, nous nous rendîmes à un temple de l'Amour, d'où nous jouîmes « de toute la perspective de la salle de danse ».

A Bruxelles, Bonaparte me fit un reproche qui me cloua de stupeur. Alors qu'il me traitait toujours de panier percé, il me reprocha d'avoir dépensé moins d'argent pour mes toilettes que les dames de la ville. Devant une telle méconnaissance de ma prodigalité, que faire, sinon fondre en larmes ?

Pendant ce voyage, je révélai à Mme de Rémusat le truc qui permettait à Bonaparte d'appeler par leur nom en leur pinçant l'oreille tant de soldats alignés anonymement dans les revues et de mettre un exploit sous chaque bonnet à poil. Le soir, il étudiait les cadres de l'armée. Au lieu de s'endormir avec des nymphes ou des houris, il glissait au sommeil, enveloppé de noms de grenadiers et d'assauts à la baïonnette.

Les Belges se livrèrent à de tels délires d'amour, de bière, de vin, de fleurs, de bonhomie, qu'ils dissipèrent mes angoisses devant la royauté. Au retour à Saint-Cloud, en attirant le héros dans mes bras, je murmurai d'une voix de sirène : « Quand me fais-tu impératrice des Gaules ? »

Pour nous mettre à l'alignement des Belges, nous passâmes de la poudre à canon à la poudre de riz, du Consulat à l'Empire. Le 15 août 1803, Duroc, général gouverneur du palais, ordonna aux piqueurs, sous-piqueurs, palefreniers et cochers de nos équipages d'avoir les cheveux poudrés, comme sous nos rois.

Le 3 septembre, dans un de ses rapports, un agent du comte de Provence qui n'avait pas les yeux dans sa poche parla « du règne de Napoléon ». Mais les régicides n'oseront installer sur le trône qu'un empereur portant le masque de la République. L'Empereur de la Révolution.

Le 12 février au soir, dans la prison du Temple, on ranima un prisonnier qui s'était pendu avec sa cravate : Bouvard de Lozier, un des chouans enragés, à la solde de l'Angleterre, qui s'étaient juré d'assassiner Bonaparte. Il avait confirmé la présence à Paris de Cadoudal, le conspirateur fanatique. Il avait raconté les entrevues toutes fraîches de Moreau et de Pichegru. Bien que complotant, Moreau ne voulait pas servir de marchepied aux Bourbons, qui s'étaient « si mal conduits ».

Bonaparte passa toute la nuit du 14 et 15 février à arpenter notre chambre : devait-il, ou non, faire arrêter Moreau ?

Le 15, à neuf heures, on l'arrêta sur la route de Grosbois et on le conduisit au Temple.

Bonaparte annonça la nouvelle à Mme de Rémusat, qui venait prendre son service auprès de moi.

« On ne manquera pas de dire que je suis jaloux de Moreau... Moi, jaloux de Moreau ! Eh ! bon Dieu ! il me doit la plus grande partie de sa gloire; c'est moi qui lui laissai une belle armée et qui ne gardai en Italie que des recrues; je ne demandais qu'à vivre en bonne intelligence avec lui. Certes, je ne le craignais point; d'abord je ne crains personne, et Moreau moins qu'un autre. Je l'ai vingt fois empêché de se compromettre; je l'avais averti qu'on nous brouillerait; il le sentait comme moi. Mais il est faible et orgueilleux; les femmes le dirigent, les partis l'ont pressé. »

Fouché se déchaîna. La Terreur était son fort. A la fin de février, il mit la main au collet de Pichegru, et après une poursuite dans les rues de Paris, il arrêta le redoutable Cadoudal. Celui-ci avoua qu'il ne devait attaquer le Premier Consul que lorsqu'un « ci-devant prince français » serait arrivé à Paris. Bouvard de Lozier, le pendu dépendu, avait fait le même aveu. Léridan, un ami de Cadoudal capturé avec lui, révéla que ce prince était déjà venu plusieurs fois à Paris pour s'aboucher avec le terrible conspirateur. C'était un homme de trente-cinq ans, mince, blond, élégant.

On l'entourait d'immenses égards. Il s'agissait du prince de Polignac. Bonaparte crut que c'était le duc d'Enghien. Je le révélai à Mme de Rémusat, le dimanche 18 mars, tandis que ma voiture roulait vers Malmaison. Elle me supplia d'intercéder. Je ne faisais que cela, depuis tant d'années !

Exécuter le duc d'Enghien serait plus qu'un crime à la Robespierre, une faute. Bonaparte avait la chance de n'avoir point trempé ses mains dans le sang de la Révolution. Et il allait s'acoquiner avec les jacobins ! Il aurait pu réconcilier la France d'avant la guillotine et celle d'après ! Et il allait creuser un abîme entre les deux ! L'infernal Talleyrand, grand seigneur traître d'Ancien Régime, l'y poussait.

Je saurai plus tard que Bonaparte avait chargé le général Ordener d'enlever le duc d'Enghien à Ettenheim. Pour atténuer diplomatiquement le coup, Caulaincourt devait remettre une lettre d'éclaircissements et d'excuses au ministre de l'électeur de Bade. Saisi d'une brusque pudeur, le virevoltant pédéraste et régicide Cambacérès rougissait comme une rosière à l'idée de violer une frontière : « Vous êtes bien avare aujourd'hui du sang des Bourbons ! » lui lança Bonaparte.

Le soir, à six heures, nous retrouvâmes le Premier Consul au salon. On n'aurait pas dit un homme qui allait en tuer un autre. Paisible, serein, il ne semblait occupé que par sa partie d'échecs. De Strasbourg, le duc d'Enghien, arrêté, roulait vers Paris.

Le lendemain matin, un courrier apporta à Bonaparte les papiers saisis à Ettenheim. Le duc dirigeait un réseau royaliste qui se prolongeait jusqu'en Alsace. « Il est d'un grand intérêt pour moi de rester rapproché des frontières, car la mort d'un homme peut amener, au point où en sont les choses, un changement total », écrivait-il à son grand-père. La mort d'un homme... Cet homme ne pouvait être que Bonaparte. Sa mort pouvait survenir sur un champ de bataille ou sous le poignard d'un Cadoudal. Bonaparte ne retint que la seconde hypothèse.

Parmi les papiers figurait le brouillon d'une longue lettre du duc à sir Charles Stuart. Le duc sollicitait « des bontés de Sa Majesté britannique la grâce de jeter les yeux sur lui pour l'employer n'importe comment, ni en quel grade, contre ses implacables ennemis... en daignant lui confier le commandement de quelques troupes auxiliaires, dans lesquelles il pût placer quelques anciens officiers fidèles de sa nation et les déserteurs qui pourraient le rejoindre. Le nombre en serait grand dans ce moment, dans les troubles de la République. Le duc d'Enghien, pendant un séjour de deux années sur les frontières de France, a été à portée de s'en convaincre d'une manière positive ».

Pour Bonaparte, le duc était un traître, à la solde des Anglais. Ce traître n'en était plus un, s'il considérait Bonaparte comme un usurpateur. Cette idée n'effleura pas l'usurpateur. Il ne voulut voir dans le duc qu'un émigré pris les armes à la main, « crime que les lois révolutionnaires punissaient par la mort ». Il oubliait que cet émigré avait été pris en territoire étranger, au mépris des lois internationales qui valaient bien nos « lois révolutionnaires ».

Le duc arriverait à Paris le lendemain, 20 mars. On le jugerait sur-le-champ. De toutes mes forces, de toutes mes larmes, jaillies du fond des entrailles, je suppliai Bonaparte de ne pas assassiner un Condé.

« Les femmes doivent demeurer étrangères à ces sortes d'affaires », répliqua-t-il.

Il me démonta le mécanisme de son raisonnement d'artilleur :

« Ma politique demande ce coup d'Etat; j'acquerrai par là le droit de me rendre clément par la suite. »

Le crime d'aujourd'hui, au nom de la clémence de demain. Sanglante clémence !

« L'impunité encouragera les partis, je serai donc obligé de persécuter, d'exiler, de condamner sans cesse, de revenir sur ce que j'ai fait pour les émigrés, de me mettre dans les mains des jacobins. Les royalistes m'ont déjà plus d'une fois compromis à l'égard des révolutionnaires. L'exécution du duc d'Enghien me dégage vis-à-vis de tout le monde. »

Je m'agrippai, comme s'il y allait de ma vie. J'essayai de le faire trébucher sur un point de détail. Je lui reprochai d'avoir mêlé à cette affaire M. de Caulaincourt.

« Tu aggraves tout ce que ceci peut avoir d'odieux : ses parents ont été attachés autrefois à la maison de Condé.

— Je ne le savais pas, mais qu'importe ? Si Caulaincourt est compromis, il ne m'en servira que mieux. Le parti opposé lui pardonnera désormais d'être gentilhomme. »

J'enlaçai Bonaparte de mes griffes, de mes pleurs. Comme si on devait m'exécuter aussi. Je finis par l'exaspérer. Il m'arracha de lui en criant :

« Allez-vous-en, vous n'êtes qu'une enfant, vous n'entendez rien aux devoirs de la politique. »

A bout d'arguments, je fouillai dans les souvenirs sanglants de mon passé et lui lançai, invoquant l'impitoyable retour des choses :

« Eh bien, Bonaparte, si tu fais tuer ton prisonnier, tu seras guillotiné toi-même, comme mon premier mari, et moi, cette fois, par compagnie avec toi ! »

Dans la journée du 20 mars, où roulèrent les dés de fer, Bonaparte montra de quelle dissimulation il était capable. Il m'égara sur les chemins de la clémence :

« Sa grâce est dans mon cœur, mais ce n'est pas assez pour moi; je veux que le petit-fils du Grand Condé serve dans nos armées : je me sens assez fort pour cela. »

Le soir, au dîner, il joua au grand-papa gâteau. Il posa sur la table son dieu, son petit-fils, Napoléon. Il s'amusa comme un fou à le voir tripoter tous les plats, renverser verres et assiettes, faire un carnage de vins et de sauces. Après le dîner, mêmes jeux. Je crus pouvoir échanger, avec Mme de Rémusat, des sourires rassurés.

Pendant ce temps, il préparait son assassinat. Depuis cinq heures de l'après-midi, le duc d'Enghien était arrivé à Vincennes.

« Pourquoi n'avez-vous pas mis de rouge ? demanda-t-il à Mme de Rémusat avec une grâce exquise.

— J'ai oublié d'en mettre. »

Elle l'avait fait en signe de deuil.

« Comment ? Une femme oublie son rouge ? »

Le bon apôtre éclata de rire.

« Cela ne t'arriverait jamais à toi, Joséphine...

Les femmes ont deux choses qui leur vont fort bien : le rouge et les larmes. »

Il se mit aux échecs avec Mme de Rémusat.

« Soyons amis, Cinna... », murmura-t-il soudain en poussant un pion.

Puis le vers de Gusman, dans *Alzire* :

« ... " Et le mien quand ton bras vient de m'assassiner... " ».

Bouleversée d'espoir, Mme de Rémusat leva la tête. Bonaparte avait pris son sourire enchanteur :

« Vous aimez les vers ? »

Elle opina, sans oser ajouter : « Je les aime surtout quand ils font application. »

Soudain, un roulement de voiture. Bonaparte se leva à la hâte, rejoignit dans la galerie le général Hulin, commandant des grenadiers consulaires. Il nomma aussitôt cet ancien garçon de café président de la commission militaire qui jugerait immédiatement au château de Vincennes le descendant du Grand Condé. Tout devait être achevé dans la nuit. Dans ce procès, on commença par la tombe. Dans l'après-midi, le gouverneur du château de Vincennes, l'ancien jacobin Harel, avait ordonné de creuser, dans l'encoignure de la tour de la Reine, un trou pour « enfouir des immondices ». Quelques coups de pelle de plus, et ce trou à ordures deviendra la tombe d'un prince.

Le lendemain matin, à onze heures, Savary, exécuteur des hautes œuvres, vint rendre compte à Malmaison.

« Eh bien ? Est-ce donc fait ? lui demandai-je en tremblant.

— Oui, madame, il est mort ce matin, et, je suis forcé d'en convenir, avec beaucoup de courage... Après sa mort, on a permis aux gendarmes de prendre ses vêtements, sa montre, et l'argent qu'il avait sur lui : aucun n'a voulu y toucher. »

En négligé du matin, je courus dans la chambre de Bonaparte. Jamais je n'avais tant pleuré depuis la prison des Carmes. En tuant ce beau prince dans ce fossé de Vincennes, Bonaparte avait tué tous mes souvenirs de splendeur royale, d'enchantement.

« Le duc d'Enghien est mort ! criai-je, en m'affalant dans ses bras. Ah ! mon ami, qu'as-tu fait ?

— Les malheureux ont été trop vite », répondit-il, sans oser me regarder.

C'était lui qui avait ordonné de « faire vite ». Quand des esclaves armés veulent plaire à leur maître, on sait ce que ces mots signifient. Pourtant, comme retenu par un remords, la veille il avait donné un contrordre. Le conseiller Réal se rendrait à Vincennes pour interroger le prisonnier. Hélas ! trop souvent la Justice dort. Le conseiller s'était mis au lit. N'osant pas le réveiller, on avait déposé sur sa table de chevet l'ordre du Premier Consul. La foudre consulaire s'éteignit dans un oreiller. Quand Réal, au milieu de la nuit, pris par un besoin pressant, ouvrit le pli, le duc, défiguré par les balles, gisait dans son trou.

A Vincennes, quelques minutes avant la salve, le général Hulin avait commencé une lettre. Il priait le Premier Consul d'accorder au duc l'audience qu'il sollicitait. Savary l'interrompit brutalement : « Votre affaire est finie. Le reste me regarde ! » Si le conseiller Réal, muni du contrordre, avait été là, il aurait transmis la requête. De cette entrevue serait peut-être né un accord. Quand Savary commença le récit de l'exécution, Bonaparte s'écria : « Il y a là quelque chose qui me dépasse ; voilà un crime qui ne mène à rien et qui ne tend qu'à me rendre odieux. »

Pourtant il couvrit ses exécutants. Le dîner se déroula dans un silence de mort : « Au moins ils verront ce dont nous sommes capables. Dorénavant j'espère qu'on nous laissera tranquilles ! » s'écria-t-il en se levant avec la violence d'un boulet.

Au salon, même atmosphère funèbre. Au bout de mon canapé, je gardai baissés sur ma broderie mes yeux rouges de larmes. Pour secouer ce silence de plomb, Bonaparte pria Fontanes, président du Corps législatif, de lire une page de la correspondance de Drake. Fâcheuse idée ! Le texte incriminait les intrigues royalistes contre le Consulat.

« Voilà des preuves qu'on ne peut récuser, s'écria Bonaparte. Ces gens-là voulaient mettre le désordre dans la France et tuer la Révolution dans ma personne : j'ai dû la défendre et la venger. Le duc d'Enghien conspirait comme un autre, il a fallu le traiter comme un autre. »

Un silence, aussi lourd que les précédents. Puis, en martelant ses mots :

« J'ai versé du sang, je le devais, et j'en répandrai peut-être encore, mais sans colère et tout simplement parce que la saignée entre dans les combinaisons de la médecine politique. Je suis l'homme de l'Etat, je suis la Révolution française, et je la soutiendrai. »

Le 24 mars, en rentrant de Malmaison à Paris, j'étais plus morte que vive. Comment la capitale accueillerait-elle notre couple d'assassins ? Nous partîmes pour l'Opéra dans deux voitures. D'habitude, le Premier Consul entrait dans sa loge sans m'attendre. Cette fois, il fit preuve d'une galanterie utile. Bien que fort courageux, il pensa que je pourrais lui servir de bouclier. Les Parisiens respectaient en moi la femme. Il m'attendit dans le petit salon qui précédait sa loge. Enfin, rassemblant son courage, comme au pont d'Arcole, il s'avança avec moi. Applaudissements, bravos, acclamations : Paris nous aimait toujours.

« Tout se calmera, et l'on verra que je n'ai point fait une gaucherie », m'avait prédit Bonaparte. Les faits semblèrent lui donner raison.

Il comptait garder le Consulat deux ans, avait-il avoué à Mme de Rémusat, « quoique, avec cette forme de gouvernement, les mots jurassent avec les choses... Mais cette conspiration a pensé remuer l'Europe; il a donc fallu détromper l'Europe et les royalistes... ».

Comme il aurait démonté un canon, il aimait démonter le mécanisme de sa politique. Son esprit était infiniment plus agile que ses mains.

« ... J'avais à choisir entre une persécution de détail ou un grand coup. Mon choix ne pouvait être douteux. J'ai donc imposé silence pour toujours aux royalistes et aux jacobins. »

Chez les royalistes, silence de terreur. Chez les jacobins, silence de joie. Pour les régicides, Bonaparte s'était fait régicide : le sang des Condé était le même que celui du roi. Bonaparte avait dissipé à jamais leur crainte de le voir jouer les Monck ramenant un monarque.

« Je suis enchanté, Bonaparte s'est fait de la Convention ! » jubila le tribun Curée, qui se proclamait « républicain éprouvé ».

C'était donc à un nouveau conventionnel, à un jacobin sûr, à un « républicain éprouvé » que les révolutionnaires offriront la couronne. Il l'enfoncera sur sa tête, le bougre ! Pas danger qu'il l'égarât sur celle d'un Bourbon !

Six jours après le feu de peloton de Vincennes, le 27 mars, le Sénat, sous la présidence de Cambacérès, virant à tous vents, supplia le Premier Consul de rendre « son ouvrage immortel comme sa gloire ». Le même jour, la docte assemblée suspendit sur ma tête mon épée de Damoclès : la question de l'hérédité.

Je m'étais assez débattue contre ce pouvoir royal ou impérial. J'avais lancé cet avertissement prophétique : « Bonaparte, ne te fais point roi ! » Mon mari m'avait assez accusée de me laisser tournebouler par mes vieilles douairières du faubourg Saint-Germain ! J'avais assez soupiré, gémi, pleuré : « Que je sois toujours la femme du Premier Consul, c'est tout ce que je souhaite ! »

Ce branle-bas d'Empire m'épouvantait. J'étais comme une chatte que des déménageurs arracheraient à ses coussins.

« Les vrais ennemis de Bonaparte sont ceux qui lui donnent des idées d'hérédité, de dynastie, de divorce et de mariage ! » dis-je devant Roederer et Fouché.

Le 30 avril, Curée, perroquet docile, demanda au Tribunat que le gouvernement de la République fût confié à un empereur dont le pouvoir serait héréditaire. Le 4 mai, le Sénat accueillit par des acclamations la délégation du Tribunat venue exercer pour la première fois, dans son sein, cette initiative « républicaine et populaire ».

Malheureusement, l'hérédité semblait déboucher sur le vide. Bonaparte n'avait pas d'enfant. Je me cramponnai à ce que j'avais toujours considéré comme l'idéal : que Bonaparte adoptât l'enfant qu'il adorait, son neveu, Napoléon, le fils de mon Hortense, mon petit-fils, dont les mauvaises langues faisaient même, tant il lui ressemblait, son propre fils.

Levée de boucliers de tout le clan Bonaparte contre l'intruse, contre la vieille prostituée de Babylone, gouffre de dépenses et de débauches, stérile à force de stupres.

Bonaparte frappa d'abord à la tête. En Corse, l'aîné est sacramentellement le chef de la tribu. Quel dommage, pour quelques mois de différence, que Dieu n'ait pas fait naître Napoléon l'aîné ! Son génie lui permit de dominer le monde, non d'abattre ces quelques mois.

Avec des cris d'orfraie, Joseph refusa d'abandonner son piteux droit d'aînesse. Il voulait « tout ou rien ». Il menaçait de s'aboucher avec Sieyès, avec Moreau, avec « tout ce qui restait en France de patriotes et d'amis de la liberté » pour « se soustraire à tant de tyrannie ».

Bonaparte passa son chemin et demanda à Louis de lui confier son fils. Autre accès de stupidité. Mon immense pitié pour la solitude de Bonaparte, affrontant ces vautours. Et mon remords d'avoir donné ma fille à ce fou.

« Pourquoi faut-il donc que je cède à mon fils ma part de succession ? grinça Louis de sa voix de pie-grièche. Par où ai-je mérité d'être déshérité ? »

Par votre ridicule, odieuse, incurable bêtise, avais-je envie de lui crier ! Et par le reste de votre diatribe à Bonaparte, où la pie se changea en dindon :

« Quelle sera mon attitude, lorsque cet enfant, devenu le vôtre, se trouvera dans une dignité très supérieure à la mienne, indépendant de moi, marchant immédiatement après vous, ne me regardant qu'avec inquiétude ou peut-être même avec mépris ? »

Et les menaces, le chantage. Avec, à l'égard de son enfant, un cœur de pierre où toute vibration paternelle était remplacée par l'orgueil, l'égoïsme, les préséances.

« Non, je n'y consentirai jamais, et plutôt que de consentir à courber la tête devant mon fils, je quitterai la France, j'emmènerai le petit Napoléon, et nous verrons si tout publiquement vous osez ravir un enfant à son père. »

Une fois de plus, l'infâme Louis interdit à Hortense de me voir. Il m'en voulait à mort, parce que j'avais soufflé à Bonaparte cette idée d'adoption, qui aurait dû le combler de joie, et dont il faisait l'abomination de la désolation. Il adressa à Hortense des menaces de tyran.

« Si vous suivez les intérêts de votre mère aux dépens des miens, je vous déclare que je saurai vous en faire repentir; je vous séparerai de votre fils, je vous claquemurerai dans quelque retraite éloignée dont aucune puissance humaine ne pourra vous tirer, et vous paierez du malheur de votre vie entière votre condescendance pour votre propre famille. Et surtout, gardez qu'aucune de mes menaces parvienne aux oreilles de mon frère ! Sa puissance ne vous defendrait pas de mon courroux. »

Montant au délire de la persécution, Louis dévoila son âme de geôlier :

« Vous ne pouvez pas m'aimer, vous êtes femme, par conséquent un être tout formé de ruse et de malices. Vous êtes la fille d'une mère sans morale. Vous tenez à une famille que je déteste; que de motifs pour moi de veiller sur toutes vos actions ! »

Les excès de ses frères poussèrent Bonaparte à faire une loi d'hérédité, moins pour les Français que contre sa famille.

Sans son autorisation, Jérôme avait épousé une Américaine, Betsy Patterson, « la belle de Baltimore ». Il s'était exclu de la ronde de satellites.

Même désobéissance de Lucien. Mais celui-là, c'était le plus intelligent. Les autres accrochaient leur néant aux basques du Premier Consul. Lui, avait rendu d'immenses services. Sans sa manœuvre de sauvetage du 18 brumaire, alors que Bonaparte se noyait, y aurait-il eu un Premier Consul ?

Veuf de Catherine Boyer, Lucien avait épousé en catimini une Alexandrine de Bleschamp, veuve Jouberthon, dont il avait déjà un fils. Bonaparte n'accepta jamais cette illégale, épousée hors de sa loi. Il somma Lucien de jeter par-dessus bord sa « coquine ». Il voulait l'unir à la reine d'Etrurie, devenue veuve. Lucien résista. Sa femme, son fils, ses filles, lui, ne formaient qu'un bloc.

Un soir, dans ma chambre, Bonaparte, livide, s'abattit dans un fauteuil en gémissant :

« C'en est donc fait, je viens de rompre avec Lucien et de le chasser de ma présence ! »

Il y avait eu une scène horrible. Menaces, caresses, promesses, Bonaparte avait tout tenté. Lucien était resté de marbre. Aux arguments d'intérêt de Bonaparte, il ne répondit que par le mot « amour ». Il aimait sa femme. On ne l'aurait séparé d'elle qu'à coups de hache. Au titre de

« prince français », il préférait celui d'époux de Mme Jouberthon.

Je le plaignais. Je plaignais Bonaparte, barricadé dans sa grandeur. Les yeux pleins de larmes, il me prit dans ses bras, posa tendrement ma tête sur son épaule, y garda sa main appuyée :

« Il est dur pourtant de trouver dans sa famille une pareille résistance à de si grands intérêts. Il faudra donc que je m'isole de tout le monde, que je ne compte que sur moi. Eh bien, je me suffirai à moi-même et toi, Joséphine, tu me consoleras de tout. »

Pendant quelques semaines, la tribu Bonaparte tira à boulets rouges sur le Premier Consul. Leur haine à mon égard allait à la frénésie. Ils auraient mieux aimé perdre leurs trônes de carton que de me voir impératrice. J'avais beau plaider pour eux devant Bonaparte. J'obligeais des ingrats, des fous. Plus je multipliais les bienfaits et les grâces, plus j'excitais la fureur de ces enragés. J'étais l'obstacle à abattre, le mur à renverser. J'avais beau couvrir ce mur de fleurs, ils faisaient tout pour le détruire. Leur seule solution : ma disparition. Fouché alla jusqu'à écrire : « Il serait à souhaiter que l'Impératrice vînt à mourir; cela lèverait les difficultés. Tôt ou tard il faudra bien qu'il prenne une femme, qu'il fasse des enfants, car tant qu'il n'aura pas d'héritier, il y aura à craindre que sa mort ne soit le signal de dissolution. Ses frères sont d'une incapacité révoltante et l'on verrait surgir un nouveau parti en faveur des Bourbons. »

Les Bonaparte ne comprenaient pas pourquoi le

Premier Consul, d'une façon ou d'une autre, ne se débarrassait pas de moi. Comment leur expliquer qu'il m'aimait ? Malgré tous mes gouffres de mensonges et de dettes, il ne pouvait pas se passer de moi. Au lit, et dans la vie, je l'enchantais. Le plus beau spectacle, pour cet amateur de théâtre, était de me voir marcher, me farder, m'habiller, déployer, pour lui seul ou pour le public, mes petites manières d'alcôve, ou mes grandes manières de cour. Il savourait mes jeux de physionomie provocants, malicieux, câlins, caressants. Mes langueurs, mes mélancolies, mes larmes. Toute cette comédie de la vie, que je jouais du matin au soir, accompagnée par la plus suave musique qui, pour lui, plus que tous les opéras, était le son de ma voix.

XIII

« VOTRE MAJESTÉ IMPÉRIALE »...

Le jeudi 10 mai 1804, le Sénat institua, à l'unanimité, le gouvernement impérial. Dans les cours des casernes, tandis que le ciel se découvrait au-dessus de Paris, les fourriers lurent ce texte aux hommes de la Garde consulaire :

« La Garde est prévenue que le Sénat a proclamé aujourd'hui Napoléon Bonaparte Empereur des Français et a fixé l'hérédité de pouvoir dans sa famille.
Vive l'Empereur !
« Dévouement sans bornes et fidélité à toute épreuve à Napoléon Ier, Empereur des Français. Aujourd'hui la Garde prend le titre de Garde Impériale. »

Le premier cri de « Vive l'Empereur ! » secoua les vitres. Sans écorcher la gorge de ces braves, élite de l'armée, empanachés, dorés, surdorés, qui, peu de temps avant, parlaient encore le jargon des sans-culottes.

D'un même souffle, les fourriers proclamèrent l'hérédité du pouvoir « dans la descendance de

Napoléon Bonaparte et, à défaut d'enfants, dans celle de Joseph ou de Louis », créés princes impériaux. L'Empereur pourrait adopter comme successeur le neveu de son choix, quand il aurait atteint dix-huit ans.

Le vendredi 18 mai, les canons tonnèrent dès l'aube. Précédé d'un régiment de cuirassiers, et conduit par Cambacérès, le Sénat se rendit à Saint-Cloud pour remettre au Premier Consul le décret qui le nommait Empereur.

Le président François de Neufchâteau, en une image nautique, félicita l'Empereur d'avoir « fait entrer au port le vaisseau de la République ».

« Oui, sire, de la République ! Ce mot peut blesser les oreilles d'un souverain ordinaire... »

Mais Napoléon différait autant de la plèbe des souverains « ordinaires » que ces monarques différaient du peuple.

« Ici le mot (*République)* est à sa place devant celui qui nous a fait jouir de la chose dans le sens où la chose peut exister chez un grand peuple. »

La délégation adorante vint ensuite m'apporter ses prières.

« Il reste au Sénat un devoir très doux à remplir, déclara Cambacérès, d'une voix fleurie de ronds de jambe, celui d'offrir à Votre Majesté Impériale l'hommage de son respect et l'expression de la gratitude des Français. »

Malgré mon aisance dans les grandes circonstances, je sursautai au premier choc du titre impérial. Je n'étais plus dans le grand salon doré de Saint-Cloud, mais dans le *taboui,* la case inondée de bougainvillées et de jasmins de la devineresse Eliama, à l'embouchure de la rivière Croc-Souris. Eliama lisait dans la main de la petite Rose Tascher de la Pagerie : « Tu te marieras bientôt; cette union ne sera point heureuse : tu deviendras veuve et alors tu seras plus que reine. »

Terrifiée par la vérité de la prophétie, je crus sentir les lustres, les candélabres, les dorures, tourner autour de moi. La voix de Cambacérès, bourdonnant son cantique, recula au fond des temps. En prenant l'attitude la plus charmante et la plus impériale, j'enfonçai mes ongles dans mes mains en me disant : « Tiens-toi droite. Impératrice des Trois-Ilets! Souris, mais pas trop, Majesté Impériale des Français! Ne tombe pas! Ne pleure pas! Oh!... La vie!... La vie!... »

Des flots de larmes étaient prêts à m'inonder, comme le cyclone d'autrefois qui ravagea mon île. J'avais envie de me blottir, de me cacher. Mais je devais représenter, parader, témoigner. Idole de grâce, modèle impérial de douceur féminine, médiatrice entre l'empereur tonnant et ses peuples.

« Oui, Madame, continuait dans une brume la voix dorée sur tranche, la renommée publie le bien que vous ne cessez de faire. Elle dit que, toujours accessible aux malheureux, vous n'usez de votre crédit auprès du chef de l'Etat que pour soulager leur infortune; et qu'au plaisir d'obliger, Votre Majesté ajoute cette délicatesse aimable qui rend la reconnaissance plus douce et le bienfait plus précieux...

« Votre Majesté... Votre Majesté Impériale »... Je devais m'empêcher de me retourner, pour voir si ces titres ne s'adressaient pas à une autre, devant laquelle je m'abîmerais en révérences. Mais non, c'était moi, c'était bien moi. Je devrais m'habituer à être traitée ainsi et me parler à moi-même à la troisième personne. Comme la femme d'Auguste, je devenais une héroïne des livres d'Histoire.

Durant toute cette journée de magnificences, je me terrai dans mes appartements. Bête traquée, tremblant de rencontrer des chasseurs.

Avant le dîner, Duroc, gouverneur du palais, fit la leçon à tous sur les nouveaux titres. L'Empire, c'étaient d'abord des nouvelles façons de nommer. Un baptême de splendeur.

Aux frères de l'Empereur, Joseph et Louis, on dirait *Altesse Impériale* et à leurs épouses, Julie et Hortense, *Princesse.* Aux deux anciens consuls et aux seize maréchaux, *Monseigneur.* Aux ministres, *Excellence.*

Le seul qui se riait des titres et qui gardait son charme de simplicité, le seul vrai prince était Eugène, mon adorable fils, nommé colonel général.

Pendant ce premier repas impérial, l'Empereur essaya les titres. Il habitua sa langue à prononcer « la princesse Joseph », « la princesse Louis ». Ces essais d'articulation provoquèrent des scènes bouffonnes. A chaque « princesse Joseph » et « princesse Louis », deux sœurs de l'Empereur se décomposaient : Elisa et Caroline, qui n'étaient que Mme Bacciochi et Mme Murat, c'est-à-dire rien, tandis que la belle-sœur de l'Empereur et les Beauharnais abhorrés se pavanaient dans leurs principautés. Elisa se courbait en arrière, en un arc de morgue. Pour éteindre sa fureur, Caroline s'entonnait d'immenses verres d'eau. Les larmes la noyèrent vite. L'Empereur essaya en vain de taquiner ces furies. Après le dîner de famille du lendemain, elles laissèrent éclater leur hargne :

« Pourquoi veut-on me condamner, ainsi que

mes sœurs, à l'obscurité et au mépris, tandis qu'on couvre des étrangers d'honneurs et de dignités ? » hurla Mme Murat, en crise de nerfs.

Les « étrangers » gardèrent un silence outré. L'Empereur prit notre défense et montra le ridicule d'une telle prétention :

« A vous entendre, on croirait que je vous ai volé l'héritage du feu roi notre père ! »

Les Bonaparte se comportaient comme si leur père, le très léger, très joueur, très versatile, libertin et désargenté Carlo-Maria avait régné, sous le nom de Charles Ier, sur le trône de France.

Pour repousser l'ironie impériale, Mme Murat, à bout d'explosions, tomba comme une planche et s'évanouit. L'Empereur s'apaisa. Il se mit à lui tapoter les mains, les joues, avec des mots de tendresse. Quand elle revint à elle, il lui fit des promesses qui lui rendirent ses couleurs.

Le 29 mai, les deux forcenées apprirent qu'on les appellerait, elles aussi, *Altesses Impériales*. Recevant la nouvelle à Rome, Mme Laetitia espéra accéder aux splendeurs d'*Impératrice Mère*. Son entourage n'attendit pas la confirmation pour lui donner, à coups redoublés, du *Votre Majesté Impériale*.

Après les femmes, ces messieurs Bacciochi, Borghèse, Murat entrèrent en bouderie. Il leur restait à forcer les portes du salon impérial, derrière la traîne de leurs épouses. Mais le prince des bouders fut le sinistre Joseph. Il ne décolérait pas de n'être point l'héritier de l'Empire.

Je n'attendis guère pour justifier les louanges de Cambacérès, au jour de mon intronisation :

« Cette disposition présage que le nom de l'Impératrice Joséphine sera le signal de la consolation et de l'espérance; et comme les vertus de Napoléon serviront toujours d'exemple à ses successeurs pour leur apprendre l'art de gouverner les Nations, la mémoire vivante de votre bonté apprendra à leurs augustes compagnes que le soin de sécher les larmes est le moyen le plus sûr de régner sur tous les cœurs. »

En ce mois de juin 1804, le procès de Cadoudal touchait à son terme. En montant à l'échafaud, il prononcera ces mots d'amertume :

« Nous avons fait plus que nous le pensions, nous venions donner un roi à Paris, nous lui donnons un empereur ! »

Le prince de Polignac, qui était venu plusieurs fois à Paris transmettre des instructions à Cadoudal, devait partager son sort. On l'aurait même exécuté plus tôt si Bonaparte ne l'avait pas confondu avec le duc d'Enghien.

Un matin, Mme de Rémusat me supplia de recevoir la princesse de Polignac et sa tante, Mme d'Andlau, la fille d'Helvétius, qui venaient implorer la grâce des conjurés. Moi seule pouvais attendrir l'Empereur.

L'Empereur avait déjà gracié Moreau. S'il l'avait condamné, j'aurais été plus sûre de notre succès. Mais je craignais qu'il n'eût usé sa ration de clémence.

Tandis que Mme de Rémusat ajoutait à ses supplications, l'Empereur entra. Je lui annonçai que j'avais consenti à recevoir Mme de Polignac. Un volcan de fureur !

« Faites ce que vous voulez. Moi je ne verrai jamais cette femme ! »

Il m'expliqua que je n'y comprenais rien. Que ce parti royaliste était plein de jeunes étourneaux, toujours prêts à recommencer, si on ne les contenait point par une forte leçon.

« Les Bourbons sont crédules, ils croient aux assurances que leur donnent certains intrigants qui les trompent sur le véritable esprit public de la France, et ils m'enverront ici une foule de victimes. »

Déblatérant, vitupérant, il parcourait la pièce, comme un ours en cage. Mme de Rémusat joignit ses implorations aux miennes.

« Quel intérêt prenez-vous donc à ces gens-là? lui demanda-t-il soudain avec méfiance.

— Sire, je ne les connais point, et jusqu'à hier matin, je n'avais jamais vu Mme de Polignac.

— Eh bien, vous plaidez ainsi la cause de gens qui venaient pour m'assassiner...

— Non, sire, mais je plaide celle d'une malheureuse femme au désespoir, et, je dirai plus, la vôtre même. »

L'Empereur sortit de la pièce plus furieux qu'il n'y était entré. En nous ordonnant de ne plus lui casser la tête.

Je reçus Mme de Polignac dans la pièce la plus écartée de l'appartement. Par deux fois, je revins à la charge auprès de l'Empereur. Toujours repoussée, éperdue, pantelante. Infatigable comme la mer. Au troisième assaut, je l'emportai, grâce à Talleyrand, qui travaillait avec l'Empereur. Il joignit ses efforts aux miens. Sa Majesté daigna recevoir Mme de Polignac. Elle se jeta à genoux. Il la releva en lui accordant la grâce de son mari :

« Ils sont bien coupables, madame, les princes

qui compromettent la vie de leurs plus fidèles serviteurs ! »

Pendant toute l'audience, la tante de la suppliante, Mme d'Andlau, affolée, se cognant aux vitres, ne cessa de voleter en bourdonnant :

« Sire, je suis la fille d'Helvétius !... Sire, je suis la fille d'Helvétius !... »

Comme en rêve, je me sentis peu à peu investie d'une cour. Dames, officiers, domestiques : une centaine de personnes, la population d'un hameau. Je gardais mon carré de dames du palais du Consulat : Mmes de Rémusat, de Lauriston, de Talhouët, de Luçay. J'y ajoutai la piquante Mme de la Rochefoucauld, à laquelle j'allouai quarante mille francs pour la consoler de sa bosse. Plus une dame d'atour, Mme de Lavalette, nièce d'Alexandre de Beauharnais, qui prouvait que l'on pouvait rester jolie malgré la petite vérole : trente mille francs. Je devais toucher un paquet de douze dames du Palais à douze mille francs pièce. Plus je m'impérialiserais, plus j'aurais de dames : dix-neuf, vingt-trois, vingt-neuf.

Au début, course d'enfer aux sièges vacants. Victoire des ravissantes : Mmes de Vaudez et Duchâtel, que l'Empereur trouvera trop à son goût. Mme Savary, née Faudoas, un peu ma parente et fille d'une créole de Saint-Domingue, Mme Lannes, la fracassante Mme Ney, nièce de Mme Campan, Mme de Walsch-Serrant, Mme Auguste de Colbert. Enfin la dame des dames, régentant les autres, la comtesse d'Arberg de Vallengin, un des plus beaux arbres généalogiques d'Europe.

Pour le service de la chambre, la fidèle Agathe

Rible, et deux premières femmes, Mme Bassan et Mme de Saint-Hilaire, ancienne femme de chambre de Madame Victoire. Sans oublier quatre mignonnes, dites, à cause de leur uniforme, les « dames rouges » : Mme Ducrest de Villeneuve, Mme Soustras, Félicité Longroy, la créole Eglé Marchery. Une dame d'atour, Mme Mallet, quatre femmes de garde-robe, en noir, cinq filles de garde-robe, en blanc.

Pour mes chambellans et officiers, je n'obtins que d'obscurs noblaillons, gueux ou ruinés. J'eus du mal à séduire de grands blasons.

Comme premier écuyer, je décrochai tout de même un Louis-Auguste de Jouvenel, comte de Harville des Ursins, marquis de Trainel. Nous nous connûmes par les chevaux. Il en échangea que le Premier Consul avait montés. Au palais, il se tenait derrière mon fauteuil, me donnait la main dans mes évolutions. Il organisait mes voyages, commandait les escortes. A l'écurie, il régnait sur trois piqueurs, quatre cochers, huit postillons, vingt palefreniers, cinquante chevaux en 1804, cent en 1805, et sur une douzaine de véhicules, calèches, berlines, voitures de gala.

Les généraux de Fouler et de Bonardi de Saint-Sulpice portaient les noms caracolants d'écuyers cavalcadours.

Comme premier chambellan, je dus me rabattre sur un beau-frère de Mme de Rémusat. Poussé par elle, ce M. Champion fit oublier qu'il n'était « décrassé de roture » que depuis cent ans. D'un lopin de terre à Nans-sous-Thil, il prit le nom de « Champion de Nansouty ». Grâce à un cousinage avec la mère de Mme de Montesson, épouse morganatique du duc d'Orléans, il se faufila à l'Ecole militaire des cadets-gentilshommes de Brienne et devint général. L'appui de Mme de Rémusat l'aida à marcher sur les pieds de deux autres chambellans infiniment plus nobles : M. de Beaumont, dont le sang était bleu depuis le XIVe siècle, et Pierre-Raymond-Hector d'Aubusson, marquis de Castelnovel, de Saint-Paul, de Serre et de Melzéard, comte de La Feuillade, vicomte d'Aubusson, baron de la Borne et de La Pérusse.

Mon secrétaire des commandements, Deschamps, m'amusait par ses vers, ses chansons, ses appétits carnivores. Il prétendait que les légumes abrutissaient. Il faisait le lien entre mon auguste personne et mon trésorier payeur Ballouhey, qui naviguait sur mes deux océans de dépenses : la Cassette, la Toilette... L'océan des Bienfaits, Secours et Pensions était géré plutôt par la dame d'honneur, qui ne levait pas le petit doigt sans mes ruineuses directives.

Quatre valets de chambre, deux coureurs vert et or, avec canne, douze valets de pied, bientôt vingt-six, vert et écarlate, quatre huissiers d'appartement, en noir, gonflés de leur importance. L'un d'eux, Dumoûtier, avait l'art de s'entortiller les pieds dans les tapis. Un jour, il me présentait une tasse de tisane avec la majesté du Saint-Sacrement. Glissade ! Il se rattrapa, mais la tasse, poursuivant son vol, se brisa en mille miettes.

« J'en ferais bien autant, dit l'Empereur, pouffant.

— Evidemment, sire, maintenant que Votre Majesté a vu comment je m'y suis pris. »

Il avait des mots impayables et un sang-froid de roc, hérité de la cour de Marie-Antoinette, où il servit. Un jour, alors qu'il regardait par une fenêtre, l'Empereur lui administra une tape sur les fesses :

« Votre Majesté ferait mieux d'aller badiner avec ses pareils », dit, en se redressant, l'inébranlable Dumoûtier.

J'avais aussi à mon service deux mamelouks, bardés de sabres et de poignards : Marche-à-terre et Ali. Et deux petits nègres, plus noirs que nature : les deux frères Suaire, et Saïd Baguette-Damande.

Alors qu'à table je me contentais de babioles, mes cuisines du service de la Bouche pullulaient de plus de marmitons, maîtres queux, rôtisseurs que celles de Riquet à la Houppe. Une centaine en tout.

N'oublions pas la Brisée, une femme au nom bizarre, qui s'occupait de mes chiens. A Fortuné, mort au champ d'honneur de Mombello, sous la dent du dogue d'un cuisinier, avait succédé un carlin, offert par Hippolyte. Ce seigneur chien avait le sens inné du protocole. Le soir, quand ma femme de service fermait la porte de ma chambre, il la suivait sans barguigner. Il se couchait sur une chaise et ne bougeait ni pieds ni pattes jusqu'au lendemain. Alors, il descendait dans le salon d'annonce, restait à la porte de ma chambre et attendait, pour déchaîner ses démonstrations, que la femme de service lui ouvrît.

Ce virtuose de l'étiquette convola en de justes noces. A la mort du couple, j'eus des petits chiens-loups et un braque. Ces chiens me tenaient compagnie toute la journée, sur le canapé où je leur réservais un coussin de cachemire. Par des aboiements gradués, ils annonçaient les visiteurs et se montraient gourmands des mollets pourpres des Eminences.

Parmi cette nuée de valets, chambellans, dames, huissiers, majordomes, le personnage qui m'impressionnait le plus était le portier d'appartement. A la porte de l'antichambre à banquettes de velours d'Utrecht, se tenait, hallebarde en main, cet homme magnifique, symbole des grandeurs de l'Empire. Son habit de drap vert à collet et parements de velours ponceau, chamarré de brandebourgs, de galons et d'épaulettes d'or, était barré par un large baudrier brodé d'or, soutenant une épée à dragonne d'or. Ce géant portait des culottes de ras de castor l'hiver, de nankin ou de basin l'été, grand costume montant jusqu'à 1646 francs 23 centimes. Pour coiffure, un chapeau bordé et gansé d'or, d'où jaillissait un immense plumet.

Ce monument restait de marbre devant le fretin. Il ne s'animait que devant les grands. Pour l'Empereur, pour moi, pour les princes, princesses, hauts dignitaires, il frappait de la hallebarde. Aussitôt, les valets formaient la haie et, pour l'Empereur, pour moi, pour les princesses impériales, déroulaient un tapis. Ce tonnerre de hallebarde était mon signal pour devenir une statue.

Je dus attendre le 15 juillet pour ma première présentation en majesté au peuple de Paris. Avec mes belles-sœurs qui faisaient la tête, mes dames, qui me faisaient honneur, mes écuyers et chambellans qui se rengorgeaient, je quittai les Tuileries par les jardins, comme au temps des rois. Au son du canon, la plus belle musique de l'Empire, je gagnai les Invalides dans mon carrosse à huit chevaux. Les autres se contentaient de six.

Devant les Invalides, on avait dressé une fontaine pour honorer le lion de Saint-Marc, volé à Venise. Mes dames et moi prîmes place dans une tribune, face au trône. Pendant trois heures, l'Empereur remit leur médaille à deux mille membres de la Légion d'honneur.

Ensuite, concert sur la terrasse des Tuileries. L'Empereur, me tenant par la main, vint saluer la foule : « Vive l'Empereur! » A la nuit, de la galerie du bord de l'eau, nous assistâmes au feu d'artifice de la pointe de la Cité.

Le 18 juillet, l'Empereur partit pour le camp de Boulogne où il prépara le débarquement en Angleterre. J'en profitai pour aller prendre les eaux d'Aix-la-Chapelle, chef-lieu du département de la Roër. Mon maître manipulait à distance la marionnette Joséphine. Il dicta à Chaptal vingt et une pages de mise en scène, avec tous mes faits et gestes, mes réponses aux discours, mes gratifications et pourboires.

Je n'emmenai là-bas que quatre dames : Mme de Colbert, Mme de Luçay, Mme de la Rochefoucauld, Mme de Vaudey. Plus deux femmes de chambre, le premier écuyer, un écuyer cavalcadour, M. de Fouler, et deux chambellans : André de Beaumont et M. d'Aubusson. Ajoutons Deschamps, un maître d'hôtel ordinaire, un maître d'hôtel contrôleur, deux huissiers, dix valets de pied, des filles de chambre, des gens de cuisine, des cochers, palefreniers. Une cinquantaine de personnes.

Les calèches, berlines, cabriolets, tout ce qui roulait et trottait, y compris les chevaux officiels, était parti en avant. Je voyageais en poste. A chaque relais, soixante-dix-sept chevaux, vingt-quatre postillons.

Partout, même cérémonial : officiers de gendarmerie chevauchant aux portières, sous-officiers devant. Dans les petites villes, des pelotons de dragons vinrent m'accueillir. Dans les préfectures, haies de troupes, canons, tambours, trompettes, harangues, fillettes, bouquets. J'exigeais de prendre mes repas avec mes gens de service. On y joignait le colonel de la garde d'honneur et un hôte dont je me serais passée : l'officier de gendarmerie, qui laissait traîner ses oreilles pour rapporter nos propos.

Le 24 juillet, à Rethel, je voulus bien rouler au pas pour que les Rethélois pussent m'admirer. Mais je trouvai que j'en avais assez fait. Je refusai de m'arrêter à l'hôtel de ville. Les Rethélois le prirent mal. En passant devant la maison du maire, l'adjoint me supplia de m'arrêter. Il ouvrait déjà la portière avec tout son respect municipal. Il s'apprêtait à m'aider à descendre. Soudain, un simple garde national, le sieur Capolin, empoigna ma main dans sa grosse patte. Hourvari. Tumulte. On décrocha le Capolin. Mais il eut le front de m'escorter, l'arme à la bretelle, jusqu'à la maison du maire, d'où un de mes valets le délogea à grand fracas.

A Sedan, qu'admirer le plus ? « Les plus beaux draps de la fabrique », ornant les rues, un dôme de tentures bleues et blanches couvrant une couronne lumineuse, ou la harangue du maire, me comparant à Marie de Médicis, épouse chérie qu'Henri IV associa « aux honneurs du diadème » ?

Sedan ne rêvait pour moi que couronnes. Une petite orpheline, cruellement nommée Félicité, m'en offrit une de fleurs. L'année précédente, elle m'avait déjà gratifiée d'un bouquet. En remerciement, je lui donnai des boucles d'oreilles en brillants.

Le lendemain, nous tombâmes de haut. Sur la foi de ses cartes, l'Empereur, dressant le plan de mon voyage, avait pris pour une belle route un sentier bourbeux. La traversée des Ardennes, sous un déluge, ressembla à celle du Grand-Saint-Bernard. On dut encorder les voitures. Par peur de verser (ma hantise!) je descendis dans la boue, avec mes dames. Sauf Mme de Vaudey, qui voulut faire la brave. Pour nous réconforter, à l'auberge, nous couchâmes dans des auges à cochons.

Le lendemain, Liège en délire nous consola de nos fanges. Le 27, à Aix-la-Chapelle, canons, trois compagnies en doubles haies, colonels, musiques. Mais M. Méchain, préfet de la Roër, se cramponna à sa préfecture. Pour me loger, on dut se rabattre, moyennant cent quarante-quatre mille francs, sur l'hôtel de M. Jacoby, conseiller de préfecture. Une sinistre bicoque, que je quittai avec soulagement quand le préfet daigna s'en aller coucher à l'auberge pour me céder sa préfecture.

Mes principales distractions à Aix-la-Chapelle : les bains et mes interminables bavardages avec ma nouvelle dame d'honneur, la ravissante Mme de Vaudey. Je lui racontai les infidélités de l'Empereur. Elle me narrait celles de son mari, un officier émigré, de dix-neuf ans son aîné, dont elle avait divorcé.

Je recevais quelques dames allemandes, et, parmi les Françaises, Mme de Coigny, Mme de Méry, Mme Francheschi, Mme de Sémonville.

Après quelques promenades en voiture, quelques visites d'abbayes, de châteaux, de mines, de manufactures d'aiguilles, j'allai saluer, le 1er août, les débris de Charlemagne. Les chanoines chenus me présentèrent une petite boîte de vermeil, dite *Noli me tangere.* Un parchemin certifiait qu'elle n'avait pas été ouverte depuis 1356. Elle ne devrait l'être de nouveau que dans une circonstance extraordinaire, par le doyen, en présence du chapitre. De leurs doigts gourds, doyen et chanoines s'escrimèrent. La petite boîte résista. Je la pris dans mes mains, qui auraient réchauffé des morts. Mes doigts, habiles à procurer du plaisir, caressèrent, flattèrent, en corolles, l'antique engin. La serrure s'ouvrit, comme une amoureuse, tandis que les vieillards opinaient du chef.

Un édile du Rhin m'offrit un cubitus de Carolus Magnus. Je refusai en disant : « Je possède, pour me soutenir, l'appui d'un bras aussi fort que celui de Charlemagne. » Cette repartie enchanta l'Empereur.

Il s'extasiait sur mon art de tenir ma « courette », ma cour en miniature. Tantôt je la lançais dans le whist ou le loto, tantôt dans des bals où je voyais danser mon vestiaire. Sur le dos des Allemandes virevoltant, je reconnaissais mes vieilles robes, vendues par mes femmes de chambre. Avec moi, elles vieillissaient vite. Je ne portais jamais plusieurs fois la même.

L'opéra allemand nous pesait. Picard aîné, directeur du théâtre de l'Impératrice, vint de Paris à notre secours. Le remède fut pire que le mal. Ses comédies légères, *Le Frontin, Le Collatéral,* nous parurent de plomb. Quant à sa *Femme de quarante-cinq ans,* retraitée de l'amour, ce n'était pas un spectacle recommandable pour une impératrice de quarante et un.

Je commettais parfois des enfantillages. Un beau soir d'été, malgré la résistance de M. d'Harville, j'entraînai ma « courette » à pied jusqu'à une maison où l'on exposait un plan de Paris en relief. Malheureusement, c'était un quartier populacier. Les messieurs, l'épée au côté, nous donnant galamment la main, et les dames, en robe à traîne, plumes et diamants, durent défiler devant la lie de la population. Ces loqueteux avaient mis leurs chandelles aux fenêtres, d'où ils nous contemplaient, accoudés, comme au théâtre. Nous retrouvâmes enfin le havre de grâce de la préfecture, où je présentai mes excuses à ma cour.

Par lettres, l'Empereur suivait ma cure. Le 14 août, il se plaignait patiemment de ne pas avoir reçu de mes nouvelles depuis plusieurs jours. Femme de général, consulesse, impératrice, toujours ma paresse de plume ! Pour jouer à l'Empereur, il me vouvoyait parfois, comme dans les tragédies.

Le lundi 20 août : « Madame et chère femme, je serai dans dix jours à Aix-la-Chapelle. De là j'irai avec vous à Cologne, Coblence, Mayence, Trèves, Luxembourg... Vous pouvez m'y attendre, à moins que vous ne craigniez d'être fatiguée par une si longue route... Ma santé est bonne. Il me tarde de vous voir, de vous dire tout ce que vous m'inspirez et de vous couvrir de baisers. C'est une vilaine vie que celle de garçon, et rien ne vaut une femme bonne, belle et tendre... »

Le 24, gaillarde malice :

« Comme il serait possible que j'arrivasse de

nuit, gare aux amoureux ! Je serais fâché si cela les dérange. Mais l'on prend son bien partout où on le trouve. Ma santé est bonne. Je travaille assez. Mais je suis trop sage. Cela me fait du mal. Il me tarde donc de vous voir et vous dire mille choses aimables. »

Le 2 septembre, avec Eugène, il arriva en ouragan à la préfecture d'Aix-la-Chapelle. Je pleurai. Cela me donnait une contenance et faisait plaisir à l'arrivant. Mes dames allèrent se coucher dans une auberge à punaises. Sauf la charmante Mme de Vaudey que j'arrachai à ces insectes. J'étais tantôt méfiante, tantôt trop confiante. Pour celle-là, je fus trop confiante. Je soulignai trop ses charmes aux yeux de l'Empereur. D'ailleurs, elle fit tout elle-même pour les souligner. Elle était dans la gêne et espérait s'en tirer en séduisant mon mari. Captivé, l'Empereur lui envoya un soir M. de Rémusat pour la prier de venir faire la quatrième au whist, avec lui, le duc d'Arenberg et moi. Mme de Vaudey, qui bâillait à une table de loto, se récusa : elle n'avait jamais joué au whist. « C'est égal », répondit l'Empereur, qui pensait à d'autres jeux. Mme de Vaudey prétendit s'y être rendue en service commandé.

Le 13 septembre, avec Mme de Vaudey et ma « courette », je rejoignis l'Empereur à Cologne. Tout mon entourage voyait l'intérêt du maître pour cette intrigante. Moi seule étais aveugle. Fête sur fête. Le 16 septembre, à Bonn, feu d'artifice sur le Rhin, bateau de musiciens. Malheureusement, l'Empereur était resté à Cologne avec Mme de Vaudey. Le 19, je remontai le Rhin vers Mayence, sur le yacht du prince de Nassau.

Mme de Vaudey m'avait rejointe. Les vents contraires nous retardèrent. Effrayée par l'orage, je me réfugiai avec quelques dames dans une petite chambre du bateau. Le lendemain, mon retard fit sortir l'Empereur de ses gonds. J'avais fait manquer son entrée dans la ville.

En l'honneur des princes de la Confédération germanique, les réceptions se succédaient. Dure vie sous le harnois ! Parfois les dames, forçats de l'étiquette, changeaient trois fois de toilette le matin, une quatrième au dîner, une cinquième au bal.

Je me multipliai au point de relayer l'Empereur. Je lui épargnai une corvée en me rendant avec ma suite chez le prince de Nassau, au château de Biberich, sur la rive droite du Rhin. Impérialement, je passai les troupes en revue. Fémininement, je présidai le déjeuner avec mille grâces.

On louait ma bonté. Parfois, je m'en mordais les doigts. Un soir, je craignis que les deux princesses de Hesse-Darmstadt n'eussent froid au théâtre. Je leur prêtai mes deux plus beaux châles blancs. Les princesses les gardèrent en souvenir. Désormais, j'aurais des châles ordinaires pour princesses goujates.

Forces et sourires ont des limites. Voilà ce que n'admettait pas l'Empereur sans bornes. Alors, comme une petite fille qui ne veut pas aller à l'école, je me disais malade. Un soir de bal, je me mis au lit. Si on m'envoyait danser, je mourrais. Mais désobéir à l'Empereur méritait le Conseil de guerre. J'étais son grenadier en robe de bal. Quand il entra dans ma chambre, je feignis de dormir, enroulée dans mes couvertures. « J'ai la fièvre, je brûle de fièvre », me répétais-je pour l'en persuader.

« Enfantillage ! » gronda celui qui connaissait mes ruses.

Il me força à ouvrir les yeux, souleva les draps, me tira par le bras. J'eus beau me cramponner aux montants du lit, je glissai sur le tapis. Il appela mes femmes, me fit coiffer, habiller et me traîna au bal, barbouillée de larmes.

Pour regagner Saint-Cloud, l'Empereur passa par Trèves et Luxembourg, moi par Saverne, Nancy, Châlons. Je voulais arriver à Paris pour le second accouchement d'Hortense. Je remâchais mes affres d'épouse trompée. Sûre de la trahison de Mme de Vaudey, je reléguai la traîtresse dans une voiture de queue. Chaque fois qu'elle couchait avec l'Empereur, elle glissait sous l'oreiller l'état de ses dettes. Et dire que je lui avais fait des confidences ! Un jour, elle m'avait trouvée en larmes : mon état naturel, mais qui impressionnait toujours. Je lui avais montré un petit tableau flamand : une femme ravaudant une chemise près de son mari savetier.

« Ah ! madame, cette femme était plus heureuse que moi ! »

J'espérais l'apitoyer. Bernique ! Ses dettes n'étaient pas encore payées. J'étais si maussade que je goûtai peu les honneurs impériaux que me réservait Nancy. J'avais une indigestion d'arcs de triomphe, d'aigles illuminés, de cloches, de tambours. Le préfet voulait à toute force me faire applaudir, au théâtre, un spectacle de son cru : *L'Heureuse Journée ou le passage de S.M. l'Impératrice à Nancy.* Plus heureuse journée si j'allais me coucher !

J'arrivai à Paris le dimanche 7 octobre. Le 11, en l'hôtel de Saint-Julien, rue Cérutti, j'assistai à la naissance du second fils d'Hortense. Sur le registre d'état civil, l'ignoble Louis écrivit *Louis.* L'Empereur l'effaça. Tous les enfants de la famille devraient porter pour premier nom *Napoléon.* Louis obséda l'accouchée de ses plaintes et faillit faire tourner son lait.

A Saint-Cloud, l'Empereur troussait Mme de Vaudey dans un petit entresol où l'on parvenait par un escalier dérobé, au-dessus de son cabinet de travail et de sa chambre. Etreintes de reître, dont la dame se contentait d'autant mieux qu'elle louchait sur ses intérêts.

Un matin de la fin d'octobre, je vis Mme de Vaudey quitter le salon avec des airs bizarres. Elle allait sûrement rejoindre mon mari. J'appelai Mme de Rémusat et lui dis que j'en aurais le cœur net.

« Restez au salon avec les autres! Si l'on me cherche, dites que l'Empereur m'a appelée! »

Mme de Rémusat me supplia de ne pas bouger. L'Impératrice ne devait pas jouer une comédie de cocus. Mais une marée de jalousie me noyait. Je me lançai comme une louve dans l'escalier. La porte de l'entresol était fermée à clef. J'y collai mon oreille. J'entendis les voix de l'Empereur et de Mme de Vaudey. Je frappai à me rompre les poings : « Ouvrez! L'Impératrice! » A l'intérieur, un remue-ménage, des murmures étouffés, le silence. Au bout d'une éternité, on ouvrit. Elle, dépeignée, dépoitraillée. Lui, débraillé, la cravate de travers. Comment résister à cet orage qui m'incendiait le ventre? Hors de moi, je hurlai des reproches, des menaces, tirés d'un vocabulaire peu impérial. Affalée sur une chaise, Mme de Vaudey éclata en sanglots. Lui, explosa d'une fureur plus effrayante que toutes celles auxquelles il m'avait habituée. Terrifiée, je courus au salon où, pour me donner une contenance, je feignis de m'absorber dans ma tapisserie. Mais les nerfs l'emportèrent. J'entraînai Mme de Rémusat dans ma chambre où, parmi les hoquets de sanglots, je lui racontai tout.

Mme de Rémusat me dit, en quelques mots entrecoupés, que l'Empereur ne me pardonnerait pas de l'avoir mêlée à ses affaires. Elle devait à tout prix me quitter pour qu'il me trouvât seule.

L'Empereur me rejoignit dans mon appartement. Il se jeta sur moi avec tant de violence que je crus qu'il allait me tuer. Il détourna sa furie sur un vase de Sèvres qu'il lança par terre et dont il piétina les débris. Puis sur une chaise, qu'il projeta contre le mur. Il la reprit, la refracassa, se livra sur elle à une danse sauvage. Ecumant, il me secoua de toutes ses forces, me souleva, me laissa retomber plusieurs fois, en hurlant :

« Préparez-vous à quitter Saint-Cloud ! Je suis excédé de votre surveillance jalouse. J'ai décidé de secouer ce joug. J'écouterai désormais les conseils de la politique : je prendrai une femme qui me donnera des enfants. »

Je m'étais jetée stupidement dans la gueule du loup. J'avais ruiné les derniers efforts de l'Empereur. Il avait demandé au pape de venir à Paris nous sacrer tous deux. La tribu des Bonaparte prit feu. En leur nom, Joseph brandit l'étendard de la révolte.

« Pourquoi couronner Joséphine, puisque l'Empereur devra la répudier ? Ne vaudrait-il pas mieux recourir à la propre descendance du souverain ? Le sacre lui permettrait d'épouser une princesse étrangère. Ou la fille d'une grande famille française. »

C'en était fait de moi. Je n'aurais jamais assez de larmes pour pleurer ma bêtise. L'Empereur annonça à Eugène qu'il me répudiait. Toujours fidèle, Eugène décida de me suivre. Hortense adopta un flottement diplomatique. Elle ne voulait se mêler de rien. Elle invoquait les ordres de son mari. Il fallait nous laisser seuls, l'Empereur et moi. Une fois de plus, ma douceur et mes larmes me tireraient d'affaire. Elle conseilla à Mme de Rémusat de ne pas aller à Saint-Cloud, d'imiter sa réserve.

Bien que moins noble qu'Eugène, Hortense eut peut-être raison. Comme toujours mes larmes sapèrent la résolution de l'Empereur. Elles dissolvaient sa fureur, comme la mer dénoue un château de sable. Il m'enlaçait, me berçait, pleurait avec moi.

« Si tu montres trop d'affliction, si tu ne fais que m'obéir, je sens que je ne serai jamais assez fort pour t'obliger à me quitter; mais j'avoue que je désire beaucoup que tu saches te résigner à l'intérêt de ma politique, et que, toi-même, tu m'évites tous les embarras de cette pénible séparation. »

Comme tous les hommes, il était lâche. Il me priait d'être forte pour deux. Sur les conseils de Mme de Rémusat, je refusai de soutenir sa faiblesse. Il était un homme, un chef. A lui de commander, à moi d'obéir.

« J'attendrai des ordres directs pour descendre du trône où tu m'as fait monter. »

Exultation des Bonaparte, sauf de Jérôme. Ils

chantèrent si fort leur joie, ils clamèrent avec tant d'impudeur qu'ils l'avaient fait plier, que leur triomphe outragea l'Empereur. C'étaient donc eux qui régnaient, non lui ! Ils avaient fait de lui une chiffe ! Outré, le 2 novembre, il s'ouvrit à Rœderer :

« Comment renvoyer cette bonne femme à cause que je deviens plus grand ? Non, cela passe ma force. J'ai un cœur d'homme; je n'ai pas été enfanté par une tigresse. Elle se contente de faire un peu l'impératrice, d'avoir des diamants, de belles robes, les misères de son âge. Je ne l'ai jamais aimée en aveugle. Si je la fais impératrice, c'est par justice... Si j'avais été jeté dans une prison, au lieu de monter au trône, elle aurait partagé mes malheurs. Il est juste qu'elle participe à ma grandeur... Quand elle mourra, je me remarierai et je pourrai avoir des enfants; mais je ne veux pas la rendre malheureuse !... Ils sont jaloux de ma femme, d'Eugène, d'Hortense, de tout ce qui m'entoure... J'aime ces enfants-là, parce qu'ils sont toujours empressés à me plaire... J'aime Hortense, oui, je l'aime; elle et son frère prennent toujours mon parti, même contre leur mère quand elle se fâche pour quelque fille ou des misères semblables... Ma femme est toujours en butte aux persécutions de ma famille. Dernièrement, elle s'est humiliée jusqu'à s'excuser avec Joseph. Oui, elle sera couronnée ! Elle sera couronnée, dût-il m'en coûter deux cent mille hommes... »

Le soir même, il m'annonça que le pape arriverait bientôt à Fontainebleau.

« Il nous couronnera tous les deux; occupe-toi sérieusement des préparatifs de cette cérémonie. »

J'avais gagné !

XIV

LA COURONNE ET LE MANTEAU
DE VINGT AUNES

Pour l'Empereur, hors de Notre-Dame, le pape n'était qu'un principicule, auquel il ne devait que de minces égards. Il monta une mise en scène cynégétique. Feignant de chasser le loup dans la forêt de Fontainebleau, il s'interromprait pour accueillir le pontife.

« Me rendant à mon palais de Fontainebleau qu est sur la route, je me trouverai, par cette circonstance, jouir de Sa Sainteté un jour plus tôt. »

Le dimanche 25 novembre 1804, entre deux loups, en tenue vert olive de chasseur, au carrefour de la Croix Saint-Hérem, l'impérial Nemrod attendit le cortège papal, qui gravissait la longue côte de Bourron. Cinq cardinaux, deux princes romains, quatre-vingt-dix-sept prélats, camériers, secrétaires, domestiques, fourbus par un voyage de vingt-trois jours où des brigands les avaient pillés.

Statufié sur son cheval, le chasseur de loups ne bougeait pas d'un pouce. Sous la pluie, le vieil héritier de saint Pierre dut hasarder dans un bourbier ses pieds chaussés de mules blanches.

Après l'avoir laissé un peu patauger, l'Empereur sauta de son cheval et courut l'embrasser. Puis manœuvre savante du carrosse impérial : montant par la portière de droite, l'Empereur rencoigna le pape à sa gauche.

À une heure trente, le chef de la chrétienté arriva au château avec une escorte païenne de mamelouks. Je m'apprêtai à aller le saluer, mais l'Empereur l'orienta vers mon salon, pour qu'il me complimentât. Résigné, le Saint-Père vint bénir la « carissima Victoriae ». Le seul nom que pouvait porter l'épouse du bien-aimé de la Victoire.

Le lundi, dîner à trois : l'Empereur, l'Impératrice, le pape. Pie VII refusa d'assister au concert donné dans mon appartement. Il n'aimait que la musique sacrée, dans les églises. Le mardi, bizarre divertissement militaire. Au polygone, exercices de tir au canon, avec des boulets de cuir, sur de vrais soldats. Ils avaient beau n'être que légèrement blessés, le Souverain Pontife et moi trouvâmes qu'ils l'étaient trop. Nous interrompîmes cet odieux simulacre.

Suprême assaut de Joseph pour tenter d'empêcher mon couronnement. Il lança cet argument, digne de Monsieur Jourdain :

« Le couronnement de l'Impératrice... préjudicie aux droits de mes enfants en ce qu'il fait des enfants de Louis les petits-fils d'une impératrice, tandis que les miens seront fils d'une bourgeoise. »

L'Empereur écuma :

« Qu'il me parle de ses droits et de ses intérêts, à moi, et devant son frère même, comme pour éveiller sa jalousie et ses prétentions, c'est me blesser dans mon endroit sensible... Comme s'il eût dit à un amant passionné qu'il a baisé sa maîtresse, ou seulement qu'il espère réussir près d'elle. Ma maîtresse, c'est le pouvoir. J'ai trop fait pour sa conquête pour me la laisser ravir ou souffrir même qu'on la convoite... »

Il brandit sa foudre :

« Mais si je suis tracassé, je n'attendrai pas les dix-huit ans pour faire cesser ces tracasseries. Je trouverai le moyen d'assurer ma tranquillité. Qu'il ne me fasse pas repentir de ce que j'ai voulu faire pour lui. Je puis renverser ce système, que j'aie des enfants ou non, il faut que la chose marche... César, Frédéric n'ont point eu d'enfants. »

Joseph prit peur. Sur les conseils de Rœderer, il vint faire amende honorable à Fontainebleau. L'Empereur le gratifia d'un satisfecit :

« Je suis appelé à changer la face du monde : je le crois du moins. Tenez-vous donc dans un système monarchique héréditaire où tant d'avantages vous sont promis. »

Restaient les femmes, intraitables furies. L'Empereur eut plus de mal à triompher sur les vingt aunes (vingt-deux mètres soixante) de mon manteau du couronnement que sur tous les champs de bataille d'Europe. Double calvaire dans mon apothéose. D'abord haler ce manteau de velours, couleur « pourpre de Tyr », surchargé de seize mille francs de broderies, cuirassé de dix mille six cent quarante francs d'hermine de Russie et d'abeilles d'or. Ensuite, pour ma gloire et ma sécurité, ce fardeau écrasant, dont le poids m'aurait empêchée de faire un pas, serait porté par une meute d'hyènes, mes belles-sœurs : la princesse Joseph, la princesse Elisa, la princesse Caroline, la princesse Pauline. Sans oublier, mais celle-là c'était ma fille, la princesse Louis.

Pendant six jours et six nuits, ce manteau empêcha ces viragos et l'Empereur de fermer l'œil. Porter mon manteau était pour elles un soufflet. Esclaves enchaînées à mon char. Mme Joseph invoqua même la vertu : « Un tel office était pénible pour une femme vertueuse. »

L'Empereur dut imposer : le manteau ou l'exil ! Les chipies cédèrent, à moitié : Elles *ne porteraient point* le manteau, mais le *soutiendraient*. Ou feraient semblant. Mais elles arrachèrent encore une concession : chacune d'elles bénéficierait d'un chambellan porte-queue, qui tiendrait sa traîne.

Le pape me rendait inviolable. Répudier une épouse ointe, couronnée, sacrée par le Souverain Pontife, ne serait-ce point un sacrilège ? Mais un détail m'empêchait de dormir : je n'étais mariée que civilement. Ce détail ne gênait pas l'Empereur. Pour lui, le sacre n'était qu'une formalité, comme le couronnement ou le serment constitutionnel. Pour moi, c'était un sacrement, qui, en toute loyauté, aurait dû s'accompagner de la confession et de la communion.

Dans mon désir de tout révéler au pape, je pensais moins à Dieu qu'à moi. La vérité, relayant le mensonge, n'était à mes yeux qu'une arme inédite de ma faiblesse. Si j'étais mariée religieusement avec l'Empereur, je doublerais l'épaisseur de mon bouclier. Comme une chatte prête à bondir, je choisis le moment de mon saut. J'attendis le samedi 1er décembre, veille du sacre, pour demander audience à Sa Sainteté, logée maintenant aux Tuileries, au pavillon de Flore. Je me jetai à ses

357

pieds, fille respectueuse de l'Eglise, multipliant mes charmes par le repentir. Le saint homme faillit défaillir. Lui, le vicaire du Christ, le représentant de Dieu sur la terre, on avait osé le faire venir de Rome pour oindre de la triple onction du saint-chrême épiscopal un couple de concubins, vivant, depuis des années, en péché mortel ! Rien ne le ferait plier. Ou il repartirait sur-le-champ, à moins qu'on n'effaçât le sacrilège avant le lendemain matin. Ou il couronnerait l'Empereur seul, en interdisant à sa concubine de paraître à Notre-Dame.

L'Empereur dut céder. Avec l'impression cuisante d'avoir été joué. J'avais manœuvré aussi habilement que lui à Marengo. Mon attaque fulgurante le laissait pantois. Remettre le couronnement ? Impossible ! D'ici le lendemain, en bouleverser l'organisation ? Inadmissible ! Une seule issue pour mon foudre de guerre : capituler.

Au début de l'après-midi, l'Empereur appela son oncle, le cardinal Fesch. Il lui ordonna de célébrer le mariage, sans témoins. Deux cas de cassation, calcula-t-il, en tentant de reprendre l'avantage : un mariage religieux qui ne serait pas célébré par le curé de Saint-Germain-l'Auxerrois, paroisse des Tuileries, et qui se déroulerait sans témoins.

« Point de témoins, point de mariage ! » objecta Fesch.

L'Empereur s'obstina mordicus. Avec, derrière la tête, ses idées de cassation. Le cardinal Fesch, bête mais malin, trouva une échappatoire.

« Montant aussitôt chez le pape, je lui représentai que très souvent j'aurais besoin de recourir à lui pour les dispenses, et que je le priais de m'accorder toutes celles qui me devenaient quelquefois indispensables pour remplir les devoirs de grand aumônier. »

Je n'étais pas faite pour le mariage. Mon mariage civil boitait d'une jambe, avec ses deux ou trois entorses à la légalité. Mon mariage religieux boiterait de l'autre, avec ses deux cas de cassation et ses fallacieuses dispenses. Il serait suspendu à un *s.* Sur la note qu'il rédigea, Fesch avait d'abord écrit *j'aurais besoin,* au conditionnel. Puis ce grammairien matois barra l'*s.* Il jeta de la poudre aux yeux du pape en lui parlant de *dispenses* en général pour l'exercice de ses fonctions, sans spécifier qu'il demanderait une dispense immédiate pour célébrer, à l'étage au-dessous, sous les pieds de Sa Sainteté, le mariage tordu de deux concubins.

L'illusionniste empourpré redescendit ventre à terre chez l'Empereur (toute cette scène se passait dans les escaliers). A quatre heures, il exécuta son tour de gobelets : — « Vous prenez pour femme et légitime épouse... — Vous prenez pour mari et légitime époux... »

— *Ego conjungo vos...* » Un peu de latin et la farce fut jouée.

Mais je ne digérai toujours pas cette absence de témoins. Deux jours plus tard, en souvenir, dis-je, tout émue, je réclamai un certificat qui couchât par écrit cet *ego conjungo vos.* Fesch refusa. Il s'en tenait au latin. Puis, sur mon insistance, il en parla à l'Empereur qui céda et, ensuite, regretta d'avoir cédé. Mais j'avais mon scapulaire matrimonial qui ne valait que du vent.

Paris bourdonnait de curiosité et d'émoi. Le

sacre et le couronnement d'un empereur et d'une impératrice par le pape, à Notre-Dame, ne se produisait pas tous les jours. On avait eu du mal à retrouver l'épée, le sceptre, la main de justice, qui figuraient au sacre des rois, maintenant dispersés au vent de la Révolution. Le sceptre avait perdu sa hampe. On la remplaça par un vieux bâton de chantre du Trésor de Saint-Denis. La main de justice n'avait plus son bras. On la dota d'un neuf. On persilla ces ornements de bijoux et de pierres fines.

Mon premier mari faisait un croc-en-jambe posthume à mon second. Sous la Révolution, le déplorable Alexandre de Beauharnais avait transféré la Sainte-Ampoule de Reims à Paris, pour la brûler « sur l'autel de la Patrie ». Et mon second époux, dans ses invitations au sacre, lancées aux généraux, hauts fonctionnaires, délégations, invoquait « la divine Providence » et terminait, à la mode des rois, par « Sur ce, prions Dieu qu'il vous ait en sa sainte garde ! »

Jamais metteur en scène ne monta un spectacle d'une telle complication. Quel casse-tête qu'un sacre !... Quelle mine de migraines ! Le rituel devait être adapté à la française sans blesser Rome. On fit une salade de rites de Rome, de Reims, d'Allemagne, toujours un œil fixé sur Charlemagne. L'Empereur buta sur le latin qui attribuait une prééminence au pape. Il ôta *eligimus* (que nous avons élu). Pour l'épée, il remplaça *concessum* (attribué) par *oblatum* (présenté). On fabriqua, ou l'on importa d'Italie, un tas d'ustensiles spéciaux : chaire, trônes, flabelli en plumes d'autruche, faldistoires, scabelli... On dut arracher de la calotte du pape l'idée de se faire véhiculer à dos de palefreniers jusqu'à Notre-Dame sur la *sedia gestatoria*. L'Empereur rappela au Saint-Père que, sous la Révolution, Marat et la déesse Raison avaient bénéficié de cet honneur.

Avec son gothique périmé, Notre-Dame boudait. Pour la mettre au pas, on l'encapuchonna, à l'extérieur, de carton-pâte. A l'intérieur, on habilla ses murs, piliers et chapiteaux. On la travestit en temple antique, mâtiné d'église jésuite. Même ce quartier du vieux Paris résistait. On démolit des maisons qui auraient gêné le cortège.

Que devrions-nous faire, nous tous, acteurs et figurants ? Le peintre Isabey eut une idée de génie, qui lui valut les félicitations du maître. Le 29 novembre, sur la table même de l'Empereur, il plaça un plan de Notre-Dame. Avec des petites poupées, vêtues de papier de différentes couleurs, il montra à chacun son rôle. Sur le dos de chaque poupée, à commencer par celle qui le représentait, l'Empereur fit écrire le nom du personnage correspondant. Ensuite, dans le salon de Diane, Isabey dirigea les répétitions grâce à un plan tracé à la craie sur le parquet.

Le matin du sacre, « ciel très couvert, vent du nord, brouillard, température -3°3 ». La veille, il avait gelé. Neigerait-il ? Seuls les cortèges de carrosses du pape, de l'Empereur et de l'Impératrice, de l'archichancelier pourraient dépasser le palais de justice. Les Parisiens, dont l'Empereur se méfiait, « ce sont des gens à pisser dessus », se tordraient de rire en voyant de belles invitées, audacieusement décolletées, courir vers Notre-Dame par les rues fangeuses en retroussant leur traîne qu'elles disputaient à la bise.

Le matin, au palais, Isabey m'aida à me farder.

361

Il réalisa avec mon visage son plus beau portrait. Triomphant du temps, il me fit gagner quinze ans. Je revêtis une robe de satin blanc, ornée de franges, semée d'abeilles d'or, brodée d'argent, inondée de diamants. Une splendeur de dix mille francs. Mes souliers en velours blanc, brodés d'or, six cent cinquante. Trop lourd, le manteau impérial attendait sa victime à l'archevêché. Pour le moment, j'arborais un « bas de robe » en velours blanc de sept mille francs. Des gants brodés d'or. Un diadème provisoire d'un million trente-deux mille francs, que je remplacerais par un autre, à Notre-Dame.

Etincelante de diamants, le visage nimbé d'une arachnéenne collerette de dentelle qui tissait sa blanche vapeur contre les injures des ans, j'entrai dans le cabinet de l'Empereur. J'apparaissais du fond des temps, avec ma démarche glissante, ce parfum de charme émanant de mon corps et ce port de tête souverain, d'un naturel étudié. Mariée de guingois par l'état civil et le latin, je réussissais en ma personne le mariage idéal de la grâce et de la grandeur. Ebloui, conquis comme toujours, le conquérant du monde s'illumina.

Pour lui, que d'obstacles on avait dû sauter avant de le fagoter ainsi ! Quand le Conseil d'Etat suggéra, sur la pointe des pieds, cette pompeuse vêture, l'intéressé bondit :

« Quand vous m'emmailloterez de tous ces habits-là, j'aurai l'air d'un magot. »

Il se méfiait toujours de ces Parisiens d'enfer :

« Avec vos habits impériaux vous n'en imposerez pas au peuple de Paris qui va à l'Opéra où il en voit de plus beaux à Laïs et à Chéron qui les portent beaucoup mieux que moi. Est-ce que vous ne pouvez pas ajuster votre manteau par-dessus mon habit, comme je suis là ? »

Les conseillers refusèrent la simplicité du maître. Si le héros de la fête ne resplendissait pas, comment les sous-ordres oseraient-ils resplendir ?

A demi prêt, l'Empereur se pavanait dans sa culotte de satin blanc, brodée d'une moisson d'épis d'or, dans ses bas de soie blanche. Son cou le démangeait dans sa fraise Henri IV. Par-dessus ces magnificences, en guise de robe de chambre, il avait enfilé son uniforme usagé de colonel des chasseurs de la Garde.

Puis il revêtit son habit de velours pourpre, son mantelet rouge à la Henri III, où rivalisaient dix mille francs de feuilles de laurier et d'abeilles d'or. Il coiffa son chapeau de feutre noir, retroussé par-devant, emplumé de blanc. Il ceignit son épée à la poignée de jaspe, où étincelait le Régent. Il se tourna vers moi. Tombant des nues, je l'entendis m'ordonner :

« Qu'on aille me chercher Raguideau ! Sur-le-champ ! J'ai à lui parler. »

Raguideau était ce notaire nain chez qui, la veille de notre mariage civil, Bonaparte m'avait accompagnée. Par délicatesse, pendant que je discutais dans son bureau avec le tabellion, il était resté avec les clercs.

« Vous faites une folie... m'avait dit le pygmée. Vous allez épouser un homme qui n'a que la cape et l'épée !

— Il a parlé comme un honnête homme et ce qu'il t'a dit m'a donné de l'estime pour lui », me dit Bonaparte en me rejoignant.

Toutes affaires cessantes, en ce matin du sacre, que pouvait-il vouloir à Raguideau ? Le notaire entra, éperdu de révérences et de stupeur. Se campant de toute sa taille dans la majesté de son mantelet Henri III, la main superbement posée sur son épée où flamboyait le Régent, l'émule de Charlemagne lui lança :

« Eh bien, monsieur Raguideau, n'ai-je que la cape et l'épée ? »

Les Tuileries étaient sillonnées de dignitaires, le mantelet au vent, déguisés par Isabey et David en mignons d'Henri III. L'ultra M. de Frénilly eut beau jeu de s'esclaffer : « Toute cette pompe n'était qu'une mascarade où chacun essayait son habit, où personne n'avait encore étudié son rôle... Il y avait dans cette saturnale de quoi rire ou de quoi pleurer selon les goûts ou les caractères. »

Vers huit heures trente, alors que se préparait le cortège du pape, une bouffonnerie devant le pavillon de Flore : le porte-croix, Monsignor Speroni, refusa de monter en carrosse. Le cérémonial romain exigeait une mule. On lui offrit un cheval. On lui proposa d'aller à pied. Nenni ! Pour soixante-sept francs, une fruitière de la rue du Doyenné daigna enfin louer son âne. Les piqueurs persuadèrent Monsignor qu'il s'agissait d'une mule disgraciée. On caparaçonna de velours l'Aliboron. Pour lui donner du ton, des dragons le précédèrent. Mais les loustics excités par le bizarre chapeau à trois cornes de Speroni, qui faisait virevolter sa croix à droite et à gauche, ricanèrent devant le baudet de la rue du Doyenné :

« Voilà la mule du pape, c'est elle qu'on baise ! »

A dix heures, l'Empereur et moi montâmes dans le carrosse capitonné de velours blanc, traîné par huit chevaux isabelle, somptueusement empanachés. Emplumés à l'espagnole, Joseph et Louis étaient assis sur la banquette de devant. Par souci égalitaire, les deux banquettes étaient à un tel point jumelles qu'en montant la première en carrosse, je m'assis par mégarde sur celle des frères. La peau d'ours du plancher me fit regretter l'absence d'une bouillotte. Immobile, en décolleté, parmi tous ces ors, je crevais de froid.

Sur l'impériale du carrosse, une couronne d'or, portée par quatre aigles aux ailes déployées. Partout, dorée, surdorée, une forêt de branches d'olivier et de laurier, d'aigles, de palmes, d'abeilles, d'armoiries, de couronnes, de figures allégoriques. Autour de ce soleil roulant, caracolaient, au niveau des chevaux, des aides de camp, aux portières, les colonels généraux de la garde, autour des roues de derrière, des écuyers. J'oubliais les grappes de pages vert et or accrochés, comme des amours sur le char de Vénus.

Devant le carrosse, huit escadrons de cuirassiers avec trompettes et timbales, deux escadrons de chasseurs de la Garde avec leur clique, des pelotons de mamelouks, une musique, Murat et son état-major, les hérauts d'armes, les voitures des ministres, grands officiers, chambellans, dignitaires.

Derrière le carrosse, treize berlines à six chevaux pour les officiers et dames de l'Empereur et de l'Impératrice. Et des infinis, chatoyants, rutilants, sonnants, de canonniers, de grenadiers, de gendarmes, de musiques...

A midi moins le quart, notre carrosse arriva à l'archevêché. Nous nous harnachâmes de notre « grand habillement ». Pour l'Empereur, la longue robe à l'antique en satin blanc brodé d'or et l'immense manteau de velours pourpre, alourdi de broderies, doublé d'hermine. Des brodequins de satin blanc. Sur la tête, une couronne de lauriers.

Pour moi, le diadème d'améthystes, la robe de brocart d'argent et le terrifiant manteau, chargé de mes soucis. Un monstre de poids et de déséquilibre. Pour laisser ma poitrine découverte et ma taille libre, cette immensité de velours n'était attachée que sur l'épaule gauche et fixée par une agrafe à la ceinture.

A pied, notre cortège emprunta jusqu'à Notre-Dame une galerie de bois, décorée de tapisseries. Quatre huissiers, à dix pas, les hérauts d'armes, pages, aides, à dix pas, le maître de cérémonie et le grand-maître, muni de son bâton.

Puis, accompagnés de mes chambellans et de mes écuyers, trois maréchaux, plumes, velours bleu, satin blanc. Sérurier, encadré par le général Gardanne et le colonel Fouler, portait mon anneau sur un coussin. Moncey, flanqué du colonel Vatier et de M. de Beaumont, tenait la corbeille de velours violet aux galons d'or qui, plus tard, recevrait mon manteau. Entre d'Harencourt et d'Aubusson, Murat présentait ma couronne.

Enfin, moi-même, suivie du manteau de mes peines, que seule soutenait vraiment ma chère Hortense. Les quatre autres, la princesse Joseph (Julie Clary), Caroline, Elisa, Pauline, vertes de fiel, se faisaient traîner plus qu'elles ne m'aidaient. Malgré la maigre consolation du chambellan porte-queue affecté à chaque Gorgone.

Après les hargneuses, venaient mes dames d'honneur, ma dame d'atour et mes six dames du palais, bouquet de sourires et de charme.

Enfin, le cortège de l'Empereur. Entre des officiers, écarlate, vert, bleu clair, bleu sombre, les « Honneurs de Charlemagne » : Kellermann avec la couronne, Pérignon avec le sceptre, Lefebvre avec l'épée. Puis les « Honneurs de l'Empereur » : le maréchal Bernadotte avec le collier, Eugène de Beauharnais, colonel général des chasseurs, avec l'anneau, Berthier, le grand veneur, avec le globe, le grand chambellan Talleyrand, claudiquant, avec la corbeille du manteau.

L'Empereur s'avançait, tenant le sceptre et la main de justice. Son manteau était réellement porté par les deux ex-consuls et par les princes Louis et Joseph, moins difficultueux que mes traînantes. Ils étaient costumés à l'espagnole, contraste saugrenu avec la robe à l'antique et la couronne de lauriers de notre César.

A l'entrée de Notre-Dame, le cardinal Cambacérès me présenta l'eau bénite. Le croulant cardinal-archevêque de Paris, de Belloy, qui avait vu le jour sous Louis XIV, l'offrit en tremblotant à l'Empereur. D'une voix de fausset, il entama un discours que trancha Duroc.

Quand l'Empereur apparut dans la nef, tous les assistants se levèrent en criant : « Vive l'Empereur ! » Puis les deux orchestres attaquèrent une marche guerrière. Ils attaquèrent sans trêve pendant l'interminable cérémonie, en essayant de la réchauffer. Messe et Te Deum, composés sur mesure par Paisiello et truffés de morceaux de Lesueur : L'*Unxerunt Salomonem*, l'*Accingere gladio*, le *Judicabit*, le *Veni Sancte Spiritus*, et le *Vivat* de l'abbé Rose, célèbre avant sa naissance. Dix-sept mille sept cent trente-huit pages de musique, copiées pour l'orchestre et exécutées. Cinquante et un mille francs pour les trois cents musiciens et les chanteurs.

« Quoi ! Cinquante et un mille francs ! s'indignera plus tard l'Empereur. Ai-je bien lu ? Avec cette somme, j'équiperais un régiment de ma Garde ! Il convient de regarder cela de plus près... »

Il abattit des pans entiers de facture.

Tandis que l'orchestre attaquait *La Marche du Sacre,* des chanoines, m'abritant sous un dais, me conduisaient en procession jusqu'à mon fauteuil, placé au milieu du chœur, à côté de celui de l'Empereur : les deux « petits trônes », sièges de velours, dais, prie-Dieu, carreaux. Pour voir les « grands trônes », je dus me tordre le cou. On les avait perchés au sommet d'un échafaudage babylonien de carton-pâte, aveuglant le portail central, bouchant la nef, entre le quatrième et le cinquième pilier. Sur ce mastodonte, en lettres d'or : *Honneur, Patrie* et *Napoléon Empereur des Français.* A la cime de ce monument, sur une estrade, où menaient vingt-quatre marches, raides comme une échelle, une estrade avec le « grand trône » de l'Empereur, et, un peu au-dessous, plus petit, mon « grand trône ».

Au pied et autour de cette montagne de carton, s'entassaient ambassadeurs et ministres. Entre nos petits trônes et l'autel, on avait bourré le Sénat, le Corps législatif, les magistrats, les grands officiers de la couronne. On avait farci les abords de l'autel de dix archevêques et de quarante évêques. Les bas-côtés et les transepts regorgeaient de délégations et les galeries, d'invités. Tout ce monde grelottait de froid et de faim et ne voyait rien. Sa seule distraction : grignoter des petits pains et des saucisses que vendaient des marchands avisés. Sur son trône, où il nous attendait depuis des heures, le pape ne pouvait pas en faire autant. Les mains jointes, il s'abîmait dans la contemplation des mystères du ciel et du bonheur de la terre.

La dame d'atour et la dame d'honneur me libérèrent de mon manteau qui rejoignit la corbeille de Moncey. Puis mes « honneurs » (manteau dans sa corbeille, anneau, couronne) reposèrent sur l'autel avec les « honneurs » de l'Empereur.

Le sacre commença, escamoté par l'Empereur. Les anciens jacobins ne devaient pas le voir à genoux devant le pape, crémeux d'huile épiscopale. Il tint à ce que la première partie de la cérémonie, son début sacré, ne fût vu que « par des prêtres ou par des hommes qui, par la supériorité de leur raison, ont autant de foi que dans le VIIIe siècle ». Il refusa d'imiter nos rois, étendus à plat ventre, retournant à la poussière, devant l'officiant qui, par les trous de leur camisole, les oignaient du saint-chrême à la poitrine, au milieu du dos, aux plis des bras. Pour nous deux, il se contenta de la triple onction, au front et aux paumes. Au début, Talleyrand devait essuyer nos onctions. Le pape s'insurgea devant cet évêque apostat. Riant in petto, l'Empereur remplaça le prélat sacrilège par le grand aumônier.

Nous arrivâmes au couronnement. Le pape bénit l'épée, le globe impérial, le sceptre, la main de justice, le collier, nos deux anneaux, nos deux manteaux, nos deux couronnes. Mêmes prières pour moi que pour l'Empereur. « Recevez cet anneau qui est le signe de la foi sainte, la preuve de la puissance et de la solidité de votre empire... »

Pour le manteau d'épouvante : « Que le Seigneur vous revête de sa puissance, afin que, pendant que vous brillerez extérieurement de la splendeur de ce vêtement, vous brilliez intérieurement par les mérites de vos vertus aux yeux de ce Dieu qui n'ignore rien du passé, à qui rien n'est celé de l'avenir, par lequel règnent les rois, et les fondateurs des lois trouvent la justice. »

Il avait été entendu à l'avance que l'Empereur se couronnerait lui-même. Il avait ramassé la couronne que les Bourbons avaient laissé échapper de leurs mains incapables. Il la prendrait de ses propres mains, « pour éviter toute discussion entre les grands dignitaires de l'Empire qui prétendaient la lui donner au nom du peuple ». Pour n'être pas venu pour rien, pendant ce temps, le pape pourrait « prononcer une prière ».

A plusieurs endroits de l'interminable cérémonie, l'Empereur avait étouffé des bâillements. Après les onctions, au lieu d'être sensible à l'oraison du pape, invoquant le Dieu tout-puissant et éternel « qui répandit l'huile sainte des rois sur la tête de Saül et de David par le ministère du prophète Samuel », l'Empereur pensait surtout à s'essuyer. Au moment du couronnement, il retrouva sa gravité. Il tendit la main vers le coussin de velours pourpre, prit la couronne d'or, tourna le dos au pape, le plus naturellement du monde, et, en regardant l'assistance, dont la plus grande partie, d'ailleurs, ne le voyait pas, il posa la couronne sur sa tête avec une sereine majesté.

Presque personne ne vit et n'entendit le pape baiser l'Empereur sur la joue et tenter de crier, d'une voix cassée qui ne portait pas à deux pas, le *Vivat Imperator in aeternum.* Tout fut étouffé à grands coups de cuivres des deux orchestres, par le *Vivat* de l'abbé Rose.

On vit encore moins l'Empereur quand, descendant les marches de l'autel, il s'avança vers moi pour mon suprême bouleversement. Je quittai mon « petit trône » en tremblant. Je m'agenouillai devant lui. Moi, qui avais tant pleuré pour des riens dans ma vie, je n'oubliai pas de verser mes plus belles larmes sur mes mains jointes, que j'élevais moins vers le Seigneur des cieux que vers mon Bonaparte aux bottes trouées, mon Dieu d'ici-bas, si souvent bafoué, qui m'avait toujours pardonnée, et qui, dans ce sanctuaire, devant le pape et l'univers, me donnait la plus haute preuve d'amour.

Il m'aimait. Comme il m'aimait ! Parmi toutes ces pompes, il gardait pour moi assez d'attendrissement pour jouer, comme au temps où nous étions seuls, dans notre chambre, rue Chantereine. Il prit ma couronne sur son coussin, la posa un instant sur sa tête, comme pour l'imprégner de ses effluves. Puis il l'arrangea sur la mienne, tendrement, coquettement, en se passionnant, même en un tel moment, pour mes coquetteries. Il n'en finissait plus de l'avancer, de la reculer, pour que ce symbole de grandeur me fût une parure et fît de moi la plus belle.

Je me relevai et, aux côtés de l'Empereur, suivie par l'extraordinaire cortège du pape, des cardinaux, des princes, des maréchaux, des dignitaires, je traversai la nef, sous le déchaînement des deux orchestres et des chœurs.

A ce moment-là, je crois, ou à un autre (tout se

brouillait dans ma tête), l'Empereur se retourna vers son frère et lui souffla :

« Joseph, si notre père nous voyait ! »

J'eus à peine le temps de penser à ma mère, restée à la Martinique, en ce grand jour, parce qu'elle était royaliste. Et à Madame Laetitia, boudant à Rome, que David plaquera tout de même comme une enseigne dans son tableau du sacre. « Ce sera plus gentil comme cela », dirai-je au peintre.

Pour le moment je devais concentrer mes forces afin d'escalader la montagne de carton et de gagner mon « grand trône ». Je gravis les cinq premières marches. Puis, le manteau de mes maux, lâché par mes faux soutiens, me tira en arrière avec une telle violence que je faillis rouler en bas. Je crus à une vengeance de mes Erinyes. Mes jambes vacillaient, la tête me tournait, les nuées d'abeilles de mon manteau semblaient bourdonner à mes oreilles. Je me ressaisis dans un élan de tout mon être. J'étais l'Impératrice sacrée, ointe, couronnée. Je devais rejeter dans l'ombre mes blasphématrices et continuer vers la lumière. Dans un effort de tous mes nerfs, j'arrachai le poids de plomb qui m'entraînait vers le gouffre. En les comptant une à une, je franchis les dix-neuf dernières marches de mon calvaire et je parvins enfin à mon « grand trône », que j'avais cruellement gagné.

Je me reposai, tandis que, dans les lointains, on criait : « Vive l'Empereur ! Vive l'Impératrice ! » A l'Evangile, on vint nous faire baiser le Livre saint. A l'offertoire, je délassai mes yeux à contempler mes trois plus belles dames du Palais portant les offrandes : Mme d'Arberg, le cierge incrusté de treize pièces d'or, Mme de Luçay, le pain d'argent, Mme Duchâtel, le pain d'or. Des colliers de diamants de trente mille francs récompenseront ces porteuses.

Retour à nos « petits trônes », tandis que l'on présentait au pape le bassin et l'aiguière qui avaient servi au sacre de Louis XVI. Après la communion, remontée vers nos « grands trônes ». « Petits trônes »... « grands trônes » : navettes de vertige.

Ite missa est. La messe dite, le pape et sa suite se retirèrent dans la sacristie du Trésor. Le Souverain Pontife ne voulait pas sanctionner par sa présence la liberté des cultes que l'Empereur allait proclamer dans son serment civil.

Le grand aumônier alla chercher à l'autel le livre des Evangiles, le porta au « grand trône » et le tint ouvert devant l'Empereur. Les présidents du Sénat, du Corps législatif, du Tribunat, du Conseil d'Etat, déployèrent devant le souverain la formule du serment, qu'il lut, la main sur les Evangiles, d'une voix qui tonna jusqu'au haut des voûtes.

« Je jure de maintenir l'intégrité du territoire de la République, de respecter et de faire respecter les lois du Concordat et la liberté des cultes; de respecter et de faire respecter l'égalité des droits, la liberté politique et civile, l'irrévocabilité des ventes des biens nationaux, de ne lever aucun impôt, de n'établir aucune taxe qu'en vertu de la loi, de maintenir l'institution de la Légion d'honneur; de gouverner dans la seule vue de l'intérêt, du bonheur et de la gloire du peuple français. »

Le héraut d'armes clama :

« Le très glorieux et très auguste Napoléon,

empereur des Français, est sacré et intronisé. »

« Vive l'Empereur! Vive l'Impératrice! » Au-dehors, les cent un coups de canon. Vers trois heures finit la cérémonie sans fin.

Retour aux Tuileries du cortège du pape et du nôtre, par la rue de la Barillerie, le Pont-au-Change, la place du Châtelet, la rue Saint-Denis, les boulevards. Les riches avaient suspendu à leurs fenêtres des tapisseries et des tapis, les moins riches, des toiles des Indes ou de Gênes, les pauvres, leurs draps de lit, piqués de branches de sapin. A tous les étages, jusqu'aux mansardes, lampions et chandelles. Cavaliers d'escorte, pages, valets de pied brandissaient cinq cents torches. Dans la nuit, place de la Concorde, guirlandes et lanternes, feux de Bengale sur les deux palais de Gabriel. Un obélisque de feu supportait une étoile à cinq rayons, de vingt-cinq mètres de diamètre. Des lignes de feu dessinaient le palais des Tuileries. Dans les jardins, des profusions de colonnes, d'arcs de triomphe, d'ifs, de caisses d'orangers, de verres de couleur, de lampions, de terrines. 13 118 francs de maçonnerie, 25 840 francs de charpente, 3 283 francs de terrassement, 1 188 francs de manœuvres, 17 729 francs de vitrerie, 6 000 francs de serrurerie, 49 000 francs de lampions, 9 000 francs de pavage, jardinage, inspection... Vive l'Empereur! Vive l'Impératrice!

Des semaines de fêtes dans l'hiver de Paris. Le 5 décembre, sous la pluie et la neige, pour la distribution des Aigles, je pataugeai avec les troupes dans le bourbier du Champ-de-Mars.

Le 16 décembre, j'arrivai à l'Hôtel de Ville avec

l'Empereur, dans le carrosse du sacre. Robe de tulle d'argent et de satin brodé d'or. Comme hors-d'œuvre, harangue au Pont-Neuf, comme plat de résistance, harangue au perron de l'Hôtel de ville. Dans mon appartement, je trouvai le somptueux présent de la Ville de Paris : aiguière, cuvette, girandoles, miroir, jattes, boîtes, gobelets. Et un gratte-langue, quand j'aurai envie de médire.

Les généraux m'offrirent un banquet, les maréchaux, le 7 janvier 1805, un concert et un bal à l'Opéra. Le 14 janvier, je me rendis seule au Corps législatif. Pour compenser son austérité, ce grand corps m'accueillit par l'air d'*Iphigénie* de Gluck, qui avait encensé Marie-Antoinette :

Que d'attraits ! Que de majesté !

J'inaugurai la statue de l'Empereur, tout nu, en empereur romain, par Chandet. Le modèle n'arriva que pendant le bal. Il n'avait pas osé se voir publiquement tout nu.

Au banquet donné par Berthier, ministre de la Guerre, l'Empereur, au lieu de s'asseoir, préféra papillonner. Assise à la table d'honneur, et feignant de converser avec mes voisines, je surveillai les évolutions du volage. Il s'arrêta à une table, se pencha par-dessus l'épaule d'une dame du palais.

Vingt-deux ans. Blonde, au nez aquilin, disait Mme de Rémusat. Brune, au long nez pointu, rétorquait Hortense. Les deux témoins s'accordaient sur le charme, les dents de perle, les yeux de sombre azur, la longue et soyeuse paupière, le pied petit, le sourire enchanteur, l'art de danser et de chanter des petits airs auvergnats. Par quel miracle Hortense lui attribuait-elle un teint de cendre le matin, éclatant le soir? Telle était Marie-Antoinette-Adèle Papin, épouse de Charles Duchâtel, directeur général de l'Enregistrement, de trente ans son aîné. Mère de deux fils.

Je sus le lendemain ce que l'Empereur lui avait dit :

« Vous avez tort de manger des olives le soir, cela vous fera du mal. »

Et à Mme Junot, sa voisine :

« Et vous, madame Junot, vous ne mangez pas d'olives ? Vous faites bien. Et doublement bien de ne pas imiter Mme Duchâtel, car elle est en tout inimitable.

— Puisqu'il lui donnait des conseils », dis-je à Mme Junot, il devrait lui dire aussi qu'il est ridicule de faire la Roxelane avec un aussi long nez.

Le roman de Mme de Genlis sur Mlle de la Vallière tournait la tête de toutes les jeunes femmes maigres et blondes. Comme Mme Duchâtel, elles se croyaient des favorites.

Autour de cette belette au nez pointu, les hommes dansèrent un ballet. Eugène en tomba sincèrement amoureux et Murat faussement pour m'égarer. Mais je guettais sans trêve. Quand Mme Duchâtel était de service, l'Empereur se ruait au rez-de-chaussée pour la retrouver. Si j'allais au théâtre, en loge grillée, avec la dame au long bec, l'Empereur survenait. Elle le hantait. Lui, qui tuait ses collaborateurs à la tâche, ne faisait plus rien. Il musardait, flânait, traînait. Il obsédait Duroc avec ses propos sur Mme Duchâtel. Il voulait la voir sans cesse. Il passait ses journées à lui écrire, elle à lui répondre.

L'héroïne de roman affectait la froideur. Mais, sous cette glace, elle rayonnait de toilettes exquises, de regards filtrants, de sourires enjôleurs.

Avant le sacre, il la retrouvait dans une petite maison de l'allée des Veuves. Un soir, en février, à Malmaison, je le surpris courant la rejoindre, en voleur, par les couloirs glacés.

Pourtant, à l'intention des lectrices, maigres et blondes, du roman de Mme de Genlis, l'Empereur proclamait sa différence avec nos rois :

« Je ne veux nullement à ma cour l'empire des femmes. Elles ont fait tort à Henri IV et à Louis XIV; mon métier est bien plus grave que celui de ces princes, et les Français sont devenus trop sérieux pour pardonner à leur souverain des liaisons affichées et des maîtresses en titre. »

Malgré cette déclaration, il continuait ses folies. Un jour, il se promenait avec elle à Villiers, chez les Murat, escorté par Duroc. Il entendit un bruit. Craignant d'être reconnu, il sauta un mur fort haut, au risque de se rompre les os. L'Empereur acrobate !

Adèle, puisqu'il faut, comme la peste, « l'appeler par son nom », jouait le désintéressement. Elle refusait un collier de diamants. L'Empereur lui envoyait son portrait, enrichi de diamants magnifiques. Elle gardait le portrait et renvoyait les diamants. En se prétendant offensée. Ces nobles refus lui valurent quarante mille francs par an, s'ajoutant à ses douze mille de dame du palais. Plus le titre de comtesse. Plus, pour l'époux cocu, les titres de comte, de conseiller d'Etat à vie, de directeur général de l'Enregistrement et des Domaines, soit de presque ministre, et de commandeur de la Légion d'honneur, alors que beaucoup de généraux ne l'étaient pas.

Autour de l'intrigante, je tissai une trame policière. Je chargeai mes domestiques, des ouvriers, mes fournisseurs préférés de la surveiller. Je savais les dangers que je courais. Mais j'étais incorrigible. Au mépris de mes intérêts, la jalousie me rendait folle. J'allai jusqu'à dire à l'Empereur que je finirais par défendre à Mme Duchâtel l'entrée de mon appartement.

Jeu pervers, mystère conjugal : lui, avec ses infidélités qu'il venait me conter en me détaillant les secrets du corps de ses maîtresses; moi, avec ma jalousie délirante. Lui, ayant peur de moi. Moi, ayant peur de lui. Enfants jouant à se faire peur. Sans pouvoir nous passer de cette peur, excitant nos plaisirs.

N'osant pas encore lâcher contre moi sa suprême explosion, mon terrifiant prit comme otage ma confidente, Mme de Rémusat :

« Si vous n'approuvez pas l'inquisition qu'exerce contre moi l'Impératrice, n'avez-vous assez de crédit sur elle pour la retenir ? Elle nous humilie tous deux par l'espionnage dont elle m'environne; elle fournit des armes à mes ennemis. Puisque vous êtes dans la confidence, il faut que vous m'en répondiez, et je me prendrai à vous de toutes ses fautes. »

Il gémit auprès d'Hortense :

« La jalousie de votre mère me donne un ridicule aux yeux de tout le monde. Il n'est pas de sottise qu'on ne débite sur moi. Croyez-vous que je ne le sache pas ? La faute en est à elle. »

Hortense lui fit une réponse digne de M. de Talleyrand.

« Non, sire, la faute en est à ceux à qui je le reproche. S'ils ne cherchaient pas à vous irriter, au lieu de vous calmer, vous ménageriez la sensibilité de ma mère... Elle souffre, elle se plaint; c'est naturel et si ceux que vous croyez vos amis n'allaient pas vous rapporter ses plaintes ou si vous saviez prendre assez sur vous-même pour ne pas lui en témoigner de mécontentement, le bonheur, j'en suis sûre, renaîtrait parmi vous; encore une fois, ne demandez pas d'elle plus de force que vous n'en avez.

Ces propos lénifiants apaisèrent le tigre :

« Vous avez raison, je vois que si je suis grand pour les grandes choses, je suis petit pour les petites. »

Peu à peu, il se déprit de la dame au nez pointu. Peut-être le choqua-t-elle par ses ambitions. « Elle voulait se mettre sur le même niveau que moi », dit-il. Il me demanda de l'aider à rompre. Par Duroc, il réclama ses lettres, fort tendres. Il craignait qu'on ne les imprimât, comme celles de certains souverains. Elle les rendit, sans résistance, en refusant un dernier collier. Entre eux, pas de diamants, symboles de la vénalité ou de la trahison !

On dit qu'ils se retrouvèrent parfois dans la petite maison de l'allée des Veuves. Mes policiers ne la surveillaient plus. Comment savoir ?...

XV

« JOSEPHINE GALLIARUM AUGUSTAE »

Au printemps de 1805, mon triple triomphe : le pape baptisa mon second petit-fils à Saint-Cloud, mon fils Eugène fut nommé prince de l'Empire, archichancelier d'Etat, Altesse Sérénissime. Le 2 avril, en route avec l'Empereur, que l'on couronnera roi d'Italie à Milan !

A Troyes, arcs de triomphe sur arcs de triomphe. Orgie de colonnes, obélisques, portiques, transparents, bustes, étoiles, soleils levants, symboles, harangues, bals, pucelles chantant mes vertus.

A Chalon-sur-Saône, douze petites fille m'offrirent des bonbons d'honneur que je n'osai pas sucer, à cause des devises imprimées dessus. Ce qui me fit le plus de plaisir, elles me donnèrent des *Josephinae*, plante nouvelle, créée dans les serres de Malmaison.

Cinq jours à Lyon. Mes plus grandes joies lyonnaises ? Etre appelée, pour la première fois, « Minerve des Français ». (J'aurais préféré Vénus). Ma visite au Jardin botanique, comblé de mes envois de fleurs de Malmaison. La municipalité me demanda l'autorisation de lui donner mon nom et d'y élever ma statue « sous l'ombre des myrtes et des acacias ».

Le jour de Pâques, à la messe pontificale, en l'église métropolitaine Saint-Jean, je rutilais sous mon dais, sur un trône à crépine d'or.

Le 11 avril, au banquet de l'archevêché, l'Empereur ne fit pas une pieuse rencontre. Il vit là, pour la première fois, je ne m'en avisai pas, cette Emilie Pellapra, « fille-oiseau », selon certains, écervelée à mes yeux. En 1806, elle lui donnera une fille. Les « filles-oiseaux » enfantent-elles ?

Rudes Alpes, que mes sourires tentèrent d'abaisser ! A Turin, acclamations. Les charmants habitants d'Asti avaient calculé que nous arriverions la nuit. Un retard nous fit arriver le lendemain, à midi. Pour n'avoir pas déboursé en vain, ils nous gratifièrent de leurs illuminations en plein jour.

Le 1ᵉʳ juin, à Marengo, l'Empereur fit reproduire devant moi, par la 25ᵉ division, la manœuvre de la bataille. Il avait apporté l'uniforme qu'il arborait ce jour-là : l'habit bleu élimé, les broderies virant au lie-de-vin, le chapeau poussiéreux. Mes larmes furent les bienvenues.

Que de souvenirs à Milan ! Tant d'amour de sa part ! Tant de folies de la mienne ! Mes amours avec Hippolyte !...

Illuminations de la cathédrale et des monuments. Cloches, canons. Accueil mitigé de la population. A la Scala, éclairée à giorno, en écoutant Mme Banti, je pensais à l'Anglais qui lui avait acheté son corps cinquante mille francs, pour étudier, après sa mort, la « conformation particulière » de sa gorge.

Nouvel accès de jalousie. Pour Anna Roche de

La Coste, une jeune orpheline pauvre que, par charité, j'avais engagée comme lectrice. Elle ne me lut pas un mot. Je n'ouvrais jamais un livre. Elle reçut six mille francs, la moitié du traitement des dames du palais, le double de celui des dames d'annonce. Six mille francs pour me prendre mon mari !

Un corps de nymphe, une démarche de faunesse, de blonds cheveux de fée. Gaie, spirituelle, douce. Poussée par M. de Rémusat, chambellan, et par sa femme, ma confidente, par Talleyrand et par un de ses protégés, le jeune et beau chambellan Théodore de Thiard.

Par deux fois, ce Thiard croisa l'Empereur sur le sentier des fredaines. La seconde fut sa perte. En avril, notre cortège officiel devait mettre quatre ou cinq heures pour atteindre la Novalaise par la vallée de la Maurienne et le Mont-Cenis. Le bouillant Thiard ne mit que dix minutes en « ramasse » (en traîneau). Avec ma lectrice. Plus tard il décrira leur vertige :

« Si ces instants que l'on passe en quelque sorte entre le ciel et la terre, entre l'existence et le néant, produisent une extase qu'il faut avoir éprouvée pour la comprendre, combien ce charme ne doit-il pas être plus puissant quand vous ne vous lancez pas seul dans l'éternité, si vous avez une compagne, si des formes, en devançant l'âge, laissent sur le visage l'aspect de la plus tendre jeunesse, si une blonde chevelure, détachée par l'émotion et flottant en désordre, se répand sur un sein agité... »

On devine comment les deux voyageurs de la « ramasse » utilisèrent, à la Novalaise, les cinq heures d'avance que leur valut leur descente extatique.

À Milan, pendant un mois, l'Empereur se prodigua auprès d'Anna. En public, il lui offrit une bague. Je le harcelai si férocement que je le forçai à la renvoyer. Il posa ses conditions. La mignonne ne partirait que lorsque sa tante maquerelle, prévenue par courrier, serait arrivée à Milan. Ensuite, la lectrice, qui n'avait accès qu'au salon de service, serait invitée au cercle de l'Impératrice, un soir de grande réception. Un honneur immense pour Anna. Une gifle pour moi. Plus tard, il la maria à un financier véreux, Levavasseur, receveur général escroc de Maine-et-Loire.

Le 26 mai 1805, dans la cathédrale de Milan, tendue de gaze et de crêpe, en ma présence, l'Empereur enfonça sur sa tête la couronne de fer des rois lombards, bénite auparavant par l'archevêque. A pleins poumons, il cria la formule rituelle : *Dio me l'ha data, guai a chi la toccherà !* Dieu me l'a donnée, gare à qui la touchera !

Sa joie rayonna tout le jour. Le soir, dans ma chambre donnant sur le Duomo éclatant de feux, il me taquina, me tira les oreilles, m'administra des petites tapes, me chatouilla, chantonnant et riant : « Dieu me l'a donnée, gare à qui la touchera !

— Finis donc, Bonaparte ! » suppliai-je, en riant.

Tandis que l'Empereur et roi vaquait à ses affaires, je me promenais au lac Majeur et au lac de Côme. A Côme, un affreux malheur : je perdis le petit carlin d'Hippolyte, dépositaire de mes secrets. Toute la ville de Côme le chercha. A la Villa Julia, pour chasser mon chagrin, je déguisai en femme Brassac, un de mes chambellans. Je le glissai dans la chambre de Beaumont, à qui je fis croire qu'il avait suscité chez cette dame une passion dévorante.

A mon retour à Milan, mon petit carlin, retrouvé à Côme, sauta dans mes bras. Pleurs de joie !

Larmes encore, pour fêter la nomination d'Eugène, vice-roi d'Italie. L'Empereur avait d'abord voulu créer un royaume de Lombardie pour Joseph ou Louis. Mais ces deux roquets s'obstinèrent si follement à se prendre non pour les frères de l'Empereur Napoléon, mais pour les fils de l'« Empereur Charles » et de l'« Impératrice Laetitia » que mon mari les envoya au diable. Il choisit Eugène, son « chevalier sans peur et sans reproche » qui l'aimait et qu'il aimait de tout son cœur. Eugène le pur, l'incorruptible. Mon conseiller, ma raison, mon droit. Le Salomon auquel l'Empereur avait recours dans nos batailles. Ma plus belle couronne : être la mère d'un tel fils.

Larmes de tristesse, en apprenant qu'il résiderait à Milan.

« Tu pleures, Joséphine, dit l'Empereur, cela n'a pas de sens commun. Tu pleures parce que tu vas être séparée de ton fils ? Si l'absence de tes enfants te cause tant de chagrin, juge donc ce que je dois éprouver, moi ! L'attachement que tu témoignes pour eux me fait sentir bien cruellement le malheur de ne pas en avoir ! »

Larmes d'angoisse, pour l'épée de Damoclès du divorce. Larmes toujours !

Bologne : un buisson de vivats et de fleurs. A Gênes, au palais Doria, six nuits dans le lit de Charles Quint. Une canicule pire que celle d'Egypte, dit l'Empereur. Deux émerveillements :

les clovisses, coquillages exquis, « du genre Vénus », selon les naturalistes. On comprend le succès de la déesse. Et une fête de nuit divine, sur la mer, avec des radeaux changés en îles fleuries, et notre galère amirale menée par cent rameurs.

Infailliblement, je préparais ma perte. A Gênes, j'engageai comme lectrice la plus ravissante des Génoises, celle qui portait avec la grâce la plus céleste le *mezzaro,* ce voile de mousseline blanche, posé sur la tête, qui accompagne le visage et voile les bras avec une élégance charmante : Carlotta Gazzani. Plus tard, ce *mezzaro* n'échappera pas à l'Empereur.

Le 6 juillet, à six heures du soir, en coup de tonnerre, le maître décida de regagner la France. Cette fois, point d'Hippolyte. Je le suppliai de m'emmener. Par monts et par vaux, nous filions comme le vent. De la fournaise de Gênes, par la nouvelle route du Mont-Cenis, nous montâmes jusqu'à un petit lac gelé. Moi sans chemise, lui sans café, nous tombâmes à l'improviste sur le concierge du château de Fontainebleau. Cet ancien cuisinier du général Bonaparte en Egypte nous fricota un souper de côtelettes de mouton et d'œufs, savouré en amoureux : nos délices !

Pour me reposer de mes fatigues, j'allai prendre les eaux à Plombières. Me rendraient-elles fertile ? Comment le croire ?

A Nancy, 3 397 francs 14 centimes d'ornements, d'arcs de triomphe, de pots de feu et de musique me serinant le sempiternel « Où peut-on être mieux qu'au sein de sa famille ? »

A Epinal, j'allai d'un arc de triomphe dédié « A la Bienfaisance sur le trône » à un autre déclamant :

Les Vosges sont encore remplies du souvenir de
[ses bienfaits,
Heureux les pays qu'elle a parcourus !
Les cœurs à l'envi volent sur son passage !

De Charmes à Plombières, je roulai sur des jonchées de fleurs. Arrivée de nuit à Plombières, entre des verres de couleur et un feu d'artifice. Pour me délasser de ma cure et de mes promenades au Mont-Joli et dans la vallée de l'Eaugronne, je fis exécuter mon portrait en pied (six mille francs) par l'illustre peintre Laurent.

Ma grande affaire : le mariage que l'Empereur préparait pour Eugène. Il voulait lui faire épouser la princesse Augusta de Bavière. On dut d'abord rompre les fiançailles de la demoiselle avec le prince héréditaire de Bade. Le 6 août, j'annonçai à Eugène qu'on y avait réussi : « ... ce qui donne de grandes espérances pour la personne que tu connais : j'ai vu son portrait : on n'est pas plus belle ».

Il restait à décider l'électeur de Bavière. Quel coup de Jarnac préparait la tribu des Bonaparte pour empêcher ce mariage ?

Eugène se plaignait à Hortense de la rareté de mes lettres. « Tu as tort de t'affecter de ne pas recevoir de lettres de maman, lui répondit-elle; dans son voyage d'Italie, je n'en ai reçu qu'une petite; personne n'est paresseuse comme elle; si tu savais qu'elle ne peut pas encore parler de toi sans pleurer, tu lui pardonnerais sa paresse. »

Le 3 août, l'Empereur, meilleur épistolier, m'envoyait ces mots charmants :

« J'ai ici de belles armées, de belles flottilles et tout ce qui peut me faire passer le temps agréablement. Il y manquerait ma bonne Joséphine. Mais il ne faut pas lui dire cela. Pour être aimé, il faut que les femmes doutent et craignent sur l'étendue et la durée de leur empire. Adieu, madame, mille choses aimables partout. »

Après tant d'algarades, j'avais pris des résolutions : « Plus de jalousie, mon cher Eugène, et ce que je te dis là est bien vrai. Aussi est-il plus heureux, et moi plus heureuse aussi. »

Hortense avait dit à Duroc « qu'il devait plutôt chercher à adoucir l'Empereur, que c'était le rendre malheureux que de lui dire que l'Impératrice parlait à tout le monde ».

Hortense, Duroc, Murat, l'Empereur, jurèrent d'étrangler les commérages. L'Empereur trouva qu'Hortense raisonnait comme un ange. Je promis d'étouffer ma jalousie, les ragoteurs promirent d'étouffer leurs ragots. Hortense chanta victoire : « Maman se conduit très bien dans tout cela; elle n'est pas jalouse... »

Le miracle de Plombières : les eaux qui guérissaient la jalousie, non la lenteur à écrire.

« Je n'ai pas souvent de vos nouvelles, gémissait l'Empereur le 13 août. Vous oubliez vos amis; ce n'est pas bien. Je ne savais pas que les eaux de Plombières eussent la vertu du fleuve Léthé. Il me semble que c'est en buvant ces eaux de Plombières que vous disiez : " Ah ! Bonaparte, si je meurs, qui est-ce qui t'aimera ? " Il y a bien loin de là, n'est-ce pas ? Tout finit, la beauté, l'esprit, le sentiment, le soleil lui-même; mais ce qui n'aura jamais de terme, c'est le bien que je veux, le bonheur dont je jouis... et la bonté de ma Joséphine. Je ne serai pas plus tendre si vous en faites des risées. »

Fin août, après avoir subi, de Nancy à Paris, harangues, arcs de triomphe, l'offrande du « Tableau moral du département de la Meurthe », jeunes filles en blanc, avec compliments en vers, cloches, tambours, feux d'artifice, chandelles romaines, je retrouvai, le 31, mon lit de Malmaison.

Et mes vipères. En mon absence, le courtisan Murat et sa femme avaient arraché à l'Empereur de nouveaux avantages. Murat s'était fait nommer prince et grand amiral. Ils avaient bien tort d'intriguer dans mon dos. Ma présence ne leur nuisait en rien. Mon opinion sur ces gens-là était tellement arrêtée qu'ils ne pouvaient plus être dangereux pour moi. Ma seule crainte : leurs complots contre mes enfants, si nous perdions l'Empereur.

D'immenses événements se préparaient. Nous allions déclarer la guerre à l'Autriche. Au retour de Boulogne, l'Empereur me confirma la nouvelle. Concentrée face à l'Angleterre, la Grande Armée s'apprêtait à pivoter en sens inverse et à fondre sur l'Allemagne en « cinq torrents ».

Ma jalousie devait être mal étouffée. Une nuit, l'Empereur avait travaillé avec Talleyrand jusqu'à quatre heures du matin. Fourbu, songeur, il gagnait son lit, un bougeoir à la main. Je me jetai sur lui, échevelée, hagarde :

« Au moins, était-elle jolie ? »

Accablé, il me tourna le dos :

« Puisque vous le prenez ainsi, madame, couchez-vous chez vous et moi dans ma chambre. »

Pour me faire pardonner, je le suppliai de m'autoriser à m'installer à Strasbourg pendant la campagne. J'échapperais à la surveillance de mes geôliers Joseph et Louis. Même si je n'y répondais pas, je recevrais plus vite le courrier de l'Empereur. De tout mon instinct, je croyais à sa victoire. Je serais aux premières loges pour courir partager ses lauriers.

Ma requête le flatta. Il accepta même de me prendre avec lui pour ce voyage d'enfer, de jour et de nuit. Mes dames du palais rouleront plus humainement.

Que d'efforts pour lui plaire ! Partis le 24 septembre, à quatre heures et demie du matin, nous arrivâmes à Strasbourg le 26, à cinq heures du soir. Cinquante-huit heures de route d'un trait ! Rompue, brisée.

A notre résidence, au palais épiscopal, tout était prêt pour notre arrivée. Strasbourg, Nancy, Lunéville avaient rivalisé pour les meubles. On avait expédié de Paris linge, batterie de cuisine, argenterie, vaisselle, verrerie. Mes appartements : quatorze pièces au premier étage, sur la cour, au second sur la rivière l'Ill. Marie-Antoinette, qui croisait sans cesse ma route, avait passé ici sa première nuit, lors de son arrivée dans cette France qui la tuerait.

Le 1er octobre, l'Empereur franchit le Rhin. Pendant près de deux mois, je fus vraiment l'Impératrice. Je mesurai la rapidité de l'avance de mon mari dans le Saint-Empire au nombre de princes allemands qui venaient me saluer. Je recevais à tour de bras. La municipalité, le maréchal Kellermann, commandant la région, les demoiselles de la ville, les vingt-deux dames, représentant le dessus du panier de la cité, les maires de Paris, une députation du Tribunat.

Cuirassée de sourires, je résistais à tout : harangues spongieuses, soupers écrasants, bals épuisants. J'applaudissais les théâtres français et allemand. Pour les concerts, je fis venir de Paris les demoiselles Delihu et Gervasis, chanteuses, et mon musicien préféré, Spontini, offrant à Strasbourg la première représentation de sa *Vestale*.

Avant la Révolution, j'avais cédé au vent qui poussait les jeunes dames de la cour, telles la princesse de Lamballe ou la future citoyenne Egalité, à s'inscrire dans une loge maçonnique. J'assistai à des réunions de la loge « L'Orient de Strasbourg ». Je fus la marraine de Mme de Carnisy. Une loge de Paris et une de Milan prirent mon nom.

En attendant les lettres de l'Empereur, je me livrai à une révolution intérieure que j'annonçai triomphalement à Eugène. Je fis ce que jamais je n'avais fait et que je ne croyais jamais pouvoir faire : JE LUS. Je me mis à lire des livres, à les goûter. Ce n'était pas si terrible... Si j'avais su, je m'y serais mise plus tôt. J'aurais suivi les conseils de mon maître Patricol, au temps de mon premier mari.

Tous les quatre ou cinq jours, une lettre de l'Empereur. Le 2 octobre, d'Ettlingen : « Je suis en bonne position et je t'aime. » Le 4, avant de partir pour Stuttgart, où l'électeur lui offrira une représentation de *Don Juan* :

« Je suis à Louisbourg (Ludwigsburg). Je pars cette nuit. Toute mon armée marche. Le temps est superbe. Ma réunion avec les Bavarois est faite. Je me porte bien. J'espère avoir dans un peu de jours quelque chose d'intéressant à mander. »

Le lendemain, il m'annonça le mariage de la princesse de Saxe-Hilburghausen et du second fils de l'électeur, en me priant de m'occuper des cadeaux.

Pluies et victoires. Passage du Danube. Le 10, à Augsbourg, le 12 à Munich : « L'ennemi est battu, a perdu la tête... Je pars dans une heure pour Burgau-sur-l'Iller. Je me porte bien. Le temps est cependant affreux. Je change d'habit deux fois par jour, tant il pleut. Je t'aime et je t'embrasse. »

Le 19 octobre, à l'abbaye d'Elchingen, Mack lui apporta la capitulation de l'armée autrichienne :

« J'ai été, ma bonne Joséphine, plus fatigué qu'il ne le fallait; une semaine entière et toutes les journées l'eau sur le corps, et les pieds froids, m'ont fait un peu de mal; mais la journée aujourd'hui, où je ne suis pas sorti, m'a reposé. J'ai rempli mon dessein : j'ai détruit l'armée autrichienne par de simples marches; j'ai fait 60 000 prisonniers, pris 120 pièces de canon, plus de 90 drapeaux, et plus de 30 généraux. Je vais me porter sur les Russes; ils sont perdus. Je suis content de mon armée. Je n'ai perdu que 1 500 hommes, dont les deux tiers faiblement blessés. Adieu, ma Joséphine, mille choses aimables partout... »

Le 20 octobre, les 30 000 hommes de l'armée

autrichienne prisonniers défilèrent devant lui : « Jamais catastrophe pareille dans les annales militaires. » Pendant la bataille autour d'Ulm, je restai quelques jours sans nouvelles. Je m'inquiétai. Il me gronda tendrement : « L'on m'a donné des détails qui m'ont prouvé toute la tendresse que tu me portes; mais il faut plus de force et de confiance... Il faut être gaie, t'amuser, et espérer qu'avant la fin du mois nous nous verrons. »

Il bondit vers Vienne. Le 2 novembre, d'Haag :

« Je suis en grande marche; le temps est froid, la terre couverte d'un pied de neige. Cela est un peu rude. Il ne manque heureusement pas de bois; nous sommes toujours ici dans les forêts. Je me porte assez bien. Mes affaires vont d'une manière satisfaisante, mes ennemis doivent avoir plus de soucis que moi. Je désire avoir de tes nouvelles et apprendre que tu es sans inquiétude. Adieu, mon amie, je vais me coucher. »

Le 5, à Linz, à vingt-huit lieues de Vienne. Retraite totale des Russes. A Vienne, on évacuait les bagages de la cour.

Le soir du 15 novembre, l'Empereur à Vienne : « Je n'ai pas encore vu la ville de jour; je l'ai parcourue la nuit. Demain je reçois les notables et les corps. Presque toutes mes troupes sont au-delà du Danube, à la poursuite des Russes. Adieu, ma Joséphine; du moment que cela sera possible, je te ferai venir. Mille choses aimables pour toi. »

Le 16 novembre, ivresse de joie : il m'autorisa à le rejoindre à Munich.

Je traversai en triomphe le pays de Bade, le Wurtemberg, la Bavière. « On te doit tout et tu ne dois rien que par honnêteté », m'avait-il dit. Une exception, pour l'électrice de Wurtemberg, fille du roi d'Angleterre : « C'est une bonne femme, tu dois la bien traiter, mais cependant sans affectation. »

N'aimant pas humilier, je traitai également bien électeurs, électrices, princesses et margraves venus m'adorer.

Escortes, cloches, canons, arcs de triomphe en latin : *Josephine Galliarum Augustae*.

Carlsruhe, Stuttgart : à l'Opéra, *Achille* de Paër et *Roméo et Juliette* de Zingarelli. L'électeur de Wurtemberg, bientôt promu roi, et futur beau-père de Jérôme Bonaparte, m'amusa. Pour loger son ventre on avait creusé une niche dans la table de sa salle à manger. Il maintenait sa femme en grande tenue dès sept heures du matin. Son appartement résonnait de toutes les sortes d'horloges qui sonnent. Son fauteuil déchaînait le tonnerre dès qu'on y posait les fesses.

A Ulm, j'étais si recrue de fêtes que je préférai me coucher.

A Munich, je reçus l'annonce de la victoire d'Austerlitz :

« J'ai battu l'armée russe et autrichienne commandée par les deux empereurs. Je me suis un peu fatigué, j'ai bivouaqué huit jours en plein air, par des nuits assez fraîches. Je couche ce soir dans le château du prince Kaunitz, où je vais dormir deux ou trois heures. L'armée russe est non seulement battue, mais détruite. Je t'embrasse. »

Le 5 décembre, ce bilan :

« J'ai conclu une trêve. Les Russes s'en vont. La bataille d'Austerlitz est la plus belle de toutes celles que j'ai données : 45 drapeaux, plus de 150 pièces de canon, les étendards de la Garde de Russie, 20 généraux, 30 000 prisonniers, plus de 20 000 tués : spectacle horrible ! L'empereur Alexandre est au désespoir et s'en va en Russie. J'ai vu hier à mon bivouac l'empereur d'Allemagne ; nous causâmes deux heures ; nous sommes convenus de faire vite la paix. Le temps n'est pas encore très mauvais. Voilà enfin le repos rendu au continent : il faut espérer qu'il va l'être au monde : les Anglais ne sauraient nous faire front. Je verrai avec bien du plaisir le moment qui me rapprochera de toi. Adieu, ma bonne amie, je me porte bien et suis fort heureux de t'embrasser. »

Je voulais bien feindre d'être un peu moins jalouse. Je me mettais à lire des livres. Mais toujours ma paresse incurable pour écrire ! L'Empereur avait beau mettre un monde à mes pieds. Devant une plume, j'étais toujours une montagne d'inertie.

Le 10 décembre, ses plaintes :

« Il y a fort longtemps que je n'ai pas reçu de tes nouvelles. Les belles fêtes de Bade, de Stuttgart et de Munich font-elles oublier les pauvres soldats qui vivent couverts de boue, de pluie et de sang ? »

Quatre jours après, alors que je méritais d'être broyée, il eut la tendresse de plaisanter :

« Grande Impératrice, pas une lettre de vous

depuis votre départ de Strasbourg. Vous avez passé à Bade, à Stuttgart, à Munich sans nous écrire un mot. Ce n'est pas bien aimable, ni bien tendre ! Je suis toujours à Brunn. Les Russes sont partis : j'ai une trêve. Dans peu de jours, je verrai ce que je deviendrai. Daignez, du haut de vos grandeurs, vous occuper un peu de vos esclaves. »

A Munich, je me multipliai auprès de Caroline, l'électrice de trente ans, et de l'électeur Max-Joseph, un brave homme que l'Empereur avait promis de faire roi. Je travaillais de toutes mes forces au mariage d'Eugène avec leur fille, la princesse Augusta. Je me heurtai à une foule de difficultés. L'électeur avait l'idée saugrenue que l'Empereur divorçât, pour épouser la princesse.

« Le prince Eugène n'est qu'un " adopté ", disait-il. Dans la réalité, il n'est que vicomte de Beauharnais et ma fille n'épouserait qu'un gentilhomme de France. »

Pour tout aggraver, la princesse Augusta aimait toujours le prince héréditaire de Bade, avec lequel on avait rompu ses fiançailles. Cet amour romanesque exaspérait l'Empereur. « Depuis quand les princes se marient-ils pour satisfaire leurs amours ? C'est la politique qui marie les princes et l'intérêt de l'Etat », dit-il à la gouvernante d'Augusta.

En outre, l'électrice Caroline détestait son mari et mettait des bâtons dans les roues pour le mariage d'Eugène et d'Augusta. Elle adorait la littérature française et se plaisait à réciter nos vers. Naguère elle avait aimé le duc d'Enghien. Son père, le margrave de Bade, enragé de démocratie, s'était opposé à son mariage avec un émigré. L'exécution du duc d'Enghien avait excité la haine de Caroline envers mon mari.

Pour faire céder les intraitables électeur et électrice, on les menaça de marier Eugène à une archiduchesse, fille de l'empereur d'Autriche : Marie-Louise, quinze ans. Nous en reparlerons!... Et surtout, le 1er janvier 1806, on les fit roi et reine de Bavière.

Le 28 décembre, j'annonçai enfin à Eugène son mariage avec Augusta, francisée en princesse Auguste : « Son extérieur est agréable, elle peut même passer pour une belle personne, mais je m'attache bien moins à ses qualités extérieures qu'à celles de son esprit et de son cœur, puisque de ces dernières dépend ton bonheur. Tu sais, mon ami, si le cœur de ta mère s'occupe de ce soin, mais, de ce côté, je pense que tu n'auras rien à désirer. »

Pour une fois que j'avais écrit, pas de chance! Ma lettre et celle de l'Empereur, annonçant son mariage, ne parvinrent à Eugène qu'après celle d'un inspecteur des postes. Eugène prit la mouche : « Pas un mot des dix mille personnes qui sont auprès de ma mère et qui eussent rempli avec intérêt cette commission... »

Pour le consoler, en me rejoignant à Munich, l'Empereur lui écrivit de nouveau, mêlant protocole et badinage :

« Mon cousin, j'ai arrangé votre mariage avec la princesse Auguste. Elle est très jolie. Vous trouverez ci-joint son portrait sur une tasse, mais elle est beaucoup mieux. »

Le matin du 10 janvier, on m'éveilla pour m'annoncer l'arrivée de mon fils. Larmes de peine : il était allé se présenter d'abord à l'Empereur ! Larmes de joie : l'Empereur me l'amenait par la main : « Tenez, madame, voilà votre grand benêt de fils que je vous amène. » Comme le champagne, mes larmes participaient à toutes les fêtes.

Je suppliai Eugène de couper sa moustache. Sans moustache, il fut enchanté de la princesse Auguste, de ses dix-huit ans, de sa taille de nymphe, de son teint « un peu mat ».

Comme toujours l'Empereur mena l'affaire tambour battant. Le 13, contrat et mariage civil dans la grande galerie, le 14, à sept heures, dans la chapelle du château, mariage religieux. L'amour vint plus vite que la tasse ne l'avait prévu. Une seule tristesse : l'absence d'Hortense. L'affreux Louis, retenu à Paris, avait interdit à sa femme d'aller seule à Munich.

« C'est un homme perdu, déshonoré si sa femme part sans lui; aller retrouver sa mère, son beau-père et peut-être son frère, tout cela n'est rien pour lui. Moi, toujours habituée aux sacrifices pour avoir, tout au plus, la paix, je cède... Je reste donc avec la consolation qu'il n'y a que moi qui souffre et que, si l'on me fait du chagrin, je n'en fais du moins à personne », écrivit à son frère l'épouse martyre.

Elle crut d'abord que le mariage aurait lieu à Paris. Quand elle apprit qu'on l'avait célébré à Munich, elle fut écrasée de douleur.

« Parle de moi à ta femme, dis-lui combien je l'aime et combien je suis chagrine de ne pas la voir. On en dit tant de bien que ce mariage me rend heureuse... Montre-lui ma lettre : je veux qu'elle connaisse tous mes regrets et qu'elle m'aime un peu. »

Dans l'hôtel d'Eugène, rue de Lille, Hortense donna une fête qui raviva ses regrets :

« Plusieurs de tes chasseurs, tes trompettes, ton appartement et ton portrait, il n'en fallait pas tant pour me faire pleurer... Tout le monde était attendri de se retrouver dans cette jolie galerie où nous nous sommes tant amusés et de ne t'y voir qu'en peinture, car ton portrait faisait un peu illusion. Il est si ressemblant ! C'est celui de Gérard. Il était couronné de myrtes; il ne nous manquait que celui de la princesse Auguste, mais j'espère bien que tu me l'enverras. »

De retour à Paris, le 26 janvier 1806, je m'occupai de la corbeille de noces de la princesse Auguste. Avec tant d'ardeur que la facture dépassa 200 000 francs. Qui oserait reprocher à une belle-mère de trop aimer sa bru ? L'Empereur n'aimait pas les belles-mères prodigues, ni les mères trop généreuses. Il tapa sur mes doigts et sur ceux du trop fidèle Calmelet, administrateur des palais impériaux, chargé des travaux d'embellissement de l'hôtel d'Eugène, rue de Lille, quand nous présentâmes une note de 1 500 000 francs.

Je m'empêtrai dans des imbroglios de mariage.

L'Empereur avait volé au prince de Bade sa fiancée, la princesse Auguste. Pour la remplacer, il pensa d'abord à ma cousine germaine, Stéphanie Tascher de la Pagerie. Malheureusement elle souffrait d'une maladie rapportée de la Martinique. On se rabattrait sur une autre Stéphanie, bien portante : ma nièce, Stéphanie de Beauharnais. Abandonnée par son père, à Penthémont, elle avait été élevée dans le vivier de jeunes beautés de Mme Campan. Une ravissante mignonne que le Premier Consul regardait courir avec des yeux de connaisseur, en compagnie d'Hortense, sur les pelouses de Malmaison.

A dix-sept ans, elle fut le soleil des sinistres Tuileries. On lui en aurait donné quatorze. C'était le moment où son oncle, l'Empereur, qui avait vingt ans de plus qu'elle, commençait à s'intéresser aux tendrons. Dans le serment du sacre, on aurait dû le faire renoncer au droit du seigneur, aboli par la Révolution. Mais ce droit de cuissage lui semblait inhérent à la couronne. Il cuissait à qui mieux mieux. Excité surtout par les tendres cuisses de famille. Je cancanais qu'il avait tenté de déflorer Caroline de Westphalie, épouse promise à son frère Jérôme.

L'Empereur s'enflamma pour cette blonde coquine de Stéphanie aux yeux d'azur, toute en rires et en niches.

Un soir, au palais, on attendait mon mari. Stéphanie osa s'asseoir devant les sœurs de l'Empereur. Toujours guindée, Caroline cria au crime de lèse-majesté. Elle fit lever l'étourdie que l'Empereur trouva en larmes.

« Ce n'est que cela, lui dit-il, eh bien, assieds-toi sur mes genoux, tu ne gêneras personne ! »

Pour le moment, les choses n'allèrent pas plus loin que les genoux. L'Empereur était occupé par une autre ex-pensionnaire de l'institution de Mme Campan, harem de duchesses et de comtesses d'Empire : Eléonore Dénuelle de la Plaigne. Dix-huit ans. Svelte brune aux immenses yeux noirs, vive, coquette. Son père, plongé dans les affaires louches, et sa mère, adonnée à la galanterie, l'avaient mariée à un aigrefin, arrêté deux mois plus tard pour faux en écritures. Pour la sauver, Mme Campan la recommanda à Caroline, princesse Murat, qui l'engagea comme dame d'annonce. Caroline et Murat alléchèrent l'Empereur avec cette sucrerie. A laquelle Murat goûta le premier. Le couple de pourvoyeurs installa Eléonore dans un petit pavillon de son château de Neuilly. Parfois, elle livrait à domicile, aux Tuileries. Pour deux ou trois heures. Une éternité ! Elle trouva un truc pour l'abréger. Au fond de l'alcôve, un cartel marquait le temps. Tandis que l'Empereur s'essoufflait à sa besogne d'amour, la futée, feignant la plus folle volupté, poussait la grande aiguille avec le bout de son pied et l'avançait d'une demi-heure. Quand le laboureur se relevait de son sillon et regardait la pendule : « Déjà ! » s'écriait-il. Affolé, il retournait aux affaires du monde.

Stéphanie m'inquiétait plus que la biche au cartel. Je la pris à part. Je lui montrai, affectueusement, le tort qu'elle se ferait si elle ne résistait pas aux assauts de l'Empereur. Les yeux baissés, la petite promit, jura : « Oui, Madame »... « Je promets à Votre Majesté »... « Oui, ma tante »... Si l'Empereur l'avait vue ainsi, promettant et jurant, comme une petite fille qui ne volerait plus de confiture !...

Pendant ce temps, le grand-duc électeur de Bade faisait la moue. Pour son fils, il aurait accepté une princesse Bonaparte. Mais une Beauharnais, une nièce du premier mari de l'Impératrice !... Fi pour ce fretin !

De plus en plus ardent pour son espiègle d'azur, l'Empereur monta sur ses grands chevaux. Une petite Beauharnais ! Elle ne le resterait pas longtemps. Il l'adoptait. Il la nommait « princesse Stéphanie-Napoléon ». Il la logeait aux Tuileries, dans un appartement voisin du mien. Il la plaçait auprès de lui, « dans les cercles, fêtes et à table ». En son absence, elle s'assiérait à ma droite. Elle aurait le pas sur ses sœurs. Les Bonaparte en crevèrent d'apoplexie. La princesse Murat faillit tomber raide quand elle vit cette fillette la précéder aux portes et quand elle imagina que Mme Laetitia devrait s'effacer devant cette collégienne !

Devant l'apothéose de Stéphanie, proclamée par le maître du monde, le grand-duc accorda la main de son fils. Le fiancé arriva à Paris. Il ressemblait à un radis, mi-blanc mi-rose, qui ne savait où mettre ses mains. Stéphanie le trouva ridicule. Quant à l'Empereur, il était fou. Il commanda pour Stéphanie un trousseau fabuleux, ruisselant de robes de fée et de diamants. Dans sa rage de la combler, il combla aussi le père indigne de la petite, qui, jadis, l'avait abandonnée. Sur sa tête égoïste, il entassa un titre de sénateur, une sénatorerie, des dotations, une charge de chevalier d'honneur et un don en argent superfétatoire.

Dans sa frénésie, l'Empereur commit une bourde historique. Ivre de bienfaits, il ajouta dans la corbeille de Stéphanie les territoires de Brisgau et de l'Ortenau. S'il avait gardé pour lui le Brisgau, comme le lui conseillaient ceux qui ne déliraient pas d'amour, il aurait fait de Vieux-Brisach une place plus formidable que Kehl, qui aurait intimidé les Coalisés.

Le soir du 7 avril, mariage civil dans la galerie de Diane, célébré par le prince archichancelier. Le cardinal-légat donna la bénédiction.

Le lendemain, suite des fastes. Entre deux haies de grenadiers, précédée de vingt-quatre pages, tenant le flambeau de cire jaune, je m'avançai en donnant la main au prince de Bade. Malgré les injonctions des chambellans : « Allons, allons, mesdames, avancez donc ! », je processionnai avec une lenteur sacramentelle. Sur ce point, je ne cédais jamais à l'Empereur. A lui le monde de la foudre, du sang, des larmes ! A moi, le monde enchanté des fleurs, de la douceur féminine, de la lenteur. A lui, la mort ! A moi, la vie !

Je m'avançai avec une grâce solennelle en faisant valoir mes charmes. Spectacle que je devais à mes sujets et que même mon souverain seigneur n'avait pas le droit de hâter.

Derrière mon impériale lenteur piétinaient mes vingt-quatre dames du palais, les vingt dames des princesses, les grands officiers, les ministres, les maréchaux rutilants. Enfin l'Empereur, en « costume espagnol », donnant la main à Stéphanie, bouquet de blanc, d'argent, de diamants, rayonnant dans son conte de fées.

Le soir, le drame. Stéphanie interdit à son mari d'entrer dans sa chambre. Elle inonda son lit de larmes. Pour la calmer, son amie de pension, Kelly Bourjolly, passa la nuit avec elle à évoquer leurs jeux à l'institution de Mme Campan. On conseilla au radis rose de couper ses cheveux, qu'il portait longs, à l'ancienne. La polissonne trouva le radis à la Titus plus laid encore que le radis à l'ancienne. Ne sachant plus avec quels cheveux danser, le malheureux passa ses nuits dans un fauteuil.

Au début, l'Empereur se rengorgea. Ensuite, je le tançai. Il se rendait ridicule. Il était la fable de la cour. Cette amourette n'était ni de sa dignité, ni de son âge. Un Empereur, courir les fillettes !... Il parla sans doute avec Stéphanie. Elle entrebâilla sa porte à son radis, puis l'ouvrit en grand. Six jours plus tard, le 13 avril, je remarquai un changement. Nous allâmes à Grignon, chez le maréchal Bessières, pour amuser nos mariés. Ils paraissaient fort contents l'un de l'autre. Le prince de Bade était aux petits soins pour sa jeune épouse. Avec l'Empereur, nous jouâmes à des petits jeux comme des enfants de quinze ans.

L'Empereur s'était-il ressaisi ? Souffrait-il de voir Stéphanie suivre ses conseils et se livrer à son époux ? Il expédia le jeune couple à Carlsruhe. Stéphanie ne se consola pas de le quitter. A ses lettres éplorées, peut-être pour masquer sa propre peine, il répondit durement : « Carlsruhe est un beau séjour. Soyez agréable à l'électeur : il est votre père... Aimez votre mari !... »

Comme marieur, l'Empereur n'avait pas la main heureuse. Il unit fâcheusement ma cousine germaine, l'autre Stéphanie (Tascher de la Pagerie), au prince d'Arenberg. Pendant la cérémonie, on dut la soutenir avec des sels. Elle refusa de suivre son mari à Bruxelles. Le mariage ne fut jamais consommé.

XVI

« CES PERPÉTUELLES SÉPARATIONS... »

Hortense avait une mine de déterrée. A cause, disait-elle, de son chagrin de n'avoir pu assister au mariage d'Eugène. La vraie cause était son calvaire avec l'épouvantable Louis. Je me reprochais tous les jours d'en être responsable.

« Son mari ne la rend pas heureuse, dit l'Empereur; nous aurons peut-être un moment terrible à passer. Si elle s'éprend de quelqu'un, ce sera fortement; et l'amour fait faire de grandes folies... »

Elle était trop raisonnable pour céder à un caprice. L'Empereur n'était pas de son avis. La démarche, la voix d'Hortense, tout en elle respirait le sentiment.

« D'ailleurs, elle ne serait pas ta fille. »

Hortense était amoureuse d'un jeune aide de camp de Murat : le fils de Mme de Souza. Il s'appelait le comte Charles de Flahaut, du nom du premier mari de Mme de Souza. De trente-six ans plus âgé que sa femme, ce charmant gentilhomme n'était d'ailleurs pas le père de son fils. Le vrai père était le jeune abbé Charles-Maurice de Talleyrand-Périgord, le futur ministre des Affaires étrangères de l'Empereur.

Après la mort sur l'échafaud de son époux compréhensif, Mme de Flahaut épousa un diplomate portugais, M. de Souza. Voulant pousser son fils, elle le jeta dans les bras d'Hortense, par le biais de la musique. Tous deux avaient une jolie voix. Pourquoi ne pas chanter en duo ? Mais Caroline, princesse de Murat, voulait chanter sa partie. Un aide de camp de son mari devait l'aider aussi dans son camp à elle, et elle seule. En service commandé, Flahaut se glaçait avec Hortense, dès que paraissait Caroline. Un soir, dans l'île de la Jatte, Hortense les surprit enlacés. Dès lors, elle évita Flahaut qui s'en plaignit à Mme de Souza. Celle-ci en parla à Hortense. Pour avoir une explication, dans un bal, Hortense invita Flahaut à danser la danse à la mode : la valse. « Que vous ai-je fait ? » lui demanda-t-il en tournoyant. Il vit des larmes dans ses yeux.

« Vous aviez quelque intérêt pour moi, dit-il. Pourquoi me l'avoir laissé ignorer ?... A présent que je n'aime encore que vous, je me dois à une autre.

— Non, non, je ne vous aime pas, répondit-elle. Si je l'ai cru un instant, cela n'est plus, croyez-le bien. »

Soucieux de ne pas perdre sa place, et embarrassé par le poids de deux femmes, Flahaut lui demanda platement son amitié.

Hortense aima de plus belle son valseur. A chaque bulletin de l'armée, elle tremblait de lire son nom parmi les victimes. Un jour, on le cita pour un fait d'armes, une autre fois pour une blessure. Heureusement, elle était seule quand elle l'apprit. Un témoin aurait compris que sa douleur dépassait l'amitié.

Dans ces circonstances, elle reprochait à Caroline son indifférence. Triste et tourmentée, Caroline lui devenait chère.

L'Empereur était jaloux de ce joli cœur de Flahaut. Je lui reconnaissais de la grâce, de l'esprit.

« De l'esprit, grogna-t-il, brr! qui n'en a pas comme cela? Il chante bien? Belle qualité pour un soldat qui, par état, est presque toujours enroué! Ah! il est joli garçon, voilà ce qui vous touche, vous autres femmes. Eh bien, je ne lui trouve rien du tout d'extraordinaire. »

Il l'éloigna de Paris. Qu'eût-il fait s'il l'avait trouvé « extraordinaire » ?

Hortense ne cessait de pleurer. L'Empereur la nommait reine de Hollande. Avec l'infernal Louis comme roi. « Je voudrais être reine de Hollande à Paris! » soupirait-elle.

L'Empereur l'exhortait à se montrer royale, à éprouver des sentiments de reine.

« Ah! sire, vous aurez beau faire; j'aurai toujours des sentiments bourgeois. »

Elle appelait ainsi l'attachement à son pays, à ses amis, à sa famille. Tant d'autres seraient si contentes d'être reines! Pourquoi pas elle? Pourquoi faire tomber cette couronne sur celle qui n'en voulait pas?

Quant à moi, je nageais dans un océan de larmes. Séparée de mon fils, maintenant de ma fille!... Hortense, qui s'estimait la plus malheureuse, devait consoler tout le monde.

Peines sur peines. Après le départ d'Hortense pour La Haye, moi, chétive épistolière, je n'avais plus le courage d'écrire à Eugène. D'autant plus que la guerre se rallumait. On préparait une campagne contre la Prusse, une autre contre la Russie. On n'aurait donc jamais la paix?

Le 24 septembre 1806, à Saint-Cloud, l'Empereur reçut une lettre de Berthier : les Prussiens voulaient manifestement lui faire la guerre. Ils approchaient des avant-postes de la Grande Armée.

Toujours prompt à partir, cette fois l'Empereur se fit tirer l'oreille. Il aurait voulu jouir d'un peu de paix. Mais la guerre, toujours la guerre ! Il décida de partir pour Mayence la nuit suivante, sans moi. Je l'appris à quatre heures du matin. Je sautai à bas du lit. J'enfilai le premier vêtement qui me tomba sous la main. Je courus en pantoufles, sans bas, échevelée, pleurant, à travers les appartements, dans les escaliers. Je me jetai dans les bras de l'Empereur qui allait monter en voiture. Je m'agrippai à lui de mes ongles, de mes baisers, de mes larmes : il dut m'emmener.

Une consolation : il emmenait mon écuyer de rêve, Sigismond-Frédéric de Berckheim, trente-quatre ans, des yeux de myosotis, des cheveux de lin, un teint de fruit d'Alsace. Pour le rêve seulement. Fini le temps d'Hippolyte !

Encore l'ouragan à huit chevaux sur les routes ! Dans la dormeuse de l'Empereur, la ruée de jour et de nuit. Au début de l'après-midi du 26 : Metz. Halte de huit heures. Ma suite me réjoignit : six berlines à six chevaux, trois chars à trois chevaux, deux limonières, une voiture. Le soir même, départ. Une journée et une nuit. Le dimanche, à l'aube : Mayence.

Installation au palais teutonique. La fatigue, l'angoisse : vomissements et larmes, larmes et vomissements.

J'avais reçu de mauvaises nouvelles d'Hortense. Louis s'était fourré dans sa tête malade l'idée qu'elle conspirait contre lui. Il la faisait espionner par ses valets. Il jouait au policier dans le palais, se cachait dans les encoignures, écoutait aux portes. Heureusement, le monstre dut rejoindre l'armée. Libérée, Hortense put courir vers moi à Mayence, avec le petit Napoléon, un amour, Stéphanie vint de Mannheim. J'avais autour de moi ma fille, mon petit-fils, ma nièce : toute une couvée Beauharnais. L'Empereur, qui m'avait quittée le 1er octobre 1806, s'étonnait, par lettre, que mes larmes coulent toujours.

« Que veux-tu donc ? Tu as ta fille, tes petits-enfants et de bonnes nouvelles, voilà bien des moyens d'être contente et heureuse. »

Je pleurais pour mes malheurs passés, présents, futurs. Pour ceux des miens et de l'Empire. Fontaine de larmes qui me lavait de mes péchés. Pleureuse sacrée. Avec la Vierge des Sept-Douleurs, l'Impératrice des larmes.

Pourtant, tout allait à merveille. L'Empereur avait engraissé, bien qu'il abattit tous les jours vingt-cinq lieues à cheval, en voiture. Il se couchait à huit heures, se levait à minuit, en pensant que je n'étais pas encore au lit.

Victoire d'Iéna. « Mon amie, écrivait-il le 15 octobre, j'ai fait de belles manœuvres contre les Prussiens. J'ai remporté hier une grande victoire. Ils étaient 150 000 hommes ; j'ai fait 20 000 prisonniers, près de 100 pièces de canon, et des drapeaux. J'étais en présence, et près du roi de Prusse ; j'ai manqué le prendre, ainsi que la reine... »

« A merveille » était maintenant son refrain. Tout marchait « à merveille », il se portait « à merveille ». Nourri de canons et de drapeaux, il engraissait « à merveille ».

20 000 prisonniers, 100 canons. Je pleurais. Il occupait Potsdam et Berlin. Je pleurais. Mon océan de larmes noyait Hortense, torturée à l'idée de regagner bientôt La Haye.

Nous étions suspendues au son du cor du courrier. Le sort de chacune des jeunes femmes qui nous entouraient dépendait d'un guerrier en danger de mort. A chaque instant, le cor du courrier pouvait sonner l'hallali. Non, pas cette fois!... Encore une victoire!... Mais peut-être demain...

Malgré l'avalanche de bonnes nouvelles, je vivais dans les transes. Comme ma voyante caraïbe, j'épiais les appels du sort. Ma fortune était trop fabuleuse! ne se dissoudrait-elle pas en poussière? « La vie est un songe. » N'aurais-je pas bientôt un affreux réveil?

Douville, mon valet de chambre, acheta pour moi 148 sizains de cartes. Mes confidentes. Tous les jours, je faisais des patiences : la petite, la grande, le moulin à vent, la patience de quinze. L'Impératrice cartomancienne demandait aux cartes l'avenir de l'Empire.

Entre deux sanglots, je recevais les princes allemands à traits d'union : les Saxe-Gotha, les Saxe-Weimar, les Hesse-Rothenbourg, les Hesse-Darmstadt, et même ceux qui n'en avaient pas : les Nassau, les Hohenlohe. Je cachais mes bâillements, de bals en feux d'artifice, de dîners en opéras. Je me traînais avec grâce au chevet des blessés. Je gratifiai la ville de Mayence de deux dons de huit mille francs chacun : l'un pour mes frais de séjour, l'autre pour le dédommagement d'avoir construit pour moi un théâtre où je m'ennuyais. Pour les semer sur ma route, je commandai une ribambelle de tabatières et de montres. A la princesse

Auguste, qui attendait un enfant, j'envoyai, pour ses étrennes, un drap de lit à couper le souffle. Bien entendu, je ne m'oubliais pas. Les bijoux sont les meilleurs remèdes aux angoisses des femmes. Pour 384 304 francs 94 centimes, Nitot père et fils se firent un plaisir de me vendre des boucles d'oreilles, un bracelet, des colliers, un diadème et une guirlande d'hortensias, plus coûteux que ceux de Malmaison. Peut-être l'Empereur aurait-il aimé que les Nitot rabattent de ma note les 94 centimes !

Mon seul sourire : le fils d'Hortense, le petit Napoléon. Un ange, un amour, prodigieusement avancé pour son âge. Meilleur épistolier que moi, au premier de l'an, il avait écrit, tout seul, plusieurs lignes pour sa grand-maman.

Pareil au grand, le petit Napoléon avait déjà des mots impayables. En lui présentant les filles de la comtesse Kler et de la maréchale Lobau, la comtesse d'Arenberg lui dit :

« Monseigneur, je les recommande à vos bontés.

— Madame, c'est à ces dames d'avoir des bontés pour moi ! » répondit le petit Napoléon, impérial.

Il adorait l'Empereur, son « oncle Bibiche ».

« Je ne veux pas que l'on donne le portrait de mon oncle Bibiche », dit-il en pleurant, parce qu'on payait devant lui un cordonnier en pièces de cinq francs.

Je languissais à Mayence comme une âme en peine. Mme de La Rochefoucauld souffrait sous sa bosse de voir mon mari écraser la Prusse. Elle excitait mon aigreur et me poussait à m'en aller ailleurs. L'Empereur, dans ses lettres, la traitait de « sotte » et de « bête ». Il passait son temps à me consoler de ses victoires. Dans quelques jours, il m'appellerait auprès de lui ou m'enverrait à Paris. En attendant, pour guérir ma tristesse, il me conseillait d'aller à Darmstadt ou à Francfort. Je choisis Francfort où, dans ses réceptions, concerts, bals masqués, le prince primat ne parvint pas à me dérider. Un page de l'Empereur ne me tira qu'un pâle sourire en se déguisant en reine Hortense. Il permettait ainsi à ma fille de se laisser mugueter par de jeunes officiers.

Le 2 décembre 1806, de Posen, l'Empereur m'écrivit sur un ton rappelant la campagne d'Italie. Flamme sans étincelles, mais du feu tout de même, rougeoyant sous la cendre :

« C'est aujourd'hui l'anniversaire d'Austerlitz. J'ai été à un bal de la ville. Il pleut. Je me porte bien. Je t'aime et te désire. Mes troupes vont à Varsovie. Il n'a pas encore fait froid. Toutes ces Polonaises sont françaises; mais il n'y a qu'une femme pour moi. La connais-tu ? Je te ferais bien son portrait; mais il faudrait trop le flatter pour que tu te reconnaisses; cependant, à dire vrai, mon cœur n'aurait que de bonnes choses à dire. Ces nuits-ci sont longues tout seul... »

J'avais rêvé que l'Empereur avait rencontré non plus une passante, mais une femme qu'il pourrait aimer. Comment ne pas croire mes rêves et les cartes ? Eux ne me mentaient jamais.

L'Empereur essaya de me rassurer : « Dans les déserts de la Pologne l'on songe peu aux belles... J'ai eu hier un bal de la noblesse de la province : d'assez belles femmes assez riches, assez mal mises quoique à la mode de Paris. »

Je le tenaillai pour qu'il me permît de le rejoindre. Il résistait, alléguant sa grandeur, sa faiblesse : « J'espère sous peu de jours t'appeler; mais il faut que les événements le veuillent. La chaleur de ta lettre me fait voir que vous autres jolies femmes vous ne connaissez pas de barrières; ce que vous voulez doit être; mais moi, je me déclare le plus esclave des hommes : mon maître n'a pas d'entrailles, et ce maître c'est la nature des choses. Adieu, mon amie : porte-toi bien... »

Pendant un mois, il me tint le bec dans l'eau. Oui... non... Non... oui... Il lui tardait de me faire venir, mais il fallait encore attendre. Le 15 décembre, pour la première fois, il ne parlait plus de m'appeler à Varsovie, mais de me renvoyer à Paris, où j'étais désirée.

Ce que je désirais, moi, par-dessus tout, c'était le retrouver à Varsovie, me coller à lui, pour conjurer le sort. Il continuait à tergiverser : « J'aurais bien envie de te voir, mais j'espère, dans cinq ou six jours, pouvoir te mander. »

Le 31 décembre, à Pultusk, il avait reçu une nouvelle qui prouvait la fausseté de mes cancans sur sa stérilité. L'effrontée au cartel avait accouché d'un garçon, prénommé Léon, « fils de demoiselle Eléonore Denuel *(sic)* et de père absent ». Donc il pouvait procréer. La stérile, c'était moi. Evidemment, il douta un peu. Coutumier du fait, Murat avait peut-être goûté à la belle. Mais tout le monde lui cornera si fort aux oreilles que Léon était son portrait ! Il devra bien le croire, tout à sa fierté de semeur.

Jamais il n'y avait eu autant de distance entre l'Empereur et moi. Plus loin que de la terre à la lune : « Il y a trop de pays à traverser depuis

Mayence jusqu'à Varsovie; il faut donc que les événements me permettent de me rendre à Berlin, pour que je t'écrive d'y venir. Cependant l'ennemi battu s'éloigne; mais j'ai bien des choses à régler ici... »

J'insistai, suppliai. Jamais il n'avait élevé de telles montagnes entre nous : le froid, les chemins atroces, trois cents lieues, en hiver, « à travers des pays ennemis et sur les derrières de l'armée ». Je ne réussis qu'à l'enfoncer dans son idée de me renvoyer à Paris.

« Rentre à Paris pour y passer l'hiver. Va aux Tuileries; reçois, et fais la même vie que tu as l'habitude de mener quand j'y suis; c'est là ma volonté. »

Mes lettres étaient des fleuves de larmes. Il me prêchait « le caractère », « la force d'âme ». Compagne des beaux jours, je serais aussi celle des mauvais. Cette offre de secours le blessa : « Je suis humilié de penser que ma femme puisse se méfier de mes destinées. »

Toujours ses sermons sur le courage! Le 18 janvier :

... « Fais à Paris la représentation convenable, et surtout sois contente. Je me porte très bien et je t'aime beaucoup; mais, si tu pleures toujours, je te croirai sans courage et sans caractère : je n'aime pas les lâches; une impératrice doit avoir du cœur. »

Ce même 18 janvier, la réalité confirmait mon rêve. Le 1er janvier, au relais de Bronie, près de

Varsovie, une jeune paysanne polonaise fit des pieds et des mains pour approcher l'Empereur. Elle cria à un général de sa suite : « Ah! monsieur, tirez-nous d'ici et faites que je puisse l'entrevoir un instant, un seul instant! » Le militaire la conduisit jusqu'à la voiture impériale. En transes, elle s'écria :

« Soyez le bienvenu, mille fois le bienvenu sur notre terre! Rien de ce que nous ferons ne rendra d'une manière assez énergique les sentiments que nous portons à votre personne, ni le plaisir que nous avons à vous voir fouler le sol de cette patrie qui vous attend pour se relever. »

Blonde, de beaux yeux, de la grâce sous le bonnet de fourrure noire, avec quelques rougeurs sur le visage, cette patriote polonaise exaltée n'était pas une paysanne. A dix-neuf ans, sur les instances de sa mère, pour sortir de la misère, Marie a épousé un septuagénaire, le riche comte Walewski.

Ebloui par cette apparition, l'Empereur chargea Duroc de la retrouver. Le 18 janvier, le général-entremetteur invita Marie à un bal, à Varsovie, chez le prince Poniatowski. Marie refusa. Mais Poniatowski et une foule d'autres la pressèrent de « faire la Circé, sous la bannière patriotique ». Promue héroïne nationale, elle se dévoua sur l'autel de la patrie. Sa toilette de satin blanc, avec par-dessus de gaze et diadème de feuillage, lui valut ce trait du maître : « Le blanc sur le blanc ne va pas, madame. »

Elle n'en reçut pas moins, le soir même, ce billet de feu : « Je n'ai vu que vous. Je n'ai admiré que vous. Je ne désire que vous. Une réponse bien prompte pour calmer l'impatiente ardeur de N. »

Résistance de la petite patriote. Deuxième billet de l'Aigle... « Vous m'ôtez le repos ! Oh ! donnez un peu de joie, de bonheur, à un pauvre cœur tout prêt à vous adorer. Une réponse est-elle si difficile à obtenir ? Vous m'en devez deux. »

Il l'allécha patriotiquement : « Oh ! venez, venez ! Tous vos désirs seront remplis. Votre patrie me sera plus chère quand vous aurez pitié de mon pauvre cœur. »

Elle refusa un bouquet de diamants qu'elle devait fixer à sa boutonnière à un dîner : « Quand ma main pressera mon cœur, tu sauras qu'il est tout occupé de toi, et, pour répondre, tu toucheras ton bouquet. » Elle dédaigna ce télégraphe enfantin, inspiré du système de bras mobiles de Chappe.

Furieux de sa résistance, un soir, il jeta sa montre à terre, la brisa à coups de talon, en hurlant qu'il briserait de même la Pologne : « C'est ainsi que son nom périra et toutes les espérances, si tu me pousses à bout en repoussant mon cœur et en me refusant le tien. » Epouvantée, elle s'évanouit : il abusa d'elle.

Pendant ce temps, je lui écrivais : « J'ai pris un mari pour être avec lui. — Je pensais dans mon ignorance, répondit-il cyniquement, que la femme était faite pour le mari; le mari pour la patrie, la famille et la gloire; pardon de mon ignorance, l'on apprend toujours avec nos belles dames. »

Le dimanche 15 janvier 1807, je quittai Mayence. Le 31, je couchai aux Tuileries.

Le 9 février, il m'écrivit du champ de carnage d'Eylau : « Mon amie, il y a eu hier une grande bataille; la victoire m'est restée; mais j'ai perdu bien du monde... » Le soir même, à six heures, quelques détails : « Je t'écris ce mot, mon amie, afin que tu ne sois pas inquiète. L'ennemi a perdu la bataille, 40 pièces de canon, 10 drapeaux, 12 000 prisonniers; il a terriblement souffert. J'ai perdu du monde, 1 600 tués, 3 à 4 000 blessés... »

Le 14 mars, à Milan, naissance de la fille d'Eugène : Joséphine, princesse de Bologne. Il m'envoya une mèche de ses cheveux qui avaient déjà la couleur de ceux de sa mère.

A La Haye, le palais d'Hortense était changé en prison. Louis s'en instituait le geôlier : « J'ai beau ne me mêler de rien, m'écrivait ma malheureuse fille, ne pas voir un chat, *on* (c'est-à-dire Louis) prend toujours toutes les précautions possibles comme si cela devait être autrement. Personne ne peut entrer ni sortir passé six heures du soir. Tout le monde devient espion et si l'on tousse ou que l'on se mouche, cela est répété. »

Aux Tuileries, je ne couchais pas sur un lit de roses. Beaucoup de mes dames étaient royalistes. Elles recueillaient à plaisir les bruits les plus noirs. Sous sa bosse, Mme de La Rochefoucauld déplorait la boucherie d'Eylau. Elle laissait entendre, à mots couverts, que l'Empereur avait frôlé la défaite. Qui est à jamais invincible ?

Le vainqueur d'Eylau apprit ces ragots. Il me reprocha de me laisser affliger par des gens qui devraient me consoler. Il me recommanda du caractère, m'exhorta à « mettre tout le monde à sa place ». Un art au-dessus de mes moyens. J'aurais préféré la mort à ces perpétuelles séparations. Seule, je n'avais plus le courage de jouer à l'Impératrice. Je n'étais qu'une femme qui avait besoin de s'appuyer sur un homme, d'obéir à un homme, de trembler devant un homme, d'aimer ou de tromper un homme, de jouer la tragi-comédie millénaire de l'homme et de la femme, avec mes ruses, mes mensonges, mes coquetteries, ma force caressante, faite de mes faiblesses. Un être de complément qui, tout seul, retombait au néant.

De loin, pour me faire tenir debout, il me donnait des petites tapes, comme quand il me taquinait dans ma chambre : « Tu ne dois pas mourir; tu te portes bien, et tu ne peux avoir aucun sujet raisonnable de chagrin. Je pense que tu dois aller au mois de mai à Saint-Cloud; mais il faut rester tout le mois de mai à Paris. Tu ne dois pas penser à voyager cet été; tout cela n'est pas possible; tu ne dois pas courir les auberges et les camps. Je désire, autant que toi, te voir, et même vivre tranquille. Je sais faire autre chose que la guerre, mais le devoir passe avant tout. Toute ma vie, j'ai tout sacrifié, tranquillité, intérêt, bonheur, à ma destinée. »

Plus que jamais la meute des Bonaparte me montrait les dents. Mme Laetitia refusait de franchir mon seuil. L'Empereur la rappelait à l'ordre : « Madame, j'approuve fort que vous alliez à votre campagne, mais, tant que vous serez à Paris, il est convenable que vous dîniez tous les dimanches chez l'Impératrice, où est le dîner de famille. Ma famille est une famille politique. Moi absent, l'Impératrice en est toujours le chef. »

Pendant que j'agonisais de désespoir entre mes loups, il se prélassait pendant deux mois dans le magnifique château de Finckenstein, avec sa petite épouse polonaise. Tous deux vivaient comme mari et femme. Je le sentais, je le savais.

Je lui en parlais, à l'obséder. Le menteur se défendait en batifolant : « Je ne sais ce que tu me dis des dames en correspondance avec moi. Je n'aime que ma petite Joséphine, bonne, boudeuse et capricieuse, qui sait faire une querelle avec grâce, comme tout ce qu'elle fait; car elle est toujours aimable, hors cependant quand elle est jalouse : alors elle devient toute diablesse. Mais revenons à ces dames. Si je devais m'occuper de quelqu'une d'entre elles, je t'assure que je voudrais qu'elles fussent de jolis boutons de rose. Celles dont tu parles sont-elles dans ce cas ? »

La fraîche Marie était « dans ce cas ». Moi j'en étais loin.

Il me rappelait mes devoirs, comme on dit à une petite fille : « Tiens-toi droite ! Ne mets pas les coudes sur la table. » Je devais toujours agir comme s'il était là, marionnette impériale dont, du fond de la Pologne, il tirait les ficelles : « Je désire que tu ne dînes jamais qu'avec des personnes qui ont dîné avec moi, que ta liste soit la même pour tes cercles; que tu n'admettes jamais à Malmaison, dans ton intimité, des ambassadeurs et des étrangers. Si tu faisais différemment, tu me déplairais; enfin ne te laisse pas trop circonvenir par des personnes que je ne connais pas, et qui ne viendraient pas chez toi si j'y étais. »

Je flottais dans mes songes. Les prodiges me consolaient de mes malheurs. Le soir du 5 mai, j'étais plongée dans une profonde rêverie. Soudain je vis le petit Napoléon-Charles à genoux devant une colonne de bronze. Il prit les ailes d'un ange et disparut. J'étais sûre qu'il lui était arrivé malheur. Trois jours après, j'appris qu'il avait été foudroyé par le croup.

J'allai à la rencontre d'Hortense, au château de Laeken, près de Bruxelles. Je crus que j'allais la perdre. Pendant six heures, elle resta paralysée. Je la ramenai à Malmaison. Les larmes la soulagèrent. Sur les conseils de Corvisart, je l'envoyai aux eaux de Bagnères.

D'Orléans, Hortense écrivit à Eugène une lettre bouleversante : « Tu ne sais pas ce que j'ai perdu; c'était déjà un ami pour moi, personne ne m'aimera jamais comme lui. Quand je l'embrassai, une heure avant, il avait déjà les yeux fermés, il me dit : « Bonjour, maman », il respirait à peine. Si tu l'avais vu étouffant ! J'entends encore sa respiration ! Cependant, je suis bien loin, je vais prendre les eaux et il est resté là-bas !... Je pleurais autrefois; à présent je ne pleure plus. J'ai toute ma tête, c'est tout ce qui m'est resté, mais je ne sens plus rien; je n'ai plus de cœur; il est allé avec lui et, moi, je suis restée pour fatiguer tout le monde, pour n'être plus aimée de personne puisque je ne sentirai plus rien; tu vois bien que j'aurais mieux fait d'aller avec lui... »

L'Empereur eut plus de peine qu'il n'en montra. Il philosopha : « Tu as eu le bonheur de ne jamais perdre d'enfant; mais c'est une des conditions et des peines attachées à notre misère humaine... » Il moralisa à l'antique : « Hortense n'est pas raisonnable, et ne mérite pas qu'on l'aime, puisqu'elle n'aimait que ses enfants... »

Le 15 juin, il me consola par une victoire : « Mes enfants ont dignement célébré l'anniversaire de la bataille de Marengo. La bataille de Friedland sera aussi célèbre et aussi glorieuse pour mon peuple. Toute l'armée russe mise en déroute, 80 pièces de canon, 30000 hommes pris ou tués, 25 généraux russes tués, blessés ou pris, la garde russe écrasée; c'est une digne sœur de Marengo, Austerlitz, Iéna... »

Une autre victoire, un Friedland familial : le chagrin humanisait Louis! Le geôlier se changeait en tendre époux. Neuf mois après qu'il eut abandonné ses clefs, naissait un second fils, Napoléon-Louis, qui ressemblait fort à Napoléon-Charles. En partant pour les eaux, Louis me le confia. J'en suffoquai de stupeur.

Le croup qui enleva Napoléon-Charles emporta aussi mes derniers espoirs de rester impératrice. L'Empereur ne reporta pas sur le petit Napoléon-Louis son amour pour le petit Napoléon-Charles. Ni la moindre ombre de succession. Un autre enfant comptait pour lui : celui que lui avait donné l'impertinente au cartel, en lui confirmant ses dons de procréateur. Il pourrait les excercer désormais à son gré et se donner lui-même un héritier. En avançant avec son pied la pendule de son impérial amant, la demoiselle Denuelle avait avancé l'heure de ma chute.

A Tilsit, l'Empereur rencontra sur un radeau, au milieu du Niemen, le piteux roi de Prusse et le tsar Alexandre de Russie, aussi beau qu'un héros de roman. Une véritable idylle, dont je n'étais pas jalouse, se noua entre les deux hommes qui se promenaient, le soir, bras dessus, bras dessous. Pour apitoyer son vainqueur, le lamentable Frédéric-Guillaume de Prusse fit venir sa femme, Louise, la plus radieuse reine d'Europe. Elle supplia l'Empereur de lui laisser Magdebourg et la Westphalie. « Vous avez une bien jolie robe... Est-ce du crêpe ou de la gaze d'Italie ? » répondit mon mari, préférant parler chiffons que traités.

« La reine de Prusse, m'écrivit-il le 8 juillet, est réellement charmante; elle est pleine de coquetterie pour moi; mais n'en sois point jalouse : je suis une toile cirée sur laquelle tout ne fait que glisser. Il m'en coûterait trop cher de faire le galant. »

Le 10, il se mit en route pour la France. Le 18, de Dresde, il m'envoyait ces menaces, mi-rieuses, mi-vraies : « Il se peut qu'une de ces belles nuits je tombe à Saint-Cloud comme un jaloux... »
Le 27 juillet, il arriva à Saint-Cloud, nimbé de la gloire du radeau de Tilsit. Je ne l'avais pas vu depuis six mois. La première chose qu'il me dit, après la tristesse de la mort de Napoléon-Charles : « la nécessité où peut-être un jour il pourrait se trouver de prendre une femme qui lui donnerait des enfants ». Un coup de poignard dans mon cœur !
Il reprit son antienne : « Tu prendras l'initiative, n'est-ce pas ? et, entrant dans ma position, tu aurais le courage de décider toi-même de ta retraite ? »
Lâcheté cauteleuse, à laquelle je répondis avec calme :
« J'obéirai à tes ordres, mais je n'en préviendrai jamais aucun. »
Je me cramponnai à de vagues espoirs. Il n'oserait pas chasser celle qu'il considérait comme son

talisman. Après m'avoir tant aimée, il n'aurait pas le courage de me tuer. La France, disait-il, attendait de lui un héritier. Mais la France m'adorait. A Notre-Dame, devant le pape, qui m'avait ointe et sacrée, la France avait vu l'Empereur me couronner. Comment, moins de trois ans après, ces mains qui me coiffaient si coquettement de la couronne me jetteraient-elles à la rue ?

Une fois de plus, Murat fut ignoble. Alors que je défendais sa femme, il poussait l'Empereur au divorce. Si l'on parvenait à me séparer de mon mari, je ne regretterais pas le trône. Je n'aspirerais qu'à la solitude. Il reconnaîtrait alors les tromperies de ses flatteurs.

Parmi tous les Bonaparte, seul Jérôme fut parfait. Il m'appelait sa « chère et bien-aimée petite sœur ». Il m'écrivait des lettres exquises. De Breslau, au début de 1807, il m'annonça : « Je me suis procuré ici quelques schalls façon cachemire de la manufacture de Moscow ; je prie ma bonne petite sœur de bien vouloir les accepter comme une preuve que dans toutes les circonstances possibles je ne cesse de penser à elle. »

Les autres Bonaparte, qui m'appelaient « la vieille », ne risquaient pas de m'acheter des « schalls façon cachemire » ! Sauf pour m'étrangler.

Pour Jérôme, l'Empereur créa un royaume de Westphalie. Talleyrand rassembla dans son blason toute une ménagerie : deux lions, un cheval, un aigle. L'Empereur fit divorcer son frère d'avec Elisabeth Paterson, épousée sans son consentement, c'est-à-dire, à ses yeux, pas épousée. Il le fiança avec Catherine, fille du roi de Wurtemberg, l'amateur d'horloges et de fauteuils à musique. Père et fille bedonnaient, surtout, pour le moment, le père : « Dieu l'a créé, disait l'Empereur, pour démontrer à quel point la peau humaine est extensible. »

Menée ventre à terre, de Stuttgart à Paris, la ventripotente princesse tomba amoureuse de Jérôme. Elle tomba aussi de sommeil. Après le mariage civil et religieux, les 22 et 23 août, en grandissime pompe, elle eut de la peine à tenir les yeux ouverts, jusqu'à deux heures du matin, chaque nuit, en ma compagnie, dans l'humide château de Rambouillet. En s'ennuyant à se décrocher la mâchoire, elle regardait princes et princesses danser lugubrement. Sa seule distraction : « la belle conversation avec l'Impératrice », sans équivalent à Stuttgart.

A Fontainebleau, même ennui mortel. « Le plaisir ne se mène pas au tambour », dit Talleyrand. L'Empereur avait toujours l'air de nous passer en revue. Vers huit heures, la cour, en grande tenue, se plaçait en cercle et se regardait dans le blanc des yeux, sans un mot. J'entrais, parcourais le salon, m'asseyais. Comme les autres, j'attendais en silence l'arrivée de l'Empereur. Quand il entrait, nous nous levions automatiquement, comme pour un maniement d'armes. S'il ne nous passait pas en revue, il s'asseyait à mes côtés et regardait danser, avec un air qui n'excitait guère à la valse.

Le 2 juin, ma mère mourut aux Trois-Ilets. Elle avait beaucoup vieilli. Elle pleurait sans cesse. Comme Madame Laetitia, peut-être murmurait-elle, en son cœur royaliste : « Pourvu que ça dure ! » Elle habitait surtout au « gouvernement » de Fort-Napoléon, l'ex-Fort-Royal. Une chambre minuscule, battue des bruits, au-dessus des odeurs de la cuisine. Nous lui versions une rente avec laquelle elle aurait pu se loger plus convenablement. Mais, s'attendant sans doute à notre chute, elle gardait ses sous. Nos ennemis ne manquaient pas de clabauder que l'Impératrice laissait croupir sa mère dans un taudis.

Afin d'éviter à la cour de prendre le deuil pour une lointaine dame créole inconnue, on tut l'événement. Je me cachai pour pleurer.

A Fontainebleau, sur dix-huit pièces, données les lundi, mercredi, vendredi, douze tragédies. Des gouffres de sommeil où sombrait la cour, même le maître, que je réveillais à la chute du rideau.

Trois fois par semaine, la chasse, pire que les tragédies. Mes dames et moi subissions ce supplice en robe de velours amarante brodée d'or, et Hortense en amazone de velours bleu brodée d'argent. Un jour, à Rambouillet, le cerf traqué vint se réfugier dans ma voiture. Il pleurait autant que moi. Je réclamai sa grâce. Pour le sauver des carnages, j'attachai à son cou un collier d'argent. J'aurais voulu en faire autant pour tous ses pareils.

Somptueux travaux de rajeunissement au château de Fontainebleau. On le remeubla, on rafraîchit le parc, on cura l'étang. On le peupla de cygnes et de carpes, cousines des carpes royales, volées par les sans-culottes.

La seule distraction : amours et cancans d'amour. Jérôme abandonnait déjà les rotondités de son épouse pour rôder autour de Stéphanie qui, maintenant, simple princesse de Bade, ne devançait plus aux portes les altesses, comme au temps où l'Empereur l'avait promue sa fille adoptive.

Les langues s'affûtaient surtout sur les amours de l'Empereur. Il avait enfin soulevé le *mezzaro* de mon opulente lectrice, l'Italienne Carlotta Gazzani. Etrange lectrice : je fuyais les livres, elle baragouinait le français. Elle était la splendeur de la cour : un visage digne de Raphaël, des yeux de velours infini, des dents éblouissantes, un rire oblique. Elle avait été la maîtresse du beau Thiard. L'Empereur exila son rival dans ses terres de Bourgogne, en le traitant de « misérable sans honneur militaire et sans fidélité civile ». Il avait été choqué par les vérités que Thiard assenait sur sa personne dans des lettres que l'Empereur décachetait.

En septembre 1807, Carlotta commença à toucher, ou plutôt son mari toucha pour elle, ses six mille francs par an. En octobre on nomma le mari receveur général du département de l'Eure : cent mille francs par an.

On aurait dû m'attacher pour m'empêcher de me livrer à mes investigations de pie. Un jour, je voulus être sûre que mon mari recevait Carlotta. J'essayai de forcer la porte de son cabinet. Le valet de chambre, Constant, fit un rempart de son corps : « J'ai reçu l'ordre de ne pas déranger Sa Majesté. L'Empereur travaille avec un ministre. » Je réitérai deux fois. Deux fois, Constant m'arrêta.

« L'Impératrice m'a assuré tenir de vous que j'étais enfermé avec une dame », lui dit l'Empereur, le soir.

Dangereuse Joséphine !

Pour celle-là, pourtant, je ne me montrai point

425

tigresse. L'Empereur la traitait de « froide liaison ». Je m'efforçais de tordre le cou à ma jalousie. Il m'en récompensait en me racontant ses passades, avec force détails que je ne lui demandais pas. Si son œil d'aigle voyait si cruellement les défauts des autres, que serait-ce des miens ?

Eugène m'envoyait un code de conduite en trois points : ne pas tracasser l'Empereur avec ma jalousie; régler mes dépenses; être moins bonne avec mon entourage, pour ne point en être dupe.

Je jurai de me réformer.

Alors éclata le coup de tonnerre de Fontainebleau. Un dimanche, au château, à la sortie de la messe, je me tenais dans l'embrasure d'une fenêtre. Fouché s'avança avec sa figure grise qui me glaçait. Il se courba jusqu'à terre et, après mille circonlocutions, sa voix de Tartuffe m'assena un discours ampoulé où revenait « le plus sublime et le plus inévitable des sacrifices ». Je devrais m'immoler « pour le bien public et la consolidation de la dynastie, exigeant que l'Empereur eût des enfants ». De son amphigouri se dégageait cette requête exorbitante : je devrais adresser des vœux au Sénat afin qu'il se réunît à moi pour appuyer près de mon époux « la demande du plus pénible sacrifice... » Je tendrais ma gorge au Sénat. Ensemble, nous désignerions à l'Empereur l'endroit où frapper.

Le château tournoya autour de moi, avec ses ors, ses lustres, ses nœuds de vipères. Tout mon sang se précipita à mon visage, puis s'en retira en me laissant d'une pâleur de mort. Je m'accrochai à un rideau pour ne pas tomber. A travers une brume glacée, je m'entendis balbutier au régicide et à l'ancien massacreur de Lyon : « Avez-vous reçu de l'Empereur l'ordre de me faire une telle insinuation ?

— Je n'ai reçu aucun ordre, madame, mais je pressens les nécessités de l'avenir. »

Prête à m'évanouir, je dis d'une voix d'agonie :

« Sur ce point, je n'obéirai qu'aux ordres de mon mari. »

Le sbire s'inclina et disparut.

L'Empereur n'avait pas donné d'ordre. Fouché lui avait lu un mémoire où il le poussait au divorce pour qu'il donnât un héritier « au trône sur lequel la Providence l'avait fait monter ». Pas de réponse positive de l'Empereur. Mais, à travers ses « monosyllabes significatifs », Fouché entrevit que dans son esprit, il avait arrêté la dissolution du mariage. Pourtant, par ses habitudes et par une superstition de joueur, il tenait à moi et ne savait comment m'assener le coup. Fouché crut pouvoir l'assener lui-même. L'ancien terroriste craignait que l'Empereur épousât une archiduchesse, petite-nièce de Marie-Antoinette qu'il avait guillotinée. Faisant un tremplin du radeau de Tilsit, il voulait profiter de l'idylle de l'Empereur et du tsar et marier mon mari avec la sœur d'Alexandre.

Quelques jours plus tard, à minuit, je fis appeler M. de Résumat. Il me trouva échevelée, à demi déshabillée, avec un visage renversé. Je venais de recevoir une lettre de Fouché. Au lieu d'être une victime traînée au supplice, je pourrais être, disait-il, l'héroïne du renoncement. J'ouvrirais à la France les portes de l'avenir.

« Comme ministre de la Police, je suis à portée de connaître l'opinion publique, et je sais qu'on s'inquiète sur la succession d'un tel empire. Représentez-vous quel degré de force aurait aujourd'hui le trône de Sa Majesté s'il était appuyé sur l'existence d'un fils ! »

Fouché prétendait agir à l'insu de l'Empereur, qui désapprouverait sa démarche. Il me recommandait « le plus profond secret ». Sur les conseils de Rémusat, le lendemain matin, je me précipitai chez l'Empereur et lui fis lire la lettre. Il feignit l'indignation, accusa Fouché d'un « excès de zèle ». En l'excusant tout de même : « Il suffit que nous soyons déterminés à repousser ses avis, et que tu croies bien que je ne pourrais pas vivre sans toi. »

L'Empereur était choqué qu'un ministre se mêlât de ce qui se passait dans son lit. Il l'aurait renvoyé s'il n'avait pas semblé ainsi rejeter une opinion qu'il voulait accréditer.

Complice ou non de l'Empereur, Fouché, serviteur zélé, ou trop zélé (où commence l'excès ?) avait préparé les voies. La preuve : mon mari me demanda ce que j'en pensais. Il le savait depuis toujours. Je ne pus que lui répéter :

« Jamais je ne serai la première à demander une chose qui pourrait m'éloigner de toi. Notre destinée est trop extraordinaire pour ne pas avoir été marquée par la Providence, et je croirais porter malheur à tous les deux si, de ma propre volonté, je séparais ma vie de la tienne. »

Habile et sincère, croyant, du fond des entrailles, aux songes, aux visions, aux appels du sort, je rejoignais sa foi en son étoile. Plus que par la loi et par le pape, nous étions unis par les astres. Contrat de mariage difficile à rompre! Dans les mystères du destin et de la *jettatura*, le Corse rejoignait la créole : deux aventuriers des îles, enchaînés par un destin fabuleux. A ces deux héros de roman, envoyés d'au-delà les mers, que pouvaient comprendre les matérialistes du Continent?

Le 16 novembre, l'Empereur partit pour l'Italie, en refusant de m'emmener. Le lendemain, poursuivant son travail de sape, Fouché lui envoya un de ces bulletins où il distillait l'état de l'opinion :

« Dans toutes les sociétés on s'entretient des causes du départ de Sa Majesté de Fontainebleau et des motifs de son voyage en Italie. »

Il expliquait à sa façon ces causes et ces motifs. On avait paru étonné de ne pas me voir, le mardi, à la représentation de *Trajan*. Certains croyaient que j'étais indisposée. Les plus nombreux parlaient de la dissolution de mon mariage et « d'une alliance de l'Empereur avec la sœur de l'empereur Alexandre ».

Le perfide ajoutait : « Cette nouvelle est devenue l'entretien de toutes les classes de Paris et la vérité est qu'il n'y en a pas une seule qui ne l'ait accueillie comme une garantie d'une paix prochaine et de la durée du repos de l'Etat. »

Le jeudi 19, l'empoisonneur affinait son venin. Feignant l'analyse loyale, il partageait la cour en deux camps. Les amis de l'Impératrice affirmaient que jamais l'Empereur ne se résoudrait à cette dissolution. Ils prétendaient que l'Impératrice était adorée en France, que sa popularité était utile à l'Empereur et à l'Empire... que l'Impératrice était « le talisman de l'Empereur », que leur séparation serait le terme de sa fortune, « et d'autres fables de cette espèce qui ressemblent aux contes des diseurs de bonne aventure ».

L'autre camp de la cour, celui des gens sérieux, jugeait la dissolution nécessaire à « l'établissement de la dynastie ». Il me préparait à cet événement, me donnait des conseils judicieux.

Dans la famille impériale, unanimité pour le divorce. De même, « dans les cercles de Paris... parmi les gens attachés à la dynastie »... « Les égoïstes et les étourdis se montrent seuls indifférents. Les mécontents jettent des cris hypocrites sur le sort de l'Impératrice qu'ils plaignent beaucoup et pour laquelle ils viennent d'éprouver subitement des sentiments contraires à tous ceux qu'ils avaient manifestés jusqu'ici. »

Par le biais de l'opinion inventée, le manipulateur suggérait une solution : « Les uns annoncent... que l'Impératrice sera reine de Naples. » Le 3 décembre, faisant d'une pierre deux coups, il fournissait même une réponse au rébus du voyage impérial en Italie. Le public prétend qu'il « est allé préparer la retraite royale de l'Impératrice Joséphine ».

Dans le bulletin du 4 décembre, Fouché dépassait les bornes. Ramassant dans le ruisseau les plus infâmes ragots, il vitupérait « les femmes moralistes du faubourg Saint-Germain », qui jetaient les hauts cris contre le divorce. Il s'acharnait contre Mme Hamelin, répandant mes confidences dans le public. Elle et ses pareilles se disaient parfaitement instruites de ce que, tel ou tel jour, l'Empereur m'avait dit, de nos conversations avant et après le couronnement, des démêlés avec la famille impériale... Elles prétendaient savoir que ce n'était pas moi qui était stérile, mais lui. Avec aucune de ses liaisons l'Empereur n'avait eu d'enfants, tandis que ces femmes, à peine mariées, étaient devenues enceintes, notamment une dame d'annonce, sur laquelle Mme Hamelin donnait « les détails les plus extraordinaires ».

Si, dorénavant, Mme Hamelin prononçait le nom de l'Empereur ou le mien, Fouché la ferait conduire sur-le-champ à la Salpêtrière.

L'Empereur trouva que Fouché était allé trop loin. De Venise, le 30 novembre, après les deux premiers bulletins, il le morigéna : « En vous conduisant ainsi, vous égarez l'opinion et vous sortez du chemin dans lequel tout honnête homme doit se tenir. »

Quatre jours après son retour, le 4 janvier 1808, l'Empereur versa un peu de baume sur mes plaies. Nous allâmes ensemble voir le tableau du *Sacre* de David. L'Empereur le félicita. Pourtant il aurait pu être mécontent. J'avais comploté avec le peintre pour qu'il me plaçât au centre de la toile. Agenouillée, délicieuse, avec mon manteau à n'en plus finir, symbole de ma victoire... Tous les regards attendris convergeaient vers moi. On ne voyait que moi dans mon humilité triomphante. Le pape assis, l'Empereur debout : des comparses. Agenouillée, la femme l'emportait, comme au lit, couchée. Plus que le couronnement de l'Empereur, seigneur des armées, c'était celui de l'Impératrice, ou de Vénus, déesse de l'amour. « Cela fera un tableau plus joli », disais-je.

Pendant que je me berçais encore d'illusions, le

29 janvier, Fouché, dans un autre bulletin, instillait une nouvelle dose de venin. Il citait des révélations de la femme d'Isabey sur ma dernière maladie. Maintenant, j'étais sûre de ne plus pouvoir avoir d'enfants. Je désirais le divorce, mais je n'osais pas l'avouer. J'étais sans cesse dans les larmes.

Fouché, Talleyrand, Murat, le trio infernal harcelait l'Empereur.

Je ne sortais plus. Je vivais en recluse, après avoir vu tant de monde. Je m'en consolai en me soumettant au désir de l'Empereur. Ma considération baissait chaque jour, alors qu'augmentait celle de mes ennemis. Toute la faveur était pour le prince et la princesse Murat, pour Talleyrand et Berthier. « Tu sais qu'il va devenir ton cousin germain, écrivis-je à mon fils : il épouse la princesse Elisabeth, fille de la duchesse de Bavière; la demande a été faite hier et acceptée. »

« Que les trônes rendent malheureux, mon cher Eugène ! J'en signerais demain, sans aucune peine, l'abandon pour tous les miens. Le cœur de l'Empereur est tout pour moi. Si je dois le perdre, j'ai peu de regret à tout le reste...

« Pour toi, mon cher fils, sois toujours ce que tu as toujours été; continue à te rendre digne de l'amitié de l'Empereur et l'avenir sera ce qu'il pourra. Je ne me plaindrai jamais de mon sort tant que tu seras heureux et que je me croirai sûre de ta tendresse. »

Malgré mes efforts de résignation, je me débattais encore parfois. Un jour, je mis l'Empereur dans une telle rage qu'il me lança : « Tu me forceras à la fin à adopter mes bâtards ! » Je le pris au mot. Il ne me prit pas au mien.

Aux abois, j'allai jusqu'à lui permettre de faire à une demoiselle un enfant qu'on m'attribuerait. J'imaginai la mise en scène, qui amusait mon goût des subterfuges. Il repoussa mes fumées.

XVII

878 ROBES

Le 2 avril 1808, l'Empereur partit pour Bayonne avec trente-six voitures. Il allait tendre un piège à la famille royale d'Espagne, en tâchant de l'attirer là-bas. Pour un piège, il n'avait pas besoin de moi. Puis il se ravisa. Je l'aiderais à recevoir ses prisonniers.

Malgré mes douze chevaux, ma voiture faillit s'enliser dans les Landes. Le soir du 27 avril, j'arrivai au château de Marrac, près de Bayonne. On m'avait installé un charmant appartement. J'étais surtout fière de mon salon en merisier, recouvert de gourgouran bleu rayé et galonné en soie aurore à étoiles blanches, et de ma baignoire en sapin.

La famille royale d'Espagne valait celle des Atrides. Ferdinand, prince des Asturies, avait forcé son père Charles IV à abdiquer. L'Empereur n'avait pas reconnu Ferdinand VII. Après s'être rétracté et avoir retiré son abdication, Charles IV choisit l'Empereur comme arbitre entre son fils et lui. Aussi vint-il à Bayonne avec sa femme et leur favori Godoy.

Savary avait entraîné de Madrid à Bayonne le prince des Asturies en entassant mensonges et mirages à chaque tour de roue. Il lui fit croire que l'Empereur allait le reconnaître pour roi.

A Bayonne, rencontre explosive du fils et du père lui criant : « N'as-tu pas assez outragé mes cheveux blancs ? Va-t'en, je ne veux plus te voir. »

J'assistai, en tâchant de ne pas les voir, à de sinistres événements. Le prince des Asturies comprit enfin qu'on l'avait trahi. Savary et l'Empereur avaient escroqué sa confiance. Il était désormais leur prisonnier. Charles IV lui écrivit que ses crimes l'empêchaient de lui succéder. Seul l'Empereur pouvait sauver l'Espagne. Le 4 mai, le vieux roi nomma Murat lieutenant général du royaume. Le lendemain, il céda son royaume à l'Empereur, contre Compiègne, Chambord et six millions de francs par an.

Nous apprîmes soudain que Madrid s'était soulevé le 2 mai. Murat avait noyé l'insurrection dans le sang. Ferdinand était innocent. Mais l'Empereur en profita pour tout rejeter sur lui. Son père couvrit Ferdinand d'injures. Sa mère le traita de bâtard, réclama pour lui l'échafaud.

« Si d'ici à minuit vous n'avez pas reconnu votre père pour roi légitime et ne le mandez pas à Madrid, vous serez traité par moi comme un rebelle », lui signifia l'Empereur.

Le prince prisonnier s'inclina. A Madrid, Joseph, frère de mon mari, monta sur le trône volé aux Espagnols, sous le nom de *Don José primero.* Pour nous, rien de bon ne sortira de ce pays.

Je fus si impressionnée par le traquenard de Bayonne que je n'eus pas le courage de rire du grotesque Charles IV. Il sifflait son confesseur comme un chien. Il faisait porter par son valet de chambre une douzaine de ses montres, et en charriait autant. L'horlogerie de poche souffrait de ne point être portée.

A table, il avait devant lui trois carafes d'eau : une glacée, une chaude, une à la température ordinaire. Il dosait artistement un mélange. Ses dosages ne me déridèrent pas.

Pour se laver du sang espagnol, l'Ogre prit des bains de mer. Jusqu'au 21 juillet, nous vécûmes une lune de miel inattendue. Pour prévenir un coup des Anglais, des cavaliers de la Garde s'avançaient dans l'eau le plus loin possible. L'Empereur s'ébattait sous les croupes. L'océan le rendait gamin. Il me jetait de l'eau dans les yeux, me poursuivait sur la plage, me volait mes chaussures.

L'océan l'excitait. Il taquina une lectrice de dix-huit ans, Mlle Guillebeau, qui ne lisait pas plus que les autres. C'était moi d'ailleurs qui l'avait jetée dans ses bras, ainsi que Carlotta Gazzani. Pour garder la haute main sur ses liaisons sans conséquence.

Malheureusement, on décacheta une lettre de la mère de Mlle Guillebeau, qui donnait à sa fille des conseils de maquerelle. On renvoya la petite à sa sournoise maman. Carlotta resta, pour m'épeler, avec son accent génois, plus de journaux que de livres, et pour prodiguer ses caresses à mon mari.

A Bordeaux, l'Empereur apprit la capitulation du général Dupont à Baylen : 17 242 soldats français, écrasés de soleil, de soif, de rapines, capturés par les 30 000 hommes de l'armée de Castaños.

« On capitule dans une place forte, quand on a

épuisé tous les moyens de résistance, quand il ne reste plus un moyen de tenir, un espoir d'être secouru. Mais, sur un champ de bataille, on se bat, et lorsque, au lieu de se battre, on capitule, on mérite d'être fusillé... J'ai là une tache », me dit l'Empereur en promenant ses doigts sur son habit.

Hanté par cette « ignominie », il était d'une humeur de dogue. Il avait hâte de rentrer à Paris. Mais il avait promis aux Vendéens d'aller les visiter. Il ne voulait pas paraître se méfier d'eux.

Le 3 août nous quittâmes Bordeaux. Huit voitures, pour un voyage en ouragan. La plus importante : le fourgon de la cuisine, où s'entassaient cuisiniers, marmitons, poêles, casseroles. Craignant le poison, l'Empereur, pendant cette équipée, ne voudra manger que sa cuisine. A cheval, un sous-inspecteur des postes, deux pages, un écuyer, un piqueur, trois sous-officiers coureurs, trois courriers. Dans sept voitures, brinquebalaient généraux et dignitaires : Berthier, Talleyrand, Duroc et trois de mes dames, dont l'affriolante Gazzani. Enfin la voiture impériale : un aide de camp et Roustam caracolant à la portière, un piquet de la Garde derrière.

De Bordeaux à Saintes, une nuit en voiture. Rochefort : départ à deux heures du matin. Niort : arrivée à sept heures.

Tous les Vendéens qui pleuraient les leurs massacrés par les bleus ou les blancs, tous les combattants des deux camps acclamaient « le pacificateur de la Vendée » et l'Impératrice royaliste.

A neuf heures du soir, nous entrâmes dans Fontenay sous un portique supportant un groupe allégorique : l'Empereur sur un char antique à huit chevaux, couronné par le génie de la France, tandis que deux femmes à genoux lui offraient des corbeilles pleines des cœurs des Vendéens.

Désespoir de la femme du maire, Mme Laval. Au lieu de savourer son opulent dîner, nous grignotions le repas sur le pouce troussé par notre cuisinier. Pour la consoler, alors que je tombais de sommeil, je priai sa fille de se mettre au piano et de chanter un air des *Bardes*.

A minuit, un écroulement de fin du monde. L'Empereur avait reçu une dépêche d'Espagne, de Joseph, lui annonçant son désir d'abdiquer. Furieux, il avait fracassé l'immense bassine de faïence que Mme Laval lui avait fait monter pour se laver les pieds.

Point de loisir pour rêver à l'air des *Bardes*. Lever à trois heures du matin, départ à quatre.

A onze heures, à la Grande Auberge de la ville nouvelle de Napoléon-Vendée, j'essayai de me reposer quelques instants de ce bris de cuvette. Sous la pluie, cette ville en construction n'était qu'un chantier bourbeux. L'Empereur pataugea entre quelques cahutes en torchis. Enfonçant son épée dans un mur, comme dans du fromage, il lança cette réplique de tragédie :

« J'ai répandu l'or à pleines mains pour édifier des palais et vous avez construit une ville de boue. »

A cinq heures, nous repartions dans une tornade de fureur. La pluie, la pluie. A Montaigu, chez l'avoué Tortat, refus du somptueux dîner. Nous n'acceptâmes que quelques bouchées, préparées par notre maître queux. Pour faire plaisir, je pris tout de même un verre d'eau, que je rejetai aussitôt en d'affreux vomissements. L'Empereur bondit sur le sous-préfet : « Voyez donc cette eau ! », le força à boire. Le sous-préfet ne vomit pas. Survenant, épouvanté, l'avoué Tortat me trouva souriante, en face de l'Empereur qui boudait, à califourchon sur une chaise, le dos au feu, en plein mois d'août. Je rassurai le pauvre homme sur la pureté de son eau. J'accusai la fatigue, la poussière du voyage. Il admira mon décolleté, ma grâce, me trouva « encore très bien ».

Le curé s'excusa de n'avoir pas fait sonner les cloches. Ils étaient trop pauvres pour en avoir. J'en offris une, baptisée Napoléon-Joséphine. Souvenir d'une colère et d'un verre d'eau.

Une heure du matin : départ pour Nantes. Arrivée à trois heures. Vite, un lit ! Ensuite, dans la journée, la harassante noria d'arcs de triomphe et de cantates. Même supplice de gloire en Anjou et en Touraine. La nuit du 13 au 14 août, en voiture, de Blois à Saint-Cloud. Avec une fête aux Tuileries, le soir de notre arrivée, comme coup de grâce.

J'étais en velours d'acier. Je résistais à tout, sauf à l'angoisse d'être répudiée. L'hiver précédent, j'avais dû tant prendre sur moi que, maintenant, je tombai malade. Il se forma en moi un amas d'humeurs qui occasionna un dépôt. Heureusement, il aboutit à l'extérieur, dans d'horribles souffrances. L'Empereur se relevait la nuit, jusqu'à quatre fois, pour me veiller. Depuis six mois, il était parfait. Le 22 septembre, je le vis partir avec peine pour Erfurt. Il commençait à comprendre la vilenie de Murat, un de mes pires ennemis.

Pour plaire à l'Empereur, je tâchai d'amadouer mes dettes.

Un peu rassurée, je continuai ma vie de coquetterie et de langueur. Le matin, après huit heures, mes femmes m'apportaient au lit une tasse d'infusion ou de la limonade. Ma première audience : pour mon loulou viennois à poil noir. Après mon bain, pendant trois heures, ma toilette.

Sur mes étagères, je jouais de l'orchestre de mes pots de crème et de pommade et de mes flacons de cristal d'eaux odorantes du Portugal, de Naples, de Cologne, d'élixir balsamique, de fleur d'oranger, de cassis double.

Dans ces instruments de musique de ma beauté, les rouges à pommettes jetaient leur note éclatante : 3 348 francs 10 centimes en 1808, pour deux parfumeurs sur quatre. En 1809 : 3 599 francs 72 centimes.

Ma seule dépense que l'Empereur ne regrettait pas. Comme les taureaux, il aimait le rouge. « Allez mettre du rouge, madame, vous avez l'air d'un cadavre ! » ordonna-t-il, un soir, à une dame.

Au rouge, j'ajoutais le blanc : « J'ai mes farines », disais-je quand j'en saupoudrais mes robes.

Tous les quinze jours, pour 1 200 francs par an, l'Allemand Tobias Kving venait soigner mes pieds, en habit brodé, l'épée au flanc.

Je changeais de chemise brodée trois fois par jour. En 1809, j'en avais 399 de propres. Combien de sales ? 158 paires de bas blancs ou roses, dispensés de jarretelles. Pas de pantalon, sauf deux, pour monter à cheval. Après mon couronnement, ni cheval ni pantalon.

En janvier 1809, j'avais 676 robes d'étoffe et 202 en batiste et en mousseline. On m'en présentait plusieurs dans des corbeilles. Je ne mettais certaines qu'une fois. Surtout du blanc, le plus flatteur, mais aussi des velours, amarante, nacarat, vert naissant, doux au teint. Et des satins multicolores ou lamés, du cannelé bleu, des cannelés à raies avec fleurs façon cachemire. Sans compter 33 authentiques cachemires, des robes de point d'Angleterre et de dentelle, des redingotes de velours gros-vert, de satin blanc avec ganse de martre zibeline, des habits cosaques ou polonais.

Deux fois par ans, j'imitais mon mari en passant moi aussi une revue : celle de mes atours. Je partageais entre mes femmes ceux que je réformais, et que parfois je n'avais jamais mis. En 1809, sur mes 676 robes d'étoffe j'en réformai 441.

Sur la tête de ma ravissante femme de chambre, Mlle d'Avrillon, j'admirai un bonnet de blonde noire, orné de très jolies roses. Un bonnet tout neuf, que je n'avais jamais mis. Je commandai le même à ma modiste, Mlle Guérin.

En 1809, je commandai 524 paires de chaussures, bien qu'il m'en restât 265 de 1808, que je n'avais jamais mises.

Dans d'autres corbeilles, on me présentait des chapeaux et un choix de mes centaines de schalls, assortis à ma robe. J'avais la fureur des schalls qui cachaient mes formes envahissantes et qui dansaient selon ma démarche. Je m'en voilais, je m'en drapais, avec une grâce, disait-on, sans pareille. J'achetais tous ceux qu'on m'apportait, jusqu'à huit, dix, douze mille francs. J'étais l'Impératrice des schalls, régnant par la schallomanie. J'en portai un toute la matinée. Je mettais les schalls à toutes les sauces. J'en faisais des robes, des couvertures pour mon lit, des coussins pour mon loulou. Je finissais par agacer l'Empereur. Il m'arrachait mon schall, le jetait au feu. J'en réclamais un autre, qui renaissait de ses cendres, comme le phénix. L'Impératrice des schalls.

Je commandaïs mes gants blancs par six douzaines. En janvier 1809, j'en avais 980 paires.

Je recevais mon coiffeur Duplan qui mariait les fleurs aux cheveux, ou, le soir, aux perles et aux diamants. Et Corvisart, le médecin de l'Empereur. Je me gratifiais de toutes les maladies. Ce sage savait que j'étais plus résistante que le granit. Aussi m'ordonnait-il des pilules à base de mie de pain.

Je me débattais contre l'essaim des marchands. Ni à eux ni à moi je n'osais rien refuser. Le mot *non* n'a jamais pu sortir de ma bouche. Je m'abandonnais à l'ivresse d'acheter, de caresser des yeux ou des doigts des objets ou des tissus, sans penser à leur usage. On me tentait, je cédais tacitement, plus souvent que par écrit, ou du bout des lèvres. Tout en moi glissait vers le *oui.* On en abusait. Je ne pensais qu'au plaisir. Mes marchands ne pensaient qu'au gain. Je recevais les commandes souvent sans les avoir faites. Ma modiste, Mlle Despeaux, me portait six bonnets, alors que je n'en voulais qu'un. Les factures me tombaient sur la tête comme des catastrophes. Toujours outrées. L'Empereur les amputait à la hache, dans des fureurs.

L'attrait du fruit défendu me poussait vers les étoffes et les mousselines anglaises, interdites en France par le blocus. Je riais dans le dos de mon mari quand il prétendait que nos linons et batistes faisaient des robes beaucoup plus jolies que les mousselines anglaises. Dans sa jeunesse sa

première amoureuses était vêtue de linon-batiste.
 Quand il me demandait d'où venait tel ou tel tissu, je répondais effrontément : « De Lyon... De Saint-Quentin... » Alors qu'il venait de Birmingham ou de Manchester.
 « Ah! Ah! jubilait le naïf, cela prouve la supériorité de nos manufactures sur celles des autres. »
 Je faisais venir par la Hollande mes péchés anglais. Un jour, on réclama, « au nom de l'Impératrice », deux ballots saisis, qui devaient être vendus à l'encan. Une autre fois, la douane avait arrêté mes caisses de « percales anglaises ». L'Empereur m'en fit rendre quelques-unes, à condition de ne plus recommencer.
 J'étais si incurable qu'il chassait plus souvent mes fournisseurs dans mon antichambre que les loups en forêt de Fontainebleau. Il envoya à la prison de la Force ma modiste, Mlle Despeaux, venue me proposer « quelque joli bonnet négligé », qu'elle ne négligeait pas de me faire payer trois fois son prix. Il fit expulser par Duroc une revendeuse à la toilette et un tireur de cartes allemand, recommandés pourtant par Mme Laetitia. Le Teuton eut le front de lui répondre : « J'ai voulu dévoiler l'avenir à celle qui croit à la science. Quant à vous, sire, vous feriez mieux de consulter les astres que de les braver. »
 A onze heures, je déjeunais avec sept ou huit dames, ou, en l'absence de l'Empereur, avec quelques hommes. Pour dix personnes : potage, quatre hors-d'œuvre, deux relevés, six entrées, deux rôtis, six entremets, six desserts. Tout était sur la table, bien au chaud grâce à des « vaisseaux » réchauffoirs à l'esprit-de-vin ou à l'eau bouillante.

Je proposais à mes convives les plats qui se trouvaient devant moi. Un de mes valets de chambre remettait le mets au valet de pied placé derrière la personne à laquelle il était destiné.

Ensuite, je me mettais au billard ou à la broderie. Entre deux et trois heures, par beau temps, promenade en calèche avec deux ou trois de mes dames. Au bois de Boulogne, ou à Chaillot, dans le sillage de mes souvenirs.

Au retour, l'Empereur assistait souvent à ma grande toilette. Pendant que mes femmes m'habillaient, il me donnait des tapes sur les épaules. Je feignais de rire : « Finis donc, finis Bonaparte! » Jeu de brute qui persécute les filles.

Avec lui, je m'efforçais d'être toujours d'une douceur angélique. Même quand il me donnait des conseils abracadabrants sur mes fards, sur ma coiffure, sur mes robes du jour. Même quand il renversait la table de la salle à manger parce qu'il avait découvert, en soulevant la cloche d'un plat, des crépinettes de faisan dont il s'était régalé un mois avant. Même quand il décidait que, pour économiser le blanchissage, mes dames n'auraient droit qu'à une paire de draps et à deux serviettes par mois. Même quand il arrivait à onze heures au dîner servi à six et quand, dans l'intervalle, n'osant pas le prévenir, j'avais fait mettre à la broche, à la queue leu leu, vingt-trois poulets.

Lui, qui prêtait tant d'attention à mes toilettes, n'en prêtait aucune à notre nourriture. Pour piquer son appétit, les cuisiniers déguisaient leurs gâteaux en temples égyptiens, grecs, romains. Il goinfrait si vite que parfois il en était malade. Je m'asseyais alors à côté de lui. Il posait sa tête sur mes genoux.

« Te sens-tu mieux ? lui demandais-je de ma voix la plus suave. Veux-tu te coucher un peu ? Je resterai près de toi. »

Les soirs de jeu, il gagnait souvent au vingt-et-un. Je préférais la macédoine.

Pour les banquets impériaux, protocole écrasant. Au milieu de la table le poids de l'Empire dans les nefs et les « cadenas » de vermeil, machines énormes, accablées de figures allégoriques, cadeaux de la Ville de Paris. Elles symbolisaient aussi nos périls : elles devaient enfermer les couverts, les serviettes, les épices réservés aux deux souverains et les « épreuves », morceaux de corne de licorne ou de langues de serpent qui devaient les préserver du poison. Qui me garderait du poison des Bonaparte ?

Derrière chaque convive, trois valets de pied, à un pas de distance. Le premier valet présentait l'assiette. Si le monarque branlait la tête, l'assiette s'envolait, remplacée par une autre. Si la tête du monarque ne bougeait pas, le valet glissait l'assiette devant Sa Majesté.

A peine les souverains avaient-ils essuyé leurs lèvres qu'on changeait la serviette. On mesurait la majesté royale au tas de serviettes amoncelé dans son dos.

A minuit, ces journées sans fin s'achevaient par ma toilette sans bornes. L'Empereur amoureux préférait ce spectacle à celui de l'Opéra. A ses yeux, aucune déesse ne possédait comme moi l'art de se mettre au lit. La femme entrant dans son empire et glissant vers la nuit. Il aurait voulu convoquer les plus grands peintres pour immortaliser ce moment.

On parlait beaucoup de mes dépenses. Mais j'étais incapable d'égoïsme. Mon bonheur était fait surtout de celui d'autrui. Je ne recevais que pour donner. Je rêvais d'une félicité universelle. Blottie dans ma chaleur natale, je ne tolérais pas le froid, la brume, le malheur, la méchanceté, le chagrin.

L'argent affluait dans mes mains et en ruisselait. Jupiter féconda Danaé sous la forme d'une pluie d'or, d'où naquit Persée. L'Empereur me fécondait ainsi. Mes enfants étaient tous les bénéficiaires de cette pluie. Moi si paresseuse pour écrire, je n'hésitais pas à envoyer des milliers de lettres recommandées, portées par mes valets de chambre, messagers de mes bienfaits.

Je donnais à perdre haleine. Surtout aux membres de l'ancienne noblesse, chers à mon cœur royaliste : 2 500 francs par an à Mme Tascher, religieuse, 1 800 à Mme d'Arenberg, 3 600 à Mme de Montmorin. Une ondée de pensions de 3 600 à 144 francs pour Mmes Maillé-Brézé, Canillac, d'Agoult, Mmes Polastron de La Tour, de Luynes, de Fontenelle, d'Héricourt, de Bligny, de Villars, de Beaujeu, d'Halluin. Sans oublier les messieurs.

Sans fiel, j'oubliais le mal qu'on m'avait fait. J'aidais mes anciens ennemis autant que mes amis. J'envoyai de l'argent à Mme de Vaudey, qui m'avait tant fait pleurer, et une pension de 1 200 francs à la veuve de Collot d'Herbois, l'ex-massacreur de Lyon, qui fit tant de veuves.

Sculpteurs, musiciens, peintres, graveurs, coiffeurs, pédicure, je n'oubliais personne, de la tête aux pieds.

Du 26 septembre 1804 au 31 décembre 1809, un

pactole bienfaisant de 923 803 francs 24 centimes coula de mes mains. Près du sixième de mes revenus qui, dans la même période, avaient atteint 5 354 435 francs 44 centimes.

Je doublais chacun de mes dons par ma grâce à donner.

Evidemment on abusait. Surtout mon couturier Leroy. Un paon efféminé qui eut l'audace, pour le mariage de sa fille, de me demander un carrosse de la cour. J'eus la faiblesse d'accepter. « Qu'il aille en fiacre ! » grogna l'Empereur.

En cinq ans, ce Leroy me soutira 766 476 francs 73 centimes. Sur les 600 000 francs par an alloués à ma toilette et sur mes six millions en six ans.

« Monsieur, lui cria un jour l'Empereur, vos prix sont fous, plus fous s'il est possible que les niais et les sottes qui s'imaginent avoir besoin de votre industrie. Réduisez-moi cela raisonnablement ou je me chargerai moi-même de la réduction. »

Leroy osa dire que « la somme que Sa Majesté destinait à la toilette de l'Impératrice était insuffisante ». Le toisant du haut du gouffre de mes robes, Jupiter croisa haut les bras et marcha sur le filou avec un « Vraiment ? » qui lui fit prendre les jambes à son cou.

Au début de 1809, je pris des résolutions. Je chargeai Mme Hamelin de gérer mon budget. Elle décida que, pour Leroy, le maximum par mois serait de 7 000 francs.

Le vampire répondit qu'avec 7 000 francs nous serions toujours « en arrière » et que cette somme lui « ferait éprouver une grande contrariété pour la tenue de ses livres ». Quand il enverrait le total du mois, ces 7000 francs devraient être portés simplement comme acompte, « pour ne pas mettre d'embrouillamini dans mes écritures ». Sa facture de 1809 fut de 143314 francs 10 centimes !

Les bijoux aussi me ruinaient. Tout ce qui brillait m'attirait. Les bijoux de la couronne ne me suffisaient pas. Parures, colliers, diadèmes n'apaisaient pas ma soif de joyaux. Tous ces étincellements allaient si bien à ma peau et flattaient si fort mes yeux ! J'achetais tout ce qui accrochait la lumière. Des centaines de pierres de peu de prix : agates, cornalines, même des noyaux de cerise sculptés... J'eus des envies de femme enceinte pour des turquoises, des camées ou un collier en pierres antiques, si lourd que je n'aurais jamais eu la force de le traîner.

Le gouffre des dettes se creusait sans cesse sous mes pieds. « Eh bien, madame, vous avez des dettes ? » demandait l'Empereur, alerté par mes yeux rouges. « Combien ?... Un million ? — Non, sire, je vous jure, je ne dois que 600000 francs. — Rien que cela, dites-vous, ça ne vous paraît qu'une bagatelle ? » Je sanglotais. Mon arme invincible. Comme si mes larmes devaient dissoudre mes dettes, les noyer dans cet océan de lumière où, loin des créanciers, des notes, des factures, on ne demande pas de comptes aux femmes.

« Allons, Joséphine, allons, ma petite, ne pleure pas, console-toi ! »

Le loup-garou, changé en mari de comédie, payait sans trêve : en cinq ans, 3200000 francs !

L'année suivante, tout recommençait. L'abîme de mes dettes était si vertigineux que, malgré mes sanglots, je n'osais pas en parler à l'Empereur. Je m'accrochai à mon fils, ma suprême planche de salut, l'indéfectible Eugène. Il offrit en gage sa parole d'honneur, qui valait tout l'or du monde, et ses possessions de Sologne, de Saint-Domingue, de la Martinique, de France, d'Italie. Il aurait donné sa chemise. « J'accepte avec plaisir, dit-il avec une noblesse sublime, ce qui peut couvrir honorablement le déficit de ma mère et ne compromettre que moi. »

Moi qui avais versé tant de larmes pour des riens, combien aurais-je dû en verser, en songeant que je ne méritais pas un tel fils ?

XVIII

« VOUS ME SERREZ TROP FORT! »

A l'aube du 13 avril 1809, nouveau départ. Les Autrichiens avaient pris Munich et franchi l'Inn. Toujours l'insatiable guerre! Je suppliai l'Empereur de m'emmener. Nous arrivâmes à Strasbourg, après avoir couru en deux jours les soixante-deux postes et demi.

Tandis que l'Empereur passait le Rhin, je m'installai à Strasbourg, dans des appartements rajeunis. Pour apaiser mes angoisses, ce n'était pas trop d'un salon aux rideaux et aux sièges en poult de soie vert d'eau et d'une chambre en gros de Florence amarante et or.

Le 16 avril, Eugène avait été battu par l'archiduc Jean à Salice. Le 8 mai, Eugène le battit à la Piave.

Bientôt, j'eus toute une nichée dans mes jupes. Stéphanie, avec toute sa famille de Bade, Catherine, chassée de sa Westphalie, Hortense et ses deux enfants. Pour ces chérubins je commandai une voiture à quatre chevaux et à cinq figures en bois peint, un « grand théâtre » en bois, une boîte à ménage, une boîte de parade, contenant une Grande Armée de soldats de plomb.

Pour mieux fuir son mari qui continuait à la persécuter, Hortense s'était installée à Bade. Mais l'Empereur, qui avait d'abord pris sa défense contre Louis, la blâma d'avoir quitté le territoire de l'Empire sans autorisation. Elle dut regagner Strasbourg.

L'Empereur me rassura sur sa blessure de Ratisbonne. La balle avait « à peine rasé le tendon d'Achille ». Malgré son entrée à Vienne, le 13 mai, et les riantes nouvelles : « Ma santé est bonne; le temps est superbe, et le soldat, fort gai : ici il y a du vin », mes oiseaux de malheur ne me quittaient pas.

Le 21 mai, la sanglante victoire d'Essling. Le 22, un boulet blesse mortellement Lannes. Nos troupes durent quitter l'île Lobau. Sans Masséna, la journée s'achevait en désastre. Le vent tournait-il ? Pour me remettre, j'irais prendre les eaux à Plombières. « Je vois ce voyage avec plaisir, m'écrivit l'Empereur de Schoenbrunn. Adieu, mon amie, tu connais mes sentiments pour Joséphine; ils sont invariables. Tout à toi. »

Pendant ce temps, à Schoenbrunn, il avait mandé Marie Walewska et l'avait logée, près du château, dans une petite maison.

Le 11 juillet, je fus réveillée par un page de l'Empereur, Ferdinand de Lariboisière, qui collait son chapeau à son derrière : il galopait depuis trois jours et n'avait plus de fond de culotte. Aux relais, on l'enlevait avec sa selle et on le portait sur un autre cheval. Ivre de fatigue, de sommeil, de poussière, il me présenta une lettre sur son chapeau poudreux. L'Empereur m'annonçait la victoire de Wagram : « Bessières a eu un boulet qui lui a touché le gras de la cuisse; la blessure est très légère. Lasalle a été tué; mes pertes sont assez fortes; mais la victoire est décisive et complète. Nous avons plus de cent pièces de canons, douze drapeaux, beaucoup de prisonniers. Je suis brûlé par le soleil. Adieu, mon amie; je t'embrasse. »

Je remerciai le page sans culotte en lui donnant une bague ornée du diamant le Petit Rosé, qui n'était pas petit.

Pour mon dernier séjour à Plombières, je me cloîtrai avec Hortense et Stéphanie. J'enrichis la collection de jouets de mes petits-fils : soldats de carton et de bois peints, voitures à traîner à grand bruit sur les parquets et un énorme vaisseau de guerre à roulettes, à terrifier toute la flotte anglaise. Je riais avec indulgence aux contes polissons du vieil et trémulant marquis de Boufflers.

Une cloîtrée prodigue. A chaque page apportant une lettre de l'Empereur, j'offrais des diamants de 1 200 à 4 000 francs. Dans chaque ferme, je payais d'un cadeau la moindre goutte de lait. Je semais sur ma route montres, tabatières, napoléons en or. Et même des chapelets, que j'offrais aux vieilles personnes, en espérant qu'elles prieraient pour mes péchés. Je comblais de tabatières les sous-préfets, directeurs de postes, commandants d'escorte. A Plombières, je réformai trente-sept robes qui réjouirent mes femmes de chambre.

L'Empereur me félicitait d'être « grasse, fraîche et très bien portante ». Le 31 août, il se plaignait doucement de mon silence : « Les plaisirs de Malmaison, les belles serres, les beaux jardins, font oublier les absents; c'est la règle, dit-on, chez vous autres. Tout le monde ne parle que de ta bonne santé; tout cela m'est fort sujet à caution... »

Au début d'octobre, Hortense arriva à Malmaison. Elle me trouva désespérée de la liaison de l'Empereur avec sa jeune Polonaise. Je l'aurais été cent fois plus si j'avais su, à ce moment, qu'en septembre Maria Walewska lui avait annoncé qu'elle attendait un enfant. Je m'étais moquée de lui en lui faisant croire qu'il était stérile. Pour l'enfant de Mlle Denuelle, il avait douté. Avant lui, Murat avait tâté la mignonne. Pour la coquette Pellapra, qui lui attribuait la paternité d'une fille, même doute. Mais, pour Marie, plus de doute ! Il pourrait donc procréer lui-même son héritier. Assurer la paix et la solidité de sa dynastie. Les Anglais étaient encouragés à la guerre par la pensée que, s'il mourait sans enfant, il entraînerait son régime dans sa tombe.

Et il pouvait mourir à tout moment. Si la balle de Ratisbonne, au lieu de raser le tendon d'Achille, était allée se promener du côté du cœur... Si un boulet, au lieu de briser les jambes de Lannes, avait broyé les siennes... Si, le 12 octobre, pendant une revue à Schoenbrunn, on n'avait pas arrêté à temps un nommé Staaps, fils d'un pasteur d'Erfurt, porteur d'un couteau...

« Qui vous pousse à ce crime ? — Personne. C'est l'intime conviction qu'en vous tuant je rendrai le plus grand service à mon pays et à l'Europe qui m'a mis les armes à la main. »

Un fils détournerait ces balles, ces boulets, ces poignards. Dans le mariage il ne voyait que la fécondité. « J'épouse un ventre ! » dira-t-il galamment. A Saint-Pétersbourg, Caulaincourt devait sonder pour savoir si la grande-duchesse Anne, seize ans, sœur du tsar, serait féconde.

L'Empereur était sûr que le tsar dirait oui. Un

ventre contre la Pologne. Rayer de l'histoire la Pologne et les Polonais qu'Alexandre détestait. Malgré la promesse à la douce Marie : ton amour contre la résurrection de ton pays.

L'Empereur était de plus en plus écœuré par la nullité de ses frères qui se prenaient pour des rois, alors qu'ils n'étaient que des préfets. Leur droit divin n'était que le bon plaisir de l'Empereur, qui les avait tirés de la poussière et qui, d'un geste, pouvait les y replonger. Il ne voulait plus, « par de sottes condescendances de famille, exposer la gloire de ses armes ». Un fils, né de lui, ferait taire ces néants.

A Malmaison, en attendant le retour de l'Empereur, je frissonnais de froid. J'entraînai Mme Junot dans une serre, en la suppliant de me dire tout ce qu'elle savait. Malgré la chaleur, mes mains étaient glacées :

« Madame Junot, rappelez-vous ce que je vous dis aujourd'hui, dans cette petite serre, dans ce lieu qui est un paradis et qui sera peut-être bientôt pour moi un enfer, rappelez-vous que cette séparation me tuera. »

Je serrai convulsivement dans mes bras ma filleule, la fille des Junot, la petite Joséphine, accourant, chargée de fleurs.

« Ah ! si vous saviez tout ce que j'ai souffert chaque fois que l'une de vous apportait son enfant près de moi !... Et moi, frappée de stérilité, je serais chassée honteusement du lit de celui qui m'a donné la couronne. Et pourtant, Dieu m'est témoin que je l'aime plus que ma vie... et bien plus que ce trône. »

Je m'efforçais de m'en persuader, d'en persuader les autres. J'aimais tant les beaux contes !

Il m'endormait avec des lettres tendres : « Je te conseille de te bien garder la nuit; car une des prochaines, tu entendras grand bruit. » Le 21 octobre : « Je me fais une fête de te revoir et j'attends ce moment avec impatience. » Il serait là le 26 ou le 27. Le 26, à Saint-Cloud, j'appris qu'il était arrivé à neuf heures à Fontainebleau. Aussitôt, il convoquait Cambacérès. Pour lui parler du divorce. Cambacérès souleva des objections. Le peuple m'aimait. Il se méfierait du remariage avec une princesse. L'Empereur parla brutalement politique. Les Français préféraient la gloire à Joséphine. Ils seraient fiers que leur Empereur devînt le beau-frère du tsar ou le gendre des Césars.

Cambacérès objecta notre mariage religieux. L'Empereur pouffa :

« Un mariage clandestin, célébré sans témoins, par un autre que le curé de la paroisse !...

— Seul le pape a le pouvoir de rompre ce mariage, continua Cambacérès. Or, actuellement, il est prisonnier de Votre Majesté. Il refusera certainement son aide.

— On s'adressera à l'Officialité diocésaine de Paris, répliqua l'Empereur. En 1806, malgré le refus du pape, elle avait bien cassé le mariage de Jérôme et de son Américaine ! »

J'arrivai à Fontainebleau à six heures, à la nuit. Il ne vint pas au-devant de moi, comme d'habitude. Mon cœur se serra. Je gagnai la bibliothèque, où il travaillait :

« Ah ! vous voilà, madame ? Vous faites bien, car j'allais partir pour Saint-Cloud. »

La porte qui séparait mon appartement de celui de l'Empereur avait été murée. Il en avait donné l'ordre, de Schoenbrunn ! Je m'habillai à la hâte et me fis coiffer avec des bleuets et des épis d'argent.

« Je ne suis pas restée longtemps à ma toilette, n'est-ce pas ? » dis-je avec une soumission coquette, en entrant dans la bibliothèque où se trouvaient aussi deux ministres, Montalivet et Decrès.

Il ne se laissa pas attendrir par ma polonaise de satin bleu bordée de cygne. Il garda un visage de marbre et dit à ses ministres :

« Je suis à vous dans cinq minutes.

— Mais, dis-je, ces messieurs n'ont sans doute pas dîné, puisqu'ils arrivent de Paris.

— C'est juste ! »

A peine assis à table, il se leva, sans avoir mangé, et entraîna les deux ministres, le ventre vide, dans son cabinet.

Jusqu'au 16 novembre, trois semaines d'enfer. Malgré mon dégoût, je le suivais à la chasse. Je fermais les yeux sur ses carnages de sangliers.

Le soir, je restais seule dans ma chambre, tandis que Pauline, dans son appartement, donnait des réceptions où elle ne m'invitait pas. Elle jeta dans les bras de mon mari une Italienne dodue aux yeux bleus, Mme des Mathis.

De toute sa mauvaise conscience, l'Empereur me tourmentait sans cesse. Hortense en venait à souhaiter notre divorce. Eugène renoncerait à la couronne d'Italie, les enfants d'Hortense à celle de France : « Oublions toutes ces grandeurs qui nous étaient promises pour ne songer qu'à la tranquillité de notre mère ! »

Fontainebleau grouillait de rois, venus féliciter le maître de l'Europe : Jérôme, Louis, les rois de Saxe, de Wurtemberg, de Bavière, le grand-duc de Bade.

Spectacle tous les soirs : *Le Secret du Ménage, La Revanche,* des extraits d'opéras italiens. L'Empereur restait scellé à son fauteuil. Il ne le quittait plus pour venir bavarder avec moi, en s'appuyant au mien. La cour me fuyait.

Le 16 novembre, retour à Paris : lui, à cheval, moi, dans ma berline, en larmes. Il n'osait plus me parler, me regarder, m'assener le coup mortel.

Le 22 novembre, il écrivit à Caulaincourt de demander officiellement au tsar, pour lui, la main de la grande-duchesse Anne. Le 27, il convoqua Eugène à Paris.

Jeudi 30 novembre : dîner lugubre. J'enfouis mes larmes, coulant depuis le matin, sous un immense chapeau blanc à jugulaire. Je ne mangeai rien. Il me jetait un coup d'œil, parfois, sans rien dire. De temps en temps, en tapant sur son verre avec son couteau, il faisait un bruit qui me sciait les nerfs. On n'entendait que le cliquetis des assiettes, servies puis remportées pleines.

Un soupir, puis : « Quel temps fait-il ? » lancé à la cantonade. Il se leva. Je le suivis en trottinant, mon mouchoir sur la bouche.

Depuis la rue Chantereine, il s'émerveillait de me voir lui servir le café, avec mon enchantement créole. Ce jour-là, il prit la tasse lui-même sur le plateau du page, se servit, fit fondre le sucre. Puis il fit signe de nous laisser seuls.

« Alors, tout est fini ? » balbutiai-je d'une voix misérable.

Il parlait avec emportement, pour s'étourdir. Jamais il n'avait eu l'accent plus corse. Il me rabâcha ce qu'il m'avait dit si souvent. « Un enfant né dans la pourpre, sur le trône, au palais des Tuileries est, pour la nation et pour le peuple, tout autre chose que le fils de mon frère... Tu as tes enfants, mais, quand je t'ai épousée, tu n'étais plus capable d'en faire... Il n'est point juste que tu me prives de ce que désirent tous les hommes. »

Mes larmes montèrent sous mon grand chapeau. Quelle jugulaire aurait pu les juguler ? Il prétendait être plus malheureux que moi : « Puisque c'est moi qui afflige ! » Mon bourreau me demandait de le plaindre.

Eperdue, brisée de sanglots, j'essayai ce qui m'avait réussi si souvent :

« Non, non, tu ne le feras pas ! Tu ne voudras pas me faire mourir ! »

Connaissant la force de ma faiblesse, il luttait pour ne pas céder, pour ne pas voir mes larmes, entendre mes cris :

« Ne cherche pas à m'émouvoir. Je t'aime toujours, mais la politique n'a pas de cœur, elle n'a que de la tête. »

Il essaya de m'appâter avec de l'or et des titres :

« Je te donnerai cinq millions par an et une principauté dont Rome sera le chef-lieu. »

Je le suppliai de me laisser en France, près de lui. D'une voix en couperet, il laissa tomber les grands mots après lesquels tout était dit :

« Le divorce est nécessaire, il se fera parce que je le veux. Il y a deux manières de le faire : avec ou sans ton consentement. Choisis ! »

Je jouai le grand jeu. Je poussai un cri qu'on entendit jusqu'à la Martinique. Je m'abattis sur le tapis, secouée des bras et des jambes par une attaque de nerfs. Les yeux révulsés, je m'évanouis.

Livide, tremblant, l'Empereur appela le chambellan Bausset, lui demanda s'il était assez fort pour me porter, par le petit escalier, dans mon appartement, au-dessous. Lui porterait le flambeau. L'escalier était étroit, Bausset pas assez fort. Je pesais dans ses bras de tout mon poids de douleur et de comédie. L'Empereur confia le bougeoir à Jacquart, le gardien du portefeuille, toujours de faction dans l'escalier. Il me prit par les jambes, tandis que Bausset m'agrippait sous les bras, par la taille, par où il pouvait. Soudain, entravé dans son épée et dans son émotion, Bausset faillit dégringoler, la tête la première, avec son paquet. Il se cramponna à moi, m'écrasa sur sa poitrine, contre ses décorations.

« Vous me serrez trop fort !... » lui soufflai-je à l'oreille.

Dès qu'il m'eut allongée sur mon lit, l'Empereur se pendit aux sonnettes, appela mes femmes, Corvisart. Le médecin, qui me connaissait bien, ne fut pas dupe de ma pâmoison. Il disait à l'Empereur que, depuis notre mariage, je n'avais plus de règles. Ma précocité de créole, mes angoisses à la prison des Carmes, en étaient la cause. Sur ce point, comme sur tant d'autres, je lui avais joué la comédie. Comédie aussi quand je m'efforçais de lui faire croire qu'il n'était pas « bon » : conscrit d'amour inapte à procréer.

Le lendemain matin, j'appris à Hortense la fatale nouvelle. Elle me dit qu'elle et Eugène m'accompagneraient dans ma retraite. Cette idée me donna la force de me parer avec ma coquetterie habituelle et d'annoncer à l'Empereur que je consentais enfin au divorce.

Le soir, dans son cabinet, l'Empereur accueillit froidement Hortense. Il croyait qu'elle allait encore le supplier.

« Rien ne me fera revenir, ni larmes, ni prières. »

A sa grande surprise, Hortense lui répondit calmement :

« Vous êtes le maître de faire ce qu'il vous plaira, sire... Puisque votre bonheur l'exige, nous saurons nous y sacrifier. »

Mes larmes ne devraient pas le surprendre. Il devrait être plutôt surpris si, après une union de quinze ans, je n'en versais pas.

« Mais ma mère se soumettra, j'en ai la conviction, et nous nous en irons tous, emportant le souvenir de vos bontés. »

Désarmé par notre soumission, le maître du monde porta autour de lui des regards égarés, puis éclata en sanglots :

« Quoi ! vous me quitterez tous, vous m'abandonnerez ! Vous ne m'aimez donc plus ? »

Affligé, inconsolable, il expliquait, se justifiait. L'homme privé invoquait le chef d'Etat :

« Si ce n'était que mon bonheur, je vous le sacrifierais, mais c'est celui de la France. Plaignez-moi plutôt d'être forcé de le faire en renonçant à mes plus chères affections. »

Puisqu'il se dépouillait de sa majesté, Hortense pouvait se mettre à pleurer :

« Prenez du courage, sire, il nous en faudra pour n'être plus vos enfants. Nous l'aurons, je vous le jure. Nous penserons, en nous éloignant, que nous ne sommes plus un obstacle à vos desseins et à vos espérances. »

Eugène nous rejoignit aux Tuileries. La plus à plaindre, disait-il, était la princesse, son épouse. « Elle espérait des couronnes pour ses enfants; elle a été élevée à en faire cas. » Elle croyait qu'on appelait son mari pour le déclarer héritier de celle de France. Mais elle l'aimait si tendrement qu'elle aurait du courage.

Eugène aussi était prêt à me suivre dans ma retraite. Il remontra à l'Empereur qu'Hortense et lui, après ma répudiation, auraient une position fausse :

« Vos ennemis mêmes nous nuiront en affectant de se montrer nos amis et vous inspireront contre nous d'injustes défiances. Il vaut mieux tout quitter. Désignez-nous un endroit où nous puissions, loin de la cour et des intrigues, aider notre mère à supporter son malheur. »

L'Empereur fit appel à l'affection qu'il lui avait toujours témoignée. Il lui avait tenu lieu de père. Il l'aimait toujours comme un fils. Il avait besoin de lui et d'Hortense. Que tous deux pensent à la postérité !

« Restez si vous ne voulez pas qu'elle dise : l'Impératrice fut renvoyée, abandonnée, elle le méritait peut-être. Son rôle n'est-il pas assez beau d'être encore auprès de moi, de conserver son rang et ses dignités, de prouver que c'est là une séparation toute politique qu'elle a voulue et d'acquérir de nouveaux titres à l'estime, au respect, à l'amour d'une nation pour laquelle elle se sacrifie ? »

Nous jouions une tragédie de Corneille, plus déchirante que celles qui nous faisaient bâiller à Fontainebleau. Puisqu'on parlait de sacrifice, Eugène et Hortense se sacrifieraient en restant vice-roi d'Italie et reine de Hollande. Sacrifice d'autant plus cruel pour Hortense que Louis avait fait de son trône un instrument de supplice.

Crucifiée, je dus assister à un *Te Deum* à

Notre-Dame, pour l'anniversaire du sacre et du couronnement. Cette fois, plus de « grand trône », ni de « petit trône ». Plus d'onctions papales. Plus de vivats. Plus de regards extasiés des courtisans. Plus de couronne artistement arrangée sur ma tête par un Empereur amoureux. Plus de manteau de plomb, qui, en ce jour, m'aurait paru de plumes. Cinq ans à peine ! Assise dans ma tribune, entre les reines d'Espagne et de Westphalie, je grelottais de froid et d'abandon.

Le lendemain, à une fête à l'Hôtel de Ville, je ne fus accueillie, au bas de l'escalier, que par Frochot, et par Junot qui avait désobéi à l'Empereur. Toutes mes dames, qui auraient dû m'entourer, avaient disparu comme une volée de moineaux. Je gravis seule le golgotha du grand escalier. Les yeux noyés de larmes, je m'assis sur mon trône, pour la dernière fois. L'Empereur arriva, passa la revue des invités. En se précipitant pour le rejoindre, Berthier, avec sa maladresse habituelle, se prit les pieds dans ma traîne. Il ne s'excusa même pas.

Pendant le bal, placés en rangs d'oignons sur l'estrade, les rois de Naples, de Saxe, de Wurtemberg, de Westphalie osaient à peine ouvrir la bouche, de peur qu'il n'en sortît une allusion au divorce.

Le dimanche 10 décembre, visite du Corps législatif aux Tuileries. L'Empereur annonça officiellement sa décision.

Le 11, à Grosbois, le grossier Berthier donna une fête aux souverains étrangers. J'arrivai tard, après le début de la chasse. Berthier n'avait laissé pour m'attendre qu'un aide de camp. Je m'appuyai sur son bras pour rejoindre les chasseurs.

Ce colonel vit des larmes dans mes yeux. Il balbutia quelques mots de condoléances. Je pressai le bras, la main de cet inconnu compatissant : « N'est-ce pas que vous ne m'oublierez pas ?... Quelque chose qui m'arrive... n'est-ce pas ? »

Au dîner, mes paupières étaient si gonflées de larmes que l'Empereur, par diversion, s'écria, avec une gaieté de caserne :

« J'entends qu'on s'amuse. Je ne veux ni gêne ni étiquette. Nous ne sommes pas ici aux Tuileries. »

Berthier avait fait venir la troupe des Variétés, avec Brunet, qui jouait *Cadet-Roussel, professeur de déclamation*, une pièce d'Aude, acclamée depuis un an sur les boulevards.

Le héros répétait qu'il voulait divorcer pour « avoir des descendants ». « *Il est douloureux pour un homme tel que moi de n'avoir personne à qui transmettre l'héritage de sa gloire.* » Puis il se ravisait : « *Je sais ce qu'est ma femme, je ne sais pas ce que serait celle que je prendrais.* »

L'immonde Fouché avait recommandé cette pantalonnade pour pousser au divorce. Tous restaient cloués de stupeur. Sauf ce balourd de Berthier qui, pour obéir à la consigne, barrissait de rire. Soudain, foudroyé par un regard de Jupiter, il ravala sa salive et, à son habitude, se rongea les ongles jusqu'au sang.

Le comte Regnault de Saint-Jean-d'Angély, secrétaire de l'état civil des membres de la famille impériale, fouillait déjà les archives et les reines répudiées. Louis XII avait enterré Jeanne de France dans un couvent. Je n'étais pas assez dévote pour cela. La reine Margot, première femme d'Henri IV, avait eu les coudées plus franches. On lui avait même permis d'assister au sacre de sa rivale, Marie de Médicis. Devant les différences d'époques et d'usages, Saint-Jean-d'Angély laissa à l'Empereur le choix de la solution. Les secrétaires avaient écrit et plié les lettres que le grand chambellan adresserait aux grands officiers de la couronne et de l'Empire et à la plupart des personnages de la cour : « J'ai l'honneur de prévenir Votre Excellence que l'Empereur désire qu'elle se rende aujourd'hui 15 décembre, à neuf heures du soir, au palais des Tuileries, dans la salle du Trône. »

L'archichancelier Cambacérès et Maret, ministre de la maison de l'Empereur, avaient arrêté le programme, minutieusement revu par leur maître. Peut-être avaient-ils prévu aussi la pluie et le vent qui soufflait sur Paris. Ils avaient combiné les rôles des acteurs. Ils avaient soustrait à la légalité la dissolution de notre mariage civil, pour en faire un acte politique et constitutionnel.

La salle du Trône chatoyait de dames en grand décolleté et de dignitaires en soie et en velours, étincelants de broderies et de grands cordons. On ouvrit les portes du grand cabinet de l'Empereur. On introduisit, en les annonçant, Son Altesse Impériale, Madame mère de l'Empereur, Leurs Majestés le roi et la reine de Hollande, Leurs Majestés le roi et la reine de Westphalie, Leurs Majestés le roi et la reine de Naples, Sa Majesté la reine d'Espagne (seul Joseph n'avait pu venir), Son Altesse Impériale Eugène, vice-roi d'Italie, Leurs Altesses Impériales le prince et la princesse Borghèse.

Les Bonaparte savouraient leur victoire. Les Beauharnais remâchaient leurs larmes. Debout à côté de l'Empereur, Eugène, pour réprimer son tremblement, croisait les bras à les briser.

J'entrai la dernière, de ma démarche glissante qui avait traversé les triomphes et qui maintenant me menait à l'échafaud. Je m'étais vêtue comme je l'aurais été à la prison des Carmes pour aller à la mort : une robe blanche, un ruban dans les cheveux, pas un bijou. Hortense vint au-devant de moi. Je m'appuyai sur elle pour mes derniers pas d'Impératrice.

Napoléon se leva. Au discours sec qu'on lui avait préparé il substitua des paroles vibrantes :

« Vous avez été réunis ici pour entendre la décision que l'Impératrice et moi avons été dans l'obligation de prendre. Nous divorçons. Dieu sait combien une pareille décision a coûté à mon cœur. Mais il n'est aucun sacrifice qui soit au-dessus de mon courage lorsqu'il m'est démontré qu'il est utile au bien de la France. J'ai besoin d'ajouter que, loin d'avoir jamais à m'en plaindre, je n'ai au contraire qu'à me louer de l'attachement et de la tendresse de ma bien-aimée épouse : elle a embelli quinze ans de ma vie ; le souvenir en restera toujours gravé dans mon cœur. Elle a été couronnée de ma main ; je veux qu'elle conserve le rang et le titre d'Impératrice couronnée, mais surtout qu'elle ne doute jamais de mes sentiments et qu'elle me tienne toujours pour son meilleur et son plus cher ami. »

A moi aussi on avait préparé un discours plat. On me prêtait une humilité servile, frisant l'ironie. Je lui substituai des mots vrais. Je me levai, commençai à lire mon texte :

« Avec la permission de notre auguste et cher époux... je dois déclarer que... »

Je ne pus pas aller plus loin. Les sanglots m'étouffaient. Je ne voyais plus mon papier, brouillé de larmes, comme le ciel de Paris l'était de pluie. Je m'effondrai sur mon trône qui n'en était plus un. Je tendis ma feuille à Regnault, qui lut la suite :

« ... je dois déclarer que, ne conservant aucun espoir d'avoir des enfants qui puissent satisfaire les besoins de sa politique et l'intérêt de la France, je me plais à lui donner la plus grande preuve d'attachement et de dévouement qui ait jamais été donnée sur la terre. Je tiens tout de ses bontés; c'est sa main qui m'a couronnée et, du haut de ce trône, je n'ai reçu que des témoignages d'affection et d'amour du peuple français. Je crois reconnaître tous ces sentiments en consentant à la dissolution d'un mariage qui désormais est un obstacle au bien de la France, qui la prive du bonheur d'être un jour gouvernée par les descendants du grand homme si évidemment suscité par la Providence pour effacer les maux d'une terrible révolution, et rétablir l'autel, le trône et l'ordre social. Mais la dissolution de mon mariage ne changera rien aux sentiments de mon cœur : l'Empereur aura toujours en moi sa meilleure amie. Je sais combien cet acte, commandé par la politique, a froissé son cœur, mais l'un et l'autre, nous sommes glorieux du sacrifice que nous faisons au bien de la patrie. »

Immobile, l'Empereur était la statue de l'Etat. Ses yeux égarés fixaient le vide où Cambacérès enfilait des mots fades et nous présentait le procès-verbal à signer.

L'Empereur écrasa son paraphe gorgé d'encre. Je me nichai dessous, colombe craintive. Laetitia grava pompeusement *Madame*. Tous signèrent : mes ennemis exultants, mes amis affligés. Les deux paraphes les plus tirebouchonnés : celui de mon Eugène et, le dernier, celui de Saint-Jean-d'Angély.

L'Empereur trouva ce spectacle si majestueux qu'il ordonna qu'on en fît un tableau : *La Séance de famille du 25 décembre,* auquel il affecta 20 000 francs. Pour que le tableau fût plus complet, le peintre aurait dû représenter la suite : dans sa chambre, échevelée, la figure renversée, je m'abattis sur le lit de l'Empereur. Je nouai mes bras autour de son cou. Il me serra de toutes ses forces et nous pleurâmes, tandis qu'il me consolait :

« Allons, ma bonne Joséphine, sois plus raisonnable! Allons, du courage, du courage, je serai toujours ton ami. »

Il s'aperçut que Constant était là. Il lui ordonna de sortir. Je ne partis qu'une heure après.

XIX

DE L'EMPEREUR A L'AQUARELLISTE

Le lendemain, à deux heures de l'après-midi, toujours sous la pluie, départ pour Malmaison. Un fourmillement de valets autour des fourgons et des voitures où jappait un couple de chiens-loups alsaciens avec ses chiots et caquetait mon impertinent perroquet.

Le public, qui avait assisté à ma vie d'Impératrice, pouvait contempler ma déchéance. Massé au Carrousel, pour une revue de l'Empereur, il suivait de loin mon déménagement.

Hortense et Eugène tentaient de m'égayer pendant que je regardais faire mes bagages. L'Empereur descendit avec Méneval par l'escalier dérobé. Il m'embrassa tendrement. Je m'évanouis, cette fois sincèrement.

A mon réveil, je suppliai Méneval de veiller à ce que l'Empereur m'écrivît dès son arrivée à Trianon où il devait se rendre. Qu'il m'écrivît souvent, sans cesse, comme au temps où il m'adorait et où je ne lui répondais pas ! Je m'accrochais à Méneval, le secrétaire, qui verrait tous les jours l'Empereur quand je ne le verrais plus. « Encore un instant, monsieur le bourreau ! » disait la Du Barry à l'échafaud. Parler de l'Empereur à Méneval, demander à Méneval de lui parler de moi, c'était encore vivre dans son sillage.

Voilée comme une veuve, le mouchoir roulé en boule dans ma main, ou essuyant mes yeux, ou bâillonnant ma bouche, je traversai le salon et le vestibule pleins de pleureuses. Soutenue par Hortense et par Mme d'Arberg, je parvins à la cour sous la pluie. Je montai dans l'« Opale », cette gigantesque patache à laquelle l'Empereur avait donné ce nom « de malheur et d'espérance », dont je ne retenais que le malheur.

Pas un mot pendant le parcours. Murée dans mon silence et mes souvenirs. En arrivant à Malmaison sous le déluge, je dis seulement à Hortense : « S'il est heureux, je ne m'en repentirai pas. » Je croyais l'aimer à ce moment, ou du moins, la mémoire des grandeurs passées, la reconnaissance des bienfaits, la douleur de la séparation me tenaient lieu d'amour.

Les premières heures enchantées de Malmaison me revenaient à l'esprit. Si loin, si près !... Quand le Premier Consul faisait servir le déjeuner dans le parc. Quand il mettait son habit bas pour jouer aux barres, quand il arrivait sur nous sans crier barre ! et qu'il nous faisait tomber. Quand il faisait manger à la gazelle le tabac de sa tabatière. Quand il ordonnait à la gracieuse bête de nous poursuivre et qu'elle déchirait nos robes. Il riait, riait !... J'entendais encore ce rire, qui me déchirait le cœur.

Je subis les premières désertions : la dame d'atour, une dame d'honneur, le premier aumônier. Le grand maréchal dut rappeler aux traîtres que, jusqu'au 1ᵉʳ janvier, on devait assurer le service, comme auparavant, près de Sa Majesté l'Impératrice Joséphine.

La princesse Auguste était vraiment l'incomparable épouse de mon admirable Eugène. Alors qu'elle croyait qu'il ne serait plus vice-roi, elle lui écrivait : « Effacés de la liste des grands, on nous inscrira sur celle des heureux, cela ne vaut-il pas mieux ?... Ne crois pas que je me laisse abattre; non, mon Eugène, mon courage égale le tien, et je veux te prouver que je suis digne d'être ta femme. »

Après les tendresses de l'Empereur, ses férocités. Ce Néron chargea Eugène d'exposer aux sénateurs le sénatus-consulte qu'ils devraient voter pour dissoudre notre mariage. Le bourreau déchargeait sa conscience en se faisant applaudir par le fils de sa victime.

Le 16 décembre, devant les Pères conscrits en grand apparat et les rois de Westphalie et de Naples, mon fils dut se torturer :

« Vous venez d'entendre la lecture du projet de sénatus-consulte soumis à votre délibération. Je crois devoir, dans cette circonstance, manifester les sentiments dont ma famille est animée. Ma mère et ma famille, nous devons tout à l'Empereur. Il a été pour les enfants de l'Impératrice un véritable père; il trouve constamment en nous des sentiments de véritables enfants...

« ... Le plus grand intérêt pour la France est qu'il vieillisse environné d'une descendance directe, qui soit la garantie de ce trône dont la patrie a déjà reçu tant de biens...

« Puisqu'il est constant que les liens qui unissent l'Empereur à ma mère ne peuvent satisfaire à ce besoin de la politique et de l'Etat, je serai le premier de tous à approuver la résolution de Sa Majesté. Je joins mon vœu au sien, à celui de la France entière pour qu'il naisse de lui des fils qui soient les protecteurs de nos enfants...

« Ma mère sera heureuse du témoignage que, dans cette grande circonstance, son époux ne cesse pas de lui rendre. Elle sera heureuse du propre témoignage de sa conscience. Elle le sera d'avoir rempli avec courage et dignité ce devoir dont elle a contracté l'obligation envers son peuple et envers lui, le jour où elle fut couronnée de ses augustes mains...

« ... Le grand Charlemagne et plusieurs de nos rois se sont séparés de leurs épouses, mais aucun n'a eu des motifs aussi nombreux, aussi puissants; aucun n'a porté dans une si grave circonstance ce caractère de sentiment, j'oserai même le dire, de justice qui appartient à toutes les actions de l'Empereur. Je m'applaudis de ce que ma place d'archichancelier d'Etat, qui me donne le droit de prendre séance parmi vous, m'a mis à même de manifester mes sentiments. Notre famille sera toujours celle de l'Empereur, du moins par l'attachement, le dévouement et l'amour. »

Par soixante-seize voix contre sept et quatre abstentions, le Sénat déclara notre mariage dissous. « L'Impératrice Joséphine conservera les titre et rang d'impératrice couronnée. » Son douaire sera « fixé à une rente annuelle de deux millions de francs sur le trésor de l'Etat. »

A Trianon, toute la journée, l'Empereur demanda : « Avez-vous vu l'Impératrice ? » Pour lui faire la cour, on vint me voir pleurer ou tenter de sourire sous ma capote verte, suivant l'identité du visiteur. Bien entendu, je ne revis jamais les loups et les hyènes de la meute des Bonaparte, même pas Jérôme, qui, naguère, envoyait à sa « bonne petite sœur », des « schalls façon cachemire ».

Brusquement, le jour même, à la nuit tombée, l'Empereur quitta Trianon, en pleine partie de cartes, et vint me voir. Un éclair! Malgré le froid, il me fit asseoir sur un banc, entre deux rafales. S'il était entré au château, les souvenirs l'auraient étouffé. A l'arrivée, il m'embrassa. Au départ, il me baisa la main. Dès son retour à Trianon, à huit heures du soir, il m'écrivit : « Mon amie, je t'ai trouvée aujourd'hui plus faible que tu ne devais être. Tu as montré du courage, il faut que tu en trouves pour te soutenir; il ne faut pas te laisser aller à une funeste mélancolie et surtout soigner ta santé qui m'est si précieuse. Si tu m'es attachée et si tu m'aimes, tu dois te comporter avec force et te (placer ?) heureuse. Tu ne peux pas mettre en doute ma constante et tendre amitié et tu connaîtrais bien mal tous les sentiments que je te porte, si tu supposais que je puisse être heureux si tu n'es pas heureuse, et content si tu ne te tranquillises. Adieu, mon amie, dors bien, songe que je le veux. »

La pluie tombait sur ma solitude. Je n'arrivais pas à prendre le dessus. Ni l'Empereur, à Trianon. Pendant trois jours, il ne fit que bougonner et m'écrire. La vie de l'Etat, comme notre union, était dissoute. Pour lui redonner de l'appétit, Pauline avait installé au Petit-Trianon Christine de Mathis, la Piémontaise entrelardée. L'Empereur reprochait à cet appât de n'avoir « point de désir ». Il envoya Savary vérifier mon état.

« Savary me dit que tu pleures toujours : cela n'est pas bien. J'espère que tu auras pu te promener aujourd'hui. Je t'ai envoyé de ma chasse. Je viendrai te voir lorsque tu me diras que tu es raisonnable et que ton courage prend le dessus. Adieu, mon amie; je suis triste aujourd'hui; j'ai besoin de te savoir satisfaite et d'apprendre que tu prends de l'aplomb. Dors bien. »

Moi si bonne dormeuse, je ne trouvais plus le sommeil. Mme de Rémusat écrivit à son mari, de service à Trianon, que l'Empereur, dans ses lettres, devrait « modérer les expressions de ses regrets ». Chacune de ses missives me replongeait dans les larmes. Au lieu de m'attendrir, il devrait m'endurcir.

Mes larmes et la pluie rivalisaient. Malmaison était noyé dans un océan de tristesse. Entre deux déluges, Mme de Rémusat m'entraînait dans le parc, pour essayer de fatiguer mon corps et de reposer mon esprit. Je me prêtais à tout avec docilité. Mme de Rémusat croyait déjà au succès de son hygiène. Et puis, elle m'entendait soupirer :

« Il me semble quelquefois que je suis morte et qu'il ne me reste qu'une sorte de faculté vague de sentir que je ne suis plus. »

Mme de Rémusat écrivit de nouveau à son mari. Il devrait supplier l'Empereur de ne m'écrire que des lettres fortifiantes, mais pas le soir : elles m'arrachaient le sommeil.

Restait à trancher le lien religieux. Dieu ne se laissa pas faire aussi facilement que la loi.

Le vendredi 22 décembre 1809 réunit six personnages qui auraient voulu être ailleurs : Cambacérès et le ministre des Cultes, plus les deux officiaux métropolitain et diocésain, l'évêque de Liège, Lejeas, et le chanoine Boilesve, et les deux promoteurs métropolitain et diocésain : les abbés Corpet et Rudemare.

Le tsar avait tant résisté pour lui donner sa sœur en mariage que l'Empereur opta pour le « mariage autrichien ». Mais Metternich écrivit à l'ambassadeur d'Autriche à Paris une petite phrase inquiétante : « Sa Majesté, l'empereur François, ne donnera jamais son consentement à un mariage qui ne serait pas conforme aux préceptes de notre religion. »

Il faudrait donc annuler notre mariage religieux.

« Cette cause est une de celles qui sont réservées, sinon de droit, au moins de fait au Souverain Pontife ! » entonnèrent en chœur les quatre hommes de Dieu.

Et de citer Louis XII, demandant à Alexandre VI de rompre, pour non-consommation, son mariage avec Jeanne de France, et Henri IV implorant Clément VIII pour répudier la reine Margot.

« Je ne suis pas autorisé à recourir à Rome, répondit l'archichancelier.

— Il n'est pas besoin de recourir à Rome... Sa Sainteté est à Savone », rétorqua l'abbé Rudemare, jouant sur la géographie.

Pie VII était à Savone et non à Rome, parce que

l'Empereur l'avait fait enlever par des gendarmes et l'y gardait prisonnier. On ne pouvait pas demander à un détenu de faire la courte échelle à son geôlier.

L'abbé Rudemare eut une illumination :
« Monseigneur, il y a à Paris nombre de cardinaux à qui on peut soumettre cette affaire.

— Ils n'ont pas ici de juridiction.

— Mais, Monseigneur, il existe ici une commission des cardinaux, archevêques et évêques assemblés relativement aux affaires de l'Eglise.

— Ils ne forment pas un tribunal. L'Officialité en est un, établi pour connaître de ces sortes de causes.

— Oui, prince, entre particuliers; mais la dignité éminente des personnes en cause ne permet pas à l'Officialité de se regarder comme un tribunal compétent.

— Pourquoi donc? Est-ce qu'il n'est pas libre à Sa Majesté de se présenter, si bon lui semble, devant un tribunal établi pour ses sujets et composé de ses sujets?...

— Il le peut, avoua l'abbé Rudemare, mais cela est tellement contre l'usage que nous ne pouvons prendre sur nous de nous regarder comme juges, à moins que ce comité ne décide sur notre compétence. Disposés que nous sommes à faire tout ce qui est en nous pour prouver à Sa Majesté notre dévouement, nous ne pouvons nous dispenser de prendre tous les moyens de mettre notre responsabilité à couvert et notre conscience en repos. En nous chargeant de cette affaire, nous donnons un spectacle au monde, aux anges et aux hommes. »

L'archichancelier recula devant les anges et

devant les journaux anglais. Il craignait de scandaliser les premiers et de fournir des ragots aux seconds. Toutes les pièces seraient enfermées à triple tour dans la cassette de Sa Majesté. Tous les participants jureraient le plus profond secret.

Deux prétextes invoqués pour l'annulation du mariage : l'absence du curé de la paroisse et de tout témoin.

« Mais, objecta un des malins abbés, tout Paris ne sait-il pas que le mariage religieux a été célébré dans les formes ? »

Cambacérès relata les faits. Le samedi 1er décembre 1804, veille du sacre, l'Empereur refusait encore de laisser bénir son mariage. Mais « fatigué des instances de l'Impératrice, il avait dit au cardinal Fesch de leur donner la bénédiction nuptiale ». Le cardinal la leur avait donnée « dans la chambre même de l'Impératrice, sans témoins et sans curé ».

« Pourrait-on avoir l'acte de célébration de cette cérémonie occulte ?

— Il n'y en a pas.

— Possédez-vous l'acte de baptême de l'Empereur ?

— Je ne l'ai pas. »

L'archichancelier n'avait rien, que sa parole de prince et que ses yeux, avec lesquels il prétendait avoir vu l'acte de baptême.

Les quatre prêtres soutinrent qu'ils voulaient suivre les formes, qui aidaient quelquefois « à la connaissance de la vérité ». Ils exigèrent que leur compétence fût soumise à un comité assemblé chez le cardinal. Puis on se sépara.

Stupeur des quatre ecclésiastiques. L'Empereur se disait béni malgré lui. Le nouveau Charlemagne jouait à la vierge violée, comme celles que jugeait d'ordinaire l'Officialité.

Deux jours plus tard, devant le silence de Cambacérès, l'abbé Rudemare lui écrivit pour lui renouveler sa requête.

Le 3 janvier, un archevêque et quatre évêques se réunirent sous la présidence du cardinal Maury, archevêque de Montefiascone et de Corneto et du cardinal Caselli, évêque de Parme. A l'unanimité et avec « soumission », ces prélats à genoux déclarèrent « qu'à défaut de consentement prouvé juridiquement par-devant le tribunal compétent, le mariage contracté entre Sa Majesté l'Empereur et roi et Sa Majesté l'Impératrice Joséphine était nul de plein droit ». Puis ils renvoyèrent l'affaire à l'Officialité diocésaine, en lui laissant le soin de la débrouiller et sans souffler mot de la procédure à suivre.

L'Officialité entendit d'abord le cardinal Fesch qui raconta son histoire de dispenses escroquées au pape, et de bénédiction clandestine. Empourpré de confusion, il révéla que, deux jours après, je lui avais demandé un certificat de bénédiction. Après vingt-deux jours de résistance, il avait fini par me remettre cette attestation de clandestinité.

Le cardinal Fesch ajouta qu'il tomba de stupeur quand il en parla à l'Empereur. Sa Majesté lui adressa de sévères reproches et lui révéla que luimême ne m'avait cédé que pour avoir la paix. Au moment où il fondait l'Empire, il ne pouvait pas renoncer à un héritier direct.

L'Officialité se rendit auprès de Berthier. Le lèche-bottes déclara, en son âme et conscience, qu'en somme l'empereur avait dupé volontairement l'Impératrice et l'Eglise, en frappant exprès de nullité la bénédiction de son oncle, le cardinal. Mauvais époux, mauvais neveu, mauvais fils de l'Eglise, le souverain « n'avait pas voulu qu'on tînt acte de ladite bénédiction nuptiale... Il ne se croyait nullement lié par cet acte qui n'avait ni le caractère ni les solennités prescrites ».

Duroc emboîta le pas à Berthier. Ainsi que Talleyrand, d'autant plus coupable qu'il avait été évêque. Le parjure patenté ne rougit pas de déclarer « que plusieurs fois, il a été dit devant nous par Sa Majesté l'Empereur que la bénédiction qu'il s'était laissé donner quelques jours avant le couronnement, ne pouvait être un obstacle à ce qu'il prévoyait devoir faire un jour dans l'intérêt de sa couronne... »

Le dimanche 7 janvier, à midi, une lettre du secrétaire des Commandements de Madame Mère, et « autorisé de S.A.S. le prince archichancelier », prévenait l'abbé Rudemare que l'on attendait ses conclusions pour le lendemain 8 janvier à onze heures. En le menaçant « de la colère de Sa Majesté, si la sentence n'était pas rendue ledit jour à l'heure indiquée ».

L'abbé sua sur ses conclusions toute la nuit et les remit en temps voulu. Il déclarait :

« Que le mariage entre Leurs Majestés doit être regardé comme nul et non valablement contracté et nul *quoad faedus,* faute de la présence du propre prêtre et de celle des témoins voulus par le concile de Trente et les ordonnances... »

Rudemare finassait sur une pointe d'aiguille. Le cardinal Fesch « n'ayant demandé que les dispenses qui lui devenaient quelquefois indispensables pour remplir ses devoirs de grand aumônier, et n'ayant point particularisé et nominativement spécialisé les fonctions extraordinaires et curiales qu'il allait exercer auprès de Sa Majesté, n'a pu recevoir et n'a reçu ni la dispense des témoins ni le pouvoir de se substituer au curé »...

L'Official diocésain, le chanoine Boislesve, opina de même, ainsi que le promoteur métropolitain, l'abbé Corpet, et que l'abbé Lejeas, évêque nommé de Liège. En somme, dans cette bouffonnerie, chacun avait pipé les autres. Napoléon pipa le cardinal Fesch qui pipa le pape. Moi, nouvelle Madame Putiphar, j'avais violenté mon impérial époux et roulé son oncle dans la farine. Quant au pape, sourd comme un pot, bouché comme une cruche, il n'avait pas compris quelle dispense lui demandait Fesch, alors que je venais de me jeter à ses pieds, comme une Madeleine, pour lui révéler notre concubinage.

« Le tribunal diocésain de l'Officialité de Paris a déclaré, par sentence du 9 courant, la nullité, quant au lien spirituel, du mariage de Sa Majesté l'Impératrice Joséphine... L'Officialité métropolitaine a confirmé cette sentence le 12 de ce mois. » Telle fut l'annonce du *Moniteur* du 14 janvier.

L'Empereur semblait se refroidir. Le 23 décembre, il m'annonça laconiquement : « J'espère te voir demain et te trouver gaie et d'aplomb. » Le 24, à Malmaison, il s'assit quelques instants au salon, comme si son fauteuil le glaçait. Le 25, jour de Noël, il nous invita à dîner à Trianon, Hortense et moi. Je présidai en face de lui. Même rapidité de service. Silence de mort. Je ne pus pas avaler une bouchée. Deux ou trois fois, l'Empereur s'essuya les yeux sans mot dire. Nous partîmes aussitôt après le dîner.

L'Empereur revint aux Tuileries. Le sinistre palais lui parut encore plus grand et plus vide. Il ne put pas tolérer de dîner seul.

Des pages galopaient sans cesse entre Malmaison et les Tuileries. L'Empereur leur demandait avidement s'ils m'avaient vue pleurer. Mes larmes, qui l'avaient toujours bouleversé, étaient devenues sa hantise. Pour soulager sa conscience, je devais changer de visage. Pour me distraire, il m'envoyait des rois : ceux de Wurtemberg et de Bavière. A son lever, il demandait à la ronde : « Avez-vous été voir l'Impératrice Joséphine ? » Mines contrites des courtisans. « Messieurs, ce n'est pas bien ! Il faut aller voir l'Impératrice Joséphine ! »

On allait voir l'Impératrice Joséphine. Sans savoir quoi lui dire.

« Votre Majesté me paraît bien engraissée, balbutia Mme Clément-de-Ris.

— Je ne l'aurais pas cru », répondis-je avec un faible sourire.

J'étais assise sous mon portrait par Prud'hon. Il m'avait rajeunie.

« C'est l'ouvrage d'un ami bien plutôt que d'un peintre », dis-je à l'engraisseuse.

Il ne me suffisait pas de recevoir des visites. Je voulais toujours jouer un rôle. Quelle revanche si je pouvais désigner celle qui me succéderait ! J'avais poussé dans le lit de l'Empereur des filles sans conséquence. Il serait plus glorieux, plus fructueux, d'y pousser la seconde impératrice. Et plus conforme à mon rôle d'héroïne du sacrifice.

Le 2 janvier, je priai Mme de Metternich, femme de l'ambassadeur d'Autriche, de venir à Malmaison. Elle fut stupéfaite d'entendre Hortense lui dire :

« Vous savez que nous sommes tous autrichiens dans l'âme, mais vous ne devineriez jamais que mon frère a eu le courage de conseiller à l'Empereur de demander votre archiduchesse en mariage. »

J'entrai dans le salon et assenai à l'ambassadrice un nouveau coup de stupeur :

« J'ai fait un projet qui m'occupe exclusivement et dont la réussite seule me fait espérer que le sacrifice que je viens de faire ne sera pas en pure perte, c'est que l'Empereur épouse votre archiduchesse; je lui en ai parlé hier et il m'a dit que son choix n'est point encore fixé; mais je crois qu'il le serait s'il était sûr d'être accepté chez vous. »

Ne sachant d'où viendrait le vent, l'ambassadrice répondit du bout des lèvres :

« Peut-être une archiduchesse trouvera-t-elle pénible de venir s'établir en France. (Elle pensait à Marie-Antoinette.)

— Il faut que nous tâchions d'arranger cela », répondis-je, en balayant la guillotine d'un gracieux mouvement de châle.

Faisant alterner la caresse et la menace, à la façon de mon ancien mari, et m'admirant *in petto* d'être une si profonde politique, j'ajoutai :

« Il faut faire envisager à votre empereur que sa ruine et celle de son pays est certaine s'il n'y consent pas et c'est peut-être aussi le seul moyen d'empêcher l'Empereur de faire schisme avec le Saint-Siège. »

En poussant au mariage autrichien, je réparais

aussi une de mes fautes. Par un de mes bavardages inconsidérés, qui contrastaient si étrangement avec ma souplesse diplomatique, j'avais fait trébucher le mariage russe. J'avais dit à qui voulait l'entendre, notamment au prince de Mecklembourg, que l'Empereur était impuissant.

« Il n'est pas bon ! » s'était écrié la mère du tsar, quand Caulaincourt vint présenter la demande en mariage de l'Empereur.

A Malmaison, j'avais un petit cabinet d'où je voyais la route. A chaque chasse dans la forêt de Saint-Germain, je restais à ma fenêtre : « Anne, ma sœur Anne... » J'attendais de voir passer et repasser la voiture de l'Empereur.

Pour ses visites, dès que j'entendais le crissement des voitures dans le gravier de l'allée, je me précipitais pour l'accueillir. Plus de baisers. S'il faisait beau, je prenais son bras, ou sa main. Nous allions nous asseoir dans le parc.

Le 6 janvier, il me fit un beau cadeau de premier de l'an. Mérité par la mesure, le tact, la tendresse dont je l'enchantai lors de sa récente visite. Je savais toujours prendre les hommes.

Après avoir épluché mes comptes avec mon trésorier, l'Empereur ordonna de me faire les versements normaux de 1810. Plus mon arriéré, toujours vertigineux. Plus une rallonge de 400 000 francs : « Pour l'extraordinaire de Malmaison », notamment pour mes plantations, et pour une parure de rubis que je venais d'acheter, pour sécher mes larmes. Celle-là, l'Empereur la ferait évaluer par l'Intendance pour empêcher le pillage des bijoutiers. Il y ajouta 500 000 à 600 000 francs que je trouverais dans l'armoire de Malmaison pour mon argenterie et mon linge. Il couronna le tout par un service de porcelaine, le plus beau que je voudrais.

Je le remerciai étrangement en revoyant des témoins de mon passé qui ne lui faisaient pas plaisir. Je retombais si facilement dans mes anciens sillons ! Je revis Rousselin, parfois pendant deux heures. Cet ex-secrétaire de Hoche et de Bernadotte était devenu indicateur de police. Fouché révéla à l'Empereur que ce personnage équivoque avait soutiré jadis des confidences à Bernadotte. Maintenant il tentait de m'en tirer, ce qui n'était pas difficile. Je m'abandonnais aux souvenirs du temps où ce Rousselin m'avait remis, après la mort de Hoche, mes lettres écrites à mon fougueux amant.

Je revis Mme Tallien, devenue princesse de Caraman-Chimay. Toute à mon émotion, j'oubliai de remarquer si elle était toujours aussi belle.

Mon nouveau cérémonial était celui des larmes. Larmes à chaque visite. Larmes au récit de mes malheurs. Larmes à l'arrivée de chaque page m'apportant une lettre de l'Empereur. Larmes à son départ.

Le 17 janvier, l'Empereur envoya M. d'Audenarde vérifier mon état : « Il me dit que tu n'as plus de courage depuis que tu es à Malmaison. Ce lieu est cependant tout plein de nos sentiments qui ne peuvent ni ne doivent changer, du moins de mon côté. J'ai bien envie de te voir, mais il faut que je sois sûr que tu es forte et non faible. Je le suis aussi un peu et cela me fait un mal affreux. »

Le 21 janvier, l'Empereur consulta le Conseil sur son remariage. La majorité se déclara pour l'archiduchesse. Dans sa prison de Savone, le pape considéra comme un sacrilège que l'Empereur, toujours marié à ses yeux, convolât une seconde fois.

Quatorze cardinaux acceptèrent. Treize protestèrent « canoniquement » et refusèrent d'assister à la parodie de mariage religieux de l'Empereur bigame. Le bigame les dépouilla de la pourpre cardinalice et les condamna au noir des prêtres. Ces « cardinaux noirs », en résidence surveillée, vécurent de la charité des fidèles.

Plus qu'en m'offrant un splendide service de porcelaine, l'Empereur m'avait fait, le 16 décembre, un magnifique cadeau. Il m'avait donné l'Elysée, pour en jouir ma vie durant. Le roi de Saxe avait quitté le palais. Mais je craignais que les Murat, qui y habitaient avant mon divorce, n'y revinssent à demeure. Or l'Empereur leur avait signifié de déménager.

Autre inquiétude. On m'affirmait de tous côtés qu'il serait gênant qu'il y eût deux Impératrices à Paris : la jeune aux Tuileries, la vieille à l'Elysée. L'Empereur me reprocha d'écouter les bavards d'une grande ville plutôt que ce qu'il me disait : « Il ne faut pas permettre que l'on te fasse des contes en l'air pour t'affliger. J'ai fait transporter tes effets à l'Elysée. Tu viendras incessamment à Paris. Mais sois tranquille et contente, et aie confiance entière en moi. »

Le 7 février, l'Empereur fit part à l'ambassadeur d'Autriche de sa décision d'épouser l'archiduchesse. Il n'était pas de ces prétendants qui demandent respectueusement aux parents la main de leur promise. *Le Moniteur* annonça la nouvelle. La même semaine, du 5 au 11, je m'installai à l'Elysée.

Berthier allait partir pour Vienne afin d'épouser Marie-Louise, par procuration, à la mode des rois. Paris bruissait de frénésie à l'approche du grand événement. L'Empereur menait la danse : bals, théâtre, chasse. Emoustillé, ragaillardi, il ne pensait qu'à sa future nuit de noces avec la fille des Césars.

Sur ce « ventre » qu'il allait épouser, il fondait l'avenir. Le 30 janvier 1810, il abolit les apanages de ses frères et de leurs descendants en faveur de ses héritiers directs. Le 17 février, les Etats du pape devinrent les départements du Tibre et de Trasimène, destinés au futur roi de Rome.

Moi aussi, j'entrai dans la danse. J'épousai le vent. Je reçus à dîner, avec toutes mes grâces, les futurs chambellans de Marie-Louise, qui m'avaient promis de me protéger auprès d'elle. A moi désormais de faire la cour !

L'Empereur vint au galop à l'Elysée. Reparti plus vite qu'entré. Le 20 février, il me proposa de m'emmener à la chasse à Grignon, chez Bessières. Marie-Louise avait reçu l'annonce du mariage. Pour la première fois de ma vie, j'invoquai la morale. Je l'impressionnai : « Les réflexions que tu fais peuvent être vraies. Il y a peut-être quelque inconvénient à nous trouver sous le même toit pendant la première année. »

Paris n'avait d'yeux et d'oreilles que pour le douaire de quatre millions de la nouvelle Impératrice, pour sa corbeille, pour son trousseau fabuleux, dont une partie s'en allait, en avant-garde, à Braunau, où les cérémonies du pré-mariage étaient copiées sur celles de Marie-Antoinette.

Je n'osais plus mettre les pieds dehors. Sur mon passage, les Parisiens prenaient des mines apitoyées. L'apitoiement coulait à flots dans les journaux. L'Empereur fulmina contre Fouché. Il lui avait recommandé le silence sur mon compte. Or les gazettes se plaisaient à marier les nouvelles sur les deux Impératrices.

Le Publiciste du 9 mars annonçait pieusement mon départ pour Malmaison. Le 8, Marie-Louise avait noué à son cou la miniature de son futur maître : le trouvait-elle beau ? « Je compte les moments; les jours me paraissent longs; cela sera ainsi jusqu'à celui où j'aurai le bonheur de vous recevoir », écrivit, le 10, l'Empereur à l'archiduchesse.

Marie-Louise devait arriver à Compiègne le 28. La terre et le ciel interdisaient ma présence, à cette date, à Paris ou trop près de Paris. Alors, apparut à l'horizon le château de Navarre.

A la fin du XVII siècle, le deuxième comte d'Evreux bâtit, près de cette ville, le plus affreux château de France. A la place de celui qu'avait élevé Jeanne de France, comtesse d'Evreux, reine de Navarre qui lui donna son nom. Confisquée à la famille de Bouillon, cette horreur appartenait à l'Etat depuis un an. Le 11 mars, l'Empereur érigea le domaine de Navarre en duché à mon profit. En « nouveau témoignage de son affection ». Surtout pour me placer en résidence surveillée, loin de Paris, à la date fatidique. « Fais prendre possession de Navarre; tu pourras y aller le 27 mars, passer le mois d'avril. » Le 27 mars : la veille de l'arrivée du jeune « ventre » à Compiègne.

Le mardi 20, l'Empereur et la cour quittèrent Paris pour le lieu de rendez-vous. Il titubait d'impatience, de fièvre, à l'idée de mettre dans son lit une petite-fille de Charles Quint. « Je me donne des ancêtres », déclarait-il en se rengorgeant. Pour

486

plaire à cette fille des dieux, âgée de dix-neuf ans, il chargea Hortense de lui apprendre à valser. Il n'avait pas dansé depuis l'École militaire. Leur maître de danse leur conseillait de prendre une chaise entre leurs bras comme cavalière. Il tombait avec sa chaise et la brisait. Les chaises de sa chambre et celles de deux ou trois de ses camarades y passèrent. A Compiègne, dans les bras d'Hortense, il était aussi maladroit qu'avec ses chaises.

Il arpentait sans trêve les appartements du château, préparés pour Marie-Louise. Il harcelait les tapissiers. Il imaginait les détails, qu'il faisait exécuter sous ses yeux. Il contemplait robes, lingerie, chaussures, confectionnées sur des modèles envoyés de Vienne, et qui attendaient l'épousée. Un jour, en extase, il prit un soulier minuscule, en administra une tape sur la joue de son valet de chambre :

« Voyez, Constant, voilà un soulier de bon augure. Avez-vous vu beaucoup de pieds comme celui-là ? C'est à prendre dans la main ! »

Il sondait avidement les courriers. Comment trouvaient-ils l'archiduchesse ? Tout ce qu'il pouvait leur tirer c'était qu'elle avait à peu près la taille, la couleur de cheveux, le teint de la reine de Hollande, sans toutefois lui ressembler.

« Je vois que ma femme est laide, car tous ces diables de jeunes gens n'ont pu me prononcer qu'elle était jolie. Enfin, qu'elle soit bonne et me fasse de gros garçons, je l'aimerai comme la plus belle. »

Le 14, il écrivit à sa dulcinée : « Le télégraphe m'a dit hier que vous étiez enrhumée. Je vous en conjure, soignez-vous. J'ai été ce matin chasser ; je vous envoie les quatre premiers faisans que j'ai tués comme signe de redevance bien dû à la souveraine de toutes mes plus secrètes pensées. Pourquoi ne suis-je pas à la place du page, à prêter le serment d'homme lige, un genou à terre, mes mains dans les vôtres; toutefois, recevez-le en idée. En idée aussi je couvre de baisers vos belles mains... »

Le 20 mars, j'accueillis à l'Elysée ma charmante bru qu'Eugène était allé chercher en Italie pour le mariage impérial. Je ne l'avais pas vue depuis Munich. Je les emmenai tous deux à Malmaison. Je traînai. Je ne pouvais pas me résoudre à gagner mon duché de Navarre. Le 27, en grande désobéissance, j'étais encore parmi mes serres. Pendant ce temps, sous des tornades, l'Empereur roulait vers Soissons dans une berline sans armoiries. L'Ogre n'avait pas eu la patience d'attendre au lendemain. Devançant la loi et l'Eglise, il entraîna sa vierge au château de Compiègne où il la mangea.

« Mon cher, épousez une Allemande, ce sont les meilleures femmes du monde, douces, bonnes, naïves et fraîches comme des roses », dit-il le lendemain à un de ses aides de camp, avec des claquements de langue de gourmet.

J'attendis le soir du mercredi 28 pour me mettre en route vers ma prison. Cette première nuit de l'Empereur avec sa nouvelle épouse m'avait définitivement effacée de sa vie. Maintenant, j'entrais vraiment dans la nuit. Personne ne m'appellerait plus l'Impératrice. Même Mme de Rémusat dira l'« Autre ».

Pourtant je commençais à émerger de l'abîme. La vie, si puissante chez moi, reprenait le dessus.

J'avais prié l'Empereur de désigner trois chambellans pour m'accompagner en exil : MM. de Turpin, de Viel-Castel, Louis de Montholon. Le premier nommé était célibataire. Pas tout à fait, puisqu'il était mon amant.

Le comte Lancelot de Turpin-Crissé était exquis avec ses cheveux châtains en coup de vent et ses grands yeux lumineux. Lancelot comme le chevalier de la Table Ronde, élevé au fond d'un lac par la fée Viviane, qui délivra la reine Guenièvre, femme du roi Artus. J'étais pour lui la reine et la fée. Entre tous ses talents (dessinateur, aquarelliste), il possédait surtout celui d'avoir vingt-sept ans. Vingt ans de moins que moi : le même écart qu'entre l'Empereur et sa poupée de faïence. J'avais toujours aimé les hommes plus jeunes que moi. Pour le bouquet, je m'offris la plus somptueuse différence.

Hortense mc l'avait recommandé. Je lui achetai trois tableaux peints en Italie. Puis vint l'amour. En quelques semaines Lancelot me guérit, mieux que les pilules à la mie de pain de Corvisart. Avec un peintre, comment ne pas retrouver mes couleurs ? En mai, mon cousin Maurice Tascher me verra à Navarre, entre les jeunes Stéphanie d'Arenberg et Stéphanie de Bade :

« On pourrait la prendre, dit-il, pour la sœur aînée des Grâces ! »

Lancelot m'avait à tel point illuminée que le duc Frédéric-Louis de Mecklembourg-Schwerin, de quinze ans plus jeune que moi, me demanda en mariage. Il m'aimait depuis 1807. J'avais accepté alors de l'accompagner dans une petite loge du

Vaudeville. Averti par l'Empereur, Talleyrand renvoya l'amoureux à sa Confédération du Rhin. Me voyant libre, il revint à la charge. Je le refusai. Ma dotation d'Impératrice l'emportait trop sur le Mecklembourg-Schwerin. Et puis je préférais la peinture, surtout quand elle avait cinq ans de moins que le duc.

XX

ENTERRÉE A LA MARMITE

Un homme en extase : M. Roland de Chambaudouin, préfet de l'Eure, quand il reçut la lettre où je lui annonçais ma venue. Il l'afficha comme une proclamation de victoire. Il fit claironner la nouvelle par *Le Journal d'Evreux et de l'Eure*.

« Rivalisons de zèle pour exprimer notre reconnaissance pour un bienfait aussi précieux », s'écria ce fonctionnaire au prénom d'épopée.

Il brassa les grands desseins : créer une garde d'honneur, selon le vœu de la jeunesse ébroïcienne, louer cinq carrosses pour les douze vierges du service d'accueil, commander 84 francs 47 centimes de fleurs.

Dans son ivresse, il sentit le besoin de s'appuyer sur son chef, le ministre de l'Intérieur : « Je cherche à mettre dans ma conduite tout l'aplomb d'un homme de gouvernement et de quarante-trois ans... »

Ce quadragénaire enthousiaste reçut comme une douche glacée la réponse de son supérieur : la création d'une garde d'honneur semblait à Son Excellence « irrégulière dans la forme »... « J'espère donc que ce sera la dernière fois que j'aurai à remarquer un pareil abus. »

L'Empereur avait ordonné au préfet que le journal du département se tût sur mon arrivée. Mais comment taire ce qui avait été dit ?

Le jeudi 20 mars 1810, le préfet, entouré de ses chefs de service, se rendit à Chauffour, à la frontière de son département.

Dès que parut mon cortège, retentit l'air lancinant, guère de mise : « Où peut-on être mieux qu'au sein de sa famille ? » Garde nationale, garde d'honneur à cheval : habit puce, collant orange, gilet blanc, pantalon bleu de roi, écharpe et plumes blanches. « Vive l'Impératrice Joséphine ! »

Du haut de ma voiture, je reçus le bouquet et le discours préfectoraux. Une fois de plus, je m'entendis traiter de « modèle de la bonté, de la vertu et des grâces ».

Puis mon cortège poursuivit sa route, avec toute la kyrielle de voitures et de fourgons contenant ma garde-robe d'exil, de mes 673 robes à mes 400 châles et à mes 498 chemises. Sans oublier ma cavalcade de cinquante palefrois, parmi lesquels mes trois bais, le Courtisan, la Mésange, l'Emaillée, et l'Etoile, jument grise au caractère de mule.

Au relais de Pacy, encore des vierges en blanc, encore des fleurs. Dans les rues d'Evreux, haies de gardes nationaux en bleu, canons, musiques, cloches, discours. Le train habituel, comme si je n'étais pas déchue.

L'évêque était si vieux qu'il n'avait pas fini d'enfiler ses ornements épiscopaux. Devant l'église, point d'homélie ni d'eau bénite.

Enfin, au bout de trois kilomètres, apparut le comble des abominations. Une seule excuse pour l'Empereur : il ne l'avait jamais vu. Un cube de maçonnerie abject, à deux étages, surmonté d'un dôme tronqué par une énorme plate-forme couverte de plomb. Le neveu de Turenne, qui avait érigé, en 1686, cette ignominie, rêvait d'en faire le piédestal de la statue colossale de son oncle. Le roi avait peu goûté cette apothéose. Le neveu en était resté au piédestal. Les Normands avaient baptisé la Marmite le dôme décapité.

Ce piédestal se boursouflait sur un autre piédestal à balustres, aggravé, sur chaque face, par un perron de granit à double révolution.

Le tout flottait dans un marécage, coupé de pièces d'eau, de bassins, de canaux, qui accroissaient l'impression spongieuse. Avec de grands arbres noirs, sans feuilles en mars.

Je vis à peine deux petites filles, costumées en bergères, qui m'offraient encore des fleurs et deux agneaux enrubannés, en chantant :

... *Ici de tous les cœurs vous serez adorée.*

Je gravis un des quatre escaliers de pierre. Je débouchai dans un salon pavé de marbre, terrifiant d'immensité, qui occupait toute la hauteur de la Marmite et auquel les fenêtres du dôme mesuraient une lumière avare. L'un des angles était mon lot.

Au premier étage, les appartements pourris, sans meubles, aux fenêtres disjointes. Un froid polaire. Impossible de chauffer. Point de calorifère. Le salon géant, ravagé par les vents, commandait tout.

La créole de l'île du soleil s'insinua dans des draps qui gardaient l'humidité du temps de Turenne. Je restai les yeux ouverts toute la nuit en claquant des dents.

Tandis que je grelottais dans mes marais, le préfet, pour faire sa cour, ornait son rapport d'un éloge de ma lectrice, Mme Gazzani, ex-maîtresse de l'Empereur : « On ne peut que juger très favorablement une dame dont les traits sont aussi réguliers et dont la beauté est aussi parfaite. » Dans son élan, à Evreux, la rue du Département devint la rue de l'Impératrice et la rue Saint-Taurin, la rue Joséphine.

Ma déchéance se parait d'une innombrable cour. Une dame d'honneur, un premier aumônier, six dames du palais, un premier chambellan, un premier écuyer, un intendant, un chevalier d'honneur, cinq chambellans, quatre écuyers, une lectrice, une garde d'atour, quatre pages et leur chapelain, deux médecins, deux chirurgiens, un pharmacien, deux chapelains, un directeur de la musique et ses musiciens, deux huissiers du cabinet... J'en passe pour arriver au service de la bouche et de la livrée, avec ses dix cuisiniers et pâtissiers, ses trois cavistes, ses cinq argentiers... J'en passe, pour aboutir à l'essaim des cochers, palefreniers, garçons d'écurie, veillant sur mes voitures et mes cinquante destriers.

Tout ce monde se casa cahin-caha aux quatre coins de la Marmite. Bien entendu je déplorai des fuites. On voulait bien accompagner une Impératrice déchue à l'Elysée, à Paris, ou, à la rigueur, à Malmaison, près de Paris. Mais à la Marmite !...

La première défection qui me poignarda fut celle de la maréchale Ney. Je l'avais vue grandir. Je l'avais donnée à Hortense comme compagne de jeux. Je l'avais mariée, pour qu'elle devînt maréchale et duchesse. Elle avait d'abord promis de me suivre dans ma retraite. Mais sans consulter son mari. D'Espagne le maréchal la menaça de divorcer si elle ne divorçait pas d'avec moi. Le « brave des braves » poussa l'inconsciente audace jusqu'à mendier mon appui pour sa femme auprès de la nouvelle Impératrice. Je donnai à l'ingrate une leçon de mesure attristée : « Il m'eût été doux de ne pas me séparer de vous. Les sentiments que je vous porte vous sont connus depuis longtemps et la preuve d'attachement que vous m'aviez donnée en vous fixant près de moi me les avait rendus encore plus chers. Mais, je sais que le premier devoir d'une femme est d'être soumise à son mari. Votre obéissance est juste et j'accepte votre démission. Recevez l'assurance de mes regrets et de l'amitié qui m'attachera toujours à vous. »

J'ajoutai avec une charité évangélique : « Je ferai connaître à l'Empereur et je seconderai de mon mieux le désir de votre mari pour que vous soyez attachée à l'Impératrice. »

L'obligation d'assister au mariage impérial fournit aux traîtres d'excellents alibis. Envolées la bosse piquante de Mme de La Rochefoucauld et la langue fleurie de Mme de Rémusat ! Ainsi que Mme de Turenne et Mme Walsh. Heureusement me restait la dame d'honneur, Mme d'Arberg, princesse allemande, alliée aux plus hautes familles d'Europe. Imposante, irréprochable, de splendide tenue, elle me guidait, avec respect et sans faiblesse, parmi les traquenards. L'Empereur l'avait nommée chef de toute ma maison. Particulièrement chargée du service des appartements, de ma garde-robe et de mes atours. Diplomate, sous des dehors sévères, elle m'abandonnait le contrôle sur les dépenses des atours et de la garde-robe, où elle me savait incurable, pour garder la haute main sur les visites, les présentations et la tenue générale de la Maison qui, sans elle, grâce à mon goût pour les fréquentations douteuses, auraient dégénéré.

Restait aussi le chevalier d'honneur, le comte André de Beaumont, embaumé de délicatesse. Il vivait avec moi depuis dix ans. Il savait m'égayer, en prêtant le flanc aux facéties. Il quêtait mes sourires et s'évertuait tant à me plaire qu'il remplissait parfois, au grand scandale des collets montés, des fonctions de valet de chambre. Malheureusement, on l'avait élu député d'Indre-et-Loire. Peut-être devrait-il parfois s'éclipser.

Je gardai Deschamps, secrétaire des commandements. Un des trois chambellans, Montholon, fit défaut. Lancelot était le soleil de la Marmite. Quant au comte de Viel-Castel, j'avais eu des faiblesses pour lui au printemps de 1791. En présence de mon aquarelliste, il avait le bon goût de l'oublier.

Aux écuries, un prince, le premier écuyer Honoré de Monaco, régnait sur les chevaux. Il avait comme adjoints d'Andlau et Pourtalès.

Avec la même régularité dans sa fidélité que dans la forme de son nez, Mme Gazzani restait. Parmi les femmes de garde-robe et d'atour, je gardais Mlle d'Avrillon, Mme Charles, Mme Fourneau, Mme Fayary. Me sachant royaliste, deux valets de chambre, Gasse et Glatigny, me servaient aussi majestueusement qu'ils avaient servi Louis XVI.

Tous les quinze jours, la Marmite s'honorait de

la présence de mon pédicure allemand, l'épée au côté. Mais un grand malheur me fit presque prendre deuil : je perdis le soutien de ma beauté, le décorateur de mes charmes, celui qui me donnait confiance en mon prestige de femme et repoussait la faux du Temps avec ses ciseaux. Je perdis mon coiffeur Duplan. Ou plutôt l'Empereur me l'arracha. Duplan était un des fondements de notre passé. Il coupait les crins du général Bonaparte. Il coiffait les cheveux soyeux d'une créole qui s'appelait encore Mme de Beauharnais.

Ivre de sa Marie-Louise à la lèvre pendante, blason des Habsbourg, l'artilleur couronné décida que la vraie Impératrice ne pouvait être coiffée que par le seul vrai coiffeur. Il demanda à Duplan combien je lui donnais. « Douze mille francs, Sire. — Je vous nomme coiffeur de l'Impératrice Marie-Louise, avec douze mille francs. Mais vous ne coifferez qu'elle. — Sire, S.M. l'Impératrice Joséphine me permettait de coiffer d'autres personnes, et je gagnais encore autant. — Eh bien, je vous donne 24 000 francs, mais vous ne coifferez que l'Impératrice Marie-Louise. »

Ce rapt de coiffeur me parut le prélude d'autres sacrifices. Je pleurai sur ce brigandage.

A la Marmite, nous ressemblions à un campement de bohémiens. Mes femmes avaient des chambres minuscules où rien ne fermait. Le nouvel intendant général, Pierlot, tentait de mettre le holà. Ce banquier, pourvu de 300 000 livres de rentes, n'avait guère besoin de ses 12 000 francs de traitement et de ses 15 000 francs de frais de bureau. Mais il était entiché des honneurs de cour. Il prenait ses fonctions au sérieux, faisait la chasse au gaspillage, cherchait les économies de bouts de chandelle. Il s'avisa de supprimer le café des femmes de chambre après leur repas. Tohu-bohu : je rétablis le café.

Nous passions notre temps aux fenêtres à guetter les voitures apportant les meubles. Pierlot essayait de s'interposer. Il brandissait l'inventaire. On lui riait au nez. On pillait les voitures. Impossible de vérifier dans quelles chambres de domestiques avaient filé les objets destinés à moi-même ou au service d'honneur. Gabegie, foire d'empoigne !

A Paris l'Empereur exultait. Le 3 avril, triomphant, avec Marie-Louise à ses côtés, il recevait la cour et les corps constitués.

A la Marmite, mes seuls plaisirs étaient de coucher avec Lancelot et de faire alterner mes 673 robes, mes 73 corsets, mes 400 châles, mes 498 chemises de toile de Hollande, de batiste, de percale, de mousseline, mes 685 paires de souliers, mes 198 paires de bas de soie, mes 980 paires de gants, mes 87 chapeaux...

Sanctifiée par l'évêque septuagénaire, avec qui je jouais, le soir, au trictrac, je tournais à la dame d'œuvres ; aumônes, fondation de bourses au séminaire, placement de filles au couvent.

A Paris, le bruit courait qu'on voulait m'enterrer dans ma Marmite. On allait me racheter Malmaison pour m'en chasser. L'Impératrice ne pouvait pas me souffrir si près. La preuve de ce désir d'éloignement : les armoiries que le Conseil du Sceau venait de m'attribuer pour le duché de Navarre. Sauf le rappel, en un quartier du blason d'Empire, c'était un simple blason de duc, écartelé, même pas de dignitaire, alors que la famille impériale se réservait l'écu franc. Mes merlettes et mes pals de sinople me renvoyaient aux Tascher et aux Beauharnais, comme si je n'avais jamais épousé l'Empereur.

Ma répudiation avait donné à Louis une fringale de divorce. Il demanda à l'Empereur d'approuver sa séparation avec sa femme. Il lui céderait l'hôtel qu'elle habitait et 500 000 francs sur sa liste civile. Il conserverait son fils aîné. Elle garderait le plus jeune.

L'Empereur convoqua un conseil de famille pour juguler cette hémorragie. Il écrivit à son frère une lettre jupitérienne. La Hollande avait violé son traité avec la France et renoué avec l'Angleterre. L'Empereur voulait l'annexer.

Menacé de perdre son trône, Louis fila doux. Il accepta de reprendre l'enfer qui, avec Hortense, lui servait de vie commune. Terrifiée, Hortense déclara qu'elle préférait me suivre dans ma retraite. Louis refusa. Comme si elle « se préparait à la mort », elle regagna Amsterdam où Louis fit murer toutes les portes entre son appartement et celui de la reine.

Petit séjour d'Eugène. Sa gaieté fit exploser la Marmite. Entre deux averses, il organisa des escapades en sabots dans l'éponge qui me servait de parc. Avec un entrain endiablé, il lançait jeux et charades. Pour la première fois depuis sa construction, des éclats de rire ébranlèrent les murs ruisselants de la Marmite. Comment résister à des charades en action jouées par Talma ?

Je confiai à Eugène une lettre pour l'Empereur. Je lui demandais quelques centaines de milliers de francs, ma dépense la plus justifiée, pour faire de la Marmite autre chose que le carrefour des vents. Je le priai de m'autoriser à regagner Malmaison.

L'Empereur, inépuisable épistolier jadis, ne put pas distraire une minute de félicité pour tracer un mot. Il répondit à Eugène verbalement. Piquée, je lui écrivis cette lettre de grand style :

Navarre, 19 avril 1810

Sire,

« Je reçois par mon fils l'assurance que Votre Majesté consent à mon retour à Malmaison et qu'elle veut bien m'accorder les avances que je lui ai demandées pour rendre habitable le château de Navarre.

« Cette double faveur, Sire, dissipe en grande partie les inquiétudes et même les craintes que le long silence de Votre Majesté m'avait inspirées. J'avais peur d'être entièrement bannie de son souvenir. Je vois que je ne le suis pas. Je suis donc aujourd'hui moins malheureuse et même aussi heureuse qu'il m'est désormais possible de l'être.

« J'irai à la fin du mois à Malmaison, puisque Votre Majesté n'y voit aucun obstacle; mais je dois vous le dire, Sire, je n'aurais pas si tôt profité de la liberté que Votre Majesté me laisse à cet égard, si la maison de Navarre n'exigeait pas, pour ma santé et pour celle des personnes de ma maison, des réparations qui sont urgentes. Mon projet est de demeurer à Malmaison peu de temps. Je m'en éloignerai bientôt pour aller aux eaux. Mais, pendant que je serai à Malmaison, Votre Majesté peut être sûre que j'y vivrai comme si j'étais à mille lieues de Paris. J'ai fait un grand sacrifice, Sire, et chaque jour je sens davantage son étendue. Cependant ce sacrifice sera ce qu'il doit être, il sera entier de ma part. Votre Majesté ne sera troublée dans son bonheur par aucune expression de mes regrets. (...)

« Je me borne à lui demander une grâce, c'est qu'elle daigne chercher elle-même un moyen de convaincre quelquefois, et moi-même, et ceux qui m'entourent, que j'ai toujours une petite place dans son souvenir et une grande place dans son estime et dans son amitié. Ce moyen, quel qu'il soit, adoucira mes peines, sans pouvoir, ce me semble, compromettre, ce qui m'importe avant tout. Le bonheur de Votre Majesté. »

L'Empereur mordit à l'hameçon. J'avais ému son ancien amour, éveillé sa pitié. Par-dessus la tête de sa jeune épouse et l'étiquette de cour, je rétablis notre protocole de tutoiement. Il répondit :

« Mon amie, je reçois ta lettre du 19 avril. Elle est d'un mauvais style. Mes pareils ne changent jamais. Je ne sais ce qu'Eugène a pu te dire. Je ne t'ai pas écrit parce que tu ne l'as pas fait et que j'ai désiré tout ce qui peut t'être agréable. Je vois avec plaisir que tu ailles à Malmaison et que tu sois contente. Moi, je le serai toujours de recevoir de tes nouvelles et de t'en donner des miennes. Je n'en dis pas davantage jusqu'à ce que tu aies comparé ta lettre à la mienne et, après cela, je te laisse juge qui est meilleur et plus ami de toi ou de moi. Adieu, mon amie, porte-toi bien et sois juste pour toi et pour moi. »

J'étais si contente de moi que je répondis aussitôt. Des « Sire » et des « Votre Majesté » précédents je sautai aux effusions :

« Mille et mille tendres remerciements de ne m'avoir pas oubliée. Mon fils vient de m'apporter ta lettre. Avec quelle ardeur je l'ai lue et cependant j'y ai mis bien du temps, car il n'y a pas un mot qui ne m'ait fait pleurer, mais ces larmes étaient bien douces ! J'ai retrouvé mon cœur tout entier et tel qu'il sera toujours : il y a des sentiments qui sont ma vie même et qui ne peuvent finir qu'avec elle. Je serais au désespoir que ma lettre du 19 t'eût déplu; je ne m'en rappelle pas entièrement les expressions, mais je sais quel sentiment bien pénible l'avait dictée, c'était le chagrin de n'avoir pas de tes nouvelles.

« Je t'avais écrit à mon départ de Malmaison et, depuis, combien de fois j'aurais voulu t'écrire ! Mais je sentais les raisons de ton silence et je craignais d'être importune par une lettre. La tienne a été un baume pour moi. Sois heureux ! Sois-le autant que tu le mérites ! C'est mon cœur qui te parle. Tu viens aussi de me donner ma part de bonheur et une marque bien vivement sentie; rien ne peut valoir pour moi une marque de ton souvenir.

« Adieu, mon ami, je te remercie autant que je t'aimerai toujours. »

Je chavirais dans l'autre sens. Mes élans risquaient de troubler sa lune de miel. Mais je mettais un malin plaisir à me glisser dans son lit entre l'Autrichienne et lui.

J'avais réparti les tâches. A moi de pincer la fibre du cœur. A Eugène de parler affaires. Malheureusement, quand il arriva à Paris, la cour était repartie pour Compiègne. Il coucha sur le papier mes demandes qu'il aurait dû présenter de vive voix.

Primo : où irai-je prendre les eaux ? Corvisart proposait Aix-la-Chapelle, mais je n'y tenais pas. Secundo : j'avais formé les projets suivants, si Sa Majesté n'y trouvait rien de contraire : me rendre, fin mai, aux eaux qu'on m'ordonnerait, en m'arrêtant quelques jours à Malmaison; passer trois mois aux eaux; ensuite parcourir le midi de la France, profiter de l'automne pour visiter, incognito, Rome, Florence, Naples, passer l'hiver prochain à Milan, de façon à être à Malmaison et à Navarre au printemps de 1811. Tertio : pour bien prouver que Navarre deviendrait mon séjour attitré, je demandais l'argent nécessaire pour rendre la Marmite habitable. Quarto : je priais l'Empereur de prendre « une décision pour le mariage des jeunes Tascher, mes cousins, savoir l'aîné avec une parente du roi Joseph et le second avec la princesse de La Leyen », nièce du prince primat.

Dans la conversation, Eugène aurait pu glisser habilement ces requêtes. Sur le papier, sans les intonations, les gestes, les sourires, elles paraissaient plus rudes. La quatrième sauta aux yeux de l'Empereur et lui assombrit les trois autres.

Il me répondit de Bruxelles, où il se trouvait avec Marie-Louise : « Eugène me dit que tu veux aller aux eaux. Ne te gêne en rien. N'écoute pas les bavardages de Paris : ils sont oisifs, et bien loin de connaître le véritable état des choses. Mes sentiments pour toi ne changent pas, et je désire beaucoup te savoir heureuse et contente. »

Il acceptait de marier l'aîné des Tascher, Louis, avec la princesse de La Leyen. Quant au cadet,

Henri, il ne voulait pas en entendre parler ! « Ce petit polisson qui a quitté à Madrid la cocarde française sans l'en prévenir, obéissant à une impulsion d'amour et oubliant tous les devoirs qu'il avait envers l'Empereur... Qu'il fasse ce qu'il veut, qu'il épouse qui il veut, cela lui est indifférent... »

Pour les travaux de la Marmite il ne donnait rien. Il autorisait seulement l'avance des 600 000 francs restant, pour 1810 et 1811, des deux millions à verser par le trésor de la Couronne, dont 1 400 000 francs avaient servi à payer les dettes. Il permettait d'employer à la Marmite les 100 000 francs affectés à l'extraordinaire de Malmaison.

Il approuvait mon programme de voyage. Pour les eaux, il voyait un inconvénient à Aix-la-Chapelle : j'y étais allée avec lui. Il préférait des eaux où j'étais allée seule : Plombières, Vichy, Bourbonne, Aix-en-Provence. Mais si les eaux d'Aix-la-Chapelle me convenaient le mieux, il ne s'y opposait pas.

Le 1er mai 1810, je visitai la manufacture de Louviers. Pour tout potage, un service d'honneur de six fusiliers de la Garde nationale et un caporal !

Le 15 mai, retour dans mon paradis de Malmaison. Je retrouvai avec délices mes vraies amies : les tulipes de Hollande, les jacinthes, les lilas, les roses. Pour me saluer, les arbres rivalisaient avec les fleurs : les marronniers, les faux ébéniers, plus vrais que la maréchale Ney, les noyers du Japon, le magnolia à fleurs pourpres qui avait résisté vaillamment à l'hiver.

Je me promenai avec ivresse dans mes serres,

où j'aurais voulu baiser au front chaque fleur. Dans mes volières, les perroquets s'étaient mis sur leur trente et un. L'un serinait du matin au soir : « Bonaparte ! Bonaparte ! » Un autre parlait espagnol mieux que Cervantès et dansait le fandango au son de la guitare.

Malmaison serait un jour mon argument pour mériter le ciel. En 1806, je m'étais attaché le célèbre Berthault, architecte et paysagiste, le Le Nôtre de l'Empire. Il rajeunit le parc en le parsemant de cascatelles, de sauts, d'étangs. Les rivières étreignaient de leurs bras des îlots changés en bouquets. Autour du temple de l'Amour, de fastueux massifs de rhododendrons chantaient ce dieu qu'on n'honorera jamais trop. Le canal était peuplé de barques, de cygnes noirs au bec pourpre et d'une foule d'oiseaux aquatiques. L'année précédente, Booz, directeur des jardins de Schœnbrunn, m'avait envoyé huit cents plants de plantes exotiques. Sans la bénédiction de Marie-Louise.

Devant le château s'affairaient les valets galonnés, les pages, les Basques, mes coureurs vert et or, tandis qu'arrivaient ou partaient les calèches ouvertes, coiffées d'un parasol.

J'avais fait aussi de Malmaison le plus beau musée. Je faisais admirer mes cabinets de minéralogiste, mes collections de bijoux, de livres (moi qui lisais si peu !), d'objets antiques, de vases précieux. Et mes cent dix toiles de maîtres, dont des tableaux de l'Albane, du Corrège, de Raphaël, de Léonard de Vinci, de Véronèse, de Dürer, de Holbein, de Rembrant, de Teniers, de Van Dyck, de Ruysdaël, de Murillo...

L'Empereur et Marie-Louise étaient en Belgique. Quand le chat n'est pas là, les souris dansent. Les visiteurs affluaient à Malmaison, surtout les aristocrates du noble faubourg, se souvenant de mes nostalgies royalistes. Toujours une douzaine d'invités au déjeuner, le double au dîner. Quel bonheur de manger en plus de dix minutes ! Le chef italien Ruccesi inventa pour moi des biscuits glacés.

Le soir, on se serait cru aux Tuileries. Un valet de pied par convive, quatre maîtres d'hôtel, sommeliers, valets de chambre... Après les voluptés de la table, celles de l'ouïe : concert, où chantait Garat. Je prenais à part les intimes pour leur faire lire la dernière lettre de l'Empereur qu'ils répandraient dans Paris : « Je désire fort te voir ; je compte être à Saint-Cloud le 30 du mois. Ma santé est fort bonne. Il me manque de te savoir contente et bien portante. Fais-moi connaître le nom que tu voudrais porter en route. Ne doute jamais de toute la vérité de mes sentiments pour toi ; ils dureront autant que moi. Tu serais injuste si tu en doutais. »

Il ne vint que le 13 juin. Une félicité dont j'aurais voulu donner à tous le spectacle : « J'ai eu hier un jour de bonheur, écrivis-je à Hortense... Sa présence m'a rendue heureuse quoiqu'elle ait renouvelé toutes mes peines... les émotions sont de celles qu'on voudrait éprouver souvent. Tout le temps qu'il est resté avec moi, j'ai eu assez de courage pour retenir des larmes que je sentais prêtes à couler ; mais après qu'il a été parti, je me suis sentie très malheureuse. Il a été pour moi bon et aimable, comme à son ordinaire, et j'espère qu'il aura lu dans mon cœur toute la tendresse et tout le dévouement dont je suis pénétrée pour lui. »

L'Empereur embrassa le fils cadet d'Hortense. Nous parlâmes de ma malheureuse fille. Pendant ces trois mois passés en Hollande, elle souhaitait la mort tous les jours. En même temps elle craignait qu'elle ne survînt dans ce pays étranger, sans personne pour adoucir ses derniers moments. Elle ne pensait qu'à s'évader de sa prison. Son geôlier ne lui disait que « Bonjour ! » le matin et « Bonsoir ! » le soir. Le 1er juin, elle s'enfuit d'Amsterdam et se réfugia aux eaux de Plombières. L'Empereur admit la séparation définitive des deux discordants.

Trois semaines plus tard, abdication et fuite de Louis. Fureur de l'Empereur, indigné de tant d'ingratitude :

« Devais-je m'attendre à un tel outrage de la part d'un homme à qui j'ai servi de père ? Je l'ai élevé avec les faibles ressources de ma solde de lieutenant d'artillerie ; j'ai partagé avec lui mon pain et les matelas de mon lit. »

L'ingrat se terrait à Gratz, en Autriche, où il mettait son royaume sous la protection du tsar. L'Empereur annexa le royaume de Hollande à la France. Comme mes maîtres d'hôtel tranchants, découpant mes viandes, en deux coups d'épée il la découpa en départements français. L'ex-reine martyre y gagna la clef des champs, assortie de deux millions de revenus et, pour son fils aîné, le grand-duché de Berg.

Je lui écrivis à Plombières de me rejoindre vite à Aix-les-Bains. Après le premier relais, la prisonnière libérée aperçut au loin deux cavaliers au galop. Un coup au cœur : si c'était lui !... M. de Flahaut descendit de cheval, suivi de mon écuyer, M. de Pourtalès.

Pour loger l'amour de ma fille, je lui avais loué une maison discrète, avec un toit en tuiles brunes à quatre pans et une terrasse constellée de pots de fleurs.

J'avais pris le nom de comtesse d'Arberg. Ma cour, ou plutôt ma « partie carrée », comme le dira méchamment le comte de Clary, ne comprenait que mon Lancelot, Mme d'Audenarde et son amant, l'écuyer de Pourtalès. Pour respecter mon incognito, à Lyon, je refusai de recevoir le colonel de gendarmerie et l'adjoint. A Aix, avec mon petit entourage et mon chien Askim, je m'installai à la maison Chevaley, qu'on surnomma pompeusement « le palais ». Pour sauver les apparences, on logea les deux amants, mon aquarelliste et Pourtalès, dans un chalet voisin. Mme de Rémusat, qui m'avait quittée pour des raisons de santé, reprit son service le 29 juin. Elle suivra sa cure gratis.

Après tant d'années de pompe, enfin déposer le harnois ! Ici, je n'étais plus qu'une baigneuse à la russe, escortée de ma société habituelle, et non une impératrice, même déchue.

Le matin, douche, bain, repos, déjeuner. L'après-midi, promenade en calèche. Retour à quatre ou cinq heures. A six, dîner, puis promenade. A neuf, jeu. Un peu de chant. A onze, au lit !

Eugène et la princesse Auguste étaient à Genève. Par une chaleur digne de l'expédition d'Egypte, j'allai les y voir. Sans aquarelliste. Pour ne pas choquer mon fils et ma bru.

A Aix, les badauds se pressaient au passage de

ma calèche. On venait m'admirer de Chambéry, de Genève, de Turin, de Grenoble. J'étais la curiosité locale. On me remettait des liasses de placets pour l'Empereur, comme si je régnais toujours. Malgré mon incognito, on refusait de me prendre pour une simple baigneuse.

A Grésy, j'admirai les trois chutes d'eau à côté et en même temps l'une sur l'autre, les masses de rochers qui font de jolies cascades et, au fond, le petit torrent qui fuit au travers des plus beaux arbres.

Le 26 juillet, notre colonie s'en fut en bateau à l'abbaye de Hautecombe. Lancelot me portraitura avec ma capeline à piquet d'autruche, tandis qu'avec une longue-vue je semblais scruter l'avenir. Il me représenta aussi sous une ombrelle, assise près de la fontaine intermittente, qui devait me trouver bien déchue : elle refusa de couler. Au retour, sur le lac du Bourget, je faillis être victime de ma grandeur. On avait paré ma barque impériale de guirlandes et de toiles. Au mépris du protocole, le vent souffla à pleins poumons pour nous faire chavirer. Crises de nerfs des dames. Mon Lancelot du lac mérita son nom. Il me tint fermement par la main droite, Pourtalès par la gauche. Prêts à sauter à l'eau pour m'en tirer. Pour nous rassurer, Flahaut, de sa jolie voix, chantait des romances. Mme de Rémusat recommandait son âme à Dieu, en se disant que sa cure gratuite tombait dans le lac. Enfin, on fit force de rames jusqu'au port, où la foule attendait notre naufrage. « J'ai vu avec peine le danger que tu as couru, m'écrivit l'Empereur qui en avait vu d'autres. Pour une habitante des îles de l'Océan, mourir dans un lac, c'eût été fatalité... »

Au début, Hortense pleurait sans cesse. La vue de Flahaut lui causait une impression trop vive pour sa faible santé. Elle craignait de trop l'aimer. Il apaisa ses incertitudes en l'aimant comme il fallait. Cette inquiète finit par avouer que ce mois d'août 1810 fut le temps le plus heureux de sa vie.

A Aix, Mme de Rémusat, toujours à l'affût, recueillit un bruit : Marie-Louise serait enceinte. Je me renseignai par lettre à la source : « L'Impératrice est effectivement grosse de quatre mois. Elle se porte bien et m'est fort attachée », me répondit l'Empereur, comme s'il parlait d'une chienne.

Avec Lancelot, je tâtai d'une cure de solitude. Puisque ma fille était heureuse avec son colonel, à moi de l'être avec mon aquarelliste. Nous allâmes nous nicher au bord du lac de Genève, à Sécheron, dans trois petites chambres de l'hôtel d'Angleterre, ou hôtel Dejean. Voltaire avait affûté quelques-uns de ses traits parmi ces vignes. Les visiteurs s'étonnaient de me voir coucher dans une pièce minuscule, sans antichambre.

Les Genevois m'offrirent une fête sur le lac. Deux cygnes traînaient mon petit bateau qu'escortaient des barques pavoisées et chargées de musiciens. Le soir, feu d'artifice. Au théâtre, j'applaudis Elleviou dans *Richard Cœur de Lion*. Mes toilettes parurent trop voyantes aux austères Genevois. Je les étonnai par une robe de levantine bleu de ciel, à manches longues, fermant au col, sans qu'il y parût le moindre linge. Stupeur genevoise aussi devant une redingote truffée, du cou aux pieds, de mille énormes brandebourgs d'or, devant un chapeau blanc à plumes bleues et un cachemire jaune parsemé de gros bouquets multicolores.

Avec le chevalier de mon cœur, je me lançai dans des excursions. Visite de Ferney. Souper et coucher à l'auberge de l'Union, à Bex. Visite du château de Chillon et de l'église de Vevey. Une nuit au Lion d'Or de Lausanne. Equipée dans la vallée de l'Arve et à « Chamouny ». Nous mettions pied à terre chaque fois qu'il y avait quelque chose à voir, et surtout quand nous nous sentions fatiguées. Dès que nous nous asseyions, mes dames et moi, Lancelot nous dessinait. A « Chamouny », je n'hésitai pas à coucher dans la sordide auberge du Prieuré.

Entichée d'aventures, je me risquai dans l'ascension du Montenvers, en partant de « Chamouny ». Quatre-vingts personnes, avec guides et porteurs. Moi à cheval, les autres à dos de mulet. Nous affrontâmes la mer de Glace en chaises à porteurs, comme des duchesses du Grand Siècle. Lancelot me dessina ensevelie sous mes couvertures, contre le froid, et sous une ombrelle, contre le soleil. Au retour à « Chamouny », fatigue et enthousiasme me jetèrent tout habillée sur mon lit.

Le lendemain, pique-nique à Servoz. En plein air, on se passait de valet de pied. Le 20 septembre, retour à Genève. Deuil cruel. Avec mon habitude de gâter tout le monde, je gavais mon chien Askim d'os de poulet. « Votre Majesté le tuera », prophétisait le docteur Horeau. Un vétérinaire de Sécheron ordonna à Askim une poudre noire qui inquiéta le docteur autant que les os. Il avait doublement raison : Askim mourut dans les deux heures. Je le fis empailler. L'empailleur du cru échoua. Triple défaite, sinistre présage.

Je confiai à Hortense une lettre pour l'Empereur. Je me cramponnais à lui, en lui donnant la fierté virile de guider ma faiblesse.

... « Bonaparte, tu m'as promis de ne pas m'abandonner. Voici une circonstance où j'ai besoin de tes conseils. Je n'ai que toi dans le monde. Tu es mon seul ami. Parle-moi donc franchement. Puis-je retourner à Paris, ou dois-je rester ici ? Sûrement j'aimerais mieux me rapprocher de toi, surtout si j'avais l'espérance de te voir. Mais si cette espérance ne m'est pas promise, quel serait mon rôle tout cet hiver ? Au lieu qu'en prolongeant encore mon absence pendant sept à huit mois, les circonstances me deviendront, j'espère, plus favorables, puisque l'Impératrice aura acquis de nouveaux droits à ton amour. »

Encore un petit couplet de tendresse avant de parler affaires. Habilement, je chargeai Hortense de débattre les points précis, comme je l'avais fait précédemment avec Eugène. Mes enfants me servaient de courtiers. Comme sur ma harpe, naguère, je ne connaissais qu'un air, mais je le jouais bien.

« Je charge la reine de causer avec toi sur mes intérêts et d'entrer dans tous les détails que je ne puis t'écrire. Elle te dira combien tu m'es cher, et qu'il n'y a aucun sacrifice qui puisse me coûter lorsqu'il s'agit de ton repos.

« Si tu me conseilles de rester, je louerai ou j'achèterai une petite campagne au bord du lac. Je désire seulement savoir s'il n'y aurait pas d'inconvénient à l'avoir près de Lausanne ou de Vevey, si je trouvais le site plus conforme à mes goûts. J'irai aussi en Italie pour voir mes enfants. Je compte employer une partie de l'automne à parcourir la Suisse, car j'ai besoin de beaucoup de distractions, et je n'en trouve qu'en changeant de lieu. Je retournerai peut-être encore l'été prochain aux eaux d'Aix qui m'ont fait du bien. Ce sera une année d'absence, mais une année que je supporterai par l'espérance de te revoir ensuite, et par l'idée que ma conduite aura ton approbation. »

Je terminai par un cri de suppliante, me jetant aux pieds de mon seigneur :

« Décide donc de ce que je dois faire, et, si tu ne peux pas m'écrire, charge la reine de me faire connaître tes intentions.
« Ah! je t'en conjure, ne refuse pas de me guider! Conseille ta pauvre Joséphine! Ce sera une preuve d'amitié et tu la consoleras de tous ses sacrifices. »

Avec sa panique habituelle devant mes larmes, l'Empereur chargea Mme de Rémusat de m'écrire une longue lettre où elle pesait ses mots. Parmi les révérences et les ronds de jambe, elle me conseillait de ne pas rentrer à Paris. L'Empereur avait échoué dans son désir de nous rapprocher, Marie-Louise et moi. Je sus plus tard que la nouvelle impératrice était follement jalouse de mon passé et de mon présent. Craignant un retour de flamme, elle ne tolérait pas l'amitié qu'il me témoignait. Chaque fois que l'Empereur lui avait proposé de visiter Malmaison, même en mon absence, elle avait accueilli cette idée par des flots de larmes. Elle aussi usait de cette arme. Avec l'intransigeance de sa jeunesse, elle me toisait de toute sa hauteur d'héritière des Césars. Elle était prête à reprocher à l'Empereur le sacrifice qu'elle avait consenti en descendant de son Olympe pour l'épouser. Sa grossesse aggravait tout. Un époux amoureux, qui pourrait être le père de son épouse, et qui attendait d'elle l'héritier de l'Empire et son premier enfant légitime, ne pouvait rien lui refuser. Mme de Rémusat me mettait les points sur les *i* :

« Ici, au milieu de la joie que cause cette grossesse, à l'époque de la naissance d'un enfant attendu avec tant d'impatience, au bruit des fêtes qui suivront cet événement, que feriez-vous, madame ? Que ferait l'Empereur qui se devrait aux ménagements qu'exigerait l'état de cette jeune mère et qui serait encore troublé par les sentiments qu'il vous conserve ? Il souffrirait, quoique votre délicatesse ne se permît pas de rien exiger ; mais vous souffririez aussi ; vous n'entendriez pas impunément le cri de tant de réjouissances, livrée comme vous le seriez peut-être à l'oubli de toute une nation, ou devenue l'objet de la compassion de quelques-uns qui vous plaindraient peut-être par esprit de parti. Peu à peu, votre situation deviendrait si pénible qu'un éloignement complet parviendrait seul à remettre tout en ordre. »

Cette menace d'exil m'atterrait. En attendant la réponse du maître, un seul remède : bouger. Dès que je me fixais, le chagrin m'assommait. Autant prendre la poudre d'Askim !

Avec Mlles de Mackau et d'Avrillon et mon vrai

médecin, mon aquarelliste adoré, une nuit à Morges, chez M. Deluse. Le lendemain, au château de Montchoisi, j'affirmai à Mme du Plessis d'Aumale que Louis XVII s'était évadé du Temple. J'en étais sûre, comme si j'y étais.

Une semaine à Neuchâtel. Je fis un caprice d'impératrice. Je demandai un bateau « bien pavoisé avec un dais ». J'aurais dû me souvenir que les dais tentent les orages. Le 27 septembre, M. de Lespérut, gouverneur pour Berthier de la principauté de Neuchâtel, qui devait venir au-devant de moi, commit l'étourderie de laisser passer ma voiture. Aussi balourd que son maître !

Au faubourg de l'Hôpital, je m'installai, au-dessus du lac, dans la maison de Louis de Pourtalès. Les lacs apportent l'oubli. Surtout quand, sous vos fenêtres, jouent des musiciens.

Le lendemain, pour narguer M. de Lespérut, qui se faisait de plomb, j'arborai une plume blanche à mon chapeau. A La Chaux-de-Fonds, pour ne pas inquiéter, à distance, l'Empereur, je renonçai à un succulent dîner à l'hôtel trop royaliste de La Fleur de Lys. Je me rabattis sur un casse-croûte, à l'auberge au nom plus prudent de La Balance.

Une nuit au Locle, chez M. Houriet, voilà qui délasse ! Au Crêt-Vaillant, des musiciens, jouant ensemble pour la première fois (pourvu que ce fût la dernière !) m'offrirent une cacophonie. Le lendemain, sous la pluie et en bateau, visite du saut du Doubs. Cette fois, musique délicieuse. Comme si je n'avais pas assez de tableaux, j'en commandai un au peintre Lorry.

Le 29, retour à Neuchâtel, sérénades, réceptions. La femme du commandant Petitpierre me présenta son fils comme un filleul de Napoléon.

Le 30, sur le lac de Bienne, promenade à l'île Saint-Pierre de Jean-Jacques Rousseau. Visite de l'école de jeunes filles de Montmirail, dont les élèves étaient si jolies, à m'entendre, que j'aurais voulu les embrasser toutes. C'est avec de telles déclarations qu'on se fait aimer !

Je payai, une fois de plus, ma manie des pavois. Ma lourde barque triomphale s'enlisa. La sagesse m'en conseilla une plus légère. Je fus accueillie par une fanfare bernoise, dont le préfet loua la sobriété. Pour nous mettre en appétit, avant de passer à table où nous restâmes deux heures (l'Empereur aurait fait douze repas), M. Kreutzer joua une romance composée par Hortense. Il usa d'un instrument bizarre, au nom grec, le *panmelodicon* : un double clavier placé devant un cône tournant, qui émettait des sons. Je dus me retenir pour ne pas l'acheter.

A Berne, quinze jours à l'hôtel du Faucon, *Gasthof zum Falken,* illustre déjà au XV siècle, aux frais du gouvernement bernois.

J'avais des levantines de toutes couleurs. Le 7 octobre, j'essayai d'éblouir les Suisses avec ma « juive de levantine lilas avec toquet de même ». J'y ajoutai une interminable chaîne d'or. Je déjeunai, sur un plateau escarpé, au célèbre restaurant « Enge » où le panorama figurait au menu. On nous servit, en plus : consommé, hors-d'œuvre, pâté de lièvre, truite au bleu, dindonneau, poulet à l'estragon, jambon, salade, crème, compote, gâteaux. Malaga, bordeaux et un petit vin de Neuchâtel qui fit briller les yeux de Lancelot.

Au dessert, fanfare, solo de cor des Alpes, lutte montagnarde, défilé d'un troupeau jouant des sonnailles.

Dans ma fringale d'achats, excitée par l'air alpestre, je commandai un costume de paysanne bernoise, pour compléter ma garde-robe à Malmaison. Plus, pour 314 francs, un char à bancs. Comment visiter l'Oberland sans char à bancs ?

Le 15 octobre, chez M. de Mülinen, à Thoune. A Interlaken, Lancelot s'attaqua, crayons en main, à la Jungfrau.

A Berne, je reçus la réponse de l'Empereur, que j'attendais fébrilement, parmi les défilés de troupeaux à sonnailles et les chars à bancs :

« Va voir ton fils cet hiver, reviens aux eaux d'Aix l'année prochaine, ou bien reste au printemps à Navarre. Je te conseillerais d'aller à Navarre tout de suite, si je ne craignais pas que tu t'y ennuyasses. Mon opinion était que tu ne peux être, l'hiver, convenablement qu'à Milan ou à Navarre. Après cela, j'approuve tout ce que tu feras, car je ne veux te gêner en rien. Adieu, mon amie ! L'Impératrice est grosse de quatre mois.

« Je nomme Mme de Montesquiou gouvernante des enfants de France. Sois contente et ne te monte pas la tête. Ne doute jamais de mes sentiments. »

J'écrivis à Hortense une lettre que mon cœur aurait dû me reprocher. En bonne grand-mère, j'aurais dû voler à Milan auprès de mon merveilleux fils, de ma délicieuse bru, de mes petits-enfants adorés. Mais, si je partais pour l'Italie, je craignais de perdre « plusieurs personnes qui me sont attachées ». C'est ce que je dis dans le postscriptum, où l'on met l'essentiel. Je me gardai de préciser que, parmi ces « personnes », figurait surtout Lancelot. Il m'aimait, mais il aimait aussi sa mère, qui avait peut-être mon âge. Et m'aimait-il assez pour quitter sa chère maman pendant plusieurs mois ?

« Je trouve beaucoup d'inconvénients à aller en Italie surtout pour y passer l'hiver, dis-je à Hortense. Si c'était un voyage d'un ou deux mois, j'irais volontiers chez mon fils, mais pour y rester davantage, c'est impossible. »

J'alléguai ma santé, qui avait bon dos. Ma chère santé que l'air des Alpes et l'amour de Lancelot avaient revigorée. Corvisart aurait bien ri en me lisant, lui qui prétendait que j'étais forte comme un Turc, avec simplement, comme toutes les femmes, quelques petites migraines, dont je me faisais une grâce et une arme nouvelles. Et dont l'émétique me débarrassait vite.

« D'ailleurs, ma santé qui s'était fortifiée, est devenue très mauvaise depuis quinze jours, mon médecin me conseille le repos et j'aurai tout le temps à Navarre de soigner ma santé... »

Cette Marmite dont j'avais horreur, mais où je pourrais faire l'amour avec Lancelot, ma plume la parait de toutes les vertus. Elle me donnerait même les délices de l'amour maternel :

« Je t'avoue que, s'il fallait m'éloigner de la France plus d'un mois, je mourrais de chagrin. A Navarre, du moins, j'aurai le plaisir de te voir quelquefois, ma chère Hortense, et c'est un si grand bonheur pour moi que je dois préparer le lieu qui me rapprochera le plus de ma chère fille... »

A Lausanne, je rencontrai une jolie brunette, la belle-sœur du tsar. Je refusai de rencontrer Mme de Staël. *Un :* l'Empereur l'avait exilée. Pour plaire à ce tonneau, je ne voulais pas déplaire à mon ex-mari, dont je dépendais. *Deux :* dans son prochain ouvrage, cette langue de vipère ne manquerait pas de rapporter notre entretien en me prêtant des propos que je n'aurais pas tenus. *Trois :* autrefois, rue Chantereine, cette dondon à moustache avait dit au général Bonaparte : « Joséphine est une sotte qui n'est pas digne d'être votre femme. Il n'y a que moi qui vous conviendrais. »

A Morges, au château de Vufflens, j'applaudis les fleurs alpestres, poussant dans les rocs, comme moi faisant fleurir l'amour parmi les chagrins. Le lendemain, à Rolle, Mme Eynard-Chatelain ne goûta guère, on me le répéta, ma levantine bleue. Mes levantines ne pouvaient pas plaire à tout le monde. Heureusement, je plus à la dame. Elle me trouva si prévenante qu'on oubliait l'Impératrice pour ne penser qu'à la femme. Elle conclut : « Elle a été d'une charmante figure, elle est encore bien... »

Avant de franchir la frontière suisse, une dernière folie : pour cent quarante-cinq mille francs j'achetai le domaine de Prégny-la-Tour, au Petit-Saconnex. Grand bâtiment de maître, trois bâtiments de dépendance, trois cours, trois jardins en terrasse, un verger, un petit bois, un sainfoin, une *ceriserie,* une vigne, un grand pré et, au bord du lac, un petit port. Je n'y allai qu'une fois, même pas pour pêcher.

J'avais écrit à l'Empereur que je comptais quitter Genève le 1er novembre et passer vingt-quatre heures à Malmaison. Malgré sa défense de me voir près de Paris. Vingt-quatre heures! Quel tigre oserait refuser vingt-quatre heures? En réalité j'y passerai plusieurs jours. Les opposants de tout poil s'y ruèrent. Ceux que lassaient les hauteurs de Marie-Louise et qui s'indignaient que cette archiduchesse autrichienne, en France depuis huit mois, ignorât la moindre brindille de leur arbre généalogique. Les partisans du Premier Consul, dont la bouche prononçait mal les *Sire* et les *Votre Majesté*. Les ci-devant jacobins. Les généraux de la campagne d'Italie en mal d'avancement. Les affairistes véreux, pris la main dans le sac. Les duchesses dont l'Impératrice honorait trop peu le duché. Les renchéris du faubourg Saint-Germain dont on avait évalué trop bas le ralliement. Les fournisseurs, hérissés contre Marie-Louise, mauvaise cliente, sans goût, qui faisait choisir ses robes par sa dame d'atour. On ne pouvait même pas les lui essayer. On n'était payé qu'à la fin du mois. Ainsi clabaudait Leroy en me refilant ses rossignols.

Je pleurais dans le giron de Bourrienne, en disgrâce depuis longtemps. Je jouais la femme persécutée, en proie à un odieux tyran. La résignée, qui a tout souffert, tout accepté :

« Pensez-vous vous figurer quel supplice ç'a été pour moi que de voir partout des descriptions de fête? Et la première fois qu'il est venu me voir après son mariage, quelle entrevue!... Avec quelle cruauté il me parle de l'enfant qu'il va avoir! Comprenez-vous tout ce que cela a d'odieux pour moi?

Mieux vaudrait être exilée à mille lieues d'ici; cependant quelques amis me sont restés fidèles et c'est maintenant ma seule consolation quand il m'est permis d'en goûter quelques-unes. »

A Fontainebleau, l'Empereur tapait du pied. Mes vingt-quatre heures lui paraissaient longues. Il me fit demander quand je partirais. Il comptait rentrer à Paris le 15. Il espérait que, d'ici là... Je répondis que je partirais le 15 ou le 16. Le 14, il m'envoya Cambacérès me faire des politesses. En réalité me pousser dehors. Je n'étais pas prête. Je ne l'étais jamais. Je minaudais, barguignais. Ce serait pour le lundi 19, puis pour le mardi, puis pour le mercredi. Ce fut le jeudi.

Le préfet de l'Eure ne voulait pas retomber dans un piège. Il écrivit au ministre de bien vouloir lui « tracer quelques lignes » sur son attitude « vis-à-vis de Joséphine ». Il devenait familier. Au lieu de « quelques lignes », le ministre traça ces trois mots sur la lettre de cet homme de gouvernement et de quarante-trois ans : « *Rien à répondre.* »

Le 22 novembre, pour mon retour à la Marmite, ni garde d'honneur, ni escorte du 8e cuirassiers d'Evreux. Plus de poste au château. Seuls des piquets de gendarmerie éclairèrent la route.

Je n'étais plus une impératrice traversant son empire. Je n'étais qu'une duchesse suspecte qui rentrait chez elle, sous la surveillance des autorités. A la Marmite, l'Empereur voudrait savoir qui je recevais, ce que je faisais, ce que je disais. Fût-ce pour me protéger contre moi. J'avoue que je ne l'avais pas volé !

Le 19 novembre, avant de quitter Malmaison,

j'écrivis à Eugène un tissu de mensonges. Je lui dévidai toutes les mauvaises raisons qui m'empêchaient de me rendre auprès de lui, de sa femme et de ses enfants, plus dignes que personne de mon amour.

« C'est à Milan que j'aurais donné la préférence. Tu sais combien je désirais aller passer quelques mois auprès de toi, mais tu n'imagines pas tous les bruits qu'on a répandus à ce sujet : on a prétendu que j'avais reçu l'ordre d'aller en Italie et que je ne reviendrais plus en France. L'inquiétude avait gagné jusqu'aux personnes de ma maison. Toutes craignaient un voyage qui ne devait plus avoir de terme. J'ai été donc obligée de renoncer à ce qui m'aurait été le plus doux et à ne pas quitter la France, au moins cette année. »

Je m'étendais sur l'Impératrice Marie-Louise qui n'avait nul désir de me voir :

« En cela nous sommes parfaitement d'accord et je n'aurais consenti à la voir que pour plaire à l'Empereur. Il paraît même qu'elle a pour moi plus que de l'éloignement, et je n'en vois pas la raison, car elle ne me connaît que par le grand sacrifice que je lui ai fait. Je désire comme elle le bonheur de l'Empereur et ce sentiment devrait la rapprocher de moi. Mais rien de tout cela n'influera sur ma conduite... »

Ici l'image idéale que je voulais donner de moi : la statue de la réserve, du silence, perdue dans la contemplation de la nature :

« Je me suis tracé la ligne que je dois suivre et je ne m'en écarterai pas : c'est de vivre éloignée de tout dans la retraite, mais avec dignité et sans rien demander que le repos. Les arts et la botanique seront mes occupations. L'été, j'irai aux eaux... »

Enfin, un dernier mensonge, plus gros que le château de Malmaison où, pendant ces quelques jours de désobéissance à l'Empereur, j'avais reçu de telles cohues :

... « Le peu de jours que je suis restée à Malmaison m'était nécessaire pour me reposer après mon voyage en Suisse. J'y ai vu peu de monde. Les personnes qui, dans d'autres temps, avaient paru m'être très attachées, ne m'ont pas toutes donné des preuves de souvenir. Je leur pardonne de bon cœur. Je ne me rappelle que ceux qui ne m'ont pas oubliée et je ne pense pas aux autres. Je saurai, j'espère, trouver le bonheur autour de moi et dans la tendresse de mes enfants, car je suis sûre que mon cher Eugène m'aimera toujours comme je l'aime. »

XXI

DE L'IMPÉRATRICE À LA DUCHESSE

Pendant que je batifolais sur les glaciers, l'architecte Berthault avait humanisé la Marmite. Il l'avait pourvue du vrai maître de céans : un calorifère. Chaque jour, cet ogre dévorait vingt et une voies de bois et douze de charbon.

Berthault avait meublé ces déserts. Simplement, mais complètement. Ma chambre, au rez-de-chaussée, à l'extrémité de ces solitudes, était tendue de nankin. Aux murs, des tableaux envoyés de Suisse : des vues du mont Blanc par le glorieux M. Delarive. Autour de l'intraitable grand salon, l'ingénieux Berthault avait aménagé à la diable un billard, une salle de musique, un salon de jeu. Il avait multiplié par des cloisons les chambres du service d'honneur. Tant pis si on entendait les soupirs !

La grande dépense fut pour les jardins et les serres. L'Impératrice des fleurs devait en rester la duchesse. Bonplaud fit porter des doubles de Malmaison et commença la culture de plantes récemment débarquées en France, tels les camélias.

Outre mes dames habituelles j'avais introduit un essaim de jeunes filles, pauvres et jolies, qui avaient toutes plus ou moins un filet de voix : Mlle de Mackau, future baronne et dame du palais, les deux demoiselles de Castellane-Norante, que je retirai de chez Mme Campan, les deux demoiselles Delihu, cantatrices à quatre mille huit cents francs, une demoiselle Georgette Ducrest de Villeneuve, ramenée de Genève. Sa timidité m'amusait. Au début, de peur des bévues, elle n'osait pas manger aux repas. Je lui fis monter chaque soir un poulet et du vin de Malaga, qu'elle partageait avec ses amies.

A mon service, la plupart des messieurs, nouveaux ou anciens étaient d'ex-pages du roi, des émigrés ruinés par la Révolution, que je renflouais. Ils me regardaient peut-être un peu de haut, mais ma conscience était satisfaite.

Au service d'honneur s'ajoutait un peuple de domestiques, toujours croissant : en tout, cent cinquante.

Pour faire des économies, puisqu'on m'en rebattait les oreilles, je décidai que toutes les dames porteraient des robes « gros vert », de n'importe quel tissu.

Déjeuner à dix heures du matin, dîner à six. Un seul service, excepté le dessert, qui faisait le second. On servait à la fois potages, hors-d'œuvre, entrées, rôtis, entremets. Derrière ma chaise, comme aux Tuileries : un premier maître d'hôtel, deux valets de chambre, le coureur basque, un chasseur.

Après le déjeuner, je me mettais à ma tapisserie, d'autres au dessin. Pendant ce temps, l'un des chambellans, surtout Viel-Castel, lisait à haute voix le dernier roman paru. On se jetait sur les paquets, où Barbier envoyait les nouveautés de

Paris. A un moment, il ne nous expédiait que des almanachs. Je réclamai la *Bibliothèque d'un homme de goût,* les *Tombeaux au XVIIIe siècle* et l'œuvre posthume de Restif de la Bretonne, l'*Histoire des Compagnes de Maria,* où il parlait de Fanny de Beauharnais.

La lecture, le plaisir le moins coûteux, dont je m'étais privée si longtemps ! Pour une saison de la Marmite, pas plus de trois mille huit cent quatre-vingt-deux francs !

A deux heures, dans trois calèches à quatre chevaux, promenade en forêt d'Evreux. Je refusai le piquet d'honneur. Mais l'Empereur estima qu'une « Impératrice et reine sacrée » ne pouvait pas aller se promener dans les bois sans un écuyer de service en uniforme chevauchant à la portière de droite, un officier à celle de gauche et, derrière, quatorze cuirassiers du 8e d'Evreux.

Quand le ciel faisait la moue, on se hasardait à peine le long des canaux. Ma récréation quotidienne : ma visite aux serres, où j'allais m'entretenir avec mes amies les fleurs.

En cas de pluie, la lecture jusqu'à quatre heures. Ensuite liberté jusqu'au dîner. Le moment de mes confidences aux intimes. Nostalgie du passé, le divorce. L'Empereur pensait-il encore à moi ? Je m'exerçais à la modération.

Après le dîner, jeu et musique. Billard, où on me laissait gagner. Trictrac avec l'évêque. Chants et danses. Le thé. Patiences aux cartes, conversations. Coucher à onze heures.

Ma santé s'améliorait, grâce à la régularité des repas et à ma cure de Lancelot. J'engraissai. Malgré ma sobriété, je dus mettre un busc et des baleines à mon corset. Jusqu'alors, mes seins, dont l'Empereur louait la fermeté, se contentaient de brassières. Je souffrais des yeux, pour avoir trop pleuré, selon mon médecin. Depuis quelque temps, je ne pleurais presque plus.

Au menu, les cancans. M. de Pourtalès était un vrai coq. A Mme Gazzani, trophée d'amour, il voulait ajouter, la bague au doigt, Louise de Castellane. Je jouai à la marieuse, ce qui ne m'avait pas toujours réussi : M. de la Briffe avec Mlle de Colbert, Mlle de Mackau avec le général Wattier, comte de Saint-Alphonse.

Mes amours avec Lancelot étaient un secret de polichinelle. Aussi, d'après mon exemple, l'atmosphère était-elle à l'amour. L'étiquette se relâchait. Puisque les dames étaient en gros vert, les hommes, sous prétexte de commodité et d'économie, me firent tolérer une espèce de frac uniforme de drap vert à l'imperceptible broderie d'or. Et encore, seulement le soir. Je me croyais entourée d'olives.

De souveraine je descendais au rang de châtelaine. D'où un méli-mélo. Les femmes de chambre jeunes et jolies étaient des parties de traîneau de ces messieurs. Ainsi, le 9 janvier, Mlle d'Avrillon se brisa la jambe gauche en deux endroits. Je lui fis acheter un lit mécanique. Chanteuses et musiciens prenaient le thé au salon. Les écuyers m'escortaient en frac bourgeois. Malgré les indignations de Mme d'Arberg, tout s'en allait à vau-l'eau.

Parfois, divertissement de choix, nous allions déjeuner à la préfecture d'Evreux. Appels de fonds angoissés du préfet au ministre : le voisinage de la Marmite l'obligeait à mettre les petits plats dans les grands.

Spontini vint présenter *La Vestale* qu'il m'avait

dédiée. Mes dames et mes officiers qui se croyaient doués d'un organe étudièrent les chœurs. Excité par les louanges outrées de Spontini, M. de Monaco hurlait et entraînait les autres à hurler.

Pour le premier de l'an, une loterie de bijoux. Bien entendu j'aidai le sort. Mgr de Barral, archevêque de Tours, remercia naïvement le ciel de lui avoir octroyé une bague en rubis entourée de diamants. Il pouvait la porter, alors qu'il eût été fort embarrassé d'un collier ou de boucles d'oreilles.

Mme Gazzani reçut un bracelet « en grosses pierres de couleur montées en diamants, signifiant *Joséphine* ». Elle bouda : elle n'avait pas eu une croix en brillants, comme les dames du Palais.

L'affront du 7 février. A la préfecture, M. de Chambaudouin avait fait placer un trône. Sous couleur d'inspection, M. de Monaco vint y mettre son nez et le remplaça par un fauteuil. Je m'éclipsai en quelques minutes. La stupidité de M. de Monaco était d'autant plus éclatante qu'à dater de ce jour, l'Empereur avait ordonné que la Marmite observât la même étiquette que les Tuileries. Les cuirassiers d'Evreux fourniraient une garde de vingt-cinq hommes. Le piquet de service, quatorze cavaliers avec officier et trompette, m'escorterait à chaque sortie.

Quand Hortense vint me voir, désolation. Ma fille respectait ponctuellement l'étiquette. La mort dans l'âme, mon entourage dut reprendre robes du soir et uniformes.

Au contraire, Eugène venait pour s'amuser. A la Marmite, il jetait par-dessus bord le cérémonial de Milan. Pour éviter aux dames de se lever il défendait aux huissiers de l'annoncer. Par une pluie battante, il préféra passer par le jardin pour ôter tout dérangement. Il déchaînait des farces dans les couloirs. Il organisait de folles parties de charivari : au billard ou au jeu, on gagnait des brimborions. Il s'arrangeait pour ne jamais tirer le bon lot. Il nous lançait dans des concours de pêche ou des pipées aux oiseaux. La dame qui prenait le plus de poissons recevait une pluie de cadeaux de tous les concurrents. Toutes casseroles cessantes, les cuisiniers devaient faire frire la pêche. On la proclamait infiniment supérieure aux mets les plus exquis de Sa Majesté.

Le 11 mars, en une caravane de voitures, le gratin d'Evreux vint me souhaiter ma fête. Les éternelles vierges en blanc, chargées de fleurs, récitèrent un compliment autour de mon buste. Le soir, ma « courette », costumée en paysans et paysannes normands, chanta :

Comme nos cœurs, joignons nos voix,
Chantons l'auguste Joséphine...

Déguisés en Colette et Mathurin, Mme de Ségur et M. de Viel-Castel célébrèrent mes travaux d'arboriculture et d'assèchement :

MATHURIN
Sur nos monts, v'là qu'on amène
Des parures d'arbrisseaux
Et que l'on fait de la plaine
Partir les eaux.

COLETTE
Dans Evreux, ses mains soutiennent

> *Pour les arts d'heureux berceaux,*
> *Ousque les jeunes filles apprennent*
> *Mieux qu' leurs fuseaux.*

Pour mettre le comble à ma joie, Lancelot avait peint pour moi un jeu de cartes représentant les principaux personnages de ma « courette ». Moi en dame de cœur, lui en valet de carreau. Le baron Lancelot, aurais-je pu l'appeler depuis quelques jours. L'Empereur lui avait donné ce titre d'Empire, alors qu'il était déjà comte et fils de marquis.

Quelques jours plus tard, Lancelot m'offrit, reliée en maroquin rouge, la collection des dessins qu'il avait exécutés durant notre voyage en Suisse et en Savoie. J'y glissai un petit bouquet de fleurs séchées qu'il m'avait données pendant une promenade en montagne. Plus précieuses pour moi que toutes les fleurs de Malmaison.

Pour immortaliser notre lune de miel alpestre, je commandai à Lancelot un tableau d'après l'un de ses croquis. Quand il m'apporta cet inoubliable paysage, je le fis admirer à tout mon entourage. Puis j'attirai le peintre de mon cœur dans une embrasure de fenêtre, en attendant, tout à l'heure, de le serrer dans mes bras. Je glissai dans sa main le billet de banque représentant le prix convenu. Et, pour sa mère, en « faible gage de mon amitié », un diamant de trois cents louis.

Le soir du 20 mars, toujours pour la Saint-Joseph, alias Joséphine, le maire d'Évreux m'avait invitée à dîner. J'envoyai ma Maison d'honneur à ma place. J'étais seule avec Mme d'Arberg. Soudain, au loin, canons et cloches. Encore la Saint-Joseph, ou la Sainte-Joséphine ?... Charmants Ebroïciens !...

Quelques minutes plus tard, voilà le directeur des postes d'Evreux, en grand uniforme postal. Un courrier, expédié par Lavalette, venait de lui annoncer la naissance du roi de Rome. Je ne pus pas cacher une légère contraction de mon visage. Mais je me repris. Et avec ma grâce habituelle, un peu contrainte cette fois, je prononçai ces mots qui dépasseraient le bureau de poste d'Evreux :

« L'Empereur ne peut douter de la vive part que je prends à un événement qui le comble de joie; il le sait, je suis inséparable de sa destinée et je serai toujours heureuse de son bonheur. »

Tous les officiers de ma Maison, sauf Lancelot, avaient renversé leur chaise, au dîner du maire, comme mus par des ressorts. Ils avaient sauté à cheval et galopé vers Paris pour se ruer en félicitations aux Tuileries. Certains, privés de monture, avaient dételé les chevaux de la voiture de mon directeur des postes, restée les brancards en l'air, attestant le ciel de la servilité des hommes.

Le lendemain, Eugène m'apporta les détails de l'accouchement de la part du père triomphant. De sa part à lui, il mima avec une drôlerie désopilante Caroline et Pauline feignant de se pâmer de joie. Pour une fois, j'écrivis aussitôt. Le 22, le page Leblond de Saint-Hilaire, que je gratifiai d'une épingle de diamants, m'apporta la réponse impériale : « Mon amie, j'ai reçu ta lettre. Je te remercie. Mon fils est gras et bien portant. J'espère qu'il viendra à bien. Il a ma poitrine, ma bouche et mes yeux. J'espère qu'il remplira sa destinée. Je suis toujours très content d'Eugène. Il ne m'a jamais donné aucun chagrin. »

En cette liesse, ne sachant que dire, l'Empereur m'offrait mon seul baume : cette comparaison entre son fils et le mien, qu'il aimerait toujours comme le sien.

Je dus donner un grand bal pour fêter la naissance de celui qui, dès son berceau, me poussait au néant. Somnolant jusque-là dans le laisser-aller, la Marmite entra en ébullition. Les maîtres d'hôtel virevoltaient pour veiller à tout. Les dames essayaient leurs grandes robes, où elles n'entraient plus. Les messieurs faisaient craquer aux entournures leurs costumes de cérémonie où ils semblaient endimanchés. Pierlot suscita la risée générale. Il étouffait dans son habit de velours brodé d'argent. Il enfonçait sur sa tête sa toque à plumes jusqu'aux sourcils, comme un bonnet de nuit. Le nœud colossal de son écharpe de satin blanc, qui aurait dû se nicher sur sa hanche, plastronnait au mitan de son bréchet. Son glaive de tranche-montagne s'accrochait partout.

Je voulus prêter une parure à la petite Georgette Ducrest. Elle la refusa en craignant qu'elle ne l'empêchât de danser. Mlles de Mackau et de Castellane, qui n'avaient pas refusé, osaient à peine bouger, de peur de semer mes diamants.

A l'heure du bal, ruisselante de feux, et suivie de ma Maison, comme aux jours heureux, je fis une entrée impériale. J'allai m'asseoir sur un trône dont, sous mon toit, M. de Monaco n'avait pas eu l'audace de me priver.

A la Marmite rien ne se passait comme ailleurs. On avait placé un faux parquet au-dessus des dalles de marbre de ce satané grand salon. Le gros

M. de Clermont-Tonnerre, ou plutôt M. de Clermont-Tonneau, se démena si furieusement dans ses entrechats qu'il passa à travers le plancher. On appela un menuisier pour l'en extraire.

A la Marmite le gaspillage dépassait tout. Mon premier écuyer, M. de Monaco, arguant de sa qualité de prince quasi souverain, ne daignait voyager qu'en voiture à six chevaux, précédée d'un piqueur et d'un courrier. Il me volait plus que dans tous les bois. Sous un prête-nom il fournissait lui-même le fourrage à soixante chevaux, alors que je n'en avais que cinquante. Il réforma d'excellents chevaux pour en acheter qui avaient passé l'année à la réserve. Il acheta et fit changer des voitures aussi frauduleusement. Toute sa comptabilité était fausse. L'Empereur le renvoya dans son régiment.

Je ne me mettais jamais en colère. On me força à m'y mettre. Un matin, je tombai foudroyée en entendant mon premier maître d'hôtel prétendre que les domestiques ne pouvaient pas avoir moins de vingt-deux tables réservées et servies séparément :

« Il y a une hiérarchie dans la classe inférieure, bien plus sensible que dans le salon de Sa Majesté. »

Je sentis monter en moi une colère digne de l'Empereur. Moi, qui ne pressais jamais le pas, je courus chez Mme d'Arberg qui, malade et fort entourée, régentait la Marmite du fond de son lit.

« Concevez-vous, mesdames, rien de pareil au gaspillage dont je suis en butte ? Comment, les cuisiniers ne veulent pas manger avec les filles de cuisine et les marmitons ? Les frotteurs avec les feutiers ? Les dames d'annonce ne dînant pas avec moi, vos femmes refusent de dîner avec les leurs ; enfin, l'étiquette d'antichambre me ruine. Mme d'Arberg, il faut absolument mettre ordre à cela. »

Mme d'Arberg se mit en quatre, mais ne put réduire les tables à moins de seize. Scandale d'autant plus exorbitant qu'en principe valets de pied et gens d'écurie n'étaient pas nourris.

L'Empereur dépêcha Mollien, ministre du Trésor, pour apurer ce gâchis. Il eut plus de mal à curer la Marmite qu'Hercule à nettoyer les écuries d'Augias. L'Empereur était d'autant plus furieux qu'il comparait la jeune Impératrice économe, qui lui avait fait un fils, et la vieille Impératrice panier percé, qui n'avait pas été capable de lui en faire un. L'irréprochable Marie-Louise ne touchait que cent mille écus. Elle réglait ses dépenses tous les huit jours. Elle se privait de robes et s'imposait des privations pour n'avoir pas de dettes.

Comme toujours l'Empereur fut bon prince. Il m'accorda un supplément de douaire d'un million. Mais, à partir du 1er janvier, on ne me donnerait plus un sou pour ma Maison que sur un certificat de mon intendant constatant qu'il n'y avait pas de dettes. Ses biens serviraient de garantie.

Pour étancher en partie cet océan d'un million cent cinquante-neuf mille quatre cent quatre-vingt-quatorze francs soixante-cinq centimes, on vendit des bois de Navarre et de Malmaison.

« Elle ne peut plus compter sur moi pour payer ses dettes ; je n'ai plus le droit de rien ajouter à ce que j'ai fait pour elle ; il ne faut pas que le sort de sa famille ne repose que sur ma tête, dit l'Empereur à Mollien. Je suis mortel, et plus qu'un autre », ajouta-t-il à voix basse.

Mollien répondit que j'avais promis, en pleurant, de ne pas dépasser, en 1812, les trois millions.

« Mais il ne fallait pas la faire pleurer ! » s'écria l'Empereur, toujours naufragé dans mes larmes.

Mollien lui précisa que, pour faire ces économies, je devrais supprimer des pensions que je versais à des émigrés.

« Donnez-moi les noms de ces officiers, coupat-il, et dites-lui que je ne veux pas qu'elle pleure ! »

Il m'écrivit :

« J'ai été fâché contre toi pour tes dettes ; je ne veux pas que tu en aies. Au contraire, j'espère que tu mettras un million de côté tous les ans pour tes petites-filles quand elles se marieront. Toutefois, ne doute jamais de mon amitié pour toi *et ne te fais aucun chagrin là-dessus.* »

L'Empereur me permit de retourner à Malmaison. Je me crus toute neuve : on avait refait ma chambre. Jacob Desmalter m'avait fait un merveilleux lit porté par quatre cornes d'abondance (ce qu'il m'aurait fallu pour payer mes dettes !). Au chevet, deux cygnes en bois doré, frères de ceux de mes étangs. Au-dessus, pour les rêves, un baldaquin ovale. Décor et sièges amarante, fenêtres et lit ennuagés de mousseline. Le tout brodé d'or.

Entre deux fenêtres, la toilette de vermeil offerte par la Ville de Paris pour le couronnement.

Défense de toucher à « la plus belle chambre

qu'on puisse voir » : celle de l'Empereur. Son lit romain, dressé sur une estrade couverte de peaux de tigre, me donnait des idées de grandeur antique. Le lit d'un héros, reposant, entre deux victoires, parmi les rideaux d'une tente.

Dans son bureau, sa plume, posée près de l'encrier, semblait prête à m'écrire. La mappemonde se souvenait qu'il l'avait quelquefois rudoyée.

Je jouais à la gardienne de musée, vouée au culte d'un grand homme.

« Mes reliques ! » disais-je, en les époussetant.

Je repris mon vertige de réceptions. J'invitais toujours à déjeuner ou à dîner une personne déjà reçue, qui me remerciait par une seconde visite.

Ici, point de négligé comme à la Marmite. Dès neuf heures du matin, mes dames devaient être parées et coiffées, les hommes en uniforme ou habit brodé. Même tenue pour les invités. Après les trois quarts d'heure du déjeuner, billard. Le vainqueur était toujours l'invité le plus huppé.

L'après-midi, par beau temps, visite des serres. Tous les jours la même allée. On parlait des mêmes choses. Mes invités louaient ma passion pour la botanique, ma mémoire prodigieuse. On examinait jusqu'aux étamines de la fleur la plus rare. On déclarait magnifiques les cygnes noirs.

« Ils sont très difficiles à naturaliser. Ils ne peuvent s'acclimater qu'à Malmaison », déclarait le chambellan avec componction.

Un prince étranger tomba en adoration devant l'aqueduc de Marly, qu'il m'attribuait, avec les cygnes et les camélias.

« C'est une galanterie que Louis XIV m'a faite », dis-je.

Après les extases aux serres, promenade en calèche, avec celles de mes dames que je choisissais. Deux heures dans le bois de Butard, jamais ailleurs. Vive la régularité !

Grande toilette pour le dîner, à douze ou à quinze. Nouvelles extases, sur le meilleur lait jamais bu : il venait de vaches bernoises, importées à Malmaison avec un jeune ménage du cru, en costume local. Extases sur mon beurre. Extases sur mes fromages d'Italie, envoyés par Eugène, et sur mon chester et mes muffins, que je m'obstinais à appeler *mouphines,* fabriqués par l'épouse anglaise de mon concierge. Point d'extase sur mes fesses, qui prenaient une fâcheuse ampleur, à cause de ces succulences.

Quand j'invitais un gastronome, tel que Grimod de la Reynière, j'agençais avec mon premier maître d'hôtel un menu digne de Lucullus. Le cardinal Maury se payait d'éminentes indigestions.

A minuit, j'allais me coucher. Tout le monde en faisait autant. Certaines, comme la petite Ducrest, trouvaient cette vie monotone; pas assez de pompe pour une cour, trop de collet-monté pour une réunion agréable. Nous vivions toujours en représentation. Nous pataugions dans les lieux communs. Mais, quand on reste, à jamais, Impératrice couronnée, on a des devoirs, dont le premier est l'ennui. Voilà ce que ne peuvent comprendre les petites Ducrest.

Les sujets de conversation étaient minces. Nous ne pouvions parler ni de la cour, ni de l'Empereur, ni de l'Impératrice, ni des guerres, dont je redoutais l'issue, ni des livres, que je ne lisais pas, ni des théâtres, où je n'allais plus. Que restait-il ? Le temps qu'il avait fait, qu'il faisait, qu'il ferait. Les santés, proches, ou lointaines, à condition d'éviter les morts, qui attristent. Les mariages, les naissances.

En vieillissant, je tournais à la marieuse. Annette de Mackau épousa le général Wattier, Mlle d'Avrillon épousa M. Bourgillon. Riches occasions de cadeaux : trousseau et dot. J'aurais voulu marier à Malmaison Louise de Castellane et M. de Pourtalès. Interdiction du ministre de la Justice : « Un mariage doit être célébré dans la maison commune du lieu où l'un des deux époux a son domicile. »

Mes domestiques se mariaient à corps perdu. Pour moi, à bourse déboutonnée. Leurs cadeaux de noces m'engloutirent quatre cent mille francs. J'offrais aussi des plantes rares, bulbes et arbustes : magnolias pourpres, lauriers-roses, *Amaryllis Josephinae,* qui arrivaient pourris et que je remplaçais.

« Quelle jolie robe porte aujourd'hui Votre Majesté. Ce cachemire ferait de biens jolis gilets ! » s'écria M. de Pourtalès.

Vite, des ciseaux ! Je taillai ma jupe en distribuant les morceaux à mes chambellans et écuyers et restai en corsage et en jupon.

Une dame bolonaise vint me voir. Il faisait frais dans le parc. J'ôtai mon schall magnifique et le posai sur ses épaules : « Il vous va trop bien. Gardez-le en souvenir de moi. »

Pour ma famille : à Louis Tascher, pour son mariage : soixante mille francs. Pour la femme d'Henry Tascher : une parure de diamants de trente mille francs. Pour elle encore, je payai à Leroy une note de trente-deux mille francs.

Au plus jeune Tascher, une pension de six mille francs, plus cent louis à l'abbé Halna qui lui donnait des leçons. Mille écus de pension à Gabriel des Vergers de Sanois. Douze mille francs à mon oncle Dugué. Trois mille francs à M. de Copons, mari d'une cousine. Entretien et pension de trois enfants de M. Sainte-Catherine, mari d'une autre cousine.

Lancelot ne possédait qu'un infâme cabriolet et une rosse. Un matin, il vit s'avancer un pur-sang et un élégant tilbury à ses armes.

Leroy me volait toujours : par mois, dix mille à quinze mille francs de robes, soieries, dentelles, schalls des Indes de contrebande. Il majorait des deux tiers les cothurnes de Lallemand, simplement parce qu'ils passaient par son officine.

L'Empereur pouvait croire que le monde féminin n'avait pas changé depuis le premier jour où il vint rue Chantereine. La mode avec la taille sous les bras et la poitrine sur balconnets avantageait mes seins plus inébranlables que l'Empire. Mais les robes n'étaient plus transparentes. On les taillait désormais dans des tissus pesants comme la morale.

Pour suivre le vent, je me mettais moi-même, parfois, à la morale. Un jour, je fis exposer tous mes bijoux sur une grande table. Pour donner une leçon à la Jean-Jacques aux jeunes filles de ma « courette »

« Oh! Madame!... Oh! Votre Majesté!... », s'écrièrent les mignonnes, délirantes d'étincellements.

Alors, prenant mon air de profonde sagesse :

« C'est pour vous dégoûter de la manie des bijoux que je vous ai fait apporter les miens...

Dans le commencement de mon étonnante fortune, je me suis amusée de ces colifichets dont un grand nombre m'ont été offerts en présents en Italie. Peu à peu, je m'en suis si bien dégoûtée que je n'en porte plus que lorsque j'y suis forcée par mon nouveau rang dans le monde; d'ailleurs, mille événements peuvent priver de ces superbes inutilités : n'ai-je pas les brignolettes de Marie-Antoinette ? Est-il bien certain que je les conserve ? Croyez-moi, mesdemoiselles, n'enviez pas ce luxe qui ne fait pas le bonheur. »

Par bouffées me prenaient des envies d'économies. Je conseillais mon intendant : « Vous trouverez ma lettre un peu grave, mais je m'aperçois tous les jours que je deviens, non pas économiste, mais économe. »

Je renonçai à un Téniers admirable. Je retardai mon voyage à Milan pour travailler à mon plan de restrictions. J'espérais acquitter toutes mes dettes à la fin du mois. Je n'étais que soumission à l'Empereur, sérieux, exactitude.

Et puis un nouveau vent de folie : construire un vrai château à Malmaison. Creuser un nouveau gouffre. Par le truchement de l'architecte Fontaine, je proposai à l'Empereur de lui vendre l'Elysée. Mon ancien époux exulta. Il tremblait toujours de me voir débarquer si près de Marie-Louise. Mais il ne voulait pas débourser un liard de plus. Il me proposa d'échanger l'Elysée contre le splendide château de Laeken, près de Bruxelles. Bonaparte Premier Consul l'avait acheté. En 1811 on le rénova pour le voyage de Marie-Louise. J'y trouverais une chambre de satin rose et de satin blanc, et, pour les serres, un nouveau Malmaison.

Je m'inclinai, par force. Mais je ne mis jamais

les pieds à Laeken. Ma Maison refusa l'exil. Malmaison resta Malmaison.

Les hommes rêvent souvent de réunir les femmes qu'ils aiment. Les femmes acceptent rarement ces rencontres. Un jour où j'étais à la Marmite, l'Empereur, quittant Saint-Cloud, proposa à Marie-Louise de l'emmener à Malmaison : « C'est un joli jardin ». Crise de larmes de la nouvelle.

« C'est une promenade que je vous proposais, dit-il, battant en retraite. Vous ne voulez pas y aller, n'en parlons plus; mais il ne faut pas pleurer pour cela. »

J'aurais bien voulu connaître ma remplaçante. Pour la juger. Pour sentir, au premier regard, avec mon instinct de femme, comment se comportait ce couple.

« Tu as tort, dit l'Empereur. Aujourd'hui elle croit que tu as quatre-vingts ans et ne pense pas à toi. Si elle te voit avec tes grâces, tu pourrais lui donner de l'inquiétude et elle demandera que je t'éloigne. Il faudra le faire. Tu es bien; reste tranquille ! »

Quelle femme n'aurait été flattée par cet argument ? Mais il me restait un désir : voir le roi de Rome. J'en demandai l'autorisation à l'Empereur, un jour où il vint me voir en cachette.

Craignant d'affliger sa femme, l'Empereur n'osa pas donner l'ordre à Mme de Montesquiou, gouvernante de l'enfant. Par le baron de Canisy, premier écuyer du petit roi, la dame me fit savoir qu'elle irait se promener à Bagatelle le dimanche suivant. J'étais dans le petit cabinet du fond du pavillon. Je fis entrer la gouvernante et le petit roi. Je me mis à genoux devant lui, j'éclatai en sanglots. Je lui baisai la main : « Mon cher petit, vous saurez un jour l'étendue du sacrifice que je vous ai fait; je m'en rapporte à votre gouvernante pour vous le faire apprécier. »

J'admirai sa force, sa grâce. Je croyais embrasser mon propre enfant. Je ne pouvais me détacher de lui. Je voulus voir toutes les personnes qui formaient son service. Je me montrai si gracieuse que la nourrice, en repartant, eut un mot qui me payait de mes peines :

« Dame, que celle-ci est aimable ! Elle m'en a dit plus en un quart d'heure que « l'Autre » pendant six mois ! »

En souvenir, je voulus avoir le portrait de l'enfant. Pour dix mille francs, je le commandai à Mlle Thibaut qui l'avait peint assis sur un mouton.

XXII

LA PROMENADE EN CALÈCHE

Avant de partir pour la campagne de Russie, l'Empereur voulut impressionner le tsar. A Dresde, foulant aux pieds une plate-bande de rois, il apparut comme un nouveau Charlemagne. Il présidait les repas le chapeau sur la tête. « En voilà un gaillard ! » s'écriait son beau-père, François d'Autriche, tête nue.

Eugène traversa Paris avant d'aller commander le IVe corps de la Grande Armée. Il me força à tenir mes promesses. Il me mit sur la gorge le couteau de la tendresse. La princesse Auguste était de nouveau enceinte. En l'absence du père, ma place était à Milan. Quitter Malmaison, mes fleurs, mes aises, les bras de Lancelot !... Pour subir, à Milan, le carcan d'une cour étrangère. J'imposai une condition : je voyagerais sous le nom de Mme d'Arberg.

A mon intention, Eugène proposa à sa femme un protocole allégé :

« Elle arrivera incognito... Les autorités seraient admises près d'elle comme tu les reçois les dimanches ordinaires. »

Avant tout, éviter les discours. Ni le Sénat, ni le

Conseil d'Etat, ni le Tribunal ne viendraient en corps. On les présenterait à Auguste comme tous les dimanches et on me les nommerait.

Voulant à tout prix me libérer, Eugène insistait : « Ainsi, tu entends bien; on fait dire à toutes les personnes présentes de venir à telle heure, et on fait entrer d'abord les ministres, le président, et puis on fait dix à douze entrées... »

A Milan, à partir du 27 juillet 1812, on me logea à la villa Bonaparte, dans l'appartement même d'Eugène. J'avais apporté des malles pleines de robes, de friandises, de jouets. Je trouvai ma belle-fille à merveille, mes petits-enfants adorables. L'aîné, Auguste-Napoléon, un an et demi, était un Hercule enfant. L'aînée des petites filles, Joséphine, ma filleule, une beauté, avait le haut du visage de sa mère. La cadette, Eugénie, vive, spirituelle, serait très jolie.

Le 30, à deux heures, les douleurs prirent Auguste. Elle dîna tout de même avec moi, puis fit une promenade en voiture. A minuit, grandes douleurs. A quatre heures du matin, naissance d'une « petite chatte », comme le dit Eugène, qu'on appellera Amélie, comme sa marraine, la reine de Saxe, et Auguste. Si ç'avait été un garçon, l'Empereur lui aurait trouvé un nom.

J'écrivais à Eugène une foule de choses gentilles sur ses enfants. L'aîné, à qui j'avais dit que ma lettre précédente était pour son papa, l'avait baisée avant de la porter à l'écuyer. La petite Joséphine avait pleuré : elle voulait voir sa mère, on le lui avait refusé. Pour la consoler, on dut l'y mener. Elle aurait le don des larmes, comme sa marraine.

Cet accouchement m'avait fatiguée. Je m'étais

mise au lit à cinq heures du matin. Migraine, émétique. Oui, Auguste était charmante, et encore plus belle et plus fraîche depuis cette nouvelle naissance. Oui, mes petits-enfants étaient délicieux. Mais Milan me pesait plus encore qu'autrefois. L'étiquette de la cour m'ennuyait et faisait enrager les jeunes femmes de ma suite. Le 4 août, après six jours, je ne rêvais que d'Aix-les-Bains. Je prolongeai un mois, moins par bonté que pour éviter Madame Laetitia et le cardinal Fesch, aux eaux à ce moment. Je rougissais de mon égoïsme, mais le rouge m'allait bien. Malgré mes protestations de tendresse, je ne m'étais jamais gênée pour mes enfants. Pourquoi me gênerais-je pour mes petits-enfants? Je partis en semant baisers et cadeaux. A un inconnu, le poète Monti, qu'on m'avait seulement présenté, j'envoyai une étoile de la Couronne de fer en brillants.

A Aix, je reçus des lettres d'Auguste et je m'attendris à distance. Tous les soirs, le petit garçon priait pour ses parents « et pour l'autre maman ».

Cette année-là, Aix me parut triste et me fit regretter Plombières. Bains et douches ne chassèrent pas ma mélancolie. Je retrouvai la reine d'Espagne, Julie Clary, bonne et aimable comme toujours, et sa sœur, la princesse Désirée de Suède qui, pour une fois, fut fort bien.

Je devais, au moins, aller à Prégny. Je voulais ne pas avoir acheté cette baraque pour rien. J'y passai trois semaines. Les fleurs remplaçaient les meubles. Le laisser-aller tenait lieu d'étiquette. On s'asseyait devant moi. Dans le parc on jouait à colin-maillard et à la main chaude, comme sous le Consulat, à Malmaison.

Les Genevois s'empressaient de venir me voir

comme une bête curieuse. Ils me trouvaient pleine d'urbanité, point du tout gênante. L'un d'eux, que j'avais invité à dîner, comme tout le monde, se réjouissait de me voir bannir gêne et raideur. Il regrettait seulement que l'on dût « donner beaucoup de soin à sa toilette ».

Pour m'étourdir, j'acceptais autant d'invitations que j'en lançais. Parfois me reprenait ma folie du scabreux. Chez le préfet Capelle, je racontai que l'Empereur avait été l'amant d'Hortense et qu'il avait tenté d'abuser de la fiancée de Jérôme. En machinant un faux itinéraire pour se trouver seul avec elle.

Le 14 octobre, à la préfecture de Genève, on célébra la victoire de l'Empereur sur les armées russes. Le 15, nouveau bal, à Monrepos, chez M. Saladin. Je me fis présenter tout le monde. Un mot, un sourire à chacun. Quelques jours plus tard, au château de Choully, chez M. de Châteauvieux, je fis sensation avec ma robe de crêpe rose brodée d'argent, aux falbalas de dentelle. Et mon collier de grosses perles fines qu'un invité évalua à cent mille francs. Et ma coiffure à la chinoise : gros galons d'argent mêlés dans les cheveux réunis sur l'occiput; double galon sur le front et sur le cou, qui reluisait « de tout loin », comme disent les Suisses.

Le 21 octobre, je quittai l'Helvétie. Un Genevois fit cet étrange aveu, prouvant combien il était difficile de plaire à un citoyen de ce nouveau département du Mont-Blanc : « L'Impératrice part, et quoiqu'elle se soit fait aimer, on en est généralement bien aise; le genre de vie qu'on a mené depuis qu'elle est ici ne convient pas à nos habitudes. »

Le 23 octobre, sur le chemin du retour, j'appris à la poste de Melun le complot du général Malet. Ce fou s'était évadé de la maison de repos où on l'avait enfermé par mansuétude, au lieu de le fusiller pour ses deux précédents complots. Il fit croire que l'Empereur était mort, « frappé d'une balle devant Moscou ». A la prison de la Force il libéra les deux généraux Lahorie et Vidal. Ensemble ils arrêtèrent le ministre Savary, le préfet Pasquier, le chef de la Sûreté Desmarets. Il ne leur restait plus qu'à incarcérer le ministre de la Guerre Clarke et l'archichancelier Cambacérès, puis à appréhender, à Saint-Cloud, l'Impératrice et le roi de Rome. Et tout le régime tombait dans leurs mains, comme un des fruits mûrs de Malmaison.

Sur le moment, je ne compris pas ce qui s'était passé. En traversant la France, tout m'avait paru tranquille. S'il y avait eu le moindre danger pour le roi de Rome et l'Impératrice, « j'aurais suivi mon premier mouvement, j'aurais été avec ma fille me réunir à eux ». C'est du moins ce que j'écrivis à Eugène.

Je ne compris que plus tard que nous étions perdus. Mon sacrifice avait été vain. Vains aussi tous les raisonnements de l'Empereur et de ses conseillers et tous les beaux discours de la cérémonie de répudiation. En épousant un « ventre » royal pour avoir un fils, l'Empereur avait semé du vent. Loin d'avoir consolidé sa dynastie, il l'avait détruite. Aucun de ces dignitaires chargés d'or et de broderies ne s'était dit qu'il existait un roi de Rome, héritier de l'Empereur, et nouvel Empereur à sa place, qu'il fallait acclamer. Comme on acclamait le nouveau roi, au bord de la tombe du mort.

« Ce diable de roi de Rome, on n'y pense jamais ! » s'était écrié le préfet Frochot, jetant bas tous les calculs de mon grand homme.

Tout ce que je compris, c'était que la vie de l'Empereur ne tenait qu'à un fil : « Veille bien sur sa sûreté, écrivis-je à Eugène, car les scélérats sont capables de tout. Dis de ma part à l'Empereur qu'il a tort d'aller habiter des palais sans savoir s'ils ne sont pas minés. »

A ce moment-là, je ne comprenais rien à rien. D'ailleurs, qu'avais-je jamais compris ? Je m'étais laissé emporter par le torrent. De Bonaparte tout me paraissait naturel. Le fabuleux était son lot. Il me devait autant de victoires que de millions et de diamants. Les drapeaux pris à l'ennemi faisaient partie de ma garde-robe et me coûtaient moins cher que mes chiffons. Cet incendie de Moscou, je n'y avais vu que du feu. Hortense aussi : « Votre incendie de Moscou et tout cela ne me paraît pas bien clair », écrivait-elle, le 28 octobre, à Eugène. Pour moi l'Empereur était entré à Moscou, comme il était entré à Vienne, au Caire, à Madrid. Comme il serait entré à Calcutta, à Pékin, dans la Lune.

Les Français, surtout les Parisiens, étaient assez de mon avis. L'Empereur les avait comblés de triomphes, comme on offre aux enfants de trop beaux jouets. « Si j'épousais la Madone, les Parisiens n'en seraient pas autrement étonnés », dit-il un jour.

Et tout d'un coup, parmi les fleurs de Malmaison, le tonnerre : la retraite de Russie ! Nous étions suspendus aux courriers. Vingt ans de victoires nous avaient appris à juger la défaite impossible. Le *Moniteur* du 16 décembre publia un bulletin qui foudroya la France : le froid terrifiant, la disette, l'épuisement, les chevaux et les hommes jonchant la neige, les maréchaux se traînant, à pied, parmi les soldats.

Qu'était devenu l'Empereur ? Surtout qu'était devenu Eugène ? Je reçus une lettre vieille de trois semaines. Mon fils vivait !...

Le 19 décembre j'appris que, la veille, un quart d'heure avant minuit, une chaise de poste transportant deux hommes était entrée dans la cour des Tuileries. Caulaincourt avait passé sa tête par la portière, s'était nommé. Le Suisse ne voulait pas reconnaître en ce fantôme le grand écuyer. L'autre homme, coiffé d'un bonnet de fourrure, enfoui dans sa pelisse, avec une barbe de quinze jours, était l'Empereur, émergeant du désastre.

Il vint me voir à Malmaison. Je lui demandai si la catastrophe était aussi effroyable que l'avait révélé le bulletin :

« J'ai dit toute la vérité », répondit-il.

Murat, à qui il avait laissé le commandement des débris de la Grande Armée, déserta, en prétextant une jaunisse. J'appris avec terreur qu'Eugène lui succédait. Comme toujours il fit de son mieux.

« Nous avons tous commis des fautes. Eugène est le seul qui n'en ait pas fait », dira l'Empereur.

Mais que faire quand rien n'est possible ? Ney avait dû abandonner les derniers canons. Le maréchal Victor marchait seul vers Kovno. L'arrière-garde qu'il commandait avait fui. Berthier adressa ce dernier rapport :

« Je dois dire à Votre Majesté que l'armée est dans la débandade la plus complète; de même que la Garde qui ne se compose plus que de quatre ou cinq cents hommes. Les généraux et les officiers ont perdu tout ce qu'ils possédaient, la plupart d'entre eux ont telle ou telle partie du corps gelée, les routes sont jonchées de cadavres, les maisons sont bondées de mourants. Toute l'armée ne représente plus qu'une colonne étirée sur une longueur de quelques lieues, qui part le matin et s'arrête le soir sans recevoir aucun ordre; les maréchaux marchent avec tout le monde... *L'armée n'existe plus.* »

Nos désastres avaient fait de moi une vraie grand-mère. Malmaison était devenue une serre d'enfants et de fleurs. Je gâtais le petit Alexandre, fils de Marie Walewska. Et surtout les deux fils d'Hortense, Napoléon et Louis, cinq ans, dit « Oui-Oui ». En juin 1813, quand leur mère faisait sa cure à Aix-les-Bains, je leur permettais tout ce qu'elle leur défendait, notamment de couper les cannes à sucre des serres pour les sucer. Je leur disais : « Demandez-moi tout ce que vous voulez. » La veille d'une fête, Napoléon, plus âgé de trois ans que Oui-Oui et plus sentimental, demanda une montre avec le portrait de sa mère. Oui-Oui me demanda d'aller marcher dans la crotte avec les petits polissons. Il souffrait de circuler en ville en voiture de quatre ou six chevaux. Il adorait les soldats. A Malmaison, quand il pouvait s'échapper du salon, il courait du côté du grand perron où deux grenadiers montaient la garde. Un jour, d'une fenêtre du rez-de-chaussée, il lia conversation avec l'un d'eux : « Moi aussi, je sais faire l'exercice; j'ai un petit fusil. » Le grognard l'invita à le commander : « Présentez armes! Portez armes ! Arme au bras. » Il exécuta tous les mouvements. Pour le remercier, Oui-Oui courut chercher un biscuit et le mit dans la main du soldat.

Je radotais à force de citer les bons mots de Oui-Oui. L'abbé Bertrand lui faisait lire une fable où il s'agissait de métamorphose. « Je voudrais, dit Oui-Oui, pouvoir me changer en petit oiseau, je m'envolerais à l'heure de votre leçon; mais je reviendrais quand M. Hase (son maître d'allemand) arriverait. — Mais, prince, répondit l'abbé, ce que vous me dites là n'est pas très aimable pour moi. — Oh ! reprit Oui-Oui, ce que je dis n'est que pour la leçon et non pas pour l'homme. »

Quand Napoléon et Oui-Oui avaient bien travaillé, je les invitais à déjeuner et dîner avec moi le dimanche. Je leur offris deux poules d'or pondant des œufs d'argent, en disant que leur mère les leur envoyait d'Aix.

A la cascade de Grésy, Adèle de Broc, nièce de Mme Campan et amie d'enfance d'Hortense, se noya sous ses yeux. Je lui envoyai Lancelot pour prendre de ses nouvelles. Je lui offris d'aller la rejoindre pour partager son chagrin. Lancelot revint vite dans mes bras pour me rassurer. Et je pus garder longtemps mes deux petits-fils.

Voyant partir Mme de Tascher, qui rejoignait son mari aux eaux : « Il faut donc qu'elle aime bien son mari puisqu'elle quitte grand-maman », dit Oui-Oui. Le même jour, dans la grande allée du bois du Butard, il jeta son chapeau en l'air en s'écriant : « Ah ! que j'aime la belle nature ! » J'aurais fait un recueil de ses mots.

Je me plaisais tant à Malmaison que j'arrondis mon domaine. J'achetai l'étang de Saint-Cucufa, qui abreuvait mes cascades. Je poussai vers la

Côte d'Or de Rueil. Je conquis les hauteurs de Buzenval et les vingt hectares de Bois-Préau. Mon Empire des fleurs.

L'Empire du nouveau Charlemagne s'écroulait. La bataille de France commençait. Bernadotte trahit. Le roi de Bavière aussi. Le 22 novembre 1813, il envoya à Eugène le prince de Thurn et Taxis pour l'inviter à tourner casaque. Sa famille serait « assurée d'un sort avantageux en Italie ». On lui offrait la couronne d'un pays dont on conviendrait.

Eugène écrivit à l'Empereur une lettre à graver en lettres d'or dans tous les palais : « Il ne m'a pas fallu grande réflexion pour assurer au roi de Bavière que son gendre était trop honnête homme pour commettre une lâcheté, que je tiendrais jusqu'à mon dernier soupir le serment que j'avais fait et que je répétais, de vous servir fidèlement; que le sort de ma famille est et serait toujours entre vos mains et qu'enfin, si le malheur pesait jamais sur nos têtes, j'estimais tellement le roi de Bavière que j'étais sûr d'avance qu'il préférerait retrouver son gendre, particulier mais honnête homme, que roi et traître. »

Auguste égala son mari dans la grandeur. Elle m'envoya tous les documents du marché : « Rien de ce qui est bon, noble et grand, ne peut vous étonner de la part de notre excellent Eugène, mais depuis hier, je suis, malgré cela, encore plus heureuse et fière d'être la femme d'un tel homme et, pour vous faire partager ma joie, je me hâte de vous envoyer la copie d'une lettre qu'il m'a écrite après avoir refusé une couronne qu'on lui offrait, s'il consentait à être un ingrat, un lâche, enfin à trahir l'Empereur comme le roi de Naples. »

Auguste attendait un nouvel enfant. Eugène demanda au maréchal autrichien de Bellegarde l'autorisation pour elle de rester à Milan ou à Monza pour ses couches. Le maréchal en référa à Vienne. A cette époque, de Paris à Milan, alors que la guerre déplaçait souvent les quartiers généraux, il fallait quinze, dix-huit, vingt jours, aller et retour, pour un échange de messages. Ces délais entraînèrent une cascade de quiproquos. L'Empereur ne fut pas informé de la demande exacte d'Eugène. Il crut qu'il s'était abouché avec l'ennemi. Il m'écrivit pour pallier sa prétendue trahison. Aussitôt je transmis à Eugène les ordres de l'Empereur, en le suppliant de les exécuter : « Son intention est que tu te portes sur les Alpes en laissant dans Mantoue et les places d'Italie seulement les troupes d'Italie... La France avant tout, la France a besoin de tous ses enfants. Viens donc, mon cher fils, accours; jamais ton zèle n'aura mieux servi l'Empereur. Je puis t'assurer que chaque moment est précieux. Je sais que ta femme se disposait à quitter Milan. Dis-moi si je puis lui être utile... »

Quelques jours plus tard, l'Empereur fut rassuré par Tascher, l'aide de camp d'Eugène. En proie aux assauts de toute l'Europe, il écrivit à mon fils brièvement, le 18 février, le jour de la bataille de Montereau : « Mon fils, il est nécessaire que la vice-reine se rende sans délai à Paris pour y faire ses couches; mon intention étant que, dans aucun cas, elle ne reste dans le pays occupé par l'ennemi. »

Eugène fut blessé par ce laconisme. Vexé aussi

que lui, un soldat, reçût les ordres de son chef par sa mère. Il m'écrivit qu'il ne croyait pas être arrivé à ce moment pour avoir besoin de donner à l'Empereur des preuves de sa fidélité. Le même jour, le 27 février, il écrivit à l'Empereur en s'étonnant qu'il ait pu s'imaginer qu'il avait « besoin d'être excité » pour se « rapprocher » de la France. Il ne méritait ni les reproches ni « le peu de confiance » de Sa Majesté.

Auguste se cabra et envoya à l'Empereur une lettre en forme de gifle.

« Je ne m'attendais pas qu'après toutes les preuves d'attachement qu'Eugène ne cesse de vous donner, vous exigiez qu'il risquât aussi la santé et même la vie de sa femme et de ses enfants, seul bien et consolation qu'il a dans ce monde... Nous ne nous servons pas d'intrigues et nous n'avons d'autres guides que l'honneur et la vertu. Il est triste de devoir dire que, pour récompense, nous n'avons été abreuvés que de chagrins et de mortifications, que nous avons supportés en silence et avec patience... Qu'ai-je fait pour mériter un ordre de départ aussi sec ?... »

L'Empereur n'avait pas toujours traité Auguste comme elle le méritait. Epouse du fils adoptif de Sa Majesté, elle aurait dû avoir le pas sur les autres princesses de la famille. Or, elle, une Wittelsbach, dut s'effacer derrière les Bonaparte et les Clary !

Au mariage d'Eugène et d'Auguste, l'Empereur leur avait promis la succession d'Italie. Il ne leur réservait plus maintenant que le grand-duché de Francfort.

Dans sa lettre cinglante, Auguste refusait de venir faire ses couches à Paris ou à Malmaison. Héroïne de l'amour, elle resterait près d'Eugène, en Italie! « Je ne quitterai Milan que si les ennemis doivent y venir, mais mon devoir, mon cœur me font une loi de ne pas quitter mon mari, et puisque vous exigez que je risque ma santé, je veux au moins avoir la consolation de finir mes jours dans les bras de celui qui possède toute ma tendresse et qui fait tout mon bonheur. »

L'Empereur eut des remords. Le 12 mars, de Soissons, il présenta ses excuses à Auguste : « J'ai pensé qu'avec votre caractère, vous feriez de mauvaises couches dans un pays qui est le théâtre de la guerre et au milieu d'ennemis, et que le meilleur parti pour votre sécurité était de venir à Paris. Reconnaissez votre injustice et c'est votre cœur que je charge de vous punir. »

Il adressa à Eugène une chaude bourrade : « Il est fâcheux pour le siècle où nous vivons que votre réponse au roi de Bavière vous ait valu l'estime de toute l'Europe; quant à moi, je ne vous ai pas fait compliment, parce que vous n'avez fait que votre devoir et que c'est une chose simple. Toutefois, vous en avez déjà la récompense, même dans l'opinion de l'ennemi, de qui le mépris pour votre voisin est au dernier degré. »

Le « voisin » était le traître Murat.

Le 15 mars, éclatant hommage *in extremis.* Au congrès de Châtillon, Caulaincourt annonça aux Alliés que l'Empereur renonçait à la couronne d'Italie « en faveur de son héritier désigné, le prince Eugène-Napoléon et de ses successeurs à perpétuité ».

« Perpétuité » du vent! Dans quinze jours,

Autrichiens, Prussiens, Russes, Suédois seront à Paris. L'algarade entre Eugène et l'Empereur m'avait bouleversée. Depuis le divorce, Eugène était pour moi plus qu'un fils : le seul homme sur lequel je pouvais m'appuyer, mon conseiller, mon protecteur, mon mentor. Dans l'écroulement universel, mon roc. Depuis qu'il avait rompu la chaîne des astres et qu'il en était puni, l'Empereur, monstre et génie, reculait, pour moi, au rang des mythes. Seul restait Eugène, mon chevalier.

Alors que, par lambeaux, j'espérais encore le salut, à mon insu, Malmaison était un repaire de traîtres : serpents sous les fleurs. Vitrolles, que j'avais fait conseiller général des Basses-Alpes, inspecteur général des bergeries, baron de l'Empire, complotait, chez la princesse de Vaudémont, avec le duc d'Alberg, l'abbé Louis et Roux-Laborie. Il s'acoquina avec mon intendant, Montlivault. Semallé s'aboucha avec des piliers de Malmaison : MM. de Geslin, de Coësbouc, de Vanteaux, fournisseurs de l'armée de Paris, royalistes enragés. Tous les jours, ils révélaient le mouvement des troupes d'après le nombre des rations. Le fiancé de Mlle Caze, le colonel Maillard de Liscourt, détaché à l'arsenal de Grenelle, transmettait l'état des munitions et des armes. On ne distribuait pas les fusils. On remplissait les cartouches de charbon au lieu de poudre. Les gargousses ne portaient pas le boulet.

En faisant de la charpie pour les blessés, les Tartuffes de Malmaison conspiraient pour accroître leur nombre. Les Montalivault, les Rémusat, les Viel-Castel, les Poutalès, les Turpin, peut-être même mon Lancelot, ne rêvaient qu'à

Louis XVIII, le podagre qui préparait ses bagages et au comte d'Artois qui allait monter dans les fourgons de l'étranger.

Pendant ce temps, j'étais crucifiée entre les nouvelles d'Italie et les désastres de France, Moi, la Danaïde, chevauchant son tonneau vide, qu'allais-je devenir sans le sou ? L'Empereur venait d'ordonner à La Bouillerie de ne payer que par acomptes ridicules la part de ma dotation qui incombait à la Couronne. Si je devais partir, que ferais-je sur les routes, traînant mes dettes ? Raclant leurs fonds de tiroir, Hortense m'apporta vingt-cinq mille francs, la duchesse d'Arenberg vingt-quatre mille, Henri Tascher sept mille cinq cents. Je revenais à mes débuts de mendiante.

Rester à Malmaison ? L'ennemi approchait. Je n'avais qu'un poste de seize hommes de la Garde, des éclopés. Partir ? Où ? Aux Tuileries, Marie-Louise, le roi de Rome, les ministres, le Trésor, les carrosses du sacre, tout le grand déménagement impérial s'en allait vers la Loire. Je ne pouvais pas être, pour ceux qui m'avaient chassée, un bagage inutile. Dans le tohu-bohu de la catastrophe, je ne pouvais pas non plus m'accrocher aux basques des odieux Bonaparte, Joseph et Jérôme.

Ce serait dément de rester à Malmaison, alors que les Cosaques étaient à Bondy. Mais, si je partais, on pillerait mon paradis. Que faire ? A qui demander conseil ? Eugène était hors de portée. Hortense m'abandonnait. Le 28 mars, une lettre d'elle me décida : j'irais à la Marmite.

Le mardi 29 mars, au matin, sous la pluie, j'abandonnai, en larmes, l'asile de ma vie, les souvenirs de mon bonheur, le refuge de mon avenir. Quand le reverrais-je, et dans quel état ?

Craignant de ne point trouver de relais aux postes, j'emmenai toute ma cavalerie et tous mes équipages. Une transhumance. Ainsi alourdis, nous ne dépassions pas les cinquante kilomètres par jour. Ne pouvant pas déménager Malmaison, je m'étais cuirassée de diamants et de perles, cousus dans mon jupon ouaté. Ces fruits de l'amour formaient mon armure. J'avais entassé dans les coffres mes grandes parures et mes objets les plus précieux. Tout ce que j'emportais. Pour le reste, à la grâce de Dieu, que je ne priais pas !

A dix lieues de Malmaison, l'essieu de l'Opale se rompit. Cette voiture aux irisations « de malheur et d'espérance » ne m'avait jamais porté bonheur. Au loin, j'aperçus un peloton de cavaliers que je pris pour des Prussiens. Comme une vagabonde, je me mis à fuir à travers champs, appesantie par ma cuirasse de diamants. Un de mes valets de pied, l'Espérance, me rattrapa à trois cents mètres de la route : c'étaient des hussards français du 3e régiment ! Egarée, je remontai dans la sinistre Opale. Coucher à Mantes.

Le 30 au soir, j'arrivai à la Marmite où m'attendaient les gardes nationale et départementale. Paris venait de tomber. « Si je fusse arrivé plus tôt, tout était sauvé ! » s'était écrié l'Empereur, toujours dans ses chimères.

Hortense me rejoignit à la Marmite avec ses deux fils. Elle avait refusé d'obéir à Marie-Louise, la régente, et à Louis, lui ordonnant de rejoindre la cour à Blois. Elle avait vu là « des persécutions particulières ».

Dans la nuit du 2 au 3 avril, j'appris par M. de Maussion, auditeur au Conseil d'Etat, la trahison de Marmont qui avait livré Paris et les démarches tentées par Caulaincourt, dans la capitale, au nom de l'Empereur.

« Nous avons le cœur brisé de tout ce qui se passe et surtout de l'ingratitude des Français. Les journaux sont remplis des plus horribles injures. Si vous ne les avez pas lus, n'en prenez pas la peine, ils vous feraient mal », écrivais-je à la comtesse Caffarelli.

Les nouvelles me tombaient sur la tête, comme une grêle de boulets. Les Alliés refusaient de traiter avec le vaincu. On avait créé un gouvernement provisoire. L'Empereur abdiquait, en réservant les droits de son fils, Napoléon II. Les alliés accordaient au maître du monde le gouvernement de la microscopique île d'Elbe. L'Empereur abdiquait une seconde fois, en renonçant, pour lui et ses héritiers, aux couronnes de France et d'Italie. Le comte d'Artois allait arriver à Paris.
Ma lettre du 9 avril à Eugène : « Quelle semaine j'ai passée, mon cher Eugène ! Combien j'ai souffert de la manière dont on a traité l'Empereur ! Que d'injures dans les journaux, que d'ingratitude de la part de ceux qu'il avait le plus comblés ! Mais il n'a rien à espérer. Tout est fini : il abdique. Pour toi, tu es libre et délié de tout serment de fidélité ; tout ce que tu ferais de plus pour sa cause serait inutile ; agis pour ta famille... je vis dans des transes et une anxiété terribles... »
J'avais l'air d'abandonner lâchement celui auquel je devais tout, jusqu'aux diamants de mon jupon. J'étais femme, mobile comme l'onde. Et femme légère, toujours dans le lit du vainqueur. Je n'avais rien de l'héroïne antique, suivant le

vaincu dans un désert. Et puis, dans *Le Moniteur* du 6, j'avais lu les lettres de ralliement des généraux au roi Louis XVIII. Je voulais éviter au chevalier Eugène la folie de se faire tuer pour rien en Italie.

Le 11 avril, signature du traité de Paris. Mes yeux sautèrent sur l'article VII : « *Le traitement annuel de l'Impératrice Joséphine sera réduit à un million en domaines ou en inscriptions sur le Grand Livre de France. Elle continuera de jouir de tous ses biens meubles et immeubles particuliers et pourra en disposer conformément aux lois françaises.* »

Plus de service d'honneur ruineux, moins de pensions écrasantes à payer ! Mais toujours quelque argent : je ne serais pas encore à la rue ! Pour Hortense et ses enfants, un revenu de quatre cent mille francs. Le prince Eugène, vice-roi d'Italie, recevrait « un établissement convenable hors de France. »

La Marmite me pesait. Je brûlais de retourner à Malmaison. Les cosaques avaient légèrement rossé le concierge, cassé quelques meubles au pavillon d'entrée. Pour le reste, on avait tout respecté. Mais ce n'était plus l'Empereur qui pouvait m'autoriser à y revenir et me donner un rang dans le nouvel Etat. J'avais changé de maître. Je dépendais maintenant des vainqueurs et des Bourbons. Je devais déployer pour eux toutes mes grâces.

Mlle Cochelet m'apprit que Russes et Autrichiens me voulaient du bien. Le tsar entendait jouer les Beauharnais contre les Bonaparte. Mon Eugène aurait-il la couronne d'Italie ? Sans aller si loin, le tsar Alexandre désirait connaître Hortense. Il voulait « servir ses intérêts comme s'ils étaient les siens ». Le prince de Metternich se rappelait mes bontés et celles d'Hortense pour sa femme et ses enfants. Il demanda des nouvelles des « dames de Navarre ». Le prince Léopold, oncle de Marie-Louise, ne désirait que nous être utile. Nos vainqueurs rivalisaient d'empressement. Le vaincu lui-même, par Caulaincourt, me conseilla de gagner Malmaison. Un plébiscite !

Le mardi 12, le comte d'Artois entra à Paris. Dans la nuit, à Fontainebleau, l'Empereur avala du poison, préparé jadis par le docteur Yvan, et qu'il portait à son cou, depuis son départ de Moscou. Ses vomissements le sauvèrent.

Le 13 au matin, Marie-Louise arriva à Rambouillet, où son père la rejoignit. Je me mis en route pour Malmaison. Le duc de Berry m'avait proposé une garde d'honneur à cocarde blanche. A deux jours près, l'Impératrice Joséphine regagnait son château sous l'insigne royaliste !

Ne sachant comment m'appeler, le *Journal des Débats* du 16 avril me nommait « la mère du prince Eugène ».

A peine arrivée, je reçus la visite du prince Tchernicheff qui m'annonça celle du tsar pour le lendemain. A une heure et demie, Alexandre arriva. Il était aussi beau et aussi charmant que me l'avait dit l'Empereur. Me traitant d'égale à égal, il me donna tous mes titres. Il me fit une longue visite, pleine de déférence. Je l'enchantai, paraît-il, par ma « douceur » et mon « abandon ». Il se retirait lorsque Hortense arriva dans le parc avec ses enfants. Il venait surtout pour elle.

A Rambouillet, Hortense avait senti qu'elle gênait Marie-Louise. Elle avait donc décidé de venir vivre avec moi.

« Voici ma fille et mes petits-fils, je vous les recommande », dis-je à Alexandre, avec un soupir mélodieux.

Hortense plut beaucoup au tsar. Il prodigua les sourires.

« Que voulez-vous que je fasse pour eux ? Permettez-moi d'être leur chargé d'affaires, lui dit-il en caressant ses enfants.

— Je remercie Votre Majesté, je suis sensible à l'intérêt qu'elle me porte, mais je ne désire rien pour mes enfants », répondit-elle d'un air gourmé.

Après le départ d'Alexandre, je reprochai sa froideur à Hortense, qui me donna une leçon de dignité :

« Il eût été déplacé de montrer de l'empressement à un homme qui vient de se déclarer l'ennemi personnel de l'Empereur, qui, au surplus, bouleverse l'existence de mes enfants et celle de la famille dont je porte le nom. »

Hortense se comportait en simple Française, moi en souveraine. Les têtes couronnées ne sont pas sujettes à la morale de leurs sujets. Après les moulinets d'épée des guerres, les rois reprenaient avec leur vainqueur les ronds de jambes des cours. Ils festoyaient avec celui qui avait jonché les champs de bataille des cadavres de leurs soldats. Ils le traitaient en « bon frère ». Ainsi firent-ils avec l'Empereur, qui, lui-même, demanda la main de sa fille au monarque qu'il avait chassé deux fois de sa capitale. Battu par l'Empereur, le tsar se jeta dans ses bras à Tilsit. Ensuite il le détrôna, mais, quand il me faisait des grâces dans mon parc, je n'étais plus, depuis quatre ans, la femme de celui qu'il avait couvert de baisers.

Le 16 avril, de Fontainebleau, l'Empereur m'écrivit sa dernière lettre. De lui qui m'avait tant écrit, dans les feux des batailles et de l'amour, je ne recevrais plus rien. Je n'aurais plus à déchiffrer ses éclairs. Il ne me reprocherait plus de ne pas lui répondre. Il n'attendrait plus, en haletant, mes billets distraits. Comme pour sa première lettre, il me disait *vous*. Et il faisait l'éloge de Louis XVIII !

« Je vous ai écrit le 8 de ce mois et peut-être n'avez-vous pas reçu ma lettre, on se battait encore, il est possible qu'on l'ait interceptée; maintenant les communications doivent être rétablies. J'ai pris mon parti, je ne doute pas que ce billet ne vous parvienne. Je ne vous répéterai jamais assez ce que je vous disais; je me plaignais alors de ma situation, aujourd'hui je m'en félicite ; j'ai la tête et l'esprit débarrassés d'un poids énorme : la chute est grande, mais au moins elle est utile, à ce qu'ils disent. Je vais dans ma retraite substituer la plume à l'épée. L'histoire de mon règne sera curieuse; on ne m'a jamais vu que de profil, je me montrerai tout entier. Que de choses n'ai-je pas à faire connaître. Que d'hommes dont on a une fausse opinion !... J'ai comblé de bienfaits des milliers de misérables ! Qu'ont-ils fait dernièrement pour moi ?

« Ils m'ont trahi, oui, tous; j'excepte de ce nombre ce bon Eugène, si digne de vous et de moi. Puisse-t-il être heureux sous un roi fait pour apprécier les sentiments de la nature et de l'honneur !

« Adieu, ma chère Joséphine, résignez-vous

ainsi que moi, et ne perdez jamais le souvenir de celui qui ne vous a jamais oubliée et ne vous oubliera jamais.

« P.S. J'attends de vos nouvelles à l'île d'Elbe ; je ne me porte pas bien. »

Il ne se portait pas bien depuis qu'il m'avait chassée. Les astres s'étaient vengés. Du maigre chat botté crachant le feu, ils avaient fait un pot à tabac. Essoufflé, ventripotent, il n'était pas engraissé de soucis mais d'erreurs. Il n'avait rien compris au destin qui nous liait et auquel j'obéissais avec la fluidité d'une fée.

•

Malmaison devenait le carrefour des royalistes. Les uns se souvenaient des bienfaits dont j'avais comblé les émigrés. D'autres venaient me visiter comme un monument. Comme toujours on abusait.

« N'auriez-vous pas dû laisser cela chez mon suisse ? » dis-je à un de mes intimes qui se pavanait avec une cocarde blanche grosse comme un chou.

Le jour de l'entrée de Louis XVIII dans Paris, le général de Lawoestine, déjeunant à Malmaison, fit un tableau de la joyeuse entrée du roi podagre « dans la dix-neuvième année de son règne » aussi drôle que celui qu'aurait fait Eugène.

Les empereurs et les rois passent, Leroy demeure. Pour les futures visites d'Alexandre, dans cette seconde quinzaine d'avril, je commandai à mon vampire pour six mille deux cent neuf francs soixante-quinze centimes de robes blanches et de mousselines brodées. Alexandre revint pour Hortense. Elle avait repoussé le tsar. Il voulait qu'elle accueillît l'homme. Il jouait du Marivaux. Malgré les atours de Leroy, il m'adressa à peine la parole. Il était tout à Hortense. Il caressait ses enfants, les prenait sur ses genoux.

« C'est un ennemi qui devient leur unique soutien », soupirait-elle.

Peu à peu, elle se laissa aller à plus d'abandon. Le tsar voulut visiter Saint-Leu. Hortense l'invita, avec Tchernicheff, pour sauver les apparences. Je fis les honneurs, avec tous mes enchantements et falbalas. Alexandre ne regarda que ma fille. Au déjeuner, il lui glissa à l'oreille :

« Vous ne savez pas qu'il y a aujourd'hui à Paris un service solennel en l'honneur du roi Louis XVI et de la reine Marie-Antoinette. Tous les souverains étrangers doivent s'y trouver, et je faisais observer à Tchernicheff, en venant, la singularité de ma position. C'est contre votre famille que j'arrive plein d'animosité à Paris et c'est au milieu d'elle seule que je trouve de la douceur à venir. Je vous fais du mal; je fais du bien à d'autres et c'est près de vous que je trouve de l'affection... »

Le tsar de toutes les Russies conclut, avec l'amusement d'un conscrit faisant le mur :

« Enfin, aujourd'hui, je devrais être à Paris avec les autres souverains et me voilà à Saint-Leu ! »

Après le repas, je feignis la fatigue pour les laisser seuls. Ils se promenèrent dans le parc. Ils glissèrent aux confidences. Elle lui confia « les peines les plus cruelles de sa vie ». Depuis la mort de son premier fils, elle attendait toujours le malheur...

« Mais vous avez des amis. Vous êtes injuste envers la Providence. »

La Providence avait-elle l'accent russe ? Lui

aussi lui fit des confidences. Elle lui demanda pourquoi il avait abandonné la tsarine. Il n'osa pas entrer dans trop de détails.

« De grâce, ne m'en parlez plus. Ma femme n'a pas de meilleur ami que moi, mais notre réunion n'aura jamais lieu. »

A la place d'Hortense, je serais allée plus loin. Mais Hortense ne menait pas, comme moi, la vie à grandes guides. Elle n'était pas une aventurière, fille des étoiles. Elle était une timide, une craintive, une renfermée. Pourtant, même s'ils n'allèrent pas plus loin que les allées du parc, le tsar tira des conséquences de sa promenade. Il fit accorder par le roi à la pudique promeneuse le titre de duchesse de Saint-Leu. Certains eurent une idée amusante : puisque nous étions dans les duchesses, pourquoi Louis XVIII, roi de France et de Navarre, ne confirmerait-il pas à l'ex-impératrice Joséphine le titre de duchesse de Navarre ? Ou de duchesse de la Marmite, me disais-je, en riant de cette invention saugrenue.

Louis XVIII reçut parfaitement Eugène. Il se leva de son fauteuil, ce que n'avait pas à faire un roi, surtout vieux et podagre. Il lui serra affectueusement la main :

« Je vous servirai de père en remplacement de celui que vous avez eu le malheur de perdre pendant la Révolution. »

Pour mon Eugène, trois pères : un vrai et deux adoptifs !

Ensuite le roi parla du bien que j'avais fait en France. Il m'envoya le duc de Polignac pour me remercier de mes efforts en faveur du duc d'Enghien. Le duc n'oublia pas de me congratuler pour l'audience que j'avais arrachée pour sa femme à l'Empereur, en 1804, et qui l'avait sauvé. La duchesse fut moins reconnaissante. Rencontrant, chez le duc d'Orléans, Mme de Rémusat qui me l'avait présentée, il y a dix ans, elle feignit de ne pas la reconnaître...

Eugène espérait une couronne. En arrivant à Paris, il vit que tout le monde se disputait le gâteau.

« On voulait me donner Gênes, écrivit-il à sa femme, afin de n'avoir rien à nous donner sur le Rhin. Parle-t-on de Francfort, de Mayence ? etc. Celui-ci le réclame pour lui. Parle-t-on de Berg, de Cologne ? C'est celui-là. Enfin je ne sais pas quel coin on prendra pour nous assurer un établissement et on ne sait par qui se faire appuyer puisqu'on lèse toujours des prétentions ou des intérêts. »

J'avais une idée. Une idée d'autrefois, mise au goût du jour. Jadis je souhaitais pour Bonaparte l'épée de connétable : le comble de mes ambitions. Ce que je n'avais pas obtenu pour mon mari, pourquoi ne l'obtiendrais-je pas pour mon fils ? Mais je n'osais pas en parler au roi. En tout cas, le bruit courut que Louis XVIII voulait s'attacher Eugène. Le *Journal des Débats* annonça qu'il l'avait nommé maréchal de France.

L'idée la plus baroque fut celle de Mme de Rémusat. A son avis, je devais « donner une marque de déférence à la famille appelée à régner sur la France ». Elle me soumit un projet de lettre grotesque. Je déclarerais que « je ne savais plus ce que j'étais ni ce que j'avais été ». Je priais le roi de « fixer mon existence ». Je demandai conseil à Alexandre.

« Une pareille lettre, dit-il, serait votre opprobre. Envoyez promener les intrigants et les entremetteurs. Je suis sûr que le roi ne vous demande rien de pareil. Personne ne songe à vous faire partir de France, ni à troubler votre repos. Au besoin je me porterai votre répondant. »

Malmaison devint le rendez-vous de l'Europe. Ce parterre de rois que l'Empereur rassemblait par la force, ma grâce le faisait s'épanouir dans mon Empire des fleurs. On rencontrait chez moi le grand-duc Constantin, les grands-ducs Nicolas et Michel, le roi de Prusse, les princes allemands et, parmi eux, Frédéric-Louis de Mecklembourg-Schwerin, mon éternel soupirant. En désespoir de cause, il avait fini par épouser Caroline de Saxe-Meiningen, qui lui avait donné une petite fille. Je survivais à l'Empereur, à l'Empire, à la seconde Impératrice, fille des Césars. Il ne restait qu'une Impératrice : moi !

Je réservais toutes mes attentions au bel Alexandre. Je lui offris le splendide camée reçu du pape pour le couronnement. Par délicatesse, il préférait une tasse où j'étais peinte. Je le forçai d'accepter tasse et camée. Malgré les protestations de ma fille, je lui donnai, un autre jour, le recueil des romances d'Hortense avec les dessins originaux.

Mais tout ce tourbillon ne dissipait pas ma tristesse. Qu'arriverait-il après le départ du tsar ? On ne ferait rien de ce qu'on lui aurait promis. Je souffrais déjà assez du sort de l'Empereur, déchu de tant de grandeur, relégué dans une île, loin de la France qui l'avait abandonné. Devrais-je voir encore mes enfants errants, sans fortune ? Cette idée me tuait...

Le 14 mai, à Saint-Leu, pour recevoir mon tsar, je fis une promenade en calèche. Le printemps d'Ile-de-France est toujours acide. Et moi toujours folle. Comment ne pas étrenner pour Alexandre une de mes plus vaporeuses robes de Leroy? Je pris froid. Je ne voulus pas pour autant décommander mes visites. Toute la journée, je reçus avec la tête entortillée d'un grand schall d'Angleterre. J'étais rouge, oppressée. Je me plaignais d'un catarrhe. Je laissai ma fille et mon fils faire les honneurs, mener les souverains à la machine de Marly. Le soir, je tins à resplendir, en grand décolleté, dans une robe pareille à une nuée.

Tous me suppliaient d'aller me coucher. Je les envoyai promener : j'avais toujours traité mes rhumes par le mépris. Je me crus guérie. Je rentrai à Malmaison.

Les jours suivants je ne décommandai aucune visite. J'eus le tort de recevoir Mme de Staël, gros oiseau de malheur. Elle m'agaça en me demandant si j'aimais encore l'Empereur. En présence de cette immense infortune, cette oie analysait mon état d'âme! Je lui répondis que je n'avais jamais cessé d'aimer l'Empereur dans son bonheur. Ce n'était pas aujourd'hui que je changerais.

Le 23 mai, je me sentis vraiment mal. Mais j'étais sur la brèche. Impossible de déserter. Je recevais le grand-duc Constantin, le roi de Prusse et toute sa famille. Je leur fis visiter le parc, les serres, la ménagerie. Je ne pouvais pas abdiquer devant mes camélias et mes kangourous. Je fus très affectée de lire dans le journal qu'on allait exhumer de Notre-Dame le corps du petit Napoléon, premier fils d'Hortense, pour le mettre dans un cimetière communal. On violait les tombes, comme au temps de la Révolution !...

Je commençais à parler difficilement, mais sans fièvre. Pouls normal. Un simple rhume. Le médecin me rassura. Pourtant, mauvaise nuit.

Le 24, toux sèche. Le matin, éruption sur tout le corps, principalement les bras et la poitrine. Fâcheux pour le décolleté ! J'avais les grands-ducs à dîner. Heureusement, plus d'éruption ! Je m'assis à table. Après le dîner, danse. J'ouvris le bal avec le tsar, valseur sans égal. Ensuite, longue promenade à deux dans le parc. Après l'animation du bal, la fraîcheur de la nuit me saisit. Je repris froid.

Le 25, vaillant grenadier, toujours sous les armes, je reçus encore. Fièvre. Le docteur Horeau toujours rassurant et rassuré. Mais mauvaise nuit. Hortense obtint qu'on me mît en vésicatoire.

Le 26, j'étais attendue aux Tuileries pour ma présentation au roi. Je fus navrée de ne pas m'y rendre. Etonnée du peu d'effet du vésicatoire, Hortense voulait appeler un autre médecin, moins rassurant :

« Cela ferait de la peine à mon docteur », dis-je avec ma bonté habituelle.

Le vendredi 27, le premier chirurgien du tsar, l'Ecossais Sir James Wylie, vint à Malmaison pour annoncer la venue de son maître le lendemain. Je donnai mes ordres pour le dîner. Mon souffle anxieux, ma toux sèche, mon pouls vacillant alertèrent l'Ecossais. Il conseilla qu'on me couvrît de vésicatoires. Le docteur Horeau commença à s'inquiéter. Il trouva ma tête « entreprise comme si j'avais été dans l'ivresse ». Terrifiée, Hortense appela les plus éminents médecins de Paris.

Le 28 mai, MM. Lasserre, Lamoureux, Bourdois de La Motte vinrent à mon chevet : angine purulente. Remèdes de cheval.

Alexandre arriva à Malmaison. Pour m'empêcher de sortir de mon lit et de le recevoir, on me dit qu'il s'était décommandé. Eugène, malade aussi, le reçut dans sa chambre.

Je crus que le tsar, gêné de n'avoir rien à nous annoncer de nouveau sur l'avenir d'Eugène, n'avait pas osé venir.

Le soir, Hortense conduisit auprès de moi mes deux petits-fils.

« L'air n'est pas bon ici. Il pourrait leur faire mal », dis-je.

Très mauvaise nuit. Respiration sifflante. La fièvre... la fièvre... LA FIÈVRE

Je suis née dans une île de soleil et de fleurs... Tous ces hommes qui m'ont embrassée... Le plus petit... qui avait de vilaines bottes, un vilain chapeau, et qui m'aimait tant !... *Qu'il est drôle*, ce Bonaparte !... « Tu te marieras bientôt... Tu deviendras veuve... Et alors, tu seras plus que reine... » A Notre-Dame, comme il arrangeait bien ma petite couronne !... Et ce manteau... Ces affreuses filles qui me tiraient pour me faire tomber !...

Ô mon Dieu !... Il disait : « Quel dommage que tu ne sois pas dévote !... » Cet or, ces robes, ces diamants, ces arcs de triomphe, ces baisers... Bonaparte... l'île d'Elbe... le roi de Rome... J'ai froid... J'ai peur...[1]

---

1. L'impératrice Joséphine est morte le 29 mai 1814, à midi, d'une pneumonie et d'une angine gangréneuse. A cinquante et un ans, l'âge exact auquel mourra Napoléon. Elle est enterrée dans l'église de Rueil. (*N.d.E.*)

TABLE

I.	Une créole indolente	5
II.	Le loup et l'agnelle	23
III.	Comment une jolie femme survit pendant une révolution	52
IV.	Jeune veuve à danser	73
V.	Un petit général sans culotte	88
VI.	Les amours du « Chat botté »	111
VII.	Campagne d'Italie, campagne d'amour	124
VIII.	Sous l'empire d'un « polichinelle »	181
IX.	Un complot réussi	229
X.	« Une fonction qui n'a pas de féminin »	247
XI.	L'Impératrice des fleurs	278
XII.	Mon mari a son nom sur les monnaies	302
XIII.	« Votre Majesté Impériale »	330
XIV.	La couronne et le manteau de vingt aunes	354

XV.	« Josephine Galliarum Augustae »	380
XVI.	« Ces perpétuelles séparations... »	404
XVII.	878 robes	434
XVIII.	« Vous me serrez trop fort ! »	450
XIX.	De l'Empereur à l'aquarelliste	468
XX.	Enterrée à la Marmite	491
XXI.	De l'Impératrice à la duchesse	524
XXII.	La promenade en calèche	543

ŒUVRES DE PAUL GUTH

AUTOUR DES DAMES DU BOIS DE BOULOGNE (1946) *(Julliard)*.
LES SEPT TROMPETTES, roman (1948) *(Julliard)*.
QUARANTE CONTRE UN (1re série) (1947) *(Corrêa)*.
QUARANTE CONTRE UN (2e série) (1951) *(Denoël)*.
QUARANTE CONTRE UN (3e série) (1952) *(Denoël)*.
MICHEL SIMON *(Calmann-Lévy)*. – PHILIPPE NOYER (Orféa).
L'ACADÉMIE IMAGINAIRE, illustré de photographies de Jean-Marie Marcel
(Editions d'Histoire et d'Art).
LE POUVOIR DE GERMAINE CALBAN, roman *(Amiot-Dumont)*.

LE NAÏF *(Albin Michel)* :

MÉMOIRES D'UN NAÏF, roman (Prix Courteline 1953).
LE NAÏF SOUS LES DRAPEAUX, roman (1954).
LE NAÏF AUX 40 ENFANTS, roman (1955).
LE NAÏF LOCATAIRE, roman (Grand Prix du roman de l'Académie
française, 1956).
LE MARIAGE DU NAÏF, roman (1957).
LE NAÏF AMOUREUX, roman (1958). – SAINT NAÏF, roman (1959).
LE NAÏF DANS LA VIE, présenté par G. Delaisement (Didier).

JEANNE LA MINCE *(Flammarion)* :

JEANNE LA MINCE, roman (1960).
JEANNE LA MINCE A PARIS, roman (1961).
JEANNE LA MINCE ET L'AMOUR, roman (1962).
JEANNE LA MINCE ET LA JALOUSIE, roman (1963).

LE SAVOIR VIVRE ACTUEL (Dictionnaire), en collaboration avec
MICHELLE MAUROIS *(Gallimard)*.
SAINT LOUIS ROI DE FRANCE (1960). *(Bloud et Gay)*.
PARIS NAÏF (avec des photographies de GEORGES GLASBERG) (1962)
(Grasset).
LA CHANCE (1963) *(Collection « Notes et Maximes », Hachette)*.
HISTOIRE DE LA LITTÉRATURE FRANÇAISE (t. I et II) (1967) *(Fayard)*.
LETTRE OUVERTE AUX IDOLES (1968) (Albin Michel).
HISTOIRE DE LA DOUCE FRANCE (t. I et II, 1968-1970) *(Plon)*.
MAZARIN (1972) *(Flammarion)*.
LE CHAT BEAUTÉ, roman (1975) *(Flammarion)*.
(Prix du Roman français 1975).
(Grand Prix d'Honneur des Méridionaux de Paris 1975).
LETTRES À VOTRE FILS QUI EN A RAS LE BOL (1976) *(Flammarion)*.
NOTRE DRÔLE D'ÉPOQUE COMME SI VOUS Y ÉTIEZ (1977) *(Flammarion)*.
LETTRE OUVERTE AUX FUTURS ILLETTRÉS (1979) *(Albin Michel)*.

(Suite au Verso)

ŒUVRES DE PAUL GUTH
(Suite)

Théâtre

FUGUES (Prix du Théâtre, 1946).
LES AMANTS CAPTIFS, opéra, musique de PIERRE CAPDEVIELLE.

Livres pour la Jeunesse

LES PASSAGERS DE LA GRANDE OURSE *(Gallimard).*
L'EPOUVANTAIL *(Gallimard).*
LA LOCOMOTIVE JOSÉPHINE *(Albin Michel).*
MOUSTIQUE ET LE MARCHAND DE SABLE *(Casterman).*
MOUSTIQUE ET BARBE BLEUE *(Casterman).*
MOUSTIQUE DANS LA LUNE *(Casterman).*
LE SÉRAPHIN COURONNÉ *(Berger-Levrault).*
HENRI IV *(Berger-Levrault).*

Dans la Collection « J'ai Lu » :

JEANNE LA MINCE
JEANNE LA MINCE À PARIS.
JEANNE LA MINCE ET L'AMOUR.
JEANNE LA MINCE ET LA JALOUSIE.

IMPRIMÉ EN FRANCE PAR BRODARD ET TAUPIN
7, bd Romain-Rolland - Montrouge - Usine de La Flèche.
LIBRAIRIE GÉNÉRALE FRANÇAISE - 12, rue François Iᵉʳ - Paris.
ISBN : 2 - 253 - 02841 - X   ⊕ 30/5590/2